未央宫
沉重的帝国

周树山 著

一个王朝潜伏着一个民族历史的基因。

復旦大學 出版社

目 录

序__001

吕后和刘邦的家天下__001
居庙堂之高__021
汉代的官场生态__028
汉文帝__038
"文景之治"后面的两个女人__048
汉武帝身边的四个骗子__054
在"独尊儒术"的幌子下__063
汉武帝和他的丞相们__074
汉武帝天马之战__082
你活在汉武帝时代__088
可怜汉武之子孙__099
大儒董仲舒__108
司马迁之厄__115
海昏侯刘贺的前尘往事__122
汉代的公主__139
叛逆的王侯__148
供养一个皇帝要多少钱__169

问君可是戏中人__174
古代奏疏中的警世之言__181
终结者：王莽和他的短命王朝__189

附录一　汉武帝晚年的巫蛊之祸__231
　　　　汉代权贵霍氏之覆亡__244
附录二　本书主要人物谱系__260

序

　　世事纷扰,棋局紊乱,与其观棋,莫如读史。
　　我们华夏民族是世界上历史传统最悠久、历史文化最博大精深的民族。历朝历代都有专门的史官记载当朝大事,修撰前朝历史,所以学者们认为我们有独特的"史官文化"。秦始皇焚书坑儒,烧了战国前各国的历史,但自秦以后,流传下来的历史典籍一个人白首而不能尽览,更何况"六经皆史"。
　　中国之正史,自《史记》而迄于《清史稿》,人称二十五史。史家有"前四史"之说,所谓"前四史",即《史记》《汉书》《后汉书》《三国志》,认为这四部史书,无论史料的丰富,行文的典雅,其雄浑深邃、峭拔卓异都堪称古史中的典范。余生也晚,青少年时遭逢无书可读的时代,成年后方有机会接触中国的历史典籍。我不是史学家,因学养浅薄,所以从文学的角度进入历史阅读,对"前四史"多少有一点涉猎。开头有感于曹植的"七步诗",于是读《三国志》,读史的文学成果是写成了一部历史话剧《曹植》。这部作品算作我戏剧的成名作,由哈尔滨话剧院排演后在哈、沪等地演出近百场,又被选为中国首届艺术节的参演剧目,在北京首都剧场演出获得成功,受到了文化部的表彰,各大报刊也争相评论。这是上世纪80年代后期的事情,当时我还算年轻,国门初开,思想大潮汹涌澎湃,尽管时有寒潮来袭,国人对民族的未来仍然充满热望和期待。进入90年代,和大多数知识分子一样,我也有过一段迷茫和彷徨,但还是留在文学的岗位上,激情燃尽,满目荒芜,退思沉潜后,"自将磨洗认前朝",读史的结果,仍然落在了文学上,创作并出版了表现曹魏王朝兴衰的《生为王侯》《铜雀台》等长篇历史小说,同时发表了一些历史随笔。

在阅读《史记》《汉书》的过程中,我才有意识地进入了历史的思考。我认为,一个中国的读书人,起码应该读一种中国的断代史,比如"前四史"的任何一史。这几种史书,多则十来册,少则三五本,阅读它们并不是很难的事情。西方哲学提出一个哲学的认知问题:你是谁?你从哪里来?你到哪里去?我觉得一个民族也应该对这三个问题做出自己的回答。中华民族艰难跋涉了几千年,历代的志士仁人们一直在寻找着民族富强、人民幸福的康庄大道,左右奔突,上下求索,留下了多少泣血的哀歌和沉痛的呐喊,但我们的前行之路依然曲折和崎岖!我们是谁?我们从哪里来?我们要到哪里去?这个问题的答案只能从我们自身的历史中去寻找。一座座火山爆发,一顶顶王冠落地,的确,这就是我们曾经的历史。但是,落地的王冠又被后人抢到了手里,迫不及待地戴到了自己头上,于是,在一个个朝代的更迭中我们走到了今天。解剖一个王朝,寻绎庙堂政治的筋脉,我们常常有不知今夕何夕之感,一阵寒颤打彻全身,令我们悚然而惊!我们发现了民族的历史基因,我们明白,横亘在我们前面的历史三峡为何如此烟雨苍茫,遥远漫长!

不必捶胸顿足,也不必热血贲张,收起你廉价的乐观,也无须灰心绝望!咬紧牙关,往前走吧!"路漫漫其修远兮,吾将上下而求索!"这是我们远古诗人的召唤,也是我们民族的宿命!

对于我这样一个文学中人,读史也只能是启发思考的创作过程,不可能像历史学家那样进行学术性的考索和谨严的论证,也没有能力建造恢弘的历史宫殿。清代的史学家章学诚批评只知搜罗史料、埋头考据的人为"但知聚铜,不解铸釜",古往今来,以史料之铜铸鼎铸釜的大师不知凡几,一个作家的随笔作品,如果关涉历史,不过就是对历史事件和历史人物有所感怀而已,实乃恒钉之论。读者诸君若能从中有所会心,当不胜欣慰。

秦王朝是中国历史上第一个大一统的君主专制国家,由于它的暴虐和严酷,仅存在十五年。继之而起的西汉王朝,仍行秦政,在制度和意识形态上都更加完备,也更加成熟,自高帝刘邦至平帝历经十一个君主,二百一十一年。帝国的沉重,不仅在于家天下的制度层面,更在于与制度相关的个人命运的沉浮和心灵的苦难,我们只有借助文学的手才能触摸到冰冷的历史深处人的温度。贤愚善恶,荣辱生死,他们活在历史中,也活在我们可以理解的人性里。

因是读史随笔,各章独立成篇,关涉某一重大历史事件时,因角度不同,各有侧重,或有重复之处,为免此弊,遵编者之意,作者成书时将《汉武帝晚年的巫蛊之祸》和《汉代权贵霍氏之覆亡》两文移至附录处(供读者参考),但或仍小有重复,敬希读者鉴谅。本书各文皆取材于《史记》和《汉书》,因未做学术文章处理,引文不一一标示出处。

收入本书的文章是在两三年的时间里陆续写成的。承蒙《随笔》《书屋》和《同舟共进》等杂志的厚爱,很多篇章在以上杂志发表过。在此,谨向编辑朋友海帆女士、胡长明先生、梁思慧女士表示真诚的谢意!最后,向复旦大学出版社李又顺先生致谢,他在书中各文陆续发表时曾给予作者关注和鼓励,此书问世,又顺先生倾注的热情和心血令作者铭记。我们共同希望此书能给读者诸君带来愉快和智性的阅读体验。

周树山
2015 年 5 月 6 日于威海贝舍书屋

吕后和刘邦的家天下

汉高祖刘邦的正妻吕雉,于刘邦称帝时册封皇后。刘邦死后,太子刘盈即位,史称惠帝,在位七年后死去。吕后临朝称制,代行帝王之权,成为庞大汉帝国的实际主人。身为女人,统治大汉帝国八年,直至寿终正寝。文明初始时,无文字记载的母系氏族社会不论,自有文字记载以来,她算得第一位君临天下,执掌至高无上权力的女人。

女人是否可以执掌权力,做政治领袖,在现代文明的社会里,这不是一个问题。环顾全球,女总统、女总理等女性政治家所在多有,她们在政治生活以及国务活动中的卓越表现和迷人风采令世人叹羡。可是吕后活在中国公元前2世纪,那是一个秦始皇及其后继者秦二世残暴昏庸、天下无道、诸侯蜂起的时代,所谓"秦失其鹿,天下共逐之"。"鹿"者,家天下之皇权也。逐"鹿"者如饥狼饿虎,舍生忘死,对"鹿"穷追不舍,互相撕咬杀戮,力不逮者或落荒而逃,或死于非命,或投靠力强者,甘为鹰犬;最后只余刘、项两家,分称汉、楚,鹿死谁手,不可知也!汉楚两家,灭秦时实为盟友,秦灭后,汉楚相争,兵连祸结,经年不息,最后,吕雉的老公,出身微贱的"泗水亭长"刘邦胜出,他建立了大汉帝国,江山自此姓刘。

既然建立了家天下的刘氏王朝,到手的皇权就不容他人觊觎,所以,对于公开或潜在的对手必须逐一消灭。吕雉嫁给刘邦时,寻常一民女也,灶前为炊,下田耕作,操持家务。但自刘邦起兵,纵横天下,她的生活就发生了改变。到了刘邦称帝,她被封为皇后,就参与了王朝的政治斗争。这种斗争的目的只有一个,就是保住家天下的皇权不被人夺去。为此,就要杀人。史书上称吕后"为人刚毅",就是说,她不是一个柔弱的女子,而是心肠狠,能决断,有魄力,这种性格在血腥的政治斗争中向最黑暗、最凶恶的方向发展,人性之恶达于极致,其狠戾和凶残超越了人伦的底线。综观她对人迫害和残杀的记录,可以说她是历史上最毒辣、最凶狠、最残暴的女人。

一 异姓王

吕雉的人生分为三个阶段。第一个阶段她生活在秦帝国的末期,适值刘邦微贱时。他的丈夫当着"泗水亭长",这种职务甚至算不得"吏",相当于后来的保甲长之类。刘邦不务农事,在外面饮酒赌博,浮浪闲荡。吕雉为农妇,需下田劳作。史书记她带孩子在田间劳作时,恰一相面先生经过,说她和一对子女皆有至贵之相。这种话,我们只当它是后人的附会。但说明那时她和普通农家妇女并无区别。刘邦后来被项羽封为汉王,和项羽争天下,身在军旅,四方奔窜,顾不得家,吕雉和太公在家乡,被项羽掠去作人质。项羽兵困窘急,欲烹太公逼刘邦退兵。刘邦回答项羽说:我俩当初结盟攻秦,义如弟兄,我爹就是你爹,要把他煮汤喝,别忘了分我一碗。此时刘邦老婆吕雉也在项羽手中,性命危在旦夕,在囚禁中惊恐忧惧可以想见。项羽虽然在攻城略地时手下无情,有嗜杀残暴之名,但遇具体情境,时有不忍之心,尚有一点贵族情怀,自觉此事不地道,终于罢手。由此,太公、吕雉等刘邦的家人在兵荒马乱中还是保得了性命,在项羽兵败弃城后得归刘邦。这时的吕雉人生动荡不定,不能掌握自己的命运,和常人无异。

刘邦称帝,吕雉封后,这个女人已非往日农妇,她的身份至尊至贵,开始行使权力。直到刘邦之死,是她人生第二阶段。这时期,她主要是维护并巩固刘氏的家天下,帮助刘邦剪除异己。她刚毅、果决的性格显示出来,而它的另一面,则是狡诈和残忍。她帮助刘邦杀过两个人,即:淮阴侯韩信和梁王彭越。

先说韩信。应该说,没有韩信,就没有刘邦的家天下,他是刘邦的主要军事统帅,司马光评价说,韩信"首建大策,与高祖起汉中,定三秦,遂分兵以北,擒魏、取代、仆赵、胁燕,东击齐而有之,南灭楚垓下,汉之所以得天下者,大抵韩信之功也"。韩信手握重兵,南北驰驱,攻无不克,所向无敌,对刘邦忠心耿耿。其间,谋士蒯彻也曾策反韩信,当时,楚汉相持,如两个摔跤手力竭相搏,刘、项二人之命运悬于韩信之手,故蒯彻曰:"足下为汉则汉胜,与楚则楚胜……方今为足下计,莫若两利而俱存之,三分天下,鼎足而立,其势莫敢先动。夫以足下之贤圣,有甲兵众,据强齐,从燕、赵,出空虚之地以制其后,因民之欲,西向为百姓请命,天下孰敢不听!足下案齐国之故,有淮泗之地,怀诸侯以德,深拱揖让,则天下君王相率而朝齐矣。"蒯彻的话说得很到位,意思是让韩信为自己打天下,而非只做刘邦的鹰犬,为刘邦卖命。但韩信不听,他回答说:"汉遇我厚,吾岂可见利而背恩乎!"这也是韩信的心里话。韩信当年乞食河边的洗衣老妪,受市井无赖的胯下之辱,没于项羽的卒伍之中,是刘邦听信萧何之言,拜他为将,统帅三军,使之军事天才得以施展。韩信对刘邦有知己之感,认为不可背恩忘义,这似也在情理之中。刘邦能用人,善用人,组织路线正确,是他成功的关键,他自己这样讲,后人也这样认为。但用你,乃"为我所用",用你所长为我做事,刘邦后来分封赏赐功臣时,曾有"功狗"之喻,在他的眼里,冲锋陷阵的人不过是追逐猎物的狗,一旦猎狗对自己有威胁时就要毫不迟疑地除掉,这里并无什么恩德可言。这时的韩信是齐王,可是刘邦封他为齐王是十分勉强的。韩信据齐地后,为了树威驭众,请求刘邦让他"假王于齐",就是说,你先假装封我为齐王,让我在这边便于号令军民。刘邦此时驻军广武,受楚威胁,形势很危急。听说韩信求封齐王,大怒,骂道:我困于此,日夜盼你来解围,你他妈反倒要我封你为王!简直是混帐王八蛋!这时,张良、陈平两人在身边,见刘邦动怒,赶忙踢刘邦的脚后跟,附耳低语曰:汉方如今形势不利,能禁止韩信自立为王吗?不如顺水推舟,遂他的愿,封他为王,使之守齐击楚,如不然,恐韩信生变。刘邦马上醒悟,改口又骂道:韩信这小子真有意思,大丈夫定诸侯,就是真王,要什么假王!于是命张良带着印信,封韩信为齐王,征韩信之兵击楚。一个齐王的封号,把韩信安顿下来,目的当然是用韩信之谋和他统帅的军队,为自己打天下。韩信蒙在鼓里,对刘邦的恩德念念不忘,要忠于刘邦到底。可是蒯彻看得很清楚,他举张耳、陈余为例,说两人是刎颈之交,后来为了利益翻了脸,成了死对头,结果相杀而死,说明忠信友情是靠不住的;又举越大夫文种为例,说他助越王勾践卧薪尝胆,十年生聚,十年教训,终于灭吴而使越国称霸,结果却功成身死,说明君王的信任也是靠不住的。友情靠不住,是因为"患生于多欲而人心难测也!"君王的信任靠不住,是因为功高震主,使君王猜忌而生杀心也。"今足下挟不赏之功,戴震主之威,归楚,楚人不信;归汉,汉人震恐。足下欲持是安归乎? 夫势在人臣之位,而有高天下之名,窃为足下危之"。韩信听了,说:先生的话说到这里吧,容我再想一想。韩信思考的结果,还是不想背叛刘邦。到了公元前202年,汉楚相争到了关键时刻,刘邦大军追项羽至固陵,下书给齐王韩信和魏相国彭越,请求发兵共击项羽,结果两个人的兵马都没有到,项羽大破汉军,刘邦坚壁自守,愁烦无计,对张良说:诸侯不听调遣,怎么办呢? 张良说:楚兵将破,但韩信、彭越二人看不到破楚之后有什么利益,当然不肯出兵。君王您要有与诸侯共天下的胸怀,韩信原本楚人,不如将楚地先许给他;彭越本来已定梁地,不如将梁许给他,二人看到利益,自然率军来助。如此则楚兵易破耳! 刘邦信张良之计,许了愿,因此二人共助刘邦大破楚军,使项羽自刎乌江。这年春正月,刘邦复封韩信为楚王,封彭越为梁王。韩、彭二人在最后关头出手相助,使刘邦夺得天下,功莫大焉。假使当初韩、彭游移观望,或背汉助楚,则天下不为刘氏所有矣! 如此大功,韩、彭是否可久居楚、梁两地为王,世代相袭,永为诸侯呢? 不,这绝不可能! 刘邦打的是家天下,曾与心腹臣子歃血为盟,立誓曰:"非刘氏而王者,天下共击之。"如今封异姓为王,只是安抚功臣的权宜之计,把他们斩草除根,永绝后患,才是他日夜思虑的,而干这件事的最好、最可靠的助手,就是他的老婆吕后。

果然,韩信正月被封为楚王,到了十月,就有人诬告说韩信欲造反。韩信如果真要造反,当年为齐王时,拥众百万,握天下之枢机,就该听信蒯彻之言,背汉自立,如今天下大定,已做了人家的臣子,所反何为? 所以,显然这是刘邦要拿他开刀的借口。但韩信也有一点小把柄在刘邦手中,当年项羽麾下有一员大将,名叫钟离昧,破楚之后,刘邦索之甚急,钟离昧是韩信的朋友,韩信当了楚王,就把钟离昧保护起来。刘邦拿着举报信,问手下诸将:韩信这小子要造反,怎么办? 诸将叫喊道:马上发兵讨伐,坑杀这个王八蛋! 刘邦默然不语,又问陈平,陈平问:有人告韩信谋反,韩信知道吗? 刘邦回答:不知。陈平又问:陛下的军队比得过韩信的军队吗? 刘邦又回答:比不过。陈平再问:陛下手下诸将,用兵有胜过韩信的吗? 刘邦承认:没有一个赶得上韩信。陈平说:如今兵不如楚而将不能及,举兵攻之,战端一开,我认为陛下就很危险了。陈平三问,说明他心知所谓韩信谋反是假,而刘邦想除掉心头之患才是真。刘邦这时也感到事情严重,急于除韩信有点冒失,忙问:那怎么办呢?陈平设计道:古代天子有巡狩天下,约会诸侯的典制。陛下假意南巡,游云梦之地,会诸侯于陈。陈在楚的西部边界,韩信必然来郊迎拜谒,趁机将其擒获,不过用一个力士就解决了。于是刘邦巡视到陈,韩信心中疑惧,似乎预感刘邦为他而来,于是有人献策说:陛下此来,或对大王庇护钟离昧不满,莫若将钟离昧之首献上,敢保大王无事。韩信果然杀了钟离昧,带他的首级前去拜谒刘邦。但刘邦此来,岂为一区区败房之头,于是下令武士放翻了韩信,将其擒获。韩信被擒,如梦方醒,仰天长叹:"果如人言:'狡兔死,走狗烹;高鸟尽,良弓藏;敌国破,谋臣亡。'天下已定,我固当烹!"这时他才明白,刘邦对其拜帅封王,不过用其走狗之力也!但是刘邦并没有马上杀掉韩信,他担心韩信拥兵造反,现在韩信已经成擒,如蛟龙离水,大鹏断翅,已无能为力了,再说,天下初定就杀首功之臣,也容易造成人心浮动,于是,封他个淮阴侯,把他软禁起来。

韩信其人,虽有统帅三军之才,但无论人格和性格上皆有其短。他虽然忠于刘邦,但有时行事让刘邦不放心,如求封齐王,如固陵之战,迟迟不发兵,待刘邦许愿后,才举兵破楚,这就难免让刘邦心生芥蒂。刘邦曾两次驰入其军营中,夺得指挥权。有一次,他和副将尚未起床,指挥三军的印信已操刘邦之手。对于这样的事,他唯有隐忍而已。为自己免祸,杀故友钟离昧,也见其人格之疵。所谓朋友之忠信,在他自身就靠不住,又何求于人乎!韩信自视颇高,知道遭刘邦畏忌,心中怏怏,称病不朝,羞与周勃、灌婴等人为伍。有一次,他经过樊哙的府第,樊哙跪拜迎送,执礼甚恭,言语称臣,说:大王竟肯光临臣舍,臣不胜荣幸!韩信出门,对随从冷笑道:想不到我韩信落到如此地步,竟与樊哙这种人为伍!樊哙固然曾为狗屠,但随刘邦南征北战,出生入死,鸿门宴上又有护主之功,他的老婆又是吕后的妹妹吕媭,和刘邦是连襟,岂可轻也!

韩信被剥夺王爵,虽未被杀,但形同禁锢,心中对刘邦的怨恨自不必言,此时虽生反心,但已无能为力。公元前197年,刘邦以阳夏侯陈豨为相国,监赵、代边地的兵马,临上任前,陈向韩信辞行。韩信屏退左右,与陈豨携手漫步庭中,仰天叹道:不知足下可是能说话的人?陈豨道:将军有话尽管说。韩信道:公此去赴任处乃天下精兵所聚,而公又是陛下宠幸之臣,如果有人说您反叛,陛下必不肯信;如再次诬告,陛下就会怀疑您;至第三次,陛下将亲自带兵去剿灭您。如果您能自图,我愿意在朝中为内应,则天下事可定也。韩信串通陈豨,谋划造反,陈豨佩服韩信之能,立刻满口答应。陈豨反叛,刘邦亲自带兵去平叛,韩信称病,没有随军。此时吕后留守,韩信计划与家臣假皇帝诏书,释放被拘押的囚徒和官奴,组织起来,带他们去进攻吕后和太子。一切准备停当,只等陈豨那边的消息。可是这时发生了变故,韩信有一舍人(家臣幕僚)得罪,韩信将其囚禁,准备杀掉他。舍人弟就向吕后告密,把韩信串通陈豨之谋上告吕后。吕后欲召韩信,又恐韩信党徒为乱,这时萧何献策,谎称有使臣从刘邦那里回来,带回了好消息,陈豨之乱已平,叛贼已被枭首。朝臣和列侯要设宴庆贺,萧何亲自作书给韩信,说:即使淮阴侯有病,也需到场。韩无奈,只好入朝。韩信一露面,吕后立即命令埋伏好的武士将其逮捕,处死在长乐宫。韩信临死,叹道:当初我悔不用蒯彻之计,如今竟死于女人之手,岂非天意也!吕后下令诛其三族。

韩信被刘邦拘囚后,有一次和刘邦闲话,刘邦说:你我都是统兵的人,你认为我能带多少兵马?韩信说:陛下能统帅十万大军。刘邦又问:那你能带多少兵马呢?韩信说:我是多多益善,越多越好!刘邦嘲谑道:你既有如此之能,为何被我所拘?韩信说:我能统兵用兵,而陛下能统将,此我所以被陛下所屈也!的确,韩信有超人的军事天才,为刘氏家天下立下汗马功劳。尽管如此,在刘邦的眼里,韩信不过是一个军头,一条率领众狗追逐猎物的"功狗"而已。家天下这种人身依附关系,决定了韩信这样的军事统帅在天下已定之后必然被除掉的命运,而帮助刘邦干好这件事的正是他的老婆吕后。

韩信后来有谋反之心,其亡灭似乎咎由自取,但司马光认为韩信之所以由原来对刘邦的忠心耿耿而后离心离德,刘邦有负于韩信是很重要的原因。可即使韩信对刘邦愚忠到底,也难逃厄运。打天下时用得着韩信这样的军头,天下已定,不仅用不到他,而且对主子会造成威胁。这种威胁无论是实有的还是主子意念中的幻影,总之他将不再被信任。如果你不愿意忍辱苟活,享用权力盛宴中的残羹冷炙,一旦萌生不满和异念,悬于头顶的达摩克利斯之剑就将劈头落下。家天下的权力是独享的,不容别人觊觎和染指。所有的臣子不过是为我所用的仆从和奴才,升迁黜退,赏赐囚杀,只看主子高兴不高兴。刘邦初擒韩信,立刻将楚王韩信的封地一分为二,"以淮东五十三县立从兄将军(刘)贾为荆王,以薛郡、东海、彭城三十六县立弟文信君(刘)交为楚王"。不久,又"以云中、雁门、代郡五十三县立兄宜信侯(刘)喜为代王,以胶东、胶西、临淄、济北、博阳、城阳郡七十三县立微时外妇之子(刘)肥为齐王"。凡是说齐地方言的百姓都归刘肥管辖,成了他的子民。"非我族类,其心必异。"国即朕家,朕家即国,完全按血统远近、宗族亲疏来分配权力,这就是家天下。

异姓王韩信不能久居王位,且身名俱灭,实属必然。别的异姓王无一例外,其下场皆然。封你为王时是迫不得已的权宜之计,有能力收拾你时下手决不留情。且说彭越与韩信同助刘邦灭楚而封为梁王,其功与楚王韩信、淮南王英布相差无几,时人谓三人乃"同功一体之人"。说罢韩信,再说彭越。陈豨反,刘邦带兵亲征,命梁王彭越发兵,彭越自云患病,让手下将领带兵往邯郸相助。刘邦很生气,派人痛责彭越,彭越很害怕,要亲见刘邦谢罪。他手下的一员大将说:大王开头时不去,皇帝怪罪你时才去,此一去必将被擒拿问罪,与其成为人家砧板上的肉任人宰割,不如发兵造反。彭越不听。恰逢梁国太仆(诸侯国官名)得罪,逃到刘邦那里,告彭越造反。刘邦就偷袭梁地,趁彭越不备,把彭越给抓了,囚禁在洛阳。有司审讯,认为彭越"反形已具,请论如法"。大约刘邦也知道彭越并无造反之心,更没有什么不法的行为,所谓"反形已具"不过是有司揣摩上意,想置彭越于死地。刘邦不想马上杀他,下旨将彭越废为庶人,给他穿上青色囚衣,想将他贬谪到蜀地去。押解到郑地后,恰逢吕后从长安赶来,彭越就向吕后哭泣求情,自言无罪,并表示愿意回到老家昌邑去做一个平头百姓。吕后答应彭越一定在刘邦面前为其说情,并带着他一同赶到洛阳。吕后见了刘邦,说:彭越是壮士,不是个安分人,把他迁到蜀地去,岂非留下后患?不如立刻把他杀掉,我已经把他带回洛阳了。刘邦认为言之有理,于是吕后命令彭越舍人再次诬告其谋反,又使一个臣子上疏请求诛彭越三族。公元前196年三月,彭越在洛阳被枭首,并诛灭三族。彭越这个人有一定的人脉,彭受刑后,刘邦又下诏:有敢收视彭越尸首者,立即逮捕。原梁国大夫栾布,受命出使齐国,回来后,梁王彭越已身首异处,于是,栾布赶往洛阳,跪在彭越头前哭诉。刘邦大怒,下令烹杀栾布,刚把他提到滚沸汤锅前,栾布说:让我说句话再死!于是栾布陈说彭越定天下之功,垓下之战,如无彭王,楚不灭,项羽不亡,刘氏何有天下乎!如今彭王被小人诬告,以子虚乌有之罪名,即被杀头灭族,将使功臣将士人人自危了!如今彭王已死,我也生不如死,请就烹!栾布的慷慨陈辞,使刘邦无地自容,只好下令放了栾布。

诛灭彭越后，刘邦进一步巩固家天下的权力，刘邦封皇子(刘)恢为梁王；接着，封皇子(刘)友为淮阳王，将东郡和颍川郡大部分土地百姓划归给梁王和淮阳王。两人皆是刘邦与赵姬所生，在呀呀学语时就已是大片山川土地和百姓的主人了。

我们在彭越之死中见到刘邦和他老婆吕后的残忍狠毒，毫无信义和人性。可是彭越也曾是乱世中的英雄，号令千军，横行天下，为何刘邦一怒，即胆战心惊，束手就擒？见了刘邦的老婆吕后，竟至涕泣交流，哀告求情，如同中了蛇毒一般，没有丝毫的反抗？一是刘邦此时已经坐稳了帝王的位子，韩、彭等人虽封诸侯王，也是臣子。臣子谋反，没有道义上的合法性，而君主平叛，乃天经地义。二是刘邦在长期的斗争中形成了政治权威。群雄并起时，众多反秦武装不是被消灭了，就是合并到楚、汉两大集团，最后只剩刘邦和项羽两人角力，汉胜而楚亡，刘邦家天下取得了政治合法性。这种合法性来于君权神授的观念，刘邦这样说，臣子们也认可，这种对政治权威的迷信和恐惧，使彭越这样的人完全丧失了反抗的意识。

但是，也有不信邪的，那就是淮南王英布。刘邦杀了彭越，将彭越煮成了肉酱，分赐给诸侯。这种残忍的做法目的在于警示和震慑，可是，它竟逼反了英布。英布是因犯秦法被发配到骊山做苦力的囚徒，因面上刺有囚犯的黥印，亦称黥布。后纠集豪杰举起反秦义帜，英勇善战，背楚归汉，助刘邦夺得天下，其功与彭越等埒。刘邦命人将彭越的肉酱送给淮南王英布，英布当时正在山中打猎，见使者呈上的竟是彭越的肉酱，在痛彻骨髓的恐惧和厌恶中升起对刘邦的仇恨。他知道，下一个被暴君煮成肉酱的就是自己，于是，调动兵马，向刘邦发难造反。刘邦亲自带兵去围剿英布，两军相会于蕲西，刘邦登城，见英布精兵环列，军容齐整，布阵如项羽，不由心中暗惊。他遥问英布：为什么要造反？英布堂堂正正地回答说：就是想当皇帝！这话，韩信说不出，彭越说不出，刘邦手下所有的文臣武将谁也说不出，英布喊出来了，当年的陈涉也喊出来了！他们都是出身于底层草莽的囚徒苦力，这种对君权神授观念的蔑视和对家天下权威的挑战难能可贵。虽然最后英布也因兵败而死，但是"王侯将相宁有种乎？"的呐喊和"就是想当皇帝"的坦然，使后来所有妄图子孙相袭、江山永固的君主们都感到心惊肉跳！

讨伐英布似乎与吕后无关，但其间有一个小插曲，足见吕后虽阴毒，但仍是一个女人。吕后与刘邦生一女一男,女儿即鲁元公主,儿子即太子刘盈。作为母亲,吕后对亲生子女爱之唯恐不深,护之唯恐不谨,这种与生俱来的母性在吕后身上十分突出。这是母狼也具有的本性,在吕后身上达于极端,母性加狼性,演变成凶残暴戾的兽性。

英布初反,刘邦封皇长子刘盈为淮南王。当时,刘邦身体不适,太子刘盈既然又加了淮南王的封号,刘邦就想让太子带兵去讨伐英布。刘邦对和吕后生的这个儿子一直不满意,认为他性格软弱,不堪大任,虽因是嫡长子,立为太子,但几次都想把他废黜。这次提出让他带兵平叛,既想历练他,也看他是否能承担大事。护持在太子周围的几个年长的老人认为让太子出征,有功无益于位,因为他已被立为储君;可一旦战场失利,皇帝就找到了废太子的口实,所以,决不能让太子带兵出征。于是他们就去说动吕后的弟弟建成侯吕释之,由他向刘邦进言,陈说太子不能带兵平叛的理由。吕释之是太子的亲舅舅,当然深知其中的利害,如果太子被废,刘邦一死,自家的前程命运吉凶难料,保太子就是保自己,所以力谏刘邦,阻止太子出征。吕后也使出了女人的手段,乘机在刘邦面前哭哭啼啼,不让亲生儿子去战场冒险。刘邦原就对这个儿子不满意,被吕后等人横拦竖挡,无奈,只好叹了口气,说:我早就知道这小子不能派出去打仗,算了,我自己去吧。于是,强撑衰病之身,亲自去征伐英布。

再说刘邦和吕后生的女儿鲁元公主,嫁给张耳的儿子张敖,因为是刘邦之婿,张敖被封为赵王。公元前200年十二月,刘邦过赵,张敖迎接帝王岳父,执礼甚恭,甚至卑屈得有些过分。而刘邦不知哪来的邪火,对张敖谩骂不休。张敖跪伏于地,大气不敢出。赵国相贯高、赵午两人实在看不下去了,私下议论道:我们大王真是个屠头!就对赵王张敖说:秦朝失道,天下豪杰并起,能者为王,您的岳父也不是天生就是帝王,如今大王对他如此恭敬,而他竟然羞辱谩骂你,让我们为大王除掉这个老东西!张敖咬破自己的手指,说:你们怎么说出这等话来?陛下打下江山,德流子孙,我有今日,还不是靠陛下吗?希望你们以后再不要说这等话!贯高、赵午背后议道:这反倒是我们错了!大王是有德行的人,不肯失礼背德,可是我们却受不了这种侮辱!如今皇帝羞辱大王,我们看不下去,所以要杀他。事情成功,是对大王的报答,不成,我们承担后果。后来,贯高等人曾派刺客伏于柏人县寓邸夹墙中以待刘邦,但刘邦过其县而未留宿,逆谋因此流产。第二年,贯高的仇家举报贯高与赵王张敖有谋杀皇帝之罪,于是,刘邦下令逮治。赵午等人争着自杀,贯高说:你们一死倒干净,谁来为赵王辨白?贯高被拷打得体无完肤,一口咬定赵王张敖并不知情。刘邦不信,仍使人拷掠审问,吕后对刘邦说:张敖是咱们的姑爷,看在公主的份上,他也不能谋害你啊!刘邦怒道:假使这小子杀了我,夺得江山,还怕少了女人吗?但是任凭如何毒打刑讯,贯高至死不肯牵连张敖。后来弄清真相,张敖的确没有参与。刘邦虽对张敖赦而不杀,但却废了他的王爵,贬为宣平侯,把自己喜欢的儿子如意封为赵王。可见,家天下重的是血缘,就是自己的女婿,因是异姓,也是信不过的。

还有一个卢绾,因为和刘邦同乡同村,且又同岁,是刘邦少年伙伴,深得刘邦宠信,被刘邦封为燕王。卢绾才能功劳虽不值一提,但因是刘邦的发小,文臣武将尽管出生入死,立有不世之功,谁也不敢和他攀比。刘邦率兵击陈豨、英布时,卢绾即首鼠两端,与陈豨、匈奴联络以自保。后陈豨降将举报卢绾,刘邦召其进京,卢绾称病不行。刘邦又派两名大臣前往燕国,召卢绾入京,并调查卢绾。卢绾害怕,不见大臣,藏了起来,对身边的心腹说:如今非刘氏而王者,就剩我和长沙王了。那年春天,杀韩信,夏天,又杀彭越,都是吕后的计谋。如今皇上有病,诸事委于吕后,吕后虽是妇人,却阴险歹毒,专门诛杀异姓王和大功臣,我能逃得了她的魔爪吗?于是,卢绾称病,和手下藏匿起来。刘邦听到汇报,大怒,派樊哙带兵击燕,立皇子刘建为燕王。卢绾和手下几千人躲藏在边界,正好这时刘邦死了,卢绾就逃到匈奴去了。

为了家天下,刘邦赋自己的老婆吕后以重权,让她整人害人,两人联手杀功臣和异姓王侯。可是,吕后是所罗门王魔瓶里的魔鬼,放出来后,就再也收不回去了。刘邦死后,他庶出的后世子孙几遭屠灭,这是他绝对想不到的。

二 刘姓王

刘邦死前,主要的异姓王非杀即废,除了遥远的边地带有自治性质的地方政权外,华夏大地,基本是刘姓为王了。

刘邦一死,太子刘盈即位。刘盈性格软弱,刘邦曾常对人说:这小子不像我。刘邦最喜欢的儿子是和戚姬生的儿子如意,认为性格气质和他相像,几次欲废太子而立如意。刘邦活着时,常带戚姬随军,戚姬得宠,日夜哭求刘邦立其子。吕后留守都城,和刘邦的关系也日渐疏远。大臣们为社稷久安计,又有立嫡不立庶的典则,怕轻废太子,给国家长治久安留下祸患,所以百般谏阻,太子得保其位。如意被封为赵王,刘邦常把他留在长安。

正妻对姬妾,嫡出和庶出,双重的妒恨之火烧灼着吕后的心,她隐忍着,等待着,咀嚼着仇恨,窥伺着时机。刘邦一死,戚姬母子失去了庇护,她报复的时刻到来了!她立即下令将戚夫人囚禁起来,给她穿上囚服,剃去头发,颈上戴上铁圈,逼迫她日夜舂米。戚姬一边舂米一边流泪而歌:"子为王,母为虏,终日舂薄暮,常与死为伍!相离三千里,当谁使告汝?"自己遭这样的凌辱和刑罚,有谁能告诉远在三千里外的儿子呢?吕后大怒道:你这贱人,还想依仗你的儿子吗?于是,召赵王如意进京,想把他杀掉。使者去赵国三次,赵相周昌不让赵王入京,回答使者说:高皇帝(刘邦)把赵王交给我,如今他年纪还小,我有保护他的责任。听说太后怨恨戚夫人,想召回赵王将母子杀掉,我不敢让赵王入京。况且赵王还有病,所以不能奉诏。周昌何人,如此大胆,敢逆吕后之淫威?这不是找死吗?原来,当年刘邦欲废太子时,周昌为御史大夫,曾闯宫强谏。周昌性格倔强,又口吃,容易动感情,他红头涨脸,对刘邦结结巴巴地说:"臣口不能言,然臣期期知其不可!陛下欲废太子,臣期期不奉诏!"周昌的举动,把刘邦也逗笑了。正好吕后在东厢侧耳偷听,后见到周昌,跪谢道:如不是您,太子险些就被废掉了!当时赵王如意年刚十岁,刘邦担心自己死后他遭到不测,有臣子进言,不如给赵王选一个有威望的人为相,这个人让群臣、太子、吕后都能敬畏,方可保护赵王。于是,就让周昌当了赵国的相。但是周昌能保得了赵王吗?因有维护太子之功,他护着赵王,抗旨不遵,吕后不杀他,就算给了他面子。吕后是做事不顾一切,敢于突破底线的人,她岂肯罢手?于是,她先把周昌召入京去。周昌到了长安,再派人去召赵王。赵王年方十二,还是个孩子,刚即位的皇帝刘盈知道母亲对这个异母弟弟积郁着满腔的仇恨,他心地仁慈,怕赵王受害,亲自出长安到霸上去迎接赵王;接入宫中后,与其同吃同住,形影不离,吕后得不到机会。这天,皇帝出城围猎,赵王没有早起,吕后立即趁这个空档,派人带毒药入宫,强行给赵王灌进去。等皇帝回来,赵王已死。赵王如意是死于吕后之手的第一个刘姓王。如意的母亲戚姬是吕后最恨的女人,既杀其子,复害其母。吕后不想让她轻易死去,这样她觉得不解恨。她下令砍断戚姬的手足,挖去她的双眼,弄聋她的双耳,再灌进哑药,使其变成哑巴,把她放进茅厕里。过几天,她让儿子刘盈来观赏一种特殊稀有的动物,名为"人彘"。刘盈知道这"人彘"乃是被母亲残害的戚夫人后,心灵受到了极大的刺激和伤害,当时大哭。对吕后说:妈妈,这不是人干的事情啊,我是您的儿子,让我今后怎么治理天下呢!皇帝心灵受此戕害,深感人生丑恶,万事虚无,从此不理朝政,饮酒淫乐,在位仅七年,即撒手人寰。

赵王死后,徙淮阳王刘友为赵王。刘氏诸王还在封地,暂安其位。但是,刘氏王多为刘邦姬妾所生,吕后先是把除戚夫人之外的姬妾们闭锢宫中,形同囚犯,不许其与人接触,再来一个个收拾这些王侯。

第一个险遭毒手的是齐王刘肥。刘邦当年微贱时,除正妻吕氏外,在外面有一个姓曹的女人,俗称外妇,未迎娶进门之谓也。刘邦与曹氏生子刘肥,年纪比刘盈大。刘肥在高祖六年(前201年)即被封为齐王,所辖七十三县,说齐地方言的百姓都是他的子民。刘盈即位第二年(前193年)刘肥来朝,皇帝认为刘肥年长于己,以兄礼待之,置之上坐。吕后以给刘肥祝寿之名,置毒酒于案。刘肥起立,谢恩后端起酒杯。皇帝刘盈也起身端起了另一杯毒酒。吕后大惊,突起碰翻了皇帝手中的酒杯。齐王见吕后举动异常,心中狐疑,不敢饮杯中之酒,假意喝醉,避席离去。后知吕后所赐乃是毒酒,忧虑此来难以活着离开长安,正忧恐无计,左右献策曰:太后只有皇帝和鲁元公主两个子女,如今大王据七十余城,而公主封地才有数城。如果大王以一郡之地割给公主,太后必然欢喜,可保大王无患。刘肥立刻献上城阳郡给公主,并尊公主为齐王太后,奉之以母,吕后喜而许之。齐王又在府邸置酒,宴请吕后,吕后这才开恩,放齐王归国,刘肥侥幸得以善终。

继如意后,第二个死于吕后之手的是赵王刘友。他也是庶出,如意被害后,刘友徙为赵王。为了监视他,吕后把吕姓的几个女子赐给他为姬妾,可是刘友并不爱她们而爱别的女子。这几个吕姓女子纷纷离开赵国回到长安,向吕后进谗言,说:刘友对太后有反心,经常扬言,说姓吕的怎么能在汉家封王,太后一死,我就起兵,把姓吕的斩草除根。刘友是否说过这话,无从考证。这时皇帝刘盈已死,吕后当权,她开始经营吕氏天下,把几个弟兄和侄子封了王,大有篡刘为吕之势。汉家老臣迫于吕后淫威,敢怒不敢言,可即使刘友私下发狠泄愤,这样的话怎么能当着那几个吕姓女子说呢?所以这几个女子或许出于妒恨,编造谗言,必欲置其于死地。吕后闻听大怒,把赵王刘友召入长安。把他安排住下后,派兵围其宅邸,断水断粮,让其慢慢饿死。刘友的臣子有偷送食物者,立即捕杀。刘友在煎熬中受尽折磨,呼叫哀告,无人理睬,绝望中作歌以抒愤懑:"诸吕用事兮刘氏微;迫胁王侯兮强授我妃。我妃既妒兮诬我以恶;谗女乱国兮上曾不寤。我无忠臣兮何故弃国?快中野兮苍天与直!于嗟不可悔兮,宁早自贼!为王饿死兮,谁者怜之?吕氏绝理兮托天报仇!"所谓"谗女乱国兮上曾不寤"是对父皇刘邦的怨愤。如果早知有这样的下场,宁可自杀,也不受这样的折磨!但一切都无可挽回,他也只能呼天抢地,寄望于天,最后在幽囚中饿毙。

第三个被害死的刘姓王名刘恢,庶出,彭越被诛后封为梁王。赵王刘友饿毙后,吕后将刘恢徙为赵王。刘恢不愿意到赵国为王,因为有两个刘姓赵王都死于吕后之手,他可不想成为第三个,但吕后的命令是不能违抗的,他到赵国后,吕后把侄子吕产的女儿派给他作王后。这个王后很厉害,后面跟着一大帮随从,都姓吕,除了在赵国横行霸道外,还搞特务活动,监视刘恢的一举一动。刘恢行动受到限制,但又不敢得罪王后和她的跟班,忍气吞声,活得很窝囊。刘恢有一个爱姬,两人情投意合,彼此慰藉,相濡以沫,王后妒恨得发疯,下令将刘恢的爱姬鸩杀。刘恢这个人很有才,含泪作歌诗四章,寄托哀思,并使宫中乐人谱曲而歌。听着这使人肝肠寸断的哀歌,刘恢感到虽然身为王侯,活着并无任何乐趣,遂断然了却了自己的生命。吕后听说刘恢放弃王侯之责,不思奉宗庙之礼,为了一个女人而自杀,下诏废其嗣。

刘邦还有一个庶出的儿子刘建,燕王卢绾跑到匈奴去之后,刘邦封刘建为燕王。这年,刘邦死,这是他死前封的最后一个刘姓王。三年后,刘建亦死,留下一个儿子,是和后宫美人所生。吕后下令将刘建之子杀掉,以绝其后。

刘邦死后,吕后杀刘姓王三人,皆刘邦庶出之子,加上杀死的刘建的儿子,使刘邦四个庶出之子皆绝国灭姓,只有齐王刘肥因以封地贿赂吕后母女,方得逃生。刘邦的家天下在其死后不久即大树凋零,根残叶落。

汉代去殷周不远,上溯千年,大约是父系氏族社会的晚期了。历春秋战国至秦灭,亡国即灭祀,乃是一个宗族的覆灭。古代惩治所谓乱臣贼子,设定的夷三族的刑罚,也是绝其宗族的行为,这是氏族社会氏族间战争的遗存。以血统血缘定亲疏,传社稷,封诸侯,是家天下的本义。吕后的血统血缘观念近于病态,刘氏诸王虽多为刘邦之子,但除皇帝刘盈外,身体内并无她的血液,所谓"隔重肚皮隔重山",她对他们并无亲情。又因正妻对姬妾的妒恨,恨其母必欲除其子,所以,杀刘氏诸王,她是怀着满腔仇恨,决不留情的。另一方面,她把自己亲生儿子刘盈当作血缘传续的工具,甚至不顾伦常之忌,搞近亲婚配。她为儿子选定的皇后竟然是鲁元公主之女。鲁元公主是刘盈的亲姐姐,吕后竟然强使外甥女和舅舅婚配,希望生下带有吕氏血缘的太子。可是刘盈和外甥女(公主与宣平侯张敖之女)并没有生出皇子,吕后令张皇后强行抱养一个男婴,杀了男婴的母亲,以为太子。刘盈在位七年而死,太子即位,因皇帝年幼,吕后总揽了朝廷大权,成为没有帝王封号的帝王。

吕后亲生儿子刘盈死后第二年,女儿鲁元公主也死去了(死后谥为鲁元太后)。她虽然攫夺了刘氏汉家江山的最高权力,但已是孑然一身的孤独老妪。从其杀刘邦庶出诸子的行为看,两人虽是贫贱夫妻,但随着二人社会地位奇迹般的变化,他们之间的感情(如果有的话)已荡然无存,她对帝王刘邦除了恐惧,唯有怨恨而已。两个亲生子女的离世,更使她内心无比凄凉。决人生死的无上权力或许给她带来短暂的快感,之后就是无边的空虚和绝望。人,总要找到活下去的理由,这是人生的支点。吕后晚年的人生支点就是一个,变刘姓江山为吕姓江山,为娘家人荣华富贵乃至君临天下拼尽余力。

三 吕姓王

在动荡的岁月和残酷的战争中,吕后的心变得又硬又黑,对权力的血腥争夺已将其异化为非人,她丧失了作为一个人尤其是一个女人应有的情感和人性。她的儿子刘盈死了,她只有假意的悲嚎,却没有一滴眼泪。张良的儿子张辟强因父亲辅佐先帝之功,官为侍中,时年仅十五岁。他看到吕后假哭无泪,对丞相陈平说:太后只有皇帝一个儿子,今哭而不悲,您知道其中的缘由吗?陈平问:什么缘由?张辟强说:皇帝没留下儿子,太后害怕丞相和大臣们生出变故。如今,丞相可请求太后拜吕台、吕产为将，统领南北二军，凡太后的娘家人都封官晋爵，管理朝政，太后安心，丞相和大臣们才可免祸。陈平依计而行，请太后加封吕姓。吕后大悦，临祭而哭，这才有了眼泪。皇权专制的时代，帝王之死，是一个隐伏杀机、人心浮动的时刻。皇亲国戚、朝廷重臣，他们的命运都可能在瞬间发生逆转。长久酝酿的阴谋和突起的政变随时可能发生，大者关乎国家长治久安，小者关乎臣子们的荣辱生死，置身于权力旋涡中的人都惶恐不安地窥伺着周围的动静和一切微小的征兆。陈平等大臣们迫于太后和吕氏的淫威，出于自保，主动向太后和吕氏出让权力。这种妥协，往坏里说，造成太后和诸吕专权，使刘氏江山几近覆灭；往好里说，是保证了权力的平稳过渡，先用权力喂饱诸吕，使他们不致遽然作乱，造成不可预料的后果，积蓄力量，以待时机，使汉家政权失而复得，得以存续，这或许也是陈平等人的良苦用心。无论如何，吕后在儿子死后为自己也为娘家人夺得了最高权力。此后八年，直至她死去，刘邦的家天下名存实亡。

在长久的宫廷斗争中，吕后已谙熟了政治权术和潜规则。为了掩人耳目，堵住汉家臣子之口，她先把刘盈后宫中美人所生的几个男婴封为王侯。这几个男婴（或许还有稍大一点的少年）来历可疑，可以确定的是，他们并非刘氏血统，而是后宫妃嫔们与人通奸的杂种（由于某种不可告人的原因，这种通奸是被默许了），但因为他们的母亲名义上是皇帝的女人，所以他们姓刘。尽管刘氏王基本被其诛灭，但刘氏的家天下还是在的，因为"刘氏遗裔"仍然被封为王，吕后对汉家社稷的忠诚还可怀疑吗？吕后心知肚明，她封的几个王侯并无她儿子的骨血，如果像今天能搞DNA鉴定，没有一个是她的亲孙子，所以给他们以高位，完全是另有所图。她指示几个卖身投靠的臣子造舆论，上疏请封吕氏。既然"刘氏遗裔"已经封王封侯，吕氏何不得封？最终，她只好"俯从"臣子们的意见，为了江山社稷（这永远是高层政治中图谋私利攫夺权力者最堂皇的借口），开始册封诸吕，把权力转移到吕氏手中。

吕后在位八年间，封血缘最近的吕氏四王六侯共十人。她有两个哥哥，大哥吕泽有二子：长子吕台封吕王，把齐国济南郡割为吕国属地（山东至今有吕剧，其源在此）；吕台封王后一年死去，他的儿子吕通被封为燕王。吕泽次子吕产封为梁王。又因大哥吕泽早死，追封为悼武王。吕后大哥一家三王（吕泽为追封的谥号，不算），可谓权倾一朝，贵极天下。吕后二哥吕释之有子吕禄，封赵王。吕释之先已有建成侯之封,此时又追尊为赵昭王。吕后的父亲吕太公亡故多年,追谥为吕宣王。父兄的王号,乃荣贵之号;其余侄子侄孙,是名副其实的王侯,不仅有封地,还握有军事大权,把枪杆子牢牢抓在了手里。吕氏六侯,不一一胪列,仅有一侯,很重要,还是个女流之辈,即吕后的妹妹吕媭,封为临光侯。她和姐姐吕雉一样,为娘家人篡夺刘氏江山,拼尽了全力。吕媭有女,是女将军,嫁给了刘泽。刘泽与刘邦是同祖本家,有臣子对吕后说:吕氏多人封侯,很多大臣都不太服气,刘泽是高帝的本家,年纪又大,如果太后封其为王,使不服的大臣闭嘴,吕氏的地位就更加巩固了。这极有可能是吕媭母女和刘泽暗中运动的结果。吕后认为有理,刘泽虽为刘姓,但与吕氏联姻,是吕后的外甥姑爷,封王有何不可?遂把齐国的琅琊郡割出来,封刘泽为琅琊王。华夏山河大地犹如一块大饼,刘邦在时,由刘氏分而食之;刘邦死后,就由老婆的娘家人吕氏重新分割了。

吕后临朝,欲封吕氏为王时,大臣中也有强直不从者,她先咨询右丞相王陵,王陵回答说:当年高帝(刘邦)与诸臣有刑白马之盟,其誓曰:"非刘氏而王,天下共击之。"如今欲封吕氏为王,是有背盟约的。吕后不悦。又问左丞相陈平和太尉周勃,两人曲从吕后,说:高帝定天下,封子弟为王;如今太后称制,封吕氏为王,并无不妥。太后当然愿意听陈、周二人的话。事后,王陵责备陈、周:当年与高帝歃血为盟时,难道你们不在吗?如今高帝崩,太后以女主临朝,欲封吕氏,你们竟然阿谀太后以背盟誓,将来有何面目见高帝于地下?陈、周二人从容回答说:面折廷争,坚持原则,我们确实不如您,但保全社稷,使刘氏后代能坐稳江山,恐怕您不如我们。王陵无言以对,不知陈、周二人葫芦里卖的什么药。如果这一段记载是真实的,那么,顺从吕后,满足吕氏权欲,搞曲线救国,似乎是陈、周等人的既定方针。但我怀疑它是后世史家根据后来的历史走向所作的虚构附会之言,目的在于突出陈、周等臣子对刘氏之忠。此后八年,吕后君临天下,诸吕专权,臣子们唯有保官保命,并无任何反抗。直到吕后死后,才有诛吕安刘之举,这场斗争充满了变数和历史偶然性,完全不可能是八年前预设的方案。人是环境中人,随势俯仰,符合人的本性,在权力的威压之下,面临荣辱生死抉择,人是会改变的。后来的结果不过是臣子们顺势而为罢了。王陵因为直言,得罪了吕后,被免去了右丞相,接着,就被开了缺,打发回老家去了。陈平接任了右丞相,又安排郦食其当左丞相。郦不管朝政,只监管宫中诸事,吕后的想法由他去发布执行,陈平又是个委曲求全的人,这种人事安排,使诸吕的政治地位愈加巩固了。

再说吕后立的小皇帝本非刘盈与皇后亲生,是后宫某美人的孩子。吕后命皇后将其强行掠来立为太子,就将其母杀掉了。这孩子后来知道了真相,童言无忌,发狠道:太后怎能杀我母亲叫我当这个傀儡皇帝?等我长大了,一定要报仇!吕后听后,立刻将这孩子幽禁起来,说他胡言乱语,得了精神病,不久就把他杀掉了。依三皇五帝之成典,皇帝总不能由女人来做,吕后虽然已行帝王之权,但只能谓"称制",还不能冠以帝王名号(八百年后,千古独一的女人武则天才算做了一回有名有实的真皇帝)。若立吕氏某男为帝,条件还不成熟,所以,还得立个幌子给刘氏社稷装门面。好在刘盈的后宫妃嫔生有好几个男孩子(刘盈有淫乐之名,他当皇帝时,后宫的淫乱可想而知),先是立一个名叫(刘)不疑的为恒山王,立不久,(刘)不疑死,接替他为王的是一个叫(刘)山的男孩,更其名为(刘)义。如今,吕后既然除掉了那个因言得祸的小皇帝,就把恒山王(刘)义立为皇帝,再给他改个名,叫(刘)弘。众人心知肚明,反正都是野种,又是做幌子的,立哪个无所谓。(刘)弘为帝,没有年号,也不称元年,是吕氏江山纯粹的幌子。

自从刘邦定汉家天下以来,刘邦两口子先杀功臣和异姓王;刘邦一蹬腿,他老婆吕后再杀刘姓王;如今,吕后临朝,诸吕王天下。臣子们开国时的理想和抱负(如果有的话)已日渐麻木,原有的信义和原则也不放在心上。眼见得旦为王侯,夕为怨鬼,杀来杀去,无非为了家天下。身为臣子,不过当官食禄,远祸全身,求得个富贵荣华,江山姓甚管他娘!所以,吕后临朝称制八年间,尽管言出法随,威加海内,诸吕猖狂,朝政已非,大臣们还是宴然安乐,唯命是从,没有任何不臣之举。真正日夜不宁、忧心如焚、试图反抗的还是姓刘的人。且说齐王刘肥从吕后的魔爪下逃生后,不久死去,他的长子刘襄继位为齐王,虽然刘姓诸侯唯齐得保全,但封地已被吕后割出济南、琅琊二郡,分别给了吕台和刘泽,齐王唯有忍气吞声。刘襄有弟刘章,被封为朱虚侯,奉命入长安宿卫。吕后把吕禄的女儿许配给他,便于笼络和监管。刘章年仅二十,高大魁伟,血气方刚,对吕氏专权侵夺刘姓心中不平。吕后很喜欢他,又因是她的侄孙女婿,所以多有回护。一次宫中宴饮,命刘章监酒。刘章请求道:臣,将种也,请以军法行酒。吕后说:可以。这不过是宴乐中随便一说而已,哪里当得真?酒至半酣,刘章庭中起舞,舞罢,对吕后曰:请为太后言耕田。吕后一直把刘章当儿子看,笑着说:要说你爹知道耕田的事还差不多,你生而为王子,哪里知道什么耕田?刘章说:臣知之。吕后说:那你就给我说说耕田的事吧。刘章随口道:深耕播种,立苗欲疏;非其种者,锄而去之。吕后闻其言,默然无语。刘章表面说的是耕田,但其间的深意吕后怎会不知?不一会儿,一个姓吕的小子喝醉了,跟跟跄跄,逃席而去。刘章拔剑追出,去而复返,剑上还带着血迹,报曰:有逃酒一人,臣已按军法斩之。太后及席上诸人皆惊,但事前许之以军法监酒,无法论刘章之罪,只好罢宴散席。自此之后,大臣们觉得刘家人也不全是熊包软蛋,遂暗中向他靠拢,把刘氏复兴的使命寄托在刘章的身上。虽然席间所诛之吕,可能是远支末系小角色,也足使诸吕畏忌。所谓汉家臣子尽缩头,尚有刘氏真男儿!

吕后临朝八年,最后在宫中被疯狗在腋下咬了一口,患狂犬症而亡。此事史家记载颇为模糊,至有说赵王如意幻化为犬报仇者,似真似幻,当属无稽之谈。吕后死前,召赵王吕禄、梁王吕产至榻前,命吕禄为上将军,统领北军,吕产统领南军,戒之曰:吕氏为王,汉家大臣不平,我要死了,皇帝年幼不知事,恐怕大臣们要作乱。你们二人一定不要离开部队,当统领南北二军,守护皇宫内外,且勿为人所制。

吕后一死,吕禄、吕产等窃据高位的诸吕就想搞政变,攥夺大位,但畏惧绛侯周勃、大将灌婴等汉家老臣,一时不敢动手。朱虚侯刘章从老婆吕禄之女那里得知吕氏政变阴谋,立刻派人秘密去齐,要哥哥齐王刘襄发兵造反,自己在朝中为内应,事成之后,立齐王刘襄为帝。齐王刘襄举兵,攻打割给吕台的济南郡,并行书诸侯,陈诸吕窃国之罪。相国吕产命大将灌婴带兵击齐,灌婴率军到了荥阳,即停止前进,与左右谋曰:诸吕拥兵关中,想取刘氏而代之,如果我们破齐,岂非为吕氏效命。于是驻军不战,观望时局。

刘邦临终对吕后讲到身后的人事安排时曾有语曰:"周勃重厚少文,然安刘氏者必勃也,可令为太尉。"周勃虽为太尉,兵权尽在诸吕之手,无能为也。如何将兵权夺到手中,颇不容易。周勃与陈平商议,由吕产最信任的朋友前往游说吕禄曰:高帝与吕后共定天下,刘氏所立九王,吕氏所立三王,皆大臣之议,事已布告天下,皆以为宜。如今太后崩,皇帝年幼,而足下佩赵王印,不去国守藩,乃为上将,率军留在长安,朝中大臣和四方诸侯必然心生疑虑。足下何不归将印于太尉,请梁王(吕产)归相国印,与大臣盟誓就国。这样,齐兵必罢,大臣得安,足下高枕而王千里之国,子孙世世为王,岂非万世之利乎?吕禄有些心动,有心把兵权交给太尉。他把这个想法说给诸吕老人,有人说好,有人说不可,争来争去,没个结果。这天,吕禄外出行猎,到他姑姑吕嬃府上说出欲交兵权的想法,吕嬃大怒,说:你们如果交出兵权,我们吕家人将无立足之地了!说罢,将金银玉器抛了一庭院,说:我不想为别人守护这些东西!从这里看,诸吕男子虽仗势封王,都是些鼠目寸光的庸人,毫无政治远见,其见识尚不如吕嬃这样的女人。吕嬃认为丢了枪杆子,金银财宝全都是人家的了,作为女人,其见识只能如此。可是吕氏男人们连这个都见不到,只想到封地去当诸侯王。吕嬃耍了一通泼,没有使吕氏男人醒悟,他们不知道,一旦风云陡起,政局翻覆,连性命都保不住,遑论财宝乎!

此时,有大臣见相国吕产议事,郎中令贾寿奉命到齐地打探消息,回来复命,贾寿数落吕产说:你们已经封了王,为什么不早去封地就国,现在想去,哪里还有可能!于是,就把灌婴和齐、楚两国联合要消灭诸吕的形势说了,要吕产入宫,快想对策。

太尉周勃到北军营门,不得入,持北军符节的臣子名叫纪通,他下令开门纳周勃入营。这时,吕禄的朋友又乘机进言,说:皇帝有诏,让太尉执掌北军,欲足下前往封地就国,应交出将印,立即去封地,否则,将有大祸临头。吕禄竟然解下将印,交给部下,出营去了。周勃得将印,立入军门,号令诸将说:为吕氏右袒,为刘氏左袒!三军皆袒左臂。北军立时哗变,不为吕氏所用矣!但尚有南军在吕产手中,形势还不容乐观。丞相陈平派朱虚侯刘章辅佐太尉周勃,周勃又下令,不许吕产入宫门。

吕产此时不知北军已哗变,入未央宫,想夺帝玺绶为乱。到了宫门前,守门者已得太尉令,闭门不纳。吕产徘徊在宫门前,大臣们认为胜负难料,不敢攻击吕产,只派人飞马报告身在北军的周勃。周勃也不敢轻言诛吕产,只命刘章率千余士兵去守卫皇帝。刘章带人来到宫前,恰遇吕产,立率人击之。这时,刮起了大风,吕产奔走,从官散去,刘章追杀不舍,在宫中的一间厕所里将吕产杀掉。皇帝闻吕产被杀,命使者持节绶慰劳刘章,刘章欲夺节绶传帝命诛诸吕,使者不肯。刘章遂与使者同乘一车,斩长乐宫卫尉吕更始。这样,在要害岗位上诸吕头目皆被杀。于是,刘章派人驰入北军,报告太尉周勃,说:所患唯吕产,今已诛,天下定矣!于是,周勃等朝中大臣派人分头逮捕诸吕男女,不分老幼皆杀之。吕禄被逮,枭首;吕后的妹妹吕嬃被笞杀,燕王吕通(吕台之子)也被诛灭。鲁元公主(吕后之女)的儿子张偃封鲁王,被废黜,好在不姓吕,拣了一条命。吕后的娘家人九族尽灭,无一存活。

诸吕既灭,朝廷派朱虚侯刘章告齐王,令罢兵。大臣们密商刘氏家天下的继嗣之人,认为现今在位的皇帝及吕后所封刘氏诸王,皆非先帝刘盈的子息,而是后宫妃嫔们的私生子。吕后杀其母而蓄养之,立帝封王,皆为吕氏羽翼。若仍在位,秋后算账,大臣们将来身家性命难保。于是,自天子刘弘及以刘盈子名义所立诸王,尽杀之。或认为齐王刘襄乃高帝刘邦之孙,与其弟刘章俱有起兵诛吕之功,当立。大臣们商议后认为,齐王虽有功,但其外家很强势,他有个舅舅名叫驷钧,不是个省油的灯,吕氏作乱,岂非因外戚擅权?前车之鉴,不可不防,所以,最先起兵的齐王亦被否决。最后,大臣们反复权衡,决定立远在边地的代王刘恒为帝。当年吕后曾欲徙刘恒到赵国为王,吕后已杀了三个刘姓赵王,赵国乃凶险不祥之地,刘恒可不想去送死,谢恩后,表示愿意留在边地,为朝廷守边,这才躲过一死。刘恒能当皇帝,还有一个原因,他是刘邦与薄姬所生,薄姬当年做人低调谨慎,早已失宠;刘邦死后,吕后囚杀诸姬,因薄姬并不为刘邦所爱重,吕后对其衔怨不深,得以去封地与儿子厮守。大臣们觉得刘恒母系一家并非桀骜难驯,不致兴诸吕之乱,所以刘恒成了新君的人选。刘恒开始有些狐疑,怕入京后遭大臣们暗算,和臣子们卜卦算命,多方打探,知道入京没有性命之虞,这才怀着忐忑不安的心情入京当了皇帝。这就是汉朝历史上的孝文帝。

皇权专制的家天下制度决定了中国两千余年的政治生态,皇族内部乃至权力高层的血腥杀戮一直不断,子弑父、弟杀兄、骨肉相残,超出了人伦的底线,阴谋和权术始终是高层政治的常态;强势统治者一旦离世,乃是最凶险的时刻,人亡政息,动荡反复,拨乱反正,权力翻转,荣辱生死,瞬间变化;旧桃换新符之时,新君的选定,如果不是在杀戮中胜出,则是核心圈子中的老臣以自己最高政治利益为原则密商妥协的结果。在凶险的政治博弈中进入核心圈子的老臣们会决定家天下的走向,这一点,死去的帝王和他活着的子孙都无能为力。在某种意义上说,家天下是君臣共同维护和共享的权力盛宴,彼此戒备和倾轧是其常态,但当失败者出局后,活着的人总会找到利益的平衡点把这权力的盛宴维持下去。

居庙堂之高

少年时读范仲淹的《岳阳楼记》,不仅为其飞扬的文采所折服,更为其所倡言的士大夫的理想人格而激动,所以阅读三过,即已成诵。整日把"先天下之忧而忧,后天下之乐而乐"的名句挂在嘴边,不谙世事的乡野少年即俨然成了忧国忧民之士,其幼稚憨傻之态,可笑复可悯矣!后来,读史阅世,身心俱老,方知文章只可当文章去读,有些话是大可不必当真的。所谓"居庙堂之高,则忧其民;处江湖之远,则忧其君",翻遍二十四史,没见有人能践行之。我从来没有登过"庙堂",所以没有大人们的体验,高居庙堂之上的大人们是不是在忧民呢?根据我读史的经验是:没有。他们固然也有"忧",但所忧不在民,而是自己的身家性命。这从汉初开国重臣的命运及君臣关系可见一斑。

萧何和刘邦是贫贱之交,后来帮助刘邦打天下,刘邦当了皇帝,他功推第一,官拜相国,真正算得上"居庙堂之高"。刘邦和项羽苦斗之时,萧何盘踞关中,给刘邦镇守根据地,不断征集关中子弟为刘邦输送兵员,调查户口,按户征粮催赋,给前线的部队漕运粮秣。此时的萧何已是刘邦家天下的大管家,他所忧劳者,并非百姓的死难困苦,而是主子的皇权大业。就是这样,他也有日夜忧心的恐惧,那就是失去主子的信任而带来杀身之祸。汉高祖三年,刘、项角力,战争处于相持阶段,刘邦不断派使节慰劳后方的萧何,这种反常的举动使萧何身边的人嗅出了危险的气息,鲍生进言曰:如今汉王在战场上出生入死,受大野风霜之苦,却不断派人慰劳你,是有疑君之心。为君计,不如将宗族中子弟能打仗的全送到前线去,如此方能使大王更加信任你。萧何从其计,刘邦方释疑。为成就刘邦皇权大业，萧何曾举荐韩信为帅。韩信初不被刘邦所重，离汉而去，萧何将韩信追回，但最后也是萧何献计使吕后把韩信杀掉的。这也足见萧何对刘邦家天下的忠诚。刘邦在外平陈豨之叛，闻韩信被诛，特派使加封萧何为相国，食邑加增五百户，并派五百卫士护卫相府，很多人都来向萧何祝贺。只有一个名叫邵平的人对萧何说：祸自此始矣。皇帝征讨于外，而君守于内，并无什么危险，不但对你加官进爵，又为你派了如此多的卫士。这种举动难道是正常的吗？况且韩信刚刚谋反于内，加派卫士，并非对你的恩宠，而是有疑你之心。为自保计，应谢绝封赏，捐出家财以充前方军费，方能免祸。萧何捐出家财，这才讨得刘邦的欢心。这年秋天，黥布造反，刘邦又带兵去征讨。前方的刘邦对于留守的萧何还是不放心，屡次派人探问相国在干什么。回复说：因为皇帝在军中，相国如征讨陈豨时一样，维护后方的安定，征集资财粮草，以应军需。身边的幕僚对萧何说：君灭族之祸不久矣！君位为相国，臣子中功劳居第一，无以复加。你镇守关中十余年，已得百姓之心，皇帝所以数次探问你的近况，是怕你心怀异志，倾动关中。如今为自保，何不广置房产土地，强征贱买，亦所不惜，让皇帝认为你是一个胸无大志的土财主。如此虽自污自贱，坏了你的名声，但或许可以逃过灭族之祸。萧何依计而行。刘邦得胜回都，百姓遮道告萧何的状，说他强征贱买百姓田产，萧何迎谒刘邦，刘邦笑将百姓的状子给了萧何，说：你自向百姓谢罪吧！此计虽拙，但也确实使刘邦释疑，认为这样的人是不会夺他的天下的。观萧何自保之手段，不外两条：一是不计个人得失，对主子忠心耿耿，恭谨劬劳，关键时不惜献出财产家人以明心迹，表现他忠贞无二的一面；二是放低身段，不怕自污自贱，奴颜婢膝，在人格上卑屈自辱，以表现自己无条件的屈从。

  身为相国的萧何，在外人眼里，位高爵显，富贵已极，但他却时刻忧惧自己的身家性命，其内心之煎熬，外人恐怕很难体会。当然，高居庙堂的并非丞相一人，还有众多臣子，那么，皇帝视臣子为何如？刘邦与臣子有一段精彩的对话，窃以为"居庙堂之高"的臣子们是该永铭在心的。汉高祖五年，项羽已灭，刘邦即皇帝位，论功行赏，群臣争功，年余不绝。刘邦认为萧何为他镇守关中的根据地，功劳最高，所以首封萧何为酂侯，食邑八千户。众臣不服，哄闹说：我们披坚执锐，统兵沙场，为陛下打天下，多者身经百余战，少者亦有数十合，攻城略地，出生入死，如今不见封赏。萧何未有汗马之劳，光指靠文墨议论，从未上过战场，为何功劳却在我等之上？刘邦问：你们知道打猎的事吗？众臣答：知道。刘邦又问：知道猎狗吗？又答：知道。刘邦从容道：打猎时，追杀野兽的是猎狗，而发现野兽并指示猎狗追捕野兽的是人。你们冲杀在前，捕获野兽，不过是功狗；而萧何，指示发令，纵狗追捕，乃是功人。众臣子再不敢做声。萧何何幸，被帝王看作"人"，而别的臣子虽赴汤蹈火、舍生忘死，但在帝王的眼里，不过是"狗"而已。刘邦虽不读书，但他是个聪明人，一语道破宫廷政治中君臣关系的本质。所谓"狡兔死，走狗烹"，刘邦当皇帝不久，就把三个最大的军头（三条功劳最著的功狗）韩信、彭越、黥布杀掉了。

　　身为当朝相国，说萧何完全不"忧民"，当然也不公平。正史所载，萧何的确"忧"过一次民，但却给他带来了大祸。刘邦在长安附近圈起大片山泽土地以为猎场，称上林苑。萧何上书，云长安土地狭窄荒瘠，民生穷困，奏请皇帝开放上林，允许百姓入内采集菽麦野果，以维生计，勿弃为野兽所食。刘邦大怒，说萧何受商贾财物，为他们说话，图谋皇家猎苑。于是，立下廷尉，将萧何披枷戴锁，关入大牢。数日后，一个臣子陪侍皇帝，问：丞相何罪，竟遭如此暴虐的对待？刘邦回答说：我闻听为相者，凡有善举，皆归于君主，（君主）若有错误差失，应为主上承担责任。如今萧何竟然受商贾贿赂，请求开放我的猎苑，以此讨好百姓，所以把他关入牢里去。这个臣子敢于说话，说：丞相请求做有利于百姓之事，是他分内之责，陛下因何怀疑他受商贾的贿赂呢？当年陛下与楚征战，后来陈豨、黥布造反，陛下统兵在外，都是相国镇守关中，若关中摇动则关西已不为陛下所有。相国那时不谋利于己，如今反受商贾之金吗？陛下何疑相国之深也？刘邦无语，当天派人释放了萧何。萧何平素恭敬谨慎，此时已年老，竟然光着脚，入宫磕头谢恩。刘邦阴阳怪气道：相国无须如此，这事就算了吧。相国请求开放上林苑我不许，说明我是桀纣那样的暴君，而相国是天下少有的贤相。我故意把你关入牢中，是用我的罪错彰显你的德行啊！看，赏赐你是因为怀疑你，惩治你是因为表彰你，帝王有绝对话语权，他当然可以随便怎么说，但他的逻辑谁能搞得清！他阴毒叵测的心理谁又能摸得透？在这样的庙堂上，自顾尚不暇，何遑忧民乎？

　　萧何死后，曹参为相。此人也是开国臣，比之萧何，功推第二。此时刘邦已死，太子刘盈即位，曹参完全按照萧何留下的规矩行事，日夜饮酒，丞相职事，不过循例应酬，这就是所谓萧规曹随。新皇帝不满丞相不作为，让曹参的儿子回去问父亲何以荒殆朝政,结果曹参把儿子痛打一顿,斥骂道:赶快滚回去当你的差,天下事哪里有你插嘴的份儿!到了上朝时,皇帝责问道:是我让你的儿子规谏于你,为何要痛责他?曹参赶快脱下冠冕,谢罪道:陛下自思可比先帝?皇帝说:朕安敢与先帝相比!曹参又问:我和萧何功德才能相比怎样?皇帝说:君似不及也!曹参说:陛下所言极是,既然先帝与萧丞相已定天下,法令明具,陛下垂拱而治,我等循例守职,照章办事,不是很好吗?皇帝只好说:好,既如此,那就这样吧!曹参依循旧章不作为,当个自在丞相,又何尝不是为了自保?在专制的官场中,做事的人容易出错招过,不做事或者少做事反倒落得清闲自在。无能的庸才不能作为,能吏不想作为,这两种人常常官运亨通。曹参参透了其中的奥妙,所以死前当了三年逍遥丞相,幸得善终。如此高居庙堂,焉得"忧民"乎!

张良属汉初开国重臣之一,也是"居庙堂之高"的人,应该说,刘邦有天下得张良之计多矣。但是张良所以没有被刘邦猜忌,第一是因为张良知进退,无野心。但这一条并不是护身符,你没有野心,帝王不一定不加害你,很多被整得家破人亡的臣子并非真的有篡位的野心,乃是因为与帝王间有其他的过节。第二条是张良体弱多病,保命之不暇,对上下左右自然构不成威胁。张良饱读诗书,聪明之极,一旦天下已定,刘邦登基为帝,他就退居边缘,学黄老之术,用道家辟谷法,练气功养身去了。张良没有权位之想,不会高调出山,自取灭亡。所以我们也不好强求他去"忧民"了。

还有一位陈平,也是刘邦的股肱之臣,应该上汉代名臣录的。他后来也位列丞相,得以善终。陈平魁伟俊朗,是个美男子,他深谙人性的弱点和欲望,故所出计谋,皆能中的。如用重金离间楚君臣,使范曾愤而去楚,死于途中;韩信欲求为王,刘邦怒骂,陈平在侧,踢刘邦脚后跟,使刘邦醒悟,暂时满足韩信欲望,以安其心;刘邦被匈奴困围平城,七日不得食,关键时刻,又是他做通了匈奴单于阏氏的工作,使刘邦平安出逃。陈平有何本事,能见到单于的阏氏,且使其阏氏为汉军解围?史书上说"其计秘,世莫得闻"。总之,陈平不是道学先生,他是不按常理出牌的人,他晚年总结自己的人生说:我多阴谋,此道家之所禁。后世子孙不得复起,以我多阴祸也!这是一个阴谋家的自白和自省之言。阴谋者凛然而惧,自承将祸及后世子孙,其秘计毒谋,当有不为正史所载者。如此为帝王勋业用尽阴谋手段的人,又与民何干也!

最后再说周氏父子。周勃有开国之功，性格敦厚倔强，刘邦临死，认为其可承担重任，所谓"重厚少文，安刘者必勃也！"惠帝六年，以周勃为太尉。诸吕专权，有篡位之谋，吕后死，周勃与臣子们一起将诸吕诛灭，迎立代王刘恒为帝，是为汉文帝。因其拨乱反正、重整江山之功，文帝以周勃为右丞相，赐金五千斤，食邑万户，成为权倾朝野的万户侯。这时，有人进言曰：君既诛诸吕，立代王，威震天下，而君竟心安理得受厚赏，处尊位，祸将及身矣！周勃听了非常害怕，立刻请求皇帝归还相印。不久，丞相陈平死，皇帝再次启用周勃为相。周勃的性格不会讨主子的欢心，不久，文帝就罢了他的相，把他打发到封地去了。这位曾统帅千军万马、有拥立之功的人在庙堂为相时就疑神疑鬼，战战兢兢，生怕惹来杀身之祸，如今处江湖之远，则"忧其君"乎？然。但这话没说完，应是"忧其君生杀己之心"。他得了恐惧症，心理出了问题，总疑心有一天会被皇帝派来的人杀掉。所以地方官到他封地来，他每次都身穿盔甲，命令家奴手执兵器以见。这哪里是待客？简直就是示威！不久就有人上书告其谋反，马上他就被抓进了大牢。周勃本来就拙于言辞，所以狱吏审问时不知所对，狱吏当然对他不客气，用各种手段折辱他，刑讯逼供，无所不用其极。周勃只好让家人以千金贿赂狱吏。狱吏受贿，暗示他"以公主为证"。原来，周勃的长子乃是汉文帝的女婿，他和皇帝是亲家，周勃当年受重赏时，把赏赐的金银财宝都转送给了皇帝的舅舅薄昭，如今事急，薄昭出手相救，去找自己的太后姐姐。薄太后对皇帝说：当年周勃为太尉诛诸吕时，统重兵，手握皇帝之玺，那时不反，如今居一小县，难道会谋反吗？文帝这才把周勃从牢里放了出来。周勃出狱，叹道："吾尝将百万军，安知狱吏之贵也！"这或许是曾经手握大权最后落到狱吏手里的人共同的感叹！权势一失，再矮的屋檐你也得低头！这个曾经叱咤风云的庙堂之臣最后孤寂地死在封地里，他的心理恐惧症应该成为帝王专制制度下一个值得剖析的历史标本。

  周勃死后，长子周胜之袭承侯位（周勃被封为绛侯），此人是汉文帝的女婿，但夫妻关系一直不好，公主不待见她的老公。不久，周胜之就因罪被杀。一年后，周勃次子周亚夫被封为条侯。周亚夫有极高的军事才能，汉文帝生前慰劳周亚夫驻军的细柳营被传为历史佳话，成为军营整肃军令严明的样板。文帝将崩，嘱告太子说：将来事有缓急，可用周亚夫统兵。景帝即位，吴楚七国诸侯叛乱，周亚夫统兵平叛，稳定了中央政权。平叛归来，周亚夫和乃父一样，官拜太尉，不久,迁为丞相。父子二人,皆有匡扶社稷之功,又都由太尉而丞相,功高盖世而又高居庙堂。其父已如上述,其子又当如何?在平定吴楚之乱中,由于整个战略部署的需要,周亚夫没有对被围困的梁孝王(景帝的小弟弟)派兵施救,得罪了梁孝王,梁孝王每次进京,都要在太后面前对周亚夫进谗言。景帝欲废栗太子(栗姬所生),周亚夫多次谏阻,终使君臣生隙。后来皇后之兄王信欲封侯,买通窦太后为其说话,皇帝征求丞相意见,周亚夫说:高皇帝(刘邦)曾与诸臣有约:非刘氏不得王,非有功不得侯,不如约,天下共击之。王信虽是皇后的哥哥,无功于社稷,如果封侯,是违背高皇帝约定的。景帝"默然而沮"。从此景帝对周亚夫由信重而疏远。其后又有五个匈奴王降汉,景帝欲封其为列侯而敦勉之,征求丞相意见,周亚夫说:此等人背其主而降陛下,如封其为侯,将来何以责不守节之臣?景帝已对周亚夫失去了耐心和敬意,断然说:丞相之议不可用。立将五人全部封为列侯。周亚夫明白,由于自己强直的个性,造成了君臣间的嫌隙,而裂痕的加深,已使其匡扶社稷的功劳化为尘土。功劳、勋位乃至帝王的眷宠都是不可倚恃的,帝王心思的多变和情感的好恶决定了臣子的命运。他以身体有病为由请辞相位,皇帝立即照准。正剧和喜剧刚刚落幕,悲剧的序幕即已拉开。不久,景帝在宫中召亚夫赐食,席上放一大块肉,没有切,也不放筷子。这肉怎么吃呢?难道是有意羞辱自己吗?"亚夫心不平,顾谓尚席取箸"。皇帝冷笑道:看来我没有满足你,是慢待你了!此嫌恨之言也!亚夫免冠向皇帝谢罪。皇帝只说一字:起。亚夫离席而去。皇帝目送他的背影,恨恨道:桀骜不逊,怏怏而去,此非少主臣也!这句彻底决绝之言预示了周亚夫悲惨的下场。亚夫老矣,来日无多,儿子们预为乃父筹备后事,依亚夫的爵位,墓葬中要有陪葬之器。亚夫曾为太尉,统兵百万,儿子为其定做了五百副将士的甲盾。此为冥器,当然不是实战的兵器。但此事却被告发,皇帝立刻命有司审理。亚夫强直,默无一言。皇帝怒道:我不用他的口供,直接交廷尉!廷尉者,相当于朝廷的大法官,专办皇帝交下的案子。廷尉直接诘问亚夫:你为什么要造反?一句话,把案子的性质定成了谋反大罪。亚夫驳斥道:臣所买器,乃葬器也,何谓反乎?廷尉笑道:君纵不反地上,即欲反地下耳!这才叫欲加之罪,何患无词!和他的父亲周勃一样,他同样尝到了狱吏的苦头,被不断地拷打折磨。年迈的亚夫在狱中绝食,五日后,呕血而死。当你失宠于帝王,厄运降临之快,如同云层的雷电。你往昔的功业辉煌,身居高位时的骄矜、财富和英名……你生前为之骄傲和所看重的一切,霹雳一声,立即化为烟尘!除了留给后人徒然的叹息,还剩下什么呢?

或问曰:那些位高权重的老爷子们既不"忧民",那他们到底在庙堂上干什么?答曰:因为庙堂上只有一尊神,争相对这尊神表示效忠是他们的日常功课。他们维护着皇帝的家天下,因为那是他们的安身立命之地,是他们的寄生之皮。除此,就是在互相排挤倾轧中巩固自己在朝中的地位,站稳脚跟,不被同伙干掉。

西哲有言:政治是一种残酷的游戏。帝王专制的宫廷政治尤其如是。所谓居庙堂之高,乃是居一人之下,万人之上之高位。"万人之上",固然可以使人有"赫赫师尹,万民具瞻"的气概,"把酒临风,其喜洋洋"的风采,但"一人之下",则会使你刻刻忧惧,如履薄冰,因其彼虽一人,你的身家性命就握在他的手心里。他决定你的荣辱生死,焉得不忧不惧?所以,居庙堂之高的人不是在一人之下放弃人格、操守和原则,就是身名俱丧,不得善终。庙堂并非易居之地,因为这是权斗的杀场,所以人性的阴暗暴露无遗,人性的异化也最为凸显。阳奉阴违,结党营私,相互倾覆坑陷,乃是庙堂的自然生态。《岳阳楼记》开篇句云:"滕子京谪守巴陵郡。"重修岳阳楼的滕某人就是因为得罪了高位者被贬谪到此的。范仲淹一句"忧谗畏讥",才是刻骨铭心的心里话,道出身在其中者的普遍心态。如此居庙堂之高者,"忧其身"之不暇,何遑"忧其民"乎!

汉代的官场生态

去年因事到长沙,淹留三日。临行,知有贾谊故居未曾拜谒,心忽忽而不乐。居停主人指一寻常街巷,道即在其内,说自己久居长沙,对此未曾留意,言谈间似有轻忽之意。时光已越两千余年,长沙王宫阙早已无迹可寻,为何贾谊故宅独存?必徒托空名而已。对一人造景观发思古之幽情,毋乃太愚乎?想到此,心中释然,欣然回程,不以为憾。

归来读《汉书·贾谊传》,为其悲剧命运沉吟良久!贾谊是青年才俊,读书多,有见识,不仅文章写得好,对治国理政也有高明的见地。其《过秦论》《治安疏》都是千古传诵的名篇,他的许多有关国家制度及政策的建议都得到皇帝的赏识并推行之,用今天的话来说,他应该算从政的知识分子。为什么他竟然在庙堂上无法立足,被贬谪到一个小小的诸侯国去任职?他的才能与见识高过所有的庙堂大佬,然而他却是孤立的,皇帝尽管佩服他、喜欢他,他却不被重用,年纪轻轻抑郁而死,满腹经纶化为云烟。由贾谊我想到汉代朝廷的官场生态,对帝王专制下的庙堂有了一点认识。所谓庙堂即是专制皇权的高层官场。究竟什么人在这里如鱼得水,游刃有余?又是什么人在这里如履薄冰,动辄得咎?什么人在这里官运亨通,富贵一生?又是什么人在这里丢掉了卿卿性命?尽管凡事总有例外,但庙堂也是各色人等麇集之地,升降浮沉之际见人性,祸福取舍之间见性格,倾轧排挤之中见心智,一颦一笑、一言一动皆有机心存焉!所以,考察与分析人性,也就会得出一般的规律来。

我认为,在帝王庙堂上正襟危坐的有策论型、弄权型和家臣型三种官员,尽管人性复杂,其间或有交叉重叠处,但大体不会差。

策论型的官员为参政的知识人,汉代朝廷中,贾谊和晁错是其代表。他们原本是读书人,以其过人的才华和见识被朝廷擢用。贾谊十八岁时就因熟读诗书,文章超群,远见卓识知名于郡中,后被人举荐,被汉文帝召入朝廷为博士。晁错开头学申商法家之学,以文学才能入官场,先是做俸禄六百石的小吏,称"太常掌故",后来被派去跟一个老儒生学习《尚书》,学成后,被拔擢为太子舍人、门大夫,同样升迁为博士。显然,两个人都有知识人的背景,在庙堂上也有着知识人的身份。庙堂需要知识人吗?当然需要!不仅因为目不识丁的文盲不能管理国家,更重要的是,作为国家政权,要有完备的礼仪制度等上层建筑的设计,还要用文化、道统等意识形态教化民众。所以,理论上,知识人在庙堂上不仅应有一席之地,还应处在高屋建瓴的位置上统领群伦。可是,如同西方古代哲人所设想的由"哲学王"治理国家一样,自有人类社会以来,这始终是知识者狂妄的梦呓。古今中外最高的专制统治者从来不是知识人,他们是马上的武人,权力的强人,甚至是毫无道德不择手段的流氓。历来的君主对知识人有两种态度,一是轻贱蔑视,如汉高祖刘邦,把尿撒在儒生的帽子里;二是对知识者有着一定程度的尊重,如贾、晁二人所服侍的汉文帝。知识人爬进庙堂,偃服于君主的脚下,全心全意为君主服务,如贾、晁二人,他们幸遇尊重知识人的开明君主,国家又需要他们的知识,按说他们应该有很好的前程。其实不然,他们都仕路蹭蹬,在风刀霜剑中备受折磨,最后落得很悲惨的命运。贾、晁二人开头都受到君主的宠眷。如贾谊,当博士不到一年,即被汉文帝破格提拔为太中大夫,去长沙任职一年多,皇帝召他回京,夜半召对,皇帝忘君主之尊,移席近前,听其宏论,最后说:吾久不见贾生,自以为过之,今不及也。此言足见贾谊在帝王眼中的地位。晁错也是当博士不久,因上疏被文帝所喜,拜晁错为太子家令,得太子之幸,被呼为"智囊"。晁错得到帝王父子两代的喜爱,在庙堂上大展才华,不断上疏进言,畅论策对,兵事、农事、边事……凡大汉帝国紧要国事,无不论及。汉文帝以帝王之尊,玺书作答,曰:"皇帝问太子家令,上书言兵体三章,闻之。书言'狂夫之言,而明主择焉'。今则不然。言者不狂,而择者不明,国之大患,固在于此。使夫不明择于不狂,是以万听而万不当也。"这是何等开明的君主!不久,晁错被有司推举为贤良文学士,被列为庙堂核心圈子的"后备干部"。汉文帝亲作诏书策励。晁错更加志得意满，恨不能将满腹经纶一倾而出，"时贾谊已死，对策者百余人，唯错为高第，由是迁中大夫"(《汉书·晁错传》)。终文帝之世，晁错已经进入了帝国的权力核心。景帝即位，以晁错为内史，已是帝王身边的心腹。景帝为太子时，即十分宠幸晁错，不久就把他提拔为御史大夫，位列三公，亲自参与治国理政了。应该说，晁错是大汉帝国中没有任何家族背景、只靠知识和才能进入帝国权力核心的策论型官员。他和贾谊一样，都是帝国政治中知识人参政的标本式人物。

我们从人性的角度理解他们的命运，可以找到一些答案。帝王固然君临天下，但庙堂并非帝王一人之庙堂，这里麇集着各色人等，靠知识和才华服务于帝国的人只是其中的少数，他们在其他人的眼里固是异类。人性最大的一个阴暗面是嫉妒，而知识人的弱点是自以为冠盖群伦，最愿意炫耀才华。这是他们悲剧命运的根源之一。语云：木秀于林，风必摧之。即便在知识者自己的群体里，才华高人者也被人所妒。庙堂乃权力之地，知识人本为异类，嫉妒之箭攒聚一身，轻者覆舟，重者殒命！贾谊"每诏令议下，诸老先生未能言，谊尽为之对，人人各如其意所出"(《汉书·贾谊传》)。惜哉贾生，何其愚也！逞才使气，固然能博得一时喝彩，"诸生于是以为能"，然而，你没有看到他们热切的目光里霜刃般的恨意吗？晁错继贾谊后走的是同样的覆辙，"对策者百余人，唯错为高第"。炫才逞能，是人性弱点之一，但在知识人身上表现尤甚，因为他们本就高出常人，有才可炫，有能可逞。但在庙堂上搞这一套，以此取帝王之宠，你将堵住别人的上升之路，将使位高权重的庙堂大佬侧目。贾谊议论风发，天子欲使其任公卿之位，招来了绛侯周勃、颍阴侯灌婴、东阳侯张相如、御史大夫冯敬等朝中重臣的一致反对，他们的理由是：这个洛阳小子（贾谊洛阳人）年少轻狂，竟想擅权乱政！众人皆攻之，谗悔之言一多，皇帝也没了主意。他不能因一人而逆朝臣之意，于是，渐渐疏远了贾谊，把他打发到长沙去做小小诸侯国的太傅。后来，贾谊虽蒙文帝见召，仍然没有得到重用，只不过离开偏远的长沙，去做梁怀王的太傅。梁怀王坠马死，他觉得没尽到看护教导的责任，忧郁伤身，于三十三岁即撒手人寰。贾谊虽有高才，但并没有在庙堂上博取高位，倘若厕身庙堂高位又当如何？后起的晁错已给出了答案。文人是清高的，不愿同流合污，众人皆醉我独醒，众人皆浊我独清。这样的人只适合于隐居，在庙堂上厮混，实在是要不得！做官的人要的是禄位，禄者，财富也；位者，权势也，二者相互依存，体现了人的最高欲望。"贪夫徇财，列士徇名"（贾谊语），且看庙堂之人有几个不是贪夫！这是人性的特点。人带有动物性的欲望在历史中进化。离开动物性的欲望，那就是神，而神并不活在地球上。珍馐美酒，谁不欲也？高堂华屋，谁不居也？一呼百诺，谁不威也？靓女美眉，谁不爱也？削尖脑袋钻进庙堂，不就是为的这个吗！文人进来了，他要千秋万代名，要齐家治国平天下，却见道貌岸然和男盗女娼在同僚身上结合得如此完美。他看不惯以权谋私，看不惯阿谀取媚，看不惯结党权斗，看不惯作威作福，看不惯奢靡荒淫……他看到了人性之恶的大展览，他要重整乾坤！他洁身自好，不贪不腐，一心为国家社稷着想。这是道德和欲望的大决斗，神性和人性的肉搏战。无须问何者为胜，因为战场是在庙堂上。庙堂是最大限度满足人的欲望的地方，在庙堂上立足者大多皆为善于和勇于攫取欲望的人中豪杰。恶，人性之常态，庙堂乃众恶之渊薮，疾恶如仇的文人一开始就处在了孤立无援的位置上，他几乎成了所有人的敌人。史书言晁错性格"峭直刻深"，显然他不是一个随风俯仰的人，有原则，有操守，不苟且，不善与人相处，这种性格即是取祸之端。策论型（或曰文人型）官员晁错遇到的劲敌，恰是弄权型和家臣型官员，并最终死在他们的手里。

　　大凡官员，少有不弄权者，一朝权在手，便把令来行嘛。所行之令，不完全是国家社稷之事，很多是为了整治那些开罪过自己或看不顺眼的同僚。汉代弄权型官员的典型代表当属汉文帝的丞相申屠嘉。当然，一些权贵大僚也弄权，但他们除了弄权之外，还有别的作为，而申屠嘉在丞相之位，所行唯弄权而已。申屠嘉是随高祖刘邦打天下的老部下，本是粗人，出身于"材官蹶张"，"材官"，力气大的步兵，"蹶张"，以脚踏强弓张之，也就是靠力气脚踏强弓发箭的人，相当于后世的炮手。当年随刘邦打天下的人论功行赏，无论贤愚都弄个官当。申屠嘉因其平庸竟也步步高升，至文帝时，竟当了御史大夫。高祖时打天下的英雄才俊皆已凋零殆尽，第一波的大鱼死光了，小虾米因为资格老，也得供起来。文帝原想用自己的内弟窦广国为相，为了避嫌，此议搁置，矬子中拔大个儿，把申屠嘉弄到相位上来。权力这个东西很有意思，哪怕是愚汉蠢夫，只要把权力握在手里，不用学，立刻就知道怎么摆弄它。申屠嘉使用权力第一个整治的是文帝的弄臣邓通。邓通的发迹很有戏剧性，文帝午睡做梦欲登天，可是怎么也上不去，有一个撑船的人从后边推了一把，文帝竟腾空而起。皇家御用撑船者穿土黄色衣服，此人的衣服未穿在身,竟系在屁股后边。文帝醒来到御苑中散步,见湖池中一帮撑船人,其中一人果然把衣服系在屁股上,与梦中情境相合。于是召而问之,名曰邓通。"邓"者,谐音"登"也,登而通天,大吉! 从此邓通贵幸无比,赏赐过千万,与皇帝同起卧,成为皇帝身边的弄臣。文帝有一次生痈溃烂流脓,邓通以舌舐吮,这是他留在历史上唯一的"业绩"。且说这天丞相申屠嘉朝见皇帝,邓通正在皇帝身边,对申有怠慢之礼,申老大不乐意。手握权力的人愿意别人卑躬屈膝地奉承他,一旦有人怠慢,则视为大不敬,如不睚眦必报,狠狠整治他,必积怒伤肝,日久会憋出病来。申位高权重,安能容人不敬! 即便是皇帝爱幸的弄臣,也要出这口恶气! 申对皇帝说,陛下爱幸臣子,可以使之富贵,但朝廷之礼,不可不肃! 皇帝说:丞相不必多说了,我私下管教他是了。申屠嘉罢朝回到府中,立刻下令派人去传邓通,如不来,当即斩之! 邓通惊恐,哀告皇帝说,丞相召我,我不想去。皇帝说,你先去,过一会我派人叫你回来。邓通硬着头皮来到丞相府,摘下帽子,光着脚,不断磕头,请求原谅。申屠嘉抖足了丞相的威风,端坐不理睬,痛责邓通道:朝廷者,高皇帝之朝廷也,邓通微末小臣,竟视朝堂礼法如儿戏,大不敬,当斩,立刻推出正法! 邓通吓坏了,磕头不止,至于额头出血,申仍怒气不解,皇帝此时估计申屠嘉把邓通整治得差不多了,这才派人去给邓通解围,说:此朕之弄臣,丞相且放他一马吧。邓通回到皇帝面前,放声大哭,说,如非陛下,丞相差点就杀了我! 弄臣如蓄养的猫狗,如此困而复解,既给足了丞相面子,又使弄臣感激涕零,皇帝一举两得,申屠嘉也出了胸中鸟气。如此弄权者,对脸上写满忧国忧民表情的所谓正人君子晁错自然看不顺眼,等到文帝崩,景帝即位,新皇帝对晁错言听计行,许多国家政策法令靠策论型官员制定颁行,申屠嘉居丞相位,在治国安邦方面既提不出什么建设性意见,又无半点作为。他对晁错又妒又恨,必欲除之而后快。他千方百计想找出晁错的错处,想将其置于死地,终于有了"重大发现"。时晁错为内史,内史府在南边,他上班要走东门,很不方便。于是就在宫墙外开了个南门,南门外是供奉刘邦老爹太上皇的庙。申屠嘉以此奏请皇帝,说晁错毁坏了宗庙的外墙,论罪当斩。皇帝听后,说:晁错破墙开门,并非是宗庙的外墙,其间还有隙地,再说这事是我让他做的,晁错无罪! 皇帝当然不肯为此小事杀庙堂大臣。申屠嘉碰了钉子,又悔又恨,说,我悔不先斩晁错再上奏,让他白白拣了一条命! 申屠嘉心里窝了一口气,回家后竟至吐血而死。

晁错得皇帝庇护有惊无险,逃过一劫,但这并非最终的结局。他的死敌太多,他仍身处罡风烈焰之中,迟早必做庙堂之鬼。他的终结者乃是家臣型官员。

何谓家臣型官员?举一人之例而证之。周昌,早年随刘邦打天下,乃刘邦心腹之人,性格刚烈,敢于直言,连重臣萧何、曹参等人也得让他几分。一次,周昌入宫奏事,撞见刘邦正抱着爱妃戚姬亲热,周昌转身即走,刘邦光着脚追了出来,按倒周昌,骑在他的脖子上,问道:我何如主也?周昌拱不起来,抻着脖子喊道:陛下即桀纣之主也。刘邦哈哈大笑,放开周昌,心中对其尚存几分忌惮。刘邦欲废太子刘盈,立戚姬之子如意为太子。众臣苦争不得,唯周昌朝堂之上愤激强谏,刘邦问他为什么,周昌口吃,怒气冲天,结结巴巴冲刘邦喊道:"臣口不能言,然臣期期知其不可,陛下欲废太子,臣期期不奉诏。"他的憨直之态把刘邦也给逗乐了。正巧吕后在屏后偷听,见周昌,跪谢道:如不是你,太子差点就给废了!刘邦晚年,忧虑自己喜爱的赵王如意不得善终,常悲歌慷慨,以寄忧思。他知道周昌坚韧亢直,不易屈挠,连吕后、太子都敬畏他,于是派周昌为赵王相,保护赵王。周昌泣曰:臣开始就追随陛下,为何半路抛弃把我派到诸侯国去呢?刘邦说:我知道这事委屈了你,但我忧虑赵王未来的安危,为了我,你就受些委屈吧!刘邦死,周昌不忘刘邦生前之托,全力保护赵王如意不被吕后所害,虽然后来赵王如意终被吕后鸩杀,非不尽责,力所不逮也。

周昌是典型的家臣型官员。他并非刻意包装自己,在假象的伪装下藏着渊深的心机,有着精明的利害算计(此类官员活得最累),他完全是率性随意,有话即说,不怕忤逆君主,然而君主却深知他的忠诚,喜欢他的性格,甚至以家事相托。他和君主可以平等地对话,嬉笑隐私,全无避忌,他几乎就是君主的私人朋友。他并无什么过人的才能和超群的智慧(在庙堂上,才能是最靠不住的,它或许可以使你窜升高位,但它同时也可以使你堕入深渊),仅因其性情得君主信重,同僚也尊重和喜欢他。他的情商高于智商,因此世事洞明,人情练达。他并非一定要害人,但他决不喜欢以才能自居的策论型官员,他们有两种绝不相同的气味,不能相容。由于得君主眷宠,他会收获庙堂上所有的好处——官位和财富。一般人情可以理解的过错(诸如财富和美女之欲)会得到君主的谅解,不会受到追究。他决非佞幸弄臣,没有人格的无耻小人,也非大奸大恶之徒,他只是庙堂上优游自如的宠儿——家臣型的官员。

策论型官员晁错遇到的家臣型官员名叫袁盎,一个比周昌更聪明然而也是更危险的人物。家臣型官员敢于犯颜直谏,但决非冒傻气,乱放炮,而是设身处地为君主着想,话说得得体,因此会得君主喜欢。汉文帝即位后,同辈的刘氏王侯大多被吕后所杀,只剩一个同父异母的弟弟名刘长,封淮南侯。刘长狂悖不法,袁盎多次劝文帝削其封地,严加督责,文帝爱其弟,放纵回护。后刘长谋反,事发议罪,又不忍加诛,流放蜀地。袁盎谏阻,认为文帝骄纵以至于此,刘长性刚烈,一旦死于流放途中,陛下将有杀弟之名。文帝不听,刘长果于途中绝食而死。文弟哀甚,为之辍食痛哭。袁盎入见,文帝说,悔不用公言,以至于此。袁盎宽慰帝心,句句都说到了文帝的心里。文帝转悲为喜,袁盎自此名重朝廷。在帝王专制的国度里,帝王的家事也就是国事,参与其事的臣子如言语不当,极易忤犯讨嫌,甚至因此获罪。但袁盎却因此为君主所喜,可见他深谙人情,能够把准君主的脉。有一次,文帝车行霸陵,欲从一条又长又陡的高坡飙车而下,跟随的袁盎立即拉住马缰。文帝问:你害怕了吗?袁盎回答:臣闻富家子尚知惜身自爱,为君主者,更应不履危险之地,不存侥幸之心。如今陛下乘六马飞车,驰下高坡,一旦马惊车毁,陛下纵不自爱,又如何对得起太后和宗庙呢?文帝闻言而止。文帝有爱妃慎夫人,与之同起坐。一次游上林苑,侍从在皇帝座下布好席子,袁盎引慎夫人坐,慎夫人怒,不肯坐,皇帝也怒而起身,认为袁盎怠慢羞辱他的心上人。袁盎上前进言曰:臣闻尊卑有序则上下和,如今陛下既已立了皇后,慎夫人乃妾妃,妾妃怎可与君主同坐?陛下如果爱幸慎夫人,可以厚赏之。大庭广众之下与之同坐一席,失尊卑之礼,乱上下之序,好像是爱她,其实是害她。陛下不闻"人彘"之事吗?(刘邦死,吕后残害戚夫人,断其手足,剃光头发,灌药使之喑哑,置猪栏中,称为"人彘")文帝醒悟,入语慎夫人,慎夫人转怒为喜,厚赏袁盎。如果袁盎只为君主着想,完全不顾自己祸福得失,那他就成了晁错那样的人物。袁盎知道庙堂上的危险来自哪里,而且知道如何化解它。一个名为赵谈的宦官常在皇帝面前说袁盎的坏话,他知道这是十分危险的。袁盎的侄子常陪侍皇帝,对他说:你要当皇帝面羞辱赵谈,赵再进谗言,皇帝就不相信了。袁盎以为善策。皇帝上朝,赵谈与皇帝同车骖乘,袁盎跪伏车前,进言曰:臣闻与天子共乘一车者,皆为天下豪英。如今大汉王朝再没有人,陛下也不该和宦竖乘车同行啊!皇帝听此言,笑了,即命赵谈下车,赵谈只好哭着下了车。袁盎先后做过齐、吴等诸侯国的相,吴王刘濞久有谋反之心,但袁盎善游帝王和诸侯之间,最后皆能全身而退。这样一个庙堂高人,策论型的晁错岂是他的对手!

家臣型的袁盎与弄权型的申屠嘉也有过一次交集,但高下立判。一次,袁盎道逢丞相申屠嘉,忙下车拜谒。申屠嘉摆臭架子(弄权型就这个德行),坐在车上应付两句,即命车开道。袁盎怀恨在心,但官阶不如申,如果隐忍受之,那就不是袁盎。袁盎立即到丞相府去见申屠嘉,申故意拖延好久才接见他。袁跪求申屏退左右,给他个说话机会。申屠嘉傲然(足见其愚也)道:假如你谈的是公事,与我的下属商议,我会向上呈报;如果你有私房话要说,我不听!袁盎只好起身,问道:您贵为丞相,自认为与陈平、周勃相比如何?申回答:不如。袁盎说:好,您自己也承认不如他们二位。陈平和绛侯周勃辅佐高祖定天下,因而为相。后者更有诛诸吕、定刘氏之功。您原本是个张弓发箭的小卒,没有统帅千军万马,更无奇计攻城野战之功,幸而为相,理应谦虚谨慎。当今皇上尚且礼敬贤才士大夫,遇有上奏者,必停车受之,其言可用,无不称善而施行之。而您高堂危坐,辱慢朝臣,闭箝天下之口,变得一天比一天愚蠢。如陛下以圣主责愚相,您大祸临头的日子也就不远了!一番话,打掉了申屠嘉的威风,申忙拜之以礼,道:我是个粗人,无知无识,幸得将军见教!忙请为上座,待为上宾。

袁盎最讨厌的就是晁错,后者一副天降大任于斯人的架势,似乎安邦定国,舍我其谁,完全不懂庙堂规矩,人情事理。二人水火不容,晁错在场,袁必避之,袁盎在座,晁也避之,两人从未同堂共语过。如果庙堂如山林大泽般广阔,两只气味迥然的动物或许能在各自的领地里相安无事。但庙堂空间有限,两人势必相逢恶斗。事情的起因是景帝时的吴楚七国之乱,吴王刘濞等诸侯久有谋反之心,为了巩固帝国的中央权力,晁错提出削夺诸侯封地、限制诸侯权力的政策,吴楚七国乘机兴兵造反。晁错时为御史大夫,袁盎曾为吴王之相,晁错提请追究袁盎私受吴王财物之罪。这里有没有为除异己、公报私仇的因素呢?有。但也决非栽赃陷害。案件查实后,袁盎丢了官,被免为庶人。这次袁盎被狠狠咬了一口,虽然咬得不轻,但还不致命。但晁错不罢手,指示手下继续追究袁盎心知吴王反计隐而不报之罪。这事有没有呢?也有。袁盎去吴赴任前就知吴王有反心,但为了自保,只求在自己任上不反,也就逃脱了干系。在吴期间,得吴王厚遇,焉得不知其计?这事真要追究下去,袁盎肯定掉脑袋。袁盎大恐,开始绝地反击。晁、袁之较量，其实无关是非真相，完全是庙堂上各自真实力量的对决。首先，晁错朋友太少，政敌太多，就连他的下属都不肯听他的，不但拖着不办，反而去给袁盎通风报信。袁盎为了保命，不惜破釜沉舟，他的人缘好，朋友多，和做过大将军的内戚窦婴是知交，通过窦婴，他得以入见皇帝。恰好晁错也在皇帝身边，谈起吴楚之乱，袁盎曰不足忧也。皇帝说，吴王煮盐铸钱，富可敌国，如今联合六国起兵，何不足忧？袁盎说：吴王煮盐铸钱，实有其事，但撺掇他谋反都是些无赖，如有英雄豪杰，辅之以正道，必不致反。话说到这里，晁错立即附和道：袁盎的话说得太好了！晁错平生第一次在皇帝面前赞赏袁盎，这事可太蹊跷了！但晁错可能是想继续发挥：你袁盎不是在吴为相吗？辅佐到最后把吴王给辅佐反了，请问该当何罪？但这话尚未出口，皇帝着急，忙问袁盎：计将安出？袁盎请求皇帝屏退左右，他要单独跟皇帝谈。皇帝立刻令众人回避。晁错是近臣，没走。袁盎说：臣所言，人臣不得知，只能和皇帝一个人谈。皇帝只好叫晁错也回避。晁错被屏退东厢，心中的怨恨真是无以言表。但恨也无益，这一次就要了他的命。袁盎对皇帝说：吴楚等并非真的要造反，两国互相通信说，高皇帝子弟本各有封地，可贼臣晁错竟要陛下折损诸侯，削夺封地，所以以造反为名请诛晁错，复其故地。如今之计，只有斩晁错以安抚诸侯，派使节赦吴楚之罪，则七国之乱兵不血刃可平。此言一出，皇帝默然。晁错为太子时，晁错为其家令，对晁错极其欣赏佩服，当了皇帝，又引为心腹股肱之臣，如今他要在皇权安危和臣子性命之间做一权衡选择。皇帝沉默良久，叹息一声，道：唉，我不能因为爱一个人而置天下于不顾啊！一句话，决定了晁错的命运！皇帝重新启用袁盎，派他为使，秘密出使吴国，安抚诸侯。十几天后，以丞相庄青翟为首的几名大臣上疏皇帝，历数晁错之罪，"错当腰斩，父母妻子同产无少长皆弃市"。晁错全家老少应被杀绝。皇帝批了一个字："可。"此时晁错尚蒙在鼓里，依然为国事筹划奔忙，一个大臣诓骗他，说要和他一同巡查街市，晁错上了车，被拉到东市，身上还穿着朝衣官服，即被腰斩。

晁错对皇朝之忠诚和他治国之才能皆无与伦比，最后竟落得如此下场。当他协助皇帝，更定法令时，已引起诸侯国利益集团的一片哗然，沸反盈天的反对之声惊动了身在家乡的老父，他特意赶到京城，规劝儿子说：天下者，刘氏之天下，诸侯者，刘氏之诸侯，皇帝初即位，你辅佐为政，为何侵削诸侯，疏人骨肉，惹得众议汹汹,招人怨恨,你这是何苦来？晁错回答说：固应如此也,不如此,天子不尊,宗庙不安啊！晁父含泪说：刘氏安矣,而晁氏危,求求你,我死后你赶快弃官回家,我不忍见祸灭全家啊！晁父随即仰药自尽。悲哉晁错,处凶险庙堂之上,夹在家天下的虎狼之争中,以策士之高论,书生之清狂,臣子之忠贞,与弄权型和家臣型的庙堂大鳄捭阖周旋,难道会有更好的下场吗？

"凤飘飘其高逝兮,夫固自引而远去！"诵贾生屈子之赋,念李斯被刑之言,思晁错诛戮之祸,岂不痛哉！

汉文帝

1

那年秋天,京城喋血动乱的消息传到了代地。年轻的代王刘恒注视着遥远的京城,内心充满了忧惧和不安。执掌大汉朝政的吕后刚刚死去,大臣们和刘姓王侯就发动了诛灭诸吕的兵变。吕姓失势之速,如迅雷不及掩耳,对吕姓家族报复性的屠杀立即开始,所有吕姓王侯以及在宫中任职的显贵们无论少长尽被杀死,他们的家眷和孩子无一幸免。吕后的妹妹吕媭(汉初大将樊哙的老婆,被吕后封为临光侯)被活活笞杀,刘邦和吕后的外孙张偃袭位鲁王也被废黜。就连吕后生前所立的小皇帝和惠帝后宫姬妾们所生的来历不明的小王子们也全被杀了头。宫廷中政治屠杀的血腥和残酷令人发指,远在边鄙的代王刘恒不知形势会如何发展。宫廷政治的走向充满诡谲的变数,一切皆有可能。寻常小民置身事外,但身为王侯,荣辱生死总是在动荡反复间顷刻翻转,没有谁能主宰自己的命运。刘恒是刘邦的庶出之子,处事一向低调,没有博取上位的政治野心,在充满凶险的宫廷斗争中,他愿意避居一隅,远祸全身。吕后当朝的时候,曾连续杀死他三个同父异母的弟兄。先是赵王如意,因吕后恨其母戚夫人,将如意召进宫,强灌毒药将其鸩杀;之后,徙刘友为赵王,又将刘友幽囚,活活饿毙;又其后,徙刘恢为赵王,为其择吕氏女为后,大小从官皆吕姓,刘恢动辄得咎,如同囚徒。不久,王后即将其爱姬毒杀。刘恢了无生趣,被逼自尽。连杀刘姓三赵王后,吕后欲徙刘恒为赵王。刘恒惶恐,深知赵王之位乃刘姓王侯的鬼门关,上书卑辞婉拒,表示愿意留在代地,为国守边(代地临近匈奴)。吕后可能为他事分神,没有再坚持,刘恒幸而逃过一劫。对于盘踞朝中的吕后,他既恨又怕,那是一条巨大的毒蛇,随时会张开大口将他们母子吞噬。

谢天谢地,吕后当政八年后死了。不止如此,她的家族也遭到了彻底的清算,京城内外曾经声威煊赫、锦衣玉食的吕氏家族全被杀光。死亡终止了一些人的贪欲、仇恨和野心,而另一些人的命运也将发生陡转和巨变。

此刻,刘恒的命运之舟将驶向何方,他自己也不清楚。

这一天,急如星火的朝廷使臣送来了紧急文书,要刘恒立即赴京。接到朝廷应召的文书后,刘恒又喜又惧。所喜者吕氏一族被荡涤已尽,江山还应在刘姓手中,身为高祖之子,有望登皇位而临天下。从前自家命运如风中烛火,当然不敢有这个想望。如今吕氏已除,高祖遗裔侥幸存活者屈指可数,自己又排行在前,在这个关口朝廷见召,十有八九是要他当皇帝的。可是,狂喜之外还有一层深深的疑惧,京城尸横街巷,血流沟渠,政治屠杀充满变数,如果一个或几个屠夫别有所图,任何人都可能成为刀下之鬼。喋血的京城乃凶险之地,去还是不去呢?刘恒颇感踌躇。有人说,高祖旧臣从前都是带兵打仗的人,阴谋狡诈,桀骜不逊,如今召大王入京,恐怕凶多吉少,大王宜称病不往,以观时变。也有人说,秦失其鹿,天下共逐之,想称王称霸、君临天下的人成千上万,最后高祖得天下,乃是天命。汉家江山已历多年,刘姓王侯封地犬牙交错,诸吕为乱,如今已平,哪个臣子敢有问鼎天下的野心?况且高祖之子在世者,大王居长,贤德仁孝之名闻于天下,朝中大臣应天命顺人心而迎立大王,不必迟疑,应立刻赴京就位。诸侯国的臣子们意见分歧,莫衷一是。刘恒拿不定主意,回后宫和母亲薄氏商量,终犹豫难决。最后,只好请卜者用龟甲来算命。卜者将龟甲置于荆棘之上,燃火烧之,龟甲裂成几道横纹。卜者占曰:"大横庚庚,余为天王,夏启以光。"庚庚,龟甲横纹之象也,远古帝王皆禅位于贤人,到了夏朝,启从父亲禹手中承继帝位,始开帝王世袭之传统,光大先人之勋业。刘恒说,寡人已为王,还称什么王?卜者曰,此天王不是诸侯王,大王将和夏启一样,继父皇之位而为天子!刘恒虽然高兴,但还不敢深信,又派自己的舅舅薄昭去京城见太尉周勃摸底。周勃乃除吕安刘的主谋和功臣,如今一言九鼎,他向薄昭交了底,就是想迎立代王刘恒为帝。薄昭这才兴冲冲回来禀报说：是真的，不用怀疑了，代王即将荣登大位了！这时候，刘恒忐忑的心才算放了下来。于是，和亲信臣子驱车赶往长安，终登大位而成一代贤主。

汉文帝刘恒开启了西汉王朝的"文景之治"，不但被汉家历代君臣所称道，在中国漫长的君主制时代，也堪为一代明君的典型。这主要是因为他嗣位之后，顺应历史潮流，遵循黄老无为而治的理念，体恤民生，废除暴秦以来的严刑酷法，与民休息，不扰民残民，给百姓相对自由的生存空间。因此，多年战乱留下的战争创痍得以逐渐平复，锐减的人口和社会财富都大大增加，出现了安定繁荣的局面。

文帝初即位，当夜即颁发诏书，大赦天下，之后封赏诛吕除乱的功臣，恢复了被吕氏王侯夺去的封地，稳定了一度失控的朝政。新君初临，给人一种重整山河、万象更新的气象。综观文帝一朝的施政之作为，大略有以下诸端：

其一是废除暴秦的苛法。秦王朝法律之残暴，历百代而回首仍令人感到血腥战栗。汉继秦后，政制律法，多沿秦旧。刘邦死后，至孝惠四年方废除挟书律。在秦王朝，平民挟书和三人以上"偶语"，皆为重罪，这是秦始皇焚书坑儒时所定，到了萧何为汉家制定律法时，仍没删削。最惨酷的夷三族之法，至吕后当朝时才被废止。汉文帝即位元年，再次重申，废除株连之法。其诏书曰：公正的法律应该导民向善，而今犯法的人已经依法治罪，还要株连他的父母妻子和兄弟姐妹（同产），甚至连同他年幼的孩子也收捕，我认为这非常不可取，下有司议定废止。臣子们认为株连之法，有历史渊源，行之已久，百姓不能自治，轻视法律，这样做是让他们恐惧，让犯法者付出更重的代价，所以不应废除。汉文帝坚持道：我听说法律公正则百姓向善，罚者当罪则民愿服从。使百姓向善守法的是各级官吏的职责，如今官吏既不能导民向善，又以不正之法加罪百姓，如此残民害民，是驱使百姓以暴抗暴，怎么能禁止百姓犯法呢？我看不出这样的法律有什么好处，下有司再议。在汉文帝的一再坚持下，自秦以来实行多年的株连之法才在法律文书上得以废除。但因为专制王朝是人治的国家,君主之言即为法,仁德的君主可以废止恶法,暴虐的君主仍可株连嗜杀。到了汉武一朝,很多臣子都被灭了族,兵败降匈奴的李陵,其三族尽被汉武帝夷灭。历史前进的脚步应以彰显人性、保护人权为标志,这是野蛮和文明的分野。

汉文帝二年五月,皇帝再次下诏,废除以言治罪的所谓妖言诽谤法,其诏曰:"古之治天下,朝有进善之旌,诽谤之木,所以通治道而来谏者。今法有诽谤妖言之罪,是使众臣不敢尽情,而上无由闻过失也。将何以来远方之贤良?其除之。民或祝诅上以相约结而后相谩,吏以为大逆,其有他言,而吏又以为诽谤……自今以来,有犯此者勿听治。"古代贤君治理天下,在朝堂外设旌,臣民百姓对朝政有建议,可立旌下宣讲。所谓"诽谤之木",据学者郑玄考证,就是宫门外的华表,原来它不是为了彰显帝王的威风而立的。从尧帝开始,如果臣民对朝政的阙失有批评意见,就可以把自己的批评书写在这根柱子上,公之于众,使君主闻过而改之。这里的诽谤不是贬义,乃是批评之意。可见我们的祖先不仅有接受批评的雅量,还提供了言论自由的阵地。可是后来暴秦竟制定了诽谤妖言之律,不仅把所有的批评者妖魔化,还治以重罪。这样,臣民百姓的批评意见何由上达?为政者如何能知道自己的过失?远方的贤德之人又何以召致?如果百姓有冤屈不平集结起来,说些不中听的话,官吏就认为是非法集结的叛逆行为,百姓发出不平的声音,官吏就治以诽谤之罪。从今以后,有犯此者不要治罪。虽然两千年前的皇朝不能谈什么民主,但文帝此诏乃是最体恤民意的仁德之行,值得后世的统治者代代铭记。

文帝十三年五月,齐地太仓令淳于公犯法当刑,按刑律要逮系长安。此公无子,生了五个女儿,惶急中骂他的女儿道:没有儿子,生些闺女有什么用?事有缓急,哪个闺女能为我分忧!他的小女儿名缇萦,听了父亲的话,伤心地哭了。后来,她随着被逮捕的父亲走到长安,给皇帝上书,说自己的父亲为吏,齐地百姓一直称颂他的廉洁和公平,如今犯法当刑,我伤心的是,死者不能复生,受刑者身体受到重创再也难以平复,想改过自新,也不可能了。我愿意输入官府为奴婢,以赎父亲刑罪,给他悔过自新的机会。文帝读此书后,立即下令废止肉刑。废除株连和肉刑,使法律更加人道,废除诽谤妖言法,使舆论环境更加宽松。这些举措,使民怨纾解,社会祥和,为文景之治奠定了基础。

其二，规范国家律令，抑制诸侯及贵戚的权力。钱穆先生说："文帝以庶子外王，入主中朝，时外戚吕氏虽败，而内则先帝之功臣，外则同宗之诸王皆不安就范围，文帝外取黄老阴柔，内主申韩刑名，其因应措施，皆有深思。"这段话肯定了文帝的政治智慧。若使国家走上法治的轨道，最难管的，是那些一向骄奢不法的诸侯权贵。文帝初即位，下旨各诸侯国和地方郡守，不得向朝廷贡献方物，要各守其职，多施惠地方百姓。第二年即下诏，诸侯居住长安，离封地太远，百姓贡赋，还要耗费国家人力物力输运到长安来，诸侯不在封地，也无由统领教化当地的百姓，所以居住首都长安的诸侯一律到封地就国。但是，高祖旧臣自恃功高，并不把文帝之令当回事，一年之后，他们还赖在长安。文帝下令道："前日诏遣列侯之国，辞未行。丞相朕之所重，其为朕率列侯之国。"周勃乃前朝太尉，于国有安刘之功，于其有拥立之恩，但文帝断然罢了他的丞相之职，命他带头往封地。周勃封绛侯，去了绛县，其他诸侯安敢迟延，纷纷去了封地。

文帝七年，"令列侯太夫人、夫人、诸侯王子及吏二千石无得擅征捕"。从前，他们就是一些大大小小的奴隶主，随意抓人捕人，以刑罚治人以罪，如今皇帝规范了国家法律，剥夺了他们私自捕人之权。不久，文帝唯一的舅舅薄昭犯了法。刘恒为代王时，薄昭就陪侍左右，为刘恒即位出过大力。后来薄昭任车骑将军，又被封为轵侯，自恃皇亲国戚，把国家法律就不放在眼里了。薄昭在封地擅杀汉使者，按律当死。君主若不以法律行事，国家律法岂不等同儿戏？但罪人是至亲，又怎忍行刑杀头？文帝为此深为痛苦！和他同样痛苦的，还有他的母亲薄太后，薄昭的亲姐姐。为了维护法律的尊严，罪人当死而且必死！文帝令公卿群臣陪薄昭饮酒，于席间劝其自裁。可是薄昭惜命，不肯结果自己，于是文帝令群臣穿上丧服去薄昭府前痛哭。一大帮身穿丧服的人哭临府门，薄昭知死无可免，终于自杀。不抑制权贵，无从体现国家的权威，不公平执法，无从凸显法律的尊严。而要做到这一点，君主不仅要公正无私，有时还要经受巨大的情感折磨。文帝所行，决非庸主所能为。据《汉书·张释之传》，一次文帝出行，至中渭桥，一人从桥下出，惊动了御驾车马，被卫士逮捕，文帝令交由廷尉（大法官）张释之依法处理。张依律令，对其罚金结案。文帝很不满，说：此人惊我车驾，因驾车的马柔顺没出事，如果是别的马，难道不出大事吗？可你竟只罚金了事！张回答说：国家之法律，乃天子和百姓所共有，现在法律这样规定，依法判案，并无不当。如果重判,于法无据,使天下百姓如何相信法律?如果当时陛下诛杀此人也就罢了,如今既交廷尉,廷尉就要公平执法,以示国家法律之庄严。如果廷尉用法倚轻倚重,没了标准,使天下百姓何以措手足?请陛下深思明察!文帝思之良久,说:廷尉所言是也!尊重法律和法官的尊严,敢于承认错误,不以帝王之尊强行干预法律,这样的君主史上并不多有。

其三,悯农重农,免除农业税。古代中国是个以小农经济为主的农业社会,农业关乎国民衣食,所以古代贤君无不以农业为立国之本。文帝临朝,与民休息,鼓励农业生产,不断颁赐重农之策。即位第二年,下诏曰:"农,天下之本,其开籍田,朕亲率耕,以给宗庙粢盛。"籍田,列帝王名下的土地,文帝亲自耕种土地,以为天下先。这不仅是摆摆样子,搞一个仪式给人看,而是真正胼手胝足亲自下田去干,打下的粮食供宗庙祭祀所用。当然,皇帝国事繁忙,不能等同一个农民,但文帝的确效远古贤君之行,率先垂范,重农劝农,立志做一个农业大国的仁德之君。文帝十二年,即下诏书免除当年一半的农业税,说,"朕亲率天下农,十年于今",可是土地并没增加,一遇欠年,百姓还是不免饥寒,这是因为从事农业生产的人太少,各级官吏没有重视农业的结果。"且吾农民甚苦,而吏莫之省,将何以劝焉?"农民的辛苦劳累,官吏没有感同身受,怎么能够敦劝百姓努力生产呢?一个古代帝王说出"吾农民甚苦"的话,责备官员不体恤农民的苦难,确实难能可贵!紧接着,文帝又下一道诏书,要求奖励努力耕田的农民和勤于职守的廉洁官吏。文帝十三年春,又下诏曰:"朕亲率天下农耕以供粢盛,皇后亲桑以奉祭服,其具礼仪。"皇帝亲耕,皇后亲桑,所获粮食布帛,以为宗庙祭祀粢盛祭服之用,要作为国家的礼仪制度确定下来。这年六月下诏免除所有的农业税,说,既然农业是立国之本,百姓勤劳一年,国家尚有租税之赋,岂非本末不分,何谈重农劝农?所以,将农业租税全部免除,孤寡无依无靠者,国家救济给布帛棉絮。两千多年前的西汉王朝,汉文帝就蠲免了全部的农业税,这是前无古人的惠民之举。国家的财政支出,朝廷的衣食用度固然要靠税收,在以农立国的汉代,农业税赋是国家财政收入的主要来源。汉文帝身为帝王,带头节俭财用,所思在民,所虑在国,这项蠲免农业税赋的制度一直实行到景帝时吴楚七国之乱,为了平叛,军费开支巨大,才征收农民一半的租赋。

其四,不失大国尊严的和平睦邻政策。这主要指和汉王朝劲敌匈奴的关系。

自汉高祖七年冬,刘邦征韩王信带大军追击匈奴,战晋阳,过楼兰,被单于冒顿困于平城七日,用陈平之计,死里逃生,侥幸脱险以来,汉王朝一直和匈奴保持着彼此相安的关系。这是连年战乱,国家初定,元气未复,休养生息的既定国策。吕后时匈奴时而犯边,并下书朝廷挑衅,对吕后极尽侮辱,但为避免战乱,朝廷依然卑辞回复,安抚隐忍。至文帝一朝,汉家国力虽然逐渐强大起来,但对匈奴的挑衅扰边行为仍然采取有理有节的睦邻政策,最后达成和亲,保持了边疆数十年的安宁。文帝十四年冬,匈奴寇边,杀北地都尉,朝廷调集十万大军,千乘战车,驻扎陇西、北地、上郡、渭北等地,以示军威。文帝亲自劳军,亲申教令,欲御驾亲征,群臣谏阻不听,皇太后出面阻止乃罢。于是大军出击,匈奴军退。和匈奴的战争,文帝一直秉持人不犯我,我不犯人,不辱国格,不损国威,不轻启战端,不挥军深入,以保境安民为主的方针,没有发生大的战争。文帝即位十八年六月,匈奴感汉之德,主动提出和亲。文帝大悦,下诏曰:"朕既不明,不能远德,使方外之国或不宁息。夫四荒之外不安其生,封圻之内勤劳不处,二者之咎,皆自于朕之德薄而不能达远也。"将边疆不宁,百姓不能安居乐业的责任归自自身德行不够,对于百姓边患之苦"恻怛不安,未尝一日忘于心",这对于一个忧劳国事的帝王来说,当非虚辞。于是乃下令"遣使者冠盖相望,结彻于道",举行这样隆重的仪式,是为了把皇帝和亲结盟的诚意晓谕给单于,与其摒弃前嫌,"结兄弟之义,以全天下元元之民"。这次与匈奴和亲,给大汉民族休养生息创造了几十年和平的外部环境。

3

一个君主在历史上留下贤德之名,盖因他顺应时代需求,以百姓的生命和福祉为重。汉初立国不久,经过多年战乱,百姓渴望安居乐业,社会亟待恢复生机,文帝因时施政,使国家治理走上了正路。但并非所有统治者在战乱立国之初都能如此,有的人就喜欢折腾和残害百姓,陷人民于苦难和恐怖,使国家充满戾气和暴行。所以,君主个人的德行和修为常常决定国家的兴亡和百姓的祸福。汉文帝是历史上公认的有德之君,他的德概而言之有以下几方面:

谦退之德。从代地被召初入京，闻众臣推其为新君，百般辞让，云："奉高帝宗庙，重事也，寡人不佞，不足以称宗庙，愿请楚王计议之，寡人不敢当。"（楚王刘交，高祖弟，于刘恒为叔辈）众臣伏地固请，"代王西向让者三，南向让者再"，在臣子一再恳求下，方得即位。后数年，众臣谏立太子，文帝不允，以宗族诸王上有叔辈，下有兄弟子侄为辞。这些，或许可以看作礼节性的虚饰和客套，因为最后皇帝他也当了，太子他也立了。但身居帝位，后来谦退自抑不仅有言，且亦有行。百姓不得温饱，天降灾异而示警（如日食等），他都要下罪己诏，令天下臣民指斥自己为政之失。平时他不许诸侯郡国向中央进贡，倘遇灾年，首先裁撤宫中冗员和衣食用度，甚至连皇宫中的马匹也派到驿站以供使役。朝廷祭天地宗庙，祭祀的官员在祝祷中总要归福帝王，为君主祈福，此为"秘祝"。文帝下令废除："今闻祠官祝厘，皆归福于朕躬，不为百姓，朕甚愧之。夫以朕之不德，而专享独美其福，百姓不与焉，是重吾之不德也。"

仁爱之德。仁者爱人，儒家之本义；恻隐之心，为人之善根。文帝即位后，把惠帝留在宫中的美女姬妾放出宫去，令其择人再嫁；又解放所有囚于宫中的官奴婢，给他们自由之身。又如前言，览缇萦上书而怜之，断然废除肉刑之法。此皆见仁爱之德。

节俭之德。这是文帝为当代和后人最为称许的德行。人的物质欲望难以穷尽，所谓欲壑难填。文帝身为一国君主，躬行节俭，以德服人，决非自身放纵淫佚、奢华享乐却大谈道德的无耻小人。司马迁云：文帝"即位二十三年，宫室苑囿狗马服御无所增益，有不便，辄弛以利民。尝欲作露台，召匠计之，直百金。上曰：'百金中民十家之产，吾奉先帝宫室，常恐羞之，何以台为！'上常衣绨衣，所幸慎夫人，令衣不得曳地，帏帐不得文绣，以示敦朴，为天下先。治霸陵皆以瓦器，不得以金银铜锡为饰，不治坟，欲为省，毋烦民。"仅此，史上一个帝王，羞煞后来多少大言惑众、贪黩无耻的败类！

宽恕之德。文帝在位，济北王刘兴居和淮南王刘长先后谋反，文帝重宗亲之谊，平叛时有理有节，勿滥杀，胁从者皆被赦免。尤其是刘长，乃文帝同父幼弟，平时多所回护，后因罪废黜王爵，发配至蜀，路上刘长病死，文帝为之废食痛哭，复封其三子为王。南越王尉佗恃远而骄，自立为武帝，文帝召其弟，待之以礼，尉佗感动，去帝号复称臣。吴王刘濞，诈病不朝，文帝赐以几杖，以愧其心。不念旧恶,以恕道待人,用道德和真情去感化对方,未必都能收到好的结果(如刘濞,势力养成,至景帝时终有七国之乱),但"天生德于予",历史将铭记屈己下心,春风化雨,涵容天下的帝王,而凶横霸道,顺昌逆亡,对忤己者赶尽杀绝的暴君则会留下永世的恶名!

文帝治国,亦非没有瑕疵和异议。如后世批评他虽废肉刑,后来批准臣下的刑法反倒杀了更多的人;由于富人和豪强兼并土地,蠲免田赋的国策使富者得利,加大了贫富差距等。君主专制的王朝,天下兴亡治乱系于帝王一身,如文帝所云:"天下治乱,在予一人,唯二三执政犹吾股肱也。"难免"知见之所不及"。求其光照八极,没有罅漏,决无可能。唐人李商隐有诗云:"宣室求贤访逐臣,贾生才调更无伦。可怜夜半虚前席,不问苍生问鬼神。"说的是文帝夜半召见贾谊,问鬼神之事,听得入神,不自觉移席近前。商隐此诗,抒自家心中块垒,对文帝多有讥刺。读《史记·孝文本纪》和《汉书·文帝纪》,通篇多为忧念苍生之语,诏书国策,无不以苍生为念。所谓"问鬼神"之事,亦古代帝王分内之事。远古帝王巫与帝兼于一身,所以帝王之职,无非祭与战。古人认为天地鬼神宗庙之祭祀关乎社稷安宁、百姓幸福,所以"问鬼神"也就是"问苍生"。尤其是,文帝对鬼神之事并不笃信认真,一个叫新垣平的人曾经因祭祀建庙等事骗过文帝,还装神弄鬼,使人献刻有"人主延寿"的玉杯。这些骗人的把戏被揭穿后,新垣平伏诛。从此,文帝对鬼神不再迷信,有些祭祀由祠官走走形式,自己连去都不去了。读文帝遗诏,觉得他是一个朴素的唯物主义者,对死亡抱有非常达观的态度:"朕闻盖天下万物之萌生,靡不有死。死者天地之理,物之自然者,奚可甚哀!当今之时,世咸嘉生而恶死,厚葬以破业,重服以伤生,吾甚不取。且朕既不德,无以佐百姓,今崩,又使重服久临,以罹寒暑之数,哀人之父子,伤长幼之志,损其饮食,绝鬼神之祭祀,以重吾不德也,谓天下何!"其后,则告诫臣子,死后薄葬,不许耗费国帑和扰民,"毋禁娶妇嫁女祠祀饮酒食肉者"等民间正常的生活。

一句话,自我读史以来,窃以为要在中国三千年有文字记载的历史上找一位开明的君主,非汉文帝莫属。这里所说也仅是他的私德,或者说他是个有不忍之心的人。没有制度保障,仅靠统治者的私德和个人修为来给人民带来福祉是靠不住的。而就私德来说,他也不是完全没有污点,如他宠爱弄臣邓通,怎么看,也不像贤君所为。其实在帝王专制时代,一个君主只要不昏乱枉杀,不折腾百姓就是臣民之福了。从皇权制度和人的本质的规定性来看,昏君和暴君的出现是必然的,祈望古代尧舜那样的圣德之君不过是一种梦想。

"文景之治"后面的两个女人

被历史所称道的"文景之治"是孝文、孝景父子两代帝王掌政的时代,历时近四十年,人口增长,经济复苏,国库充盈,社会安定。尽管因工商业主的崛起和权贵的攫夺有贫富悬殊之弊,诸侯国的几次叛乱形成局部的震荡,但中央政权日益巩固,社会依然充满了活力。钱穆先生云:"盖汉廷君臣,崛起草野,粗朴之风未脱,谨厚之气尚在。又当久乱后厌倦之人心,而济之以学者间冷静之意态。三者相合,遂成汉初宽简之治。"(《秦汉史》)宽简无为,张弛有度,不折腾,不树敌,不自作花样困辱百姓,文、景二帝算得上有德有为的守成之君。历史有很多的偶然性,一连串的偶然性规定了历史的走向。吕后死,诸吕灭,倘若庶子外王刘恒没有入主朝廷,用他宽厚仁爱的性格和持重稳健的国策开其端,其子刘启自然也不能继位入主承其续,那么,历史上也就不会有什么"文景之治"。刘恒之被选为新君,自然因为他作为高祖刘邦活着的儿子排行居前,但这不是主要的,因为有一位起兵讨吕的高祖长孙齐王刘襄同样有竞争力。由谁入继大统,是权臣们根据自身政治利益反复权衡的结果,任何具有皇家血统的刘氏子孙都可能成为新的君主。刘恒能够胜出,他的母亲薄夫人为其加了关键的一分,这一点,薄夫人本人不知道,但恰恰是因为她,才成就了其子孙后来的帝王之业。不止是她,文帝之后、景帝之母窦太后同样重要。我们常常关注历史前台男性演员们的各种威武雄壮的表演,可是隐于历史帷幕后面的女性们同样值得我们探究。无论为母为妻,因为和历史前台人物关系密切,她们的命运、性格和情感具有更丰富的人性力量。历史乃是有血有肉的人的历史,女性和历史走向或隐或显的关系尽管常常被忽略和抹杀,但它深隐于历史的血脉,有着难以变易的基因属性。人皆为女人所生,男性豪杰身边皆有晨昏相守的女人,从某种意义上说,女人塑造了男人。女性对关键历史人物的影响就是对历史的影响,其背后神秘的力量岂可轻忽!如汉朝开国皇帝刘邦,史载:"母媪尝息大泽之陂,梦与神遇。是时雷电晦冥,父太公往视,则见交龙于上,已而有娠,遂产高祖。"这是古人为证明君权神授而杜撰的神话,但又不完全是神话。用今人的眼光看,可以理解为刘邦是其母年轻时与人野合所生,古人用短短三十七个字,其时间、地点、情境历历如在眼前。刘邦的父亲去找妻子,在风雨之夕,临水的高坡上,竟然撞到了这一幕,"交龙于上",非激情野战乎?刘邦的父亲看不上刘邦,除了他不事生产,是个游手好闲的浮浪子弟外,更因他是个野种。敢于和别人的女人野合的男人固非只知在田里死做的农夫,除了情欲旺盛外,当有敢作敢为的雄豪气和流氓气,刘邦气质禀赋来于那个野性的男人。这样的说法,固然为讲究理性的历史学家所笑,但历史的偶然和幽邃处,又非所谓理性和规律所能言说。大抵在汉代,生产力不发达,人类更接近于自然,两性道德之禁忌尚不严厉,所以偷情之事所在多有。史上抗击匈奴立下赫赫战功的卫青和霍去病两位大将军就是卫氏两代女人与人偷情的私生子。

闲言少叙,现在来说"文景之治"后面的两个女人。

薄夫人,高祖刘邦之姬,文帝刘恒之母。生于秦代,其父吴人,与原来魏国宗室之女私通(又是私通),生女。不久,其父死,葬于山阴(今之绍兴)。此时六国已灭,秦皇一统,薄氏女在这样的时代渐渐长大。至秦二世,天下叛秦,诸侯蜂起,已灭六国想趁机死灰复燃,"兴灭国,继绝世,举逸民",有六国宗室遗裔者,无论为奴为隶、牧羊放猪出苦力,皆被推为君主以相号召。魏豹起兵,自立为魏王。薄女之母原既为宗室女,当然知道女子入宫乃是博取富贵权势的最佳途径,于是,将女儿送进了魏王宫。有相者许负,为薄姬(魏豹之姬)相面,云将来当生天子(此姑妄听之)。当时项羽和刘邦争夺荥阳,楚汉战争处于相持阶段,胜负未分。魏豹本是汉之盟友,帮助刘邦打项羽,及闻许负言,心中窃喜,立刻背汉中立,暗中与楚联合(魏豹背汉向楚乃是对双方实力判断失误,非因相者一言。既有相者言,投靠项羽后将来自己就一定做皇帝吗?可见相者云云,不可深信也)。魏豹背汉犯下了致命的错误,他没有料想刘邦靠韩信、彭越之力迅速占据了上风。刘邦腾出手来收拾关键时刻背叛自己的魏豹,魏豹被汉大将曹参所擒,他的国灭了,成为大汉王朝之一郡。六国短暂的回光返照终成泡影,刘邦建立了家天下的大汉王朝。在这种波澜壮阔的历史大潮中,薄姬这样一个弱女子随波浮沉,被送入了织室,成了汉宫织女。此时魏豹已死,刘邦入织室找女人,见薄姬,大约觉得她年轻,模样尚端正,就下诏将薄姬纳入后宫。由草野小吏成为帝王的刘邦,一时间后宫美女成群,他根本无暇一一光顾,薄姬入宫一年多,被晾在了一边。

且说薄姬年轻时有两个闺密,一名姓管,一名姓赵,曾与二人相约:咱们中哪一个先富贵了,别忘了姐妹。不久,管、赵二人先得幸刘邦,此时的薄姬尚在后宫面壁凄凉,苦捱着寂寞的日子。汉王四年,刘邦坐河南成皋灵台之上临风赏月,管、赵二女陪侍,无意间说起当年三人闺密之约,不禁相与失笑。刘邦问其故,对薄姬顿生怜惜之情,当日即召薄姬欲幸之。薄姬说:"昨夜我做了一个梦,梦见一条龙趴在我的胸口上。"刘邦说:"这可是好兆头啊,吾为汝成之。"中国古代的史书很奇怪,凡遇宣扬君权神授的当口,决不肯轻易放过,总要编一个匪夷所思的小故事吊足你的胃口。刘邦与薄姬如有此等言语,当为二人帷帐中调情之密语,敢问百余年后的班固老先生因何得知?还煞有介事地把它写入历史?所以读历史有时也"姑妄言之姑妄听之"了。无论如何,薄姬得幸刘邦,播下了龙种,一次(生平唯一一次)就怀了孕,当年就为刘邦生下个男孩。种种的机缘巧合,女人凭她的生育本能创造了大汉王朝未来的历史。

且慢,这个男孩能否成为帝国未来的主人,还有诸多的不确定性。稍有差池,不仅谈不上后来的种种,甚至母子二人的性命都将化为粪壤。何以故?因为刘邦有一个心狠手辣的正妻吕后,看看最得刘邦宠爱的戚夫人和其子如意可怕的下场就知道薄姬母子未来命运的凶险难测。幸运的是,薄姬自为刘邦生子后,连刘邦的面都见不到了,带着年幼的孩子过着幽闭的日子。刘邦生前,她的儿子刘恒被封为代王。刘邦死,吕后隐忍多年的妒恨化作无情的报复,凡是刘邦生前宠爱的姬妾非关即杀。薄姬因多年失宠,本人又能含屈忍辱,为人低调,过着寻常宫女一般的生活,被吕后开恩赦免,允许她陪伴儿子前往封地就国,成为代国的王太后。母子能在封地相守,这是刘邦死后所留姬妾唯一的特例。我们推测其原因,大概有两方面:一是薄姬本人大约相貌平平,绝非倾国倾城,所以刘邦生前只与她有一次肌肤之亲,再不肯理她。这使她有"塞翁失马"之幸,得保性命。二是凡此等女子,皆稍逊风情,决不张扬作态,性格忍让谨厚,不与人争,所谓吃亏是福,薄姬是也!

薄姬的性格不仅决定了她自身的命运,还决定了帝国的未来。诸吕诛后,大臣们鉴于后族擅权作乱的教训,选择新君时要找一个后族善良宽厚的诸侯入主大统,所以,诸侯王母族成员的品德和口碑成为重要条件。刘邦的长孙齐王刘襄和他的两个弟弟讨吕时有大功,本是新君最热门的人选,但因他有个名叫驷钧的舅舅并非善类,被朝臣们断然否决。刘邦的小儿子淮南王刘长也因同样原因失去上位的资格。最后,因薄夫人及其家族谨厚良善,为人低调,代王刘恒被选为新君。

女人就是这样创造了历史。

窦太后,文帝刘恒之后,景帝刘启之母。吕后当政时,窦女以良家子选入宫中,后来,吕后赐予诸侯王各五名宫女,窦女在籍。因为家在清河县,离赵国近,于是,请求主持其事的宦吏一定要把她派到赵国去。结果宦吏忘记了她的请求,把她填入了派往代国的行列中。报表呈奏,批可。当行时,窦女涕泣,怨其宦者,不欲往代国,相强乃行。谁想到了代国后,代王刘恒独爱窦姬,先为他生了个女儿(名嫖,即后来的馆陶公主),不久,又为刘恒生了儿子,即后来的景帝刘启。

原来,刘恒在代时有一个王后,先后为他生过四个儿子,刘恒尚未为帝,王后即死于代。等到刘恒到长安当皇帝,王后所生四个儿子也先后死去。不久,众臣请立太子,窦姬所生刘启年最长,立为太子,窦姬即被册封为皇后。

窦皇后有一个弟弟,名叫窦广国,四五岁时,被人贩子拐卖,家里遍寻无果。广国连着被转卖十多家,到了宜阳,为其主人进山烧炭。夜宿崖畔下,山体崩塌,所宿百余人尽死,唯广国得脱。大难不死,求人算了一命,说不久将要封侯。广国流落长安,听说皇帝新立了皇后,皇后早年家在观津,姓窦。广国被拐时年虽小,还记得家乡和自己的姓氏,犹记小时与姐姐采桑时从树上摔下的往事,于是上书自陈,说当朝皇后是自己的姐姐。皇后言于文帝,立即召见,所言父母家乡皆合。又问及当年情景,广国说起姐姐被征入宫的往事,说姐姐临行前,和我诀别在官家传舍之中,曾要了一个澡盆给我洗了澡,又亲自喂我饭,这才哭别而去。窦皇后闻听,抱着弟弟大哭,姐弟相认,左右的人无不下泪。这个《三言二拍》中才有的故事,并非小说家言,而是记于正史的。窦广国自此封侯骤贵。周勃、灌婴等朝中老臣议道:此人出身微贱,一旦专权揽政,我们的身家性命就握在他的手心里,不可不早为之防。吕后之事给大臣们心中造成的阴影实在太重了。于是,为窦广国选了年长有节行的人为门客,言传身教,窦广国后来成为退让君子,从不以皇亲国戚与富贵权势骄人。

窦皇后除为文帝生景帝刘启,还生过一个儿子即后来史称梁孝王的刘武。因兄弟情深,景帝在宴会中曾说过自己死后将传位给弟弟的话,这使梁孝王萌生了上位的野心,而窦太后也有此意。但景帝之言乃是一时兴起的酒话,岂可当真。梁孝王后来多行不法,甚至派刺客杀死朝中谏阻其上位的大臣袁盎,景帝大怒,从前亲密的兄弟关系破裂。但窦太后深明大义,没有继续支持小儿子的野心,也就没有上演郑伯克段于鄢,兄弟刀兵相向、母子失和的悲剧。

窦氏有三人封侯,除窦后之弟广国封为章武侯外,她的一个远房侄子窦婴在平定吴楚七国叛乱时为大将军,破吴楚有功,封为魏其侯。至汉武帝时,窦婴还当过丞相,后被武帝所诛。

窦皇后,景帝时为太后,武帝时为太皇太后,高寿,得三朝之尊。晚年双目失明。她笃信黄老之言,所以下令窦家子弟都要读老子的书,对汉初朝政有重大影响。《汉书·儒林传》记载一个有趣的故事:窦太后好老子书,召问博士辕固生,辕对曰:此乃民间私家之言耳。他的话是对老子之书的轻蔑,认为不足以作为王朝施政的指导思想(王官之学)。窦太后大怒,曰:"安所得司空城旦书乎?"这话的意思是从秦王朝焚书令而来,秦令,诏书下三十日不烧,黥为城旦。黥,面上刺字为罪囚;城旦,旦起筑城之奴也。汉以司空主罪人,窦太后所云"司空城旦书",即谓犯禁书也!秦焚书,主要是古代六艺典籍及除秦纪外各国史官所修之官史,辕固生正是要以诗书六艺法先王,窦后之言,犹曰:你从何得此禁书来乱政祸国?于是令将辕固生送入野猪圈里和野猪搏斗。让一个儒生大战野猪,也亏得窦老太太想得出来。"景帝知固直言无罪,而为太后怒,乃假固利兵,彘应手而倒,固得无死。"若不是皇帝送给辕固生一把锋利的匕首,其命休矣!

窦氏女虽生寒门,但三朝为尊,其喜怒颦笑不仅关乎朝政,关乎大汉帝国治国理政的指导思想,还关乎一些人的身家性命。武帝初即位,欲改弦更张尊儒术,所用赵绾王臧皆儒生,事为太皇太后所不喜。赵绾又上奏皇帝,朝政大事无须奏事东宫,窦太后大怒,赵、王二人下狱死。可见,窦太后直到晚年,对朝政还有决定性的权力。

薄、窦二后,不仅因为她们生育了文、景二帝,也因其性格、好恶乃至个人命运戏剧性的变化决定了汉王朝的历史走向。只因在男权社会,她们隐在历史的后面,不被人所关注。既然历史是人的历史,人的命运又充满着诸多的偶然和不确定性,历史的隐秘和幽深才给了我们无穷探索的乐趣。

汉武帝身边的四个骗子

汉武帝刘彻十七岁继承皇位,从年龄看,相当于现今的高中生。但他是大汉帝国的实际主人,具有至高无上的权力。他的喜怒哀乐、性情好恶乃至价值取向决定万千臣民的命运。这个青年人性情专断,热衷发号施令;喜好享乐,耽于奢华,精力旺盛,多欲而好动;迷信鬼神,对神秘世界充满敬畏和向往。如果说,专断和享乐是一个君临天下的帝王"分内"之事,那么,对鬼神的迷信以及由此而萌生的福佑之心和出尘之念,则使这个帝王变得乖戾和反常。他的一些荒唐的念头和乖张的举措要落到实处,必将靡费国帑,驱使百官,动用整个帝国的行政系统,但他乐此不疲。汉武帝不能算一个愚人,但他为何如此笃信神鬼之事呢?那是因为在他身边麇集着一些自称能通鬼神的骗子。在这些骗子的播弄蛊惑下,神巫仙鬼的悲喜剧在他漫长的执政岁月里轮番上演,不仅使朝野上下乌烟瘴气,而且使帝王本人变得执拗愚妄,成为骗子手中的玩偶和谋利的工具,最终酿成震动朝野的巫蛊之祸,他杀死了太子和近臣,使帝国元气大伤,他自己也在懊恼和无穷的悔恨中走向了死亡。

两千多年前的汉武帝迷信鬼神其来有自。远古时期,巫和帝一身二任,在祭祀中,巫通过神秘的仪式和狂乱的作法取得部落人的敬畏,为此而成为发号施令的"帝"。这个传统延续下来,在古代世界,这种外在于人世的神秘力量在人们的想象中更加丰富和庄严,民间和庙堂各取所需,由此介入了人的世界。汉武帝之信鬼神还有其个人的原因,即来自于他的外祖母和母亲的影响。他的外祖母名叫臧儿,年轻时嫁给一个叫王仲的人,生一男两女。其长女已嫁金家为妻,且生一女。此事暂放下不表。且说长陵之地有一女子,嫁人为妻后生一男孩。数岁后男孩暴毙,女子悲痛不已,半年后也死去了。女子的妯娌自云死去女子的魂灵附于其身,名为神君,为人言祸福之事,民人多往请言吉凶。臧儿也前往算命。神君云,臧儿的两个女儿将尊贵无比。臧儿对此笃信不疑,回来后即逼迫长女退婚,金家自不同意,但臧儿却断然将长女呈送太子宫中,金家虽被夺妇,但媳妇进了宫,哪里还敢做声!时景帝刘启储位东宫,遴选太子妃。想必王家女儿容貌出众,立即得到太子的宠爱,给太子生了三个女儿,正怀第四胎时,汉文帝薨逝,年轻太子刘启登基。刘启即位不久,王夫人为他生下一个男孩,封为胶东王。刘启本已立栗姬之子为太子,后因栗姬和皇帝斗气,不贤,刘启废栗太子,另立胶东王为太子,这就是后来的汉武帝刘彻。且说王夫人入太子宫后,其妹也中选入宫,为刘启生四子,后皆封为王。再说臧儿,其夫王仲死后,改嫁田氏,为田氏生二子,即田蚡和田胜。汉武帝即位后,臧儿与王仲所生王信、与田氏所生蚡、胜二人尽皆封侯。臧儿本人被封为平原君。臧儿本为民女,因二女得幸太子而富贵,其长女后又成为汉武帝的母亲,尊为太后,自己先后所生两姓三子皆被封侯,想当年卜筮神君,其言得验,于是,母女二人更加虔诚,太后又将神君延入宫中祭之。汉武帝自小耳濡目染,对神君也信之不疑,初即位,即于上林苑中建观供祭。

  所谓人死后灵魂附体,预言吉凶,数千年来在民间有着无数的信众,这是萨满教等许多民间宗教的核心信仰。天子的庙堂虽神圣庄严,但它的根基也在民间,当民女骤贵,登堂入室,所带来的民间信仰和君权神授天人感应的谶纬学说相呼应,立即融入庙堂的意识形态,成为统治者愚人和自愚的观念和礼仪。这些所谓的信仰庞杂而无统系,正如偏远村落里供祭的千奇百怪的神明一样,万物有灵与羽化飞升的仙人,传说中远古的帝王和俯视人间的天神,作祟的鬼魂和民间的图腾,道家学说和炼丹术……一切都可以成为招牌和说辞,进呈帝王,以博富贵。于是,大师级的骗子应运而生,他们瞒天过海,大言欺世,装神弄鬼,蛊惑帝王,不治产业而富比王侯。汉武帝和这些大师级的骗子纠缠一生,信之无验,弃之不甘,糊涂时被忽悠得像个傻瓜,被骗子玩弄于股掌之上;醒悟时行帝王之诛,砍骗子之头。但他一时明白,一时糊涂,由于对神明有欲有求,到底明白时少,糊涂时多。虽然骗子欺哄帝王如同在刀尖上跳舞,但他们前赴后继,钻营无已,千方百计爬进庙堂。毕竟,骗倒帝王方可谓大师级巨骗,才能收获无穷的利益。汉武一朝,神仙方术之类骗子多如过江之鲫,以下择大弃小,起底四个有名的巨骗。

李少君,给某侯家主方药,兼巫术、神鬼、方药于一身,相当于侯府私医。隐瞒其年龄和来历,自云有辟谷之术,延年之方,能驱鬼作法,善祭灶神。以长生方术得见武帝,武帝尊崇之,因此声名日盛,游走于富家诸侯间。李少君没有家室,人皆不晓其何方神圣,以讹传讹,越传越奇,说他乃长生不老之仙人,能使鬼,能辟邪,王侯尊之如神明。李善察言观色,诡言巧辩,大话诓人,鬼话欺世,不动声色,言之凿凿。一日,赴武安侯田蚡的家宴,座中有一年九十余老翁,李微伺其来处,自云乃老翁祖父的发小,曾与老翁之祖父于某处游玩射猎。老翁幼时与祖父行,曾至其地,言之相合,一座皆惊。武帝有一古铜器,问李来历,李云:"此器齐桓公十年陈于柏寝。"(柏寝,台名也)后验其铭,果齐桓公器。宫里人惊骇不已,以李少君为神,乃数百岁人也。前一事显系胡说八道,后一事或其有一点金铭古器的知识,偶中而已。但凭此,李少君竟然被捧上了大师的神位。汉武帝终生向往长生不老,羽化登仙,有此不切实际的欲求,自然就有自称能满足他欲求的骗子。李少君对皇帝说:祭祀灶神可使神至,神至丹砂可化为黄金,用此黄金做饮食之器可延年益寿,益寿就可见到海中的蓬莱仙山,见到仙山后帝王行封禅之礼则不死,古之黄帝就是这样得以长生的。我曾漫游海上,见到安期生(传说中的仙人),他用枣款待我,其枣大如瓜,仙人之物,尘世无有。像安期生这样的仙人,往来于蓬莱仙境,合则见人,若遇不合意的人,他就隐而不见。这样一番鬼话,武帝竟信以为真,从此亲自主持祭灶之礼,派一些方士入海去寻找安期生等仙人,并开始了炼丹化金的活动。不久,李少君病死,但被骗者并没醒悟,汉武帝认为其身死而魂赴仙境,要黄锤、史宽舒两个方士按其方继续炼丹。当然,丹砂并没变成黄金,去海上寻访神仙的使者也一无所得。长生不老的事业任重道远,羽化登仙非一日可致。于是,骗子蜂起,"而海上燕齐怪迂之方士多相效,更言神事矣"。

骗子不仅能满足帝王长生登仙之欲望,也能满足帝王对死去的心爱女人的思念。总之,帝王要什么有什么,想什么是什么。汉武帝宠爱的李夫人病死。李夫人乃乐人李延年之妹,所谓倾国倾城之佳人也,武帝寤寐思之,哀伤不已,于是,骗子少翁登场。此人自云能用方术致夫人之魂,可使武帝远观其姿容,以慰相思之苦。"乃夜张灯烛,设帷帐,陈酒肉,而令上居他帐,遥望见好女如李夫人之貌,还幄坐而步。"武帝在远处的帷帐中,见一美貌女子仿佛李夫人,坐于帷帐中,又起而踱步,武帝"又不得就视,上愈益相思悲感,为作诗曰:'是也,非也,立而望之,偏何姗姗其来迟!'"只能远观而不能近视,武帝终未搞清这个亦真亦幻的把戏是怎么回事,半信半疑,神魂颠倒,但也算聊慰相思,"令乐府诸音家弦歌之。上又自为作赋,以伤悼夫人"(《汉书·李夫人传》),"于是乃拜少翁为文成将军,赏赐甚多,以客礼礼之"(《史记·孝武本纪》)。既不用战场厮杀,又无须运筹帷幄,此人只搞了这么个把戏,就弄了个将军当,收获了金银财宝,成了帝王的上座之宾。不久,这位文成将军对皇帝说:陛下欲与神通,但宫室被服不像神来的样子,所以,神仙不会来。于是武帝命人将乘舆涂画上云气,名为云气车,车子走动,在想象中就是腾云驾雾了。又在甘泉宫中建一高台,高台上盖一迎神的宫室,画上天、地、神灵的壁画,设置了各类祭祀之器,以迎天神。过了一年多,天神还是没来,文成将军的招神之方没有应验,为了继续行骗,黔驴技穷乃出下策,在一方绢帛上书怪言语,用以饲牛,对皇帝说,此牛腹中有天书。杀而视之,得帛书,书言甚怪,皇帝生疑。有识其字体者称其诈伪,皇帝令人查问,果伪书也。皇帝恼羞成怒,但为了面子,下令将骗子少翁秘密处决。

　　杀死一个骗子,但只要被骗者仍心存妄念,骗子还会前赴后继。且说朝中有一人名丁义,封为乐成侯。丁的姐姐嫁胶东王刘寄,封为王后。此刘寄乃武帝刘彻的姨母所生(上文说过,王夫人与其妹当年皆入太子宫为妃),因此武帝待之甚亲。丁后与刘寄感情不好,且有淫行。刘寄在王位早死,丁后为了讨好皇帝,听说文成将军少翁已死,为自媚于上,就派王府中主司方药的栾大去京城,通过她的哥哥乐成侯丁义推荐给皇帝。皇帝既杀文成,心有悔意,总想其招神讨药之方似有未尽,见了栾大,栾又自言与文成将军少翁乃同师之徒,皇帝闻言大喜。可见只要被骗者执迷不悟,骗子的胆子就会越来越大。栾大其人身材高大,美风仪,敢为大言,处之不疑,是一个天才的骗子。他对皇帝说:"臣曾往来于海中,见安期、羡门(传说中的仙人,名子乔)之属,仙人认为臣身份卑贱,不信臣。又以为康王(刘寄死后谥为康王)仅为一诸侯,不足予长生登仙之方。臣数对康王进言,但康王不用臣。臣的师傅说过:黄金可成,而河决可塞,不死之药可得,仙人可致也。臣恐步文成之后尘,方士皆掩口不言,谁还敢对陛下谈神仙方术呢!"栾大此时似也闻文成死于非命,心有惴惴焉。如此漏洞百出的胡言乱语,稍加追问,必难自圆其说。谁想武帝却说:文成是误食马肝中毒而死,如果你能修其方,成其事,我自然会信重于你。栾大说:"臣师非有求于人,是人有求于他。陛下必欲招神,应尊贵招神使者,以上客之礼待之,不能使其卑贱,使其佩朝廷印信,这样,才能使其与神人相通。陛下尊贵其使,神人自然可致。"此话目的已很明确,就是向皇帝要官要位。皇帝将信将疑,让他搞了一个巫术小实验,名为"斗旗"。以鸡血涂针,然后以磁石相吸,铁针七颠八倒,相互碰撞,这样的巫术实验也就算成功了。当时,黄河决口,生民死伤流离,皇帝正为此事焦虑,闻栾大说黄金可成,河决可塞的狂言,乃拜骗子栾大为五利将军。

汉武帝心存愚妄之念,视治国为儿戏。仅仅过了一个月,栾大就身佩天士将军、地士将军、大通将军、天道将军四颗金印,皇帝下诏封栾大为乐通侯,又将公主(卫太子之姊)许给他做老婆,赏赐黄金万斤,栾大所居宫邸皇帝赐名为当利公主宫,并亲临其第以示眷宠。皇帝所派慰劳赏赐的使者车马相接。栾大骤贵如此,不仅封官晋爵,还成了皇帝的门婿,所以,皇亲国戚争相巴结,自大公主武帝的姑姑以下直至将相王侯,皆置酒其家,奉上厚礼。武帝不久又为其刻了一方"天道将军"的玉印,令使者身着羽衣,夜晚立于白茅之上,五利将军也身着羽衣立白茅上从使者手中受印。这个古怪的仪式表示,五利将军虽受皇帝之封,但并非皇帝的臣子,他是代表天子和神灵相通的使者。于是,五利将军栾大开始深夜在其家作法招神,"神未至而百鬼集矣,然颇能使之",可见他搞了一些稀奇古怪的勾当。虽牛鬼蛇神,群魔乱舞,但神灵未至,终是不好向皇帝交差,于是,治装备礼,准备车马仪仗,带着一干方士,浩浩荡荡,东赴大海,去找他的神仙老师去了。

骗子栾大数月的经历,仿佛一场荒唐的怪梦,由一个卑下的诸侯的家奴,转眼间身佩六印,贵振天下,又娶公主为妻,皇帝百官敬之如神,这个安徒生童话般的故事却真实地发生在中国的历史上,被当时的太史公司马迁完整地记录下来。榜样的力量是无穷的。只要装神弄鬼,放胆胡说,取富贵如同探囊取物,还能弄个皇帝的女儿搂,世人谁不想望!"而海上燕齐之间,莫不搤腕而自言有禁方,能神仙矣。"(《史记·孝武本纪》)当时的大汉帝国一下子涌现出成千上万能通神的奇人,人人摩拳擦掌,准备把皇帝大骗一场,真乃旷古之奇观也!不久,五利将军栾大传来消息,说蓬莱仙山并不远,之所以到不了,乃因不见其仙气。于是皇帝派一批人前往海边望气,等待"气"至而发舟入海。汉武帝精力旺盛,忙得很,不仅亲临祭祀求神,且兵戈连年不息。这年秋天,为伐南越小国,汉武帝又搞了一些祭神祈福的仪式,祭了所谓"太一"之神。他等待着五利将军求神的消息。且说五利将军和他的求神团队来到大海边,见波涛汹涌,茫无际涯,先自吓坏了,不敢入海,于是一行人跑到泰山去了,汉武帝派去偷偷观察的人什么也没看见。栾大回京后,又对皇帝编了一通谎话,说如何去海上见他的神仙老师云云。派去的使者先已回来报告了栾大的行踪,如今听栾大还在满口胡言,汉武帝焉能不气!这时,东方朔直斥栾大荒谬无状,欺君罔上,罪不容诛!汉武帝怒从心头起,恶向胆边生,立即下令砍了五利将军栾大的脑袋!骗子胆子大,发迹快,但败亡也在转瞬之间。

几年后,在汾阴挖出一个大鼎,此鼎比其他出土的鼎都大,其铭古奥,无人可识。地方官上报朝廷,皇帝以为天降祥瑞,下令将此鼎供于宗庙,藏于帝廷。这时,第四个骗子登场了。此人名叫公孙卿,他虚构了一个神话,说远古黄帝曾得此宝鼎,问他的一个臣子,臣子云,黄帝于己酉年朔旦冬至得鼎,乃天道终而复始之征也。于是黄帝按历推算,二十年后又有朔旦冬至,可谓一轮回,等到二十个轮回后,恰三百八十年,黄帝登天仙升而去云。公孙卿想把这个虚构的神话说给皇帝,以便行骗。他通过关系,找到朝廷一个名为所忠的官员,想让他来引荐。所忠看了他编造的神话,认为荒诞不经,不肯引荐,推脱说:"宝鼎的事已结束了,还想做什么文章呢!"公孙卿在所忠那里碰了钉子,但他不死心,他自以为这个神话能够打动皇帝,实现他飞黄腾达的梦想,于是千方百计地找关系,托门子,终于通过皇帝身边的一个受宠的人牵线,见到了汉武帝。见到皇帝后,他又把自己虚构的神话完善了一番,加进一个叫申公的神人,说得活灵活现,说"黄帝采首山铜,铸鼎于荆山下"云云。汉武帝听完他的故事后,发了这样一句感叹:"嗟乎,吾诚得如黄帝,吾视去妻子如脱履耳!"汉武帝太想得道成仙了,他说如果能像黄帝那样羽化仙升,抛弃妻子就如同扔掉一双破鞋一样。公孙卿首战告捷,皇帝果然入其彀中,汉武帝立即拜公孙卿为郎,命其候神于太室之中(太室,皇帝迎候神灵的宫室)。这次,汉武帝吸取教训,没立刻封其为将军,只拜为郎,但公孙卿毕竟身登庙堂,可以行骗术而博取富贵了。

这年冬天,公孙卿候神于河南,说在缑氏城头见到仙人之迹,武帝立即赶来,只见城头上一只形如野鸡的鸟飞来飞去。武帝疑惑,问公孙卿:莫非你想效文成五利来骗我吗?公孙卿回答说:神仙并非有求于人主,是陛下您有求于神仙。如果急于求成,神仙必不能来。致神之道,乃远大之事,必须诚心不懈,积年成岁,神仙必至。于是,武帝下令各郡县诸侯缮治宫观,各地名山大川祭神的所在都要修葺一新,等待神仙的光临。这时候,汉武帝封禅泰山的准备工作也在紧张的进行中,因为古代典籍经秦火之后散失殆尽,有关封禅的仪式谁也说不清,聚集起来的儒生各说一套,莫衷一是,弄得汉武帝非常恼火。他下令罢黜所有筹备封禅的儒生,并练习张弓射牛,因为封禅泰山时,帝王必得亲自杀牲献祭,才能表达对神明的忠诚。这一次,他不仅是一个帝王,还要做一个大巫了。这年三月,皇帝又跑到缑氏城去了,他备了祭神之礼,率领随从的官员登上了嵩高山,并参拜了山顶的一个溶洞(石室),没有允许登山的官员在山下等待,他们说仿佛听到山顶有喊"万岁"的声音。等到皇帝下山,问皇帝,皇帝不言,问随从登山者,也不言,事情恍惚难辨。皇帝和随从越不说,事情就显得越发神秘。皇帝下诏选当地百姓三百户奉祀山顶之石室。这一年,封禅泰山的大典终于举行,百官随行,兴师动众,其仪式壮观而又神秘,皇帝在山下埋下了一个刻有文字的玉牒,内容绝密,没有人能知道。

封禅大典之后,方士们更加活跃起来,鼓噪说,海上的神山若有可得。皇帝重赏方士,亲往海边守望,并要亲自驾船出海,去会仙人,被群臣苦苦谏阻,方才作罢。这年春天,公孙卿说亲眼见有神人入东莱山,而且神人好像还说要见天子。汉武帝又跑到了缑氏城,拜公孙卿为中大夫。和公孙卿一起去东莱山寻访神人,在那里住了几夜,一无所见,但据说在山上发现了一个巨人的脚印。汉武帝命令方士们在东莱山祀神,并采集了大量的草药。公孙卿继续用虚构的神话忽悠皇帝,说远古的黄帝仙升时,天上有一条巨龙降临,黄帝是乘巨龙飞升的,而黄帝手下的官员有扯龙须的,有攀龙脊的,都跟着上了天。结果,龙须扯断好几根,还掉下一些官员。黄帝仙升完全像一场闹剧,它的荒诞不经是显而易见的。但汉武帝另有疑惑,他问:黄帝既然仙升而去,地上为何还留有他的墓冢?公孙卿回答说,那是留在地下的百官为他修的衣冠冢,黄帝的真身并不在墓中。汉武帝欣然对身边的官员说:有一天我如果仙升而去,你们不要忘了给我也修一座衣冠冢啊!汉武帝对成仙永生的想望痴迷而执着,所以,骗子的任何谎言他都信之不疑。公孙卿说：仙人可见，但陛下来得太突然，所以不得见。陛下可在缑氏城建一神观，内置枣脯等祭神之物，神人当可致。而且，神人喜欢住高大宽敞的楼观，陛下可以多修一些供神仙居留。汉武帝马上下令在长安城修了一座飞帘桂观，在甘泉宫修了一座益延寿观，让公孙卿持朝廷节钺设供神之具以待仙人。还另修一座通天台，在台下也设供神之具，等待仙人的莅临。这年，柏梁宫发生火灾，汉武帝信公孙卿等方士之言，耗费无数的国帑人力，修了豪华壮观的建章宫。又于建章宫内修承露盘，"高三十丈，大七围，以铜为之。上有仙人掌承露，和玉屑饮之"。这一切，都是为了一个梦想，等待神仙，祈望永生，使这位愚妄昏聩、一意孤行的帝王万寿无疆！

在司马迁作《今上本纪》(《孝武本纪》)的时候，骗子公孙卿仍然活得如鱼得水，身居高位，享受荣华富贵，不断用编造的谎言诓骗皇帝，动用民脂民膏修建祈神的宫观台榭，折腾得皇帝今天下海，明天上山，为了见神仙疲于奔命。"今上封禅，其后十二岁而还，遍于五岳四渎矣。而方士之候伺神人，入海求蓬莱，终无所验。而公孙卿之候神者犹以大人迹为解，无其效。天子盖怠厌方士之怪迂语矣，然终羁縻弗绝，冀遇其真。自此之后，方士言伺神者弥众，然其效可睹矣。"骗子之所以层出不穷，越来越多，是因为皇帝虽多次上当，仍然心存侥幸，"冀遇其真"，他长生求仙的欲求太过强烈了！人一旦有愚妄的欲望，骗子是不召自致的。

中国远古的神道信仰起源于巫，后来在这个层面上并没有多少实质性的进步。如《正义》释"社"云："社主民也，社以石为之。周武王伐纣，乃立亳社，以为监戒，不使通天地阴阳之气。"远古帝王所搞巫祭那一套概可见也。社，不过是围一圈石头的巫祭之所在，其目的在于"主（统治）民"。所谓闭天地阴阳之气，不过是战争前夕动员百姓的一种手段，带上神道色彩，更易使人敬畏而慑服也。又如"八神"之义，韦昭解为："八神谓天、地、阴、阳、日、月、星辰主之属。"汉《郊祀志》落实到具体的祭祀之处："一曰天主，祠天齐；二曰地主，祠泰山、梁父；三曰兵主，祠蚩尤；四曰阴主，祠三山；五曰阳主，祠之罘；六曰月主，祠东莱山，七曰日主，祠盛山；八曰四时主，祠琅邪也。"直至汉代，君主乃至庙堂对神道的信仰仍然是混乱的。而民间之淫祠膜拜则更加泛滥无序，仅以盛于民间绵延久远的祠灶之风为例，古人解为"礼灶者，老妇之祭，盛于盆，尊于瓶"。《说文周礼》认为祭的是火神祝融，《淮南子》也认为祭的是火官，死后成为灶神，而司马彪注《庄子》则认为灶神乃是穿红衣的美女。直至近现代,民间仍供祭不绝,灶神成为"灶王爷",则另有所说了(如说灶王爷姓张,而供奉于灶台的神像上,则是帝王和王后装束的一对男女了)。供祭灶神的目的是"祠灶可以致福"。中国的神道信仰,无论是庙堂还是民间,其功利性的目的毫不隐晦,信神为了什么,不过是为了得到现实的好处。道家的炼丹之术不过是使铅汞变黄金,然后得道成仙,长生不老,已不消说得,就是外来的佛教到了中国人手里,也尽是求佛降福的现实想望,或者要升官发财,或者要子孙平安,要想生个男孩,也要对佛像烧香磕头的。中国古代也有"上帝"的观念,所谓"上帝鬼神,遭圣则兴"。这个"上帝"和西方的"上帝"完全不是一回事,他的后边不仅跟着数不清的鬼神,而且完全是为人间的帝王服务的。正因如此,中国的神道信仰从来没有达到过灵魂救赎的宗教层面,它是人类现实欲望的投射,不会发展为成熟的宗教。后来的骗子以杂耍和卜卦相招摇,达官富贾、明星妄人与其交往甚密,口称大师,膜拜不已。此等吮痔舐疮之愚行,更何足道也!他们是两千多年前栾大、公孙卿等人的末代子孙,是多年来对中国文化弃其精华、嗜其糟粕的必然结果。当今骗子的发迹与腾达说明无论在制度和思想文化层面,我们与汉武帝去之不远。

汉武帝并不是一个好皇帝,时人或后人对他诟病甚多。《史记》篇后唐人司马贞述赞用四言诗概括其一生曰:"孝武篡极,四海承平。志尚奢丽,尤敬神明。坛开八道,接通五城。朝亲五利,夕拜文成。祭非祀典,巡乖卜征。登嵩勒岱,望景传声。迎年祀日,改历定正。疲耗中土,事彼边兵。日不暇给,人无聊生。俯观嬴政,几欲齐衡。"他即位时,逢文景之治,本是四海承平、百姓安乐的。但他穷奢极欲,穷兵黩武,信奉神鬼之事,被骗子忽悠得五迷三道,使国内疲耗殆尽,民不聊生。综观他的一生,和暴君秦始皇等量齐观,并无二致也!

在"独尊儒术"的幌子下

1

汉武帝刘彻为太子时,有一个陪伴他的老师(少傅)王臧,这个人很博学,用今天的标准衡量,应该算一个历史学家。他对远古时代帝王们礼乐制度颇为了解,当然这只是来源于秦皇焚书后侥幸残存的古代典籍。据说一代帝王统治天下,富有四海,并非是他本人的意愿,而是上天的安排。当他即位之时,上天降下祥瑞,十分奇异。如周天子将要取代殷商时,书上记载说:一条白鱼跳到了王的船上,王所居的屋子着了火,从火中飞出一只红色的乌鸦,这是周王朝将受命于天的象征。于是,新朝的帝王就要应天改制,易姓更代。这里所谓改制,并非将前朝人伦之理、政治教化、习俗礼仪全都改变,这是不可能的,新的统治者所能做的不过是徙居处、更称号、改正朔、易服色之类的表面文章。但这种表面文章关乎上天之命,或者说更重要的是关乎世俗统治者执政的合法性,所以对帝王来说乃是庄严郑重的头等大事。这其中蕴涵着神秘玄远的天机,非一语所能道尽。王臧在刘彻的身边,把这些深奥的知识不断地灌输给未来的天子,鼓励他将来做一个应天受命的伟大帝王。老师的教导使刘彻对远古帝王产生了无限的钦慕,对传说中古昔的黄金时代怀有诗意的憧憬,他下定决心,将来登基之后,将改变从祖父到父亲两代帝王因循保守毫无作为的局面,成就一番翻天覆地的伟大事业。

刘彻十六岁那年,他的父亲汉景帝刘启死了,他登上了皇位。他将在大汉帝国宽阔豪华的舞台上尽情表演,没有人敢蔑视他至高无上的权威,更没有人敢拂逆他的意志,他为所欲为的时代到来了!

少年皇帝志得意满,气概飞扬。放眼望去,江山一统,自打父皇剿平吴楚七国之乱后,诸侯国敛气铩羽,低首下心,几乎无人敢有作乱之想。普天之下,已经没有任何一个王国有挑战中央帝国的实力,同姓王侯尾大不掉、气焰熏天的局面已成往事。诸侯的封地日益迫蹙,他们战战兢兢,生怕获罪天廷,血统带来的安逸和奢华对他们于愿已足,在封邑内苟安享乐的王侯们已无足为患。大汉建国已近七十年,高祖、孝惠、吕后三朝,战乱方息,江山残破,生民十不余一,民生凋敝,正是喘息方定之时。中经几次异姓王侯作乱,又有诸吕篡政,大汉帝国摇摇晃晃,几次倾侧欲倒,赖有天助,终于立定了脚跟。后经文、景二帝,外施黄老无为之治,内行申韩刑名之术,对外不惹事,对内不折腾,与民休息,发展生产,至刘彻登基,天下繁荣富庶,大汉帝国在政治和经济上已经强大起来。史书记载,因为穿钱的绳子朽断,国家府库的钱币已不可数;公仓里的粮食陈陈相因,至红腐不可食;庶民百姓不仅能吃饱饭,还可吃上肉;阡陌里巷间经常有成群的马出没。王侯贵族畜养着成群的奴仆,高堂华屋的宴会上,经过调教的美女们轻歌曼舞,他们奢华和淫靡的享乐不仅超乎人们的想象,也装点着帝国的太平盛世。刘彻就是在这个时候成了这个庞大而富庶的帝国的主人。他踌躇满志,内心涌动着不可遏止的激情,他的一举一动、一言一行,不仅关乎着万千臣民的祸福生死,也关乎着这个帝国的未来。是谁把这样神圣而重大的使命放在这个十六岁少年稚嫩的肩头上的呢?他的老师告诉他,是上天!在古人的意识里,天代表神秘而无所不能的超自然的力量,天无形无影,高居于宇宙之上,天安排并决定着尘世上所有人的富贵贫贱、祸福生死,天也根据自己的意志给尘世上的芸芸众生安排一个统治者,所以,帝王是受命于天的"天子"。

天既无形无影亦无言,那么,谁会知道天命所在呢?古代的先知们是根据尘世的结果来论证天命的。比如说刘彻的先祖刘邦,一个名不见经传的无赖小吏,父无名,母无姓,竟然势如破竹,先灭秦而后灭楚,开创大汉基业,做了大汉帝国的开国皇帝,这决非人力所能为,乃是天命在兹的证明。于是,先知们在他身上找到了很多异乎常人的征兆,比如说他母亲在一个风雨之夕于大湖坡岸上歇息之时与一条龙相交而怀孕生下了他；又说他年轻嗜酒好色，经常去酒馆赊酒喝，醉后昏睡，老板娘竟发现他身上有怪象，于是毁掉了欠据，不敢再朝他要钱；又说有相面者给他们一家人相过面，断言有极贵之征云云。最后，有学者论证了他的姓氏，从姓氏谱牒学的角度证明他是远古帝王陶唐氏（尧）之后裔，所以，刘邦做皇帝乃上应天命。这些都被写入了历史，我们姑妄听之。总之，到了刘彻这一代，由于他的皇家血统，被父亲汉景帝指定为帝国的储君，君临天下，固是天命所在。

身膺天命的少年天子刘彻觉得自己的祖父和父亲两代皇帝格局小，气量狭，缺少雄才大略，虽然贵为天子，不过因循守成而已。尤其是祖父汉文帝，由外藩入主中朝，事事谨慎小心，在位二十三年，连一座宫殿都没有修过，臣下要为他造一座露台，听说要花费百金，坚决不修，说什么：百金，中等人家十家的家产，我住在先帝的宫室中，尚常感羞愧，还修什么露台！他不但自己穿着黑色的粗布衣，连喜欢的女人穿裙子都不许拖到地上。宫中帏帐不许绣花，皇宫家具器物不许雕镂……这样的皇帝还不如一个土财主，当着还有什么趣呢！皇帝的奢华和排场不仅关乎皇帝一人的身心享乐，它关乎着大汉帝国的体面和天子无上的权威啊！气吞山海，巡幸九州，风附影从，天人交感，上可通神明，下当理臣民，四夷进贡，百蛮臣服，天降符命，四海攸同，这才是帝王气概，天下太平之象！为了这个目标，他要废旧制，开新局，轰轰烈烈大干一场！

刘彻即位后，立刻把他的老师王臧（先已被免去太子少傅之职）调至身边宿卫，一年后升任为郎中令。郎中令主掌宿卫宫殿门户，负担天子的安全保卫和贴身事务，乃亲近之职。不久，又把王臧的同学赵绾破格提拔为御史大夫，位列三公之位。王、赵二人位在中枢，当然是最能和新皇帝说上话的人。他们都是文化人，都是搞学问的，二人所治的学问在当时称为"儒"，和文、景两朝所宗奉的黄老之学与申韩之术不是一路，他们认为，老子的小国寡民、无为而治那一套不合潮流，而申韩法家以严刑酷法治国，简直就是蹈亡秦之覆辙。所以，这些学说不应作为大汉帝国的指导思想，而应摈弃之。王、赵二人的主张得到了皇帝的赞成，于是，通过丞相给皇帝上了一道奏疏，要求朝廷全部罢免用黄老、申韩学说举荐的贤良（相当于考上的国家公务员的后备干部），因为他们所信奉的那一套是败乱国政的歪理邪说。皇帝立即批复：可。这是汉武帝初即位向非儒家学问开的第一刀,断然毁掉了不治儒学的知识分子的前程。我们知道,刘彻的先祖刘邦是最不待见儒生的,他见有人戴着儒生冠就夺过去向里撒尿,以示他的厌恶和轻蔑。汉家朝廷一直到他父亲那一代帝王,算吕后已历五世,没有哪一朝把儒生当回事。如今他把儒生提拔到重要领导岗位,罢免不治儒学的贤良,显然是要改变国家的意识形态,在政治上另开新局。不久,因王、赵二人之荐,朝廷又安车蒲轮去迎他们的导师鲁申公。蒲轮者,将车轮包裹上蒲草,以防乘车人颠簸也。此乃朝廷恭迎大德大贤的最高礼仪。不久,闻名天下的大儒鲁申公从鲁地被风尘仆仆迎进京城,皇帝刘彻立即接见,请教为政之道。鲁申公年过八十,学问多,架子大,把儒家祖师爷孔子奉为典范,自以为是帝王师,并不想揣摩帝王的心思,便回道:"为治不在多言,顾力行何如耳。"意思是说,治理国家不在你说了什么,要看你做了哪些实际的事。此语固无微言大义,并不对皇帝的心思。皇帝刘彻是要侈张广大,轰轰烈烈的,你讲不在多言,只要落到实处,这和父、祖两朝之政还有何两样?皇帝闷声不响,心里老大不快,但既已大张旗鼓把他迎来,也不好把老头子赶出去,只好赏了个太中大夫的闲职先养起来。

刘彻甫一登基,在组织路线上就已为后来的所谓"独尊儒术"奠定了基础,扫清了道路,看来他要重整河山,大展宏图了。国家意识形态的改变将带来实际政治的诸多变化,大汉政治往哪个方向变?刘彻搞这一套对国家和百姓是福还是祸?他之所尊到底是什么样的"儒术"?

2

皇帝很快下了一道诏册,亮了他的底牌。因为这关乎汉武一朝之政治,所以,必得原文录之——

> 五帝三王之道,改制作乐,而天下洽和,百王同之。……圣王已没……王道大坏。……五百年之间,守文之君,当涂之士,欲则先王之法以戴翼其众者甚众,然犹不能反,日以仆灭,至后王而后止,岂其所持操,或悖谬而失其统欤?凡所为屑屑夙兴夜昧,务法上古者,又将无补欤?三代受命,其符

安在？灾异之变，何缘而起？性命之情，或夭或寿，或仁或鄙，习闻其号，未烛厥理。伊欲风流而令行，刑轻而奸改。百姓和乐，政事宣昭，何修何饬？而膏露降，百谷登，惠润四海，泽臻草木。三光全，寒暑平，受天之祜，享鬼神之灵。德泽洋溢，施乎方外，延及群生。子大夫明先圣之业，习俗化之变，终始之序，讲闻高谊之日久矣，其明以谕朕。（《汉书·董仲舒传》）

这当然不是年轻的皇帝能说得出的话，推想这诏册是王臧、赵绾等人代皇帝草拟的，但确实是皇帝的心愿。文字艰涩古奥，但意思尚可明白。远古五帝三王之时，制礼作乐，是天下和乐的太平盛世，等到圣王已没，礼乐之制就败坏了。以后五百年间，不断有君主想恢复古代的礼乐制度，但都没有成功，究竟是什么原因使后人不能法上古而继先王之统呢？三代受命于天，其符命何在？天为什么要降下灾异？人的寿命为何寿夭不同，其间有何玄深的道理？如要政通人和、天下太平，该修何事？你们这些士大夫都是博通古今的人，高谈阔论已经很久，请你们把这其中的道理明白地告诉我。表面看，年轻的皇帝似乎要学习历史和哲学的学问，以增长学识，治理天下，其实不然。他是要法先王，恢复上古的礼乐制度，把自己打造成远古"五帝三王"那样的伟大君主。为此，要搞明白以下几个问题：（一）符命（君权神授）；（二）灾异（天人感应）；（三）寿夭（万寿无疆）；（四）受上天之保护，享鬼神之灵佑（拜鬼求神）；（五）皇帝恩泽，施乎方外（君临天下）。皇帝大致出了这五个问题，让士大夫们来回答。当时朝廷参与策对者有百余人，唯董仲舒所对，让皇帝格外重视。所谓符命，即五德终始的五行谶纬之说，董对曰："臣闻天之所大奉使之王者，必有非人力所能致而自至者，此受命之符也。"即帝王受命于天，所以出现祥瑞以昭示之，这就是符命。所讲不过是君权神授的观念。

关于"灾异"，董对曰："废德教而任刑罚，刑罚不中，则生邪气。邪气积于下，怨恶畜于上。上下不和，则阴阳缪戾，而妖孽生矣。此灾异所缘而起也。"这段话，虽然也从阴阳立论，大谈所谓妖孽，但他明确地否定了秦王朝严刑苛法的统治，而提出了儒家德教的主张。以下所论，则无情地鞭挞秦王朝尽灭先王之道，以乱济乱，残害百姓的罪恶，提出大汉王朝应反秦道而行之，改弦更张，以儒家德教治天下的主张。对董仲舒涉及现实政治的言论，汉武帝并无兴趣。自古以来，和秦始皇最相类的帝王就是汉武帝，无论是鞭挞天下，严刑苛法，还是封禅求仙，冀望长生，汉武帝后来几乎完全照抄了秦始皇的作业，对于非议秦政，汉武帝私心并不以为然。

汉武帝认同大汉王朝到他这一代应该改弦更张了，但怎么改，他是有主意的。表面看，君臣似乎都鄙薄秦制，要法先王，重礼乐，向五帝三王寻求治世良方。但董仲舒是要接触实际政治，解决社会贫富悬殊，"法出而奸生，令下而诈起"的社会乱象，其解决之道即是儒家的德教，选贤任能，兴教立国，用道德教化民众；解决两极分化，治理腐败，禁止官员巧取豪夺，与民争利。董仲舒直面真问题，言辞犀利：官员权贵"身宠而载高位，家温而食厚禄。因乘富贵之资力，以与民争利于下，民安能如之哉！是故众其奴婢，多其牛羊，广其田宅，博其产业，畜其积委，务此而亡已，以迫蹙民，民日削月朘，浸以大穷。富者奢侈羡溢，贫者穷极愁苦。穷极愁苦而上不救，则民不乐生。民不乐生，尚不避死，安能避罪！此刑罚之所以烦，而奸邪不可胜者也"。这样严酷的社会现实，正是董仲舒期待皇帝振作更化，加以解决的。但皇帝并不在意国计民生，他的关注点在所谓天命鬼神玄远之事，向往五帝三王"受天之祐，享鬼神之灵"的超凡境界。那么，是谁给了他这种向往？又是什么，煽惑起一个年轻帝王超凡入圣之心？是儒生和借助儒学所传续下来的五经六艺之说。皇帝信用儒生，是儒生不断向他灌输远古帝王的所谓致太平的礼乐教化；皇帝看重"五经六艺"，是因为其间有太多让一个帝王与上天鬼神身心交感的蛊惑之论。

正当年轻皇帝沉迷于这一切时，他所信重的御史大夫赵绾冒失地上了一道奏疏，提议国事决策无须奏事东宫。东宫，太后之所居也。此时，除了刘彻的母亲王氏（太后）外，刘彻的奶奶窦氏（太皇太后）还活着。窦老太太一直信奉黄老之学，她命儿子汉景帝及窦家人必须读黄老的书。当年，一个名叫辕固生的儒生随口说了一句对黄老之学不敬的话，窦老太太大怒，当时就命人将这儒生扔进了野猪栏里，让他去和野猪搏斗。如果不是汉景帝偷偷塞给他一把匕首，结果了那野猪，这倒霉的儒生早已命丧野猪獠牙之下。如今，老太太虽已高龄且双目失明，但对朝政还有绝对的发言权。她对继承皇位的孙子重儒生、讲六经、欲改旧制的举措一直很恼火，现在竟有臣子说出不得让她预闻国事的混帐话，她岂能不怒！于是立刻下旨将赵绾、王臧两个因儒得势的"乱臣"关进大牢。刘彻不比他的老爹（景帝），对遭无妄之灾的臣子暗中回护,更不比他的爷爷（文帝），一直怀仁慈宽厚之心，他是一个刻薄寡恩的人，任何人的生死不幸从不放在心上。尽管王臧曾是他的老师，赵绾是他破格提拔的重臣，但他并不想救他们。王、赵二人在大牢内受尽折辱，对重见天日彻底绝望，于是双双自杀。被隆重迎进京城的鲁申公没想到两位参政的弟子竟落得如此凄惨的下场，老头子又惊又怕，赶忙辞了官，跑回老家去了。

这似乎是年轻皇帝临朝后欲开新局的小挫折。但刘彻并不在乎这个，臣子之命轻如蝼蚁，死几个无所谓。他要法先王，重礼乐，应天命，通鬼神，在他手中开出太平盛世，他春秋正富，来日方长，贵为帝王，难道还会缺少顺着他说话的各路大腕精英吗？

他胸有成竹，蓄势待发。

3

三年后，刘彻实龄二十一岁，下诏置五经博士，此所谓"独尊儒术"之始。"五经"者，即《易》、《诗》（《诗经》）、《书》（《尚书》）、《礼》、《春秋》。史言其"表章六经"，《礼》后还有《乐》。"礼"即宗法制和等级制相结合的一套礼仪制度，"乐"则是配合礼并为礼所用的，所以礼乐并置，合为"五经"。

博士，战国时诸国及秦始皇时皆已置，实为知识分子参与政治的方式。他们为帝王所用，提供知识，也参与谋议政事（相当于今之官家智库），有时，帝王还会从他们中拔擢官员。据说秦王朝置博士七十人，虽时有增减，但数量不为少。但秦以前之博士"掌通古今"，就是知识广博，不拘一格，唯有汉武刘彻只把研究并精通"五经"的人选为博士，其余不在五经之列者皆罢黜不用。这一做法大约是采用了董仲舒之策。董上书主张诸不在六艺之科、孔子之术者，皆绝其道，勿使并进，以为邪辟之说灭息，然后统纪可一、法度可明，民知所从。董仲舒之意在以儒家思想统领王朝政治，以达天下大治。这是配合政治专制搞统一思想那一套，和秦始皇焚书坑儒并无实质的不同。董仲舒想用礼乐教化建设儒家理想中的和谐社会，皇帝则在其中发现了和上天鬼神心灵交会的神秘通道。董仲舒主对人事,皇帝主对天命。前者直面现实,痛陈时弊;后者避实就虚,荒诞虚妄。对此,钱穆先生总结道:"仲舒之主罢百家,尊孔子,独为武帝所取者,以其时言封禅明堂巡狩种种所谓受命之符太平之治,以及德施方外而受天之佑、享鬼神之灵者,其言皆附会于《诗》《书》六艺,而托尊于孔子故也。故武帝用仲舒之议,而疏仲舒之身。"(《秦汉史》)董仲舒后来被汉武帝打发到诸侯国任职,连个中央的官位都没给他,终生没见大用。

前面说过,武帝所尊,并非儒家典籍开篇所云"大学之道,在明明德,在亲民(后人诠为'新民'),在止于善"的儒家本义,也不是"修身、齐家、治国、平天下"的理想人格,更不是儒家所倡导的"仁政"那一套政治伦理。所以,汉景帝在位时所设的《孟子》博士也被他废掉了,因为孟子所主张的"民重君轻社稷次之"的民本思想并不合汉武帝的意。如果说,儒家学说的核心是"仁",强调统治者应行仁政,去掉这个,所谓儒术还剩下什么呢?

汉武帝所尊之儒乃符命灾异神鬼之说,于是各路人才应运而生。一些儒生为迎合帝王引经据典,好言神仙的方术骗子取药求仙,夸饰铺张的词客舞文弄墨,儒生、方士、词客各擅胜场,簇拥着刘彻,在"独尊儒术"的舞台上搬演了一幕幕荒诞闹剧。这闹剧的主要内容就是拜鬼求仙。无论是司马迁的《史记》,还是班固的《汉书》,翻开汉武帝的本纪,通篇多为祭神拜鬼、巡狩封禅那一套,似乎他这一生主要就是跑东跑西干这个,他的热衷和痴迷简直令人吃惊。

先说汉之所谓郊祠。有一个雍五畤,畤,帝王祭拜天地之所。汉兴二年,刘邦东击项羽西还入关,问故秦时都祭祀那些上帝,回说,有白、青、黄、赤帝之祠。刘邦曰:"吾闻天有五帝,而有四,何也?"无人能回答。于是刘邦说:"吾知之矣,乃待我而具五也。"乃立黑帝祠,命曰北畤。五畤皆在雍(扶风县),故曰雍五畤。所谓白、青、黄、赤、黑五帝,乃是按五德终始说所定,古时五帝即伏羲、神农、黄帝、尧、舜,如神农为赤帝,轩辕为黄帝是也。尽管这是汉代帝王通过祭祀礼拜来向上帝为社稷祈福的方式,但武帝的父祖等只让祠官来走走形式,一般不亲临祭祀。文帝和景帝也只各临祭一次。但武帝刘彻自二十四岁那年"行幸雍,祠五畤"起,一生凡八次亲临祭祀。三十五岁那年,来雍祠五畤,在田猎中捕获一只白色的马鹿,于是,文人为作《白麟之歌》;第二年复来祭祀,南越王献驯象,能言鸟(鹦鹉)。元鼎四年,刘彻四十四岁,又来雍地祭祀五畤。这年六月,在后土祠旁,出土一只古代的大鼎,文人又作《宝鼎》歌;其年秋,一个因罪发配到敦煌的人发现一匹生于沼泽中的野马,以神异之,献给皇帝,文人又为之作《天马》之歌。种种所谓异象吉征,都是符命和"受天之佑、享鬼神之灵"以及皇帝"德泽洋溢,施乎方外"的证明。他是这样地痴狂和虔诚,直到在六十五岁那年,他最后一次跑到雍地祭祀,三年后,雍地降下两块巨大的陨石,落地后,声闻四百里,武帝刘彻老惫将死,这才不再折腾。雍五畤离京城很远,皇帝前往一次,兴师动众,劳民伤财,文帝时,听方士之言,作一变通,在京城附近修了一座渭阳五帝庙,把五帝集中一座庙供祭,但各有其殿,只是殿门按五帝之德命,漆成不同颜色。但武帝不怎么到这个庙上去。武帝除了祭雍五畤外,还立泰一坛于甘泉,"令祠官宽舒等具泰一祠坛……五帝坛环居其下,各如其方。黄帝西南,除八通鬼道。泰一祝宰衣紫及绣,五帝各如其色"。从文字看,这是以土筑坛的祭祀场地。武帝曾三次驾临泰一坛祭祀。又立河东后土祠,"后土宜于泽中圜丘。为五坛。坛一黄犊。牢具,已祠,尽瘗,而从祠衣上黄"。在水中筑五个圆形土丘,祭祀时,每一土丘的太牢供品为一黄牛犊,参与祭祀的人都穿着黄衣衫,祭毕,将黄犊埋于土丘中。武帝曾五次来此临祭。这些祭祀活动,在武帝看来,就是远追上古盛时之礼乐,其实是六国以来方士之余绪,和儒家所主张的礼乐教化完全不是一回事。

然而,汉武帝尊儒复古的最大举动还在于泰山封禅。《史记·封禅书》释封禅本义:"泰山上筑土为坛,以祭天报天之功,故曰封。泰山下小山上,除地报地之功,故曰禅。"看来,它只是到泰山上祭天祀地的一种仪式,并无神秘之处,但一些方士编造妄诞之言启帝王之奢心,把它搞得神乎其神。秦始皇灭六国后三年巡行天下,曾到泰山封禅,又跑到东海寻长生药。汉武帝当然不肯落后,他不但也照葫芦画瓢地搬演了一次这样惊天动地的闹剧,而且搞得更加离奇荒谬。

先是方士公孙卿忽悠他,编造了一个黄帝当年得宝鼎后封禅登天的神话,按照历算推演,"汉之圣者,在高祖之孙且曾孙也。宝鼎出而与神通,封禅,封禅七十二王,唯皇帝得上泰山封。申公曰:汉帝亦当上封禅,封禅则能仙登天矣"。申公,是公孙卿编造出来的子虚乌有的神人,谎称是他的老师,和神仙交往,亲受黄帝之言,已经死了,但没留下著作。所以这位已死的神人的话只有通过他公孙卿向皇帝转述。接着,公孙卿给武帝讲了一个离奇的故事:"黄帝采首山铜,筑鼎于荆山下,鼎既成,有龙须胡髯下迎黄帝。黄帝上骑,群臣后宫从上龙七十余人,龙乃去。余小臣不得上,乃悉持龙髯。龙髯拔,堕。堕黄帝弓。百姓仰望,黄帝既上天,乃抱其弓与龙髯号。故后世因名其处曰鼎湖,其弓曰乌号。"如此荒唐之言,皇帝却信而无疑,心向往之,曰:"嗟乎,诚得如黄帝,吾视去妻子如脱屣耳。"武帝弱智乎?非也。只因奢心太重,欲望离谱,君临天下犹不足,还要仙升登天,故其愚不可及,一任方士和骗子摆布。之前和此后,几个方士均迎合他成仙长生的欲望,如李少君、少翁(文成将军)、栾大(五利将军)、公孙卿等皆把他玩得团团转。至高无上的权力加上虚妄的欲望会把专制暴君变成十足的傻瓜,他丧失常人应有的判断力,任性而疯狂。如此傻瓜的一意孤行会给民族和百姓带来巨大的灾难。

既然封禅能仙升不死,武帝就找一帮儒生策划封禅,儒生们引经据典,莫衷一是,研究了好久,没有一个大家认可的说法。武帝一气之下,把他们全部斥退,自己定了个方案,在他四十七岁那年,倾动国内,浩浩荡荡,前往泰山封禅。这个举动被认为是百年一遇的盛世壮举,司马迁记封禅事云:"封泰山下东方,如郊祠泰一之礼。封广丈二尺,高九尺,其下则有玉牒书,书秘。礼毕,天子独与侍中奉车子侯上泰山,亦有封。其事皆禁。"封禅之礼和祭祀泰一神坛祭仪相同。不过在泰山东北一座小山上筑一个长宽一丈二尺、高九尺的土坛,下埋一个刻字的玉牒,所书何字,属绝密。然后,武帝和一个贴身亲信(霍去病之子)登泰山,是否到了玉皇顶就不知道了,听说亦有封,搞了什么名堂,因其事绝密,无人可知。泰山封禅的主要内容不过如此。武帝所以郑重其事,是希望和传说中的黄帝一样,封禅后能感动上天,仙升得道。封禅这一年,改年号为元封元年。

其后,武帝不断前往泰山祭祀,并命诸侯在泰山附近建明堂,修离宫,以为来泰山修封之用。武帝来泰山临祭凡七次,其间伴随着各地巡狩,以观神迹,海上寻仙,甚至要亲自驾船出海去会仙人,又修甘泉通天台、长安飞帘馆、仙人承露盘等冀会神仙的建筑,其妄诞痴迷之举,难以历数。到了他五十三岁那年,已是封禅七年后,大汉王朝改律历,定正朔,以正月为岁首(从前以十月为岁首),改水德为土德,色上黄,数用五,算应了符命。据《汉书》张晏注:所谓"数用五",指印文,如丞相印曰"丞相印章",不足五字,以"之"足之。如此琐碎小事,于国计民生毫无意义。武帝一生拜鬼求仙,四方巡狩,耗尽国帑无数,对内严刑苛法,对民横征暴敛,对外穷兵黩武,到他死时,大汉帝国民穷财尽,户口减半,文景之治繁荣不在,帝国元气耗尽,从此一蹶不振。此即汉武帝"独尊儒术"之大概。

我们固然不能用今天的标准来苛责古人,但汉武帝在同时代的人看来也是一个非常糟糕的皇帝。与汉武帝封禅巡狩拜鬼求仙同时,古老的罗马共和国先后被选为保民官的提比略·革拉古和盖约·革拉古兄弟正为了落实限制富人占有更多土地的改革法案和元老院做着殊死的斗争。他们虽然在政治斗争中惨遭失败,但西方的罗马共和国和东方的大汉帝国在思想文化和政治生态上显示了迥然不同的面相。适应封建宗法制的所谓五德终始、巡狩封禅等礼乐文化是华夏文明的糟粕,它的源头是巫,黑暗而又野蛮。除了天命鬼神,专制帝王对尘世的一切都没有敬畏之心,而天命鬼神又被他们拿来神化自己。这些东西是附会于儒家的典籍而流传的,所以,汉武帝才有"独尊儒术"之说。代表道统的儒家学者所研究的是一套儒术,强调内圣外王,关注内在修为和现实政治;而代表治统的皇帝从儒术中所取来的不过是符命鬼神之说,强调君权神授自我神化万寿无疆。儒之为"术"而非"道",乃是方法和手段,与学说和思想无关。这种所谓"儒术",其实质是帝王愚妄的欲求和野蛮的治术。

用国家权力强制独尊一"术",固为思想专制,更何况所尊之"术",已非其"术"本身,原典已被篡改或遮蔽,塞进了统治者自己的私货。思想文化专制带来了愚人且自愚的闹剧,王官之学统领一切,如同一片沉重的、密不透风的阴霾笼罩在社会的上空。一切明朗、温暖、崇高、神圣、童贞、高雅的人伦气息全被窒息了,压在下面的是众生的悲号和死灭。

在"独尊儒术"的幌子下,我们看到一个面目狰狞的巫汉,一个颠顸痴狂的妄人,一个凶狠阴郁的帝王,这三张面孔属于同一个人——汉武帝刘彻。

汉武帝和他的丞相们

公元前91年初春,奉汉武帝诏敕,大汉丞相公孙贺被逮捕入狱。在狱中,有司穷治其罪,他和儿子公孙敬声受尽了凌辱和拷打,最后,父子双双死于狱中。汉武帝恨意未消,下旨将公孙贺全家灭族。这不是汉武帝杀的第一个丞相,当然也不是最后一个。随着皇帝春秋渐高,他的性情越来越乖戾和残暴,位居群臣之首的丞相和其他庙堂大臣,因小过或无罪被诛戮者日渐增多,公孙贺不过是其中的倒霉蛋之一。

公孙贺本有着堂皇的门第和显赫的人生。他的祖父公孙昆邪在汉景帝时为陇西太守,吴楚之乱时,拜为将军,因平叛有功,封为平曲侯。出身侯门的公孙贺少年时即为皇家骑士,出入宫阙。武帝刘彻为太子时,他入选太子舍人,陪侍太子游宴射猎,混得很熟。公孙贺不是读书人,没有庙堂之才,但是,英雄何须读书史,马上自可建奇勋。公孙贺为骑士时,就曾多次随军出征,屡立战功。武帝即位后,迁为太仆,官列九卿。武帝拔擢他至高位,除了他是老熟人外,还有一层关系,即公孙贺后来娶了一个身价骤贵的夫人,此女即汉武帝皇后卫子夫的大姐卫君孺。既为皇帝连襟,当然倍受宠信。不久,公孙贺出任轻车将军,驻军马邑,四年后,率军出云中,手握军权,成为边鄙重臣。五年后,拜车骑将军,随大将军卫青出征匈奴,因军功封侯。后又多次统军出征,尽管中间曾因小过被削夺爵位,但始终位居要津,荣宠不衰。再后来,终日战战兢兢,虽熬到衰年却不得退位的丞相石庆死去,汉武帝命他为相,并二次封侯。公孙贺位极人臣,按说应该兴高采烈,可他却在皇帝面前伏地不起,涕泣交流,叩头不止,说:臣本边鄙之将,以鞍马骑射为官，无才无德，实不堪丞相之任！皇帝及左右臣僚见公孙贺哭得如此伤悲，也不由得感动下泪。皇帝命侍从：扶起丞相。侍从去扶他，公孙贺却死活不肯起来接相印，皇帝无奈，起身离去，公孙贺这才不得已起身接了相印。出得宫来，左右问：皇帝拜相，乃荣宠之事，何哭之悲也？公孙贺回答说：主上贤明，臣本不称丞相之职，负此重责，从此危乎殆哉！此言足见公孙贺亦非颠顸之辈，他不傻，知道汉武帝这个主儿不好侍候，所谓伴君如伴虎，虽然位居丞相，稍不如意，随时会招来杀身之祸。

公孙贺此言并非空穴来风，在这之前，已有李蔡、严青翟、赵周三位丞相接连下狱而死。丞相石庆老迈，上疏请求退休，皇帝亲下手诏，讽刺挖苦，严厉谴责，出语苛毒，石庆以为他"归丞相印，乞骸骨归，避贤者路"的请求得到了批准，要呈还印绶。丞相掾史看了皇帝手诏，说，皇帝话说到这个份儿上，哪里是让你卸职归家，你要是明白人，应该引咎自裁才是啊！石庆吓坏了，哪里还敢提退休的事，第二天就硬撑着上班去了。好歹又撑了三年，死在了丞相任上。前任经历昭昭在目，公孙贺心中恐惧，视丞相如备杀之囚，所以他哀告哭泣，不肯接任，皇帝拂袖而去，这才不得已接了任。

"从此危乎殆哉！"公孙贺之言如同巫咒，尽管他战栗惶恐，日夜忧惧，大祸还是不期而至。他上位丞相后，他原来的太仆之位由儿子承继，父子同列朝班，表面上堂皇荣耀，但高危易倾，物极必反，乃世之常理。自己万般小心，尚有不测之虞，况自蹈死地乎！事情出在他儿子公孙敬声身上。由于自小生在王侯之家，又与皇家有姻亲，公孙敬声是个养尊处优、骄奢不法的纨绔子弟。尽管汉代有举孝廉的人才察举制度，但重要显赫的职务多授予外戚、重臣和权贵子弟。公孙敬声虽无才德，却填补了父亲留下的太仆之位的空缺。他利用职务之便，私自挪用了一千九百万的军费，事发后，进了大牢。当时朝廷正在追捕一个名为朱安世的黑社会老大，此人大名鼎鼎，人称"京师大侠"。因久捕不得，皇帝很恼火。公孙贺救儿心切，向皇帝提出由他亲自督办此案，条件是朱安世归案后，请赎儿子敬声之罪。皇帝看在亲戚的份上，竟然答应了他的请求。不久，朱安世果然被逮捕归案。朱归案后，听说丞相想拿自己之头赎儿子之罪，他笑了，说，事情没那么简单，丞相这下怕是摊上大事了！于是，朱安世于狱中告发公孙家三事：一是公孙敬声与汉武帝之女阳石公主私通，二是使巫师作法诅咒皇帝，三是在皇帝去往甘泉宫的路上埋下偶人，以恶言咒帝。此事非同小可，有一桩坐实就是灭族之罪。有司立即呈报皇帝，于是，公孙贺不但没救出儿子，自己反倒随后进了大牢。奇怪的是，朱安世这个社会边缘人的揭发竟然件件属实，父子两人被严刑拷打，长久折磨后皆瘐死狱中。汉武帝春秋渐高，他原本就怕死，一直祈望升仙永生，所以对神仙方术很是迷信，越年长越怕死，如今升仙得道的事久不应验，竟然有人用巫蛊之术咒他速死，他岂能不怒火中烧！于是，他下令将公孙贺全家灭族，两个与人私通的女儿——阳石公主和诸邑公主一并杀头。当然，皇后的大姐——公孙贺的夫人也被杀了。卫家被处死的还有一个人，即已故大将军卫青的侄子长平侯卫伉，据说他也卷入了与公主通奸及巫蛊案中。但这只是一个开始，其后不久，巫蛊之祸所连及的皇后、太子一家几乎尽被杀掉。

公孙贺死后，皇帝四顾，几无可信之人，自己的连襟姻亲尚包藏祸心，谁又是忠心耿耿的股肱之臣呢？想来想去，提拔了自己的刘姓宗亲刘屈氂为相。刘屈氂是汉武帝庶兄中山靖王刘胜之子，依辈分应属汉武帝的侄辈。刘胜妻妾甚多，耽于酒色，史载有子一百二十余人，刘屈氂即一百二十分之一。

刘屈氂接任丞相的这年秋天，巫蛊之祸闹大了。被汉武帝信重主持查蛊的江充想害太子刘据，栽赃说太子宫中埋有偶人诅咒皇帝。时汉武帝在甘泉宫养病，内外隔绝，皇后太子派出的使节皆不蒙召见。太子无以自白，发兵诛杀江充。太子兵入丞相府，刘屈氂吓跑了，连丞相印绶都丢掉了。江充一派的人向汉武帝汇报说太子造反，汉武帝问丞相何在，回答说：丞相保密，不敢发兵。汉武帝大怒，说：事已纷乱如此，尚何秘密可言？丞相无周公之风矣，周公不诛管蔡乎？马上下达了围剿太子的平叛令。汉武帝离开甘泉，驾临长安城西的建章宫，调集部队，亲自指挥作战。刘屈氂接旨后，率百官僚属和太子展开了殊死搏斗，大战五日，死者数万人，都城内处处伏尸，血流入排水沟中。后加入丞相军队的人越来越多，太子落败，逃出城去，隐蔽多日后，暴露行踪，在地方官的围捕中自缢身死，太子的两个儿子并皆遇害。汉武帝命人入皇后宫收皇后玺绶，卫皇后自杀。

奉皇帝之命，丞相刘屈氂打败了太子，似乎应该算立一大功。但皇帝很快醒悟了，太子是被江充陷害致死的。所以，刘屈氂的平叛之功在皇帝那里自然打了折扣。太子、皇后俱死，汉武帝迁怒于人，江充被灭族，参与陷害太子的人尽被诛杀，刘屈氂虽暂未获罪，但他的日子显然不好过。第二年，贰师将军李广利奉命出征匈奴，丞相刘屈氂为之饯行，送至渭桥。将别之际，李广利对刘屈氂说：愿君侯早请昌邑王为太子，如立为帝，君侯长何忧乎？卫太子刘据刚刚在巫蛊之祸中被杀，李广利就和刘屈氂筹谋起立太子的事来。原来昌邑王刘髆乃李广利妹妹李夫人所生，而李广利之所以敢对刘屈氂谈立储之事，乃因刘李二人乃儿女姻亲，李广利的女儿即刘屈氂儿妇。如果昌邑王得继大统，从政治利益考量，刘李二人皆为赢家，所以刘屈氂满口应承。但刘屈氂虽挟宗亲之重，位列丞相，但他在皇帝面前并无什么分量，他不断遭到皇帝的责谴，已身心俱疲，穷于应付，哪里还敢在皇帝面前提立储的事。因太子被杀，汉武帝正处于无穷的愧悔和懊恼之中，身为率军和太子相杀的丞相，已身处罡风烈焰之中，自身难保，安敢再提新立太子这样敏感的话题，触皇帝的锥心之痛？但是，既和李广利有此言，也就是给自己身上拴了个炸弹，不久，炸弹终于引爆，内廷的一个官员就将此事告发。除了这一条，还有一条同样致命的重罪：刘屈氂的夫人因刘连受皇帝责谴，身家性命旦夕难保，恨皇帝速死，因此"使巫祠社，咒诅主上"。汉武帝闻此，暴跳如雷，下令以厨车（拉肉类及食物之车）拉刘屈氂游街示众后，腰斩东市。刘的夫人被枭首长安华阳街。李广利全家也被收捕。李广利闻此，率部队投降了匈奴，李家也全族覆灭。

　　刘屈氂等被杀后，汉武帝心情更加恶劣，丞相的位子暂时空置。皇帝日夜思念太子，在太子殒命的地方修了一座望子台，还命人修了一座思子宫，经常一个人登临高台，在悲风飒飒中久久伫立，涕泗交流，或者把自己关在思子宫里，枯坐徘徊，他杀了很多令他烦厌的大臣，但仍难排解心中的伤痛，而这种痛是没有人可以倾诉的。这时候，他收到了一份奏疏，展开一看，是为太子辩冤的，言辞颇为恳切，上书的臣子说，他是梦见一个白发苍苍的耄耋老人教他如此这般上书皇帝的。皇帝被这封奏疏打动了，立刻召见上书人。此人乃位卑小臣，是高皇帝庙寝的守墓郎，名叫车千秋，长得身材魁伟，仪表堂堂。汉武帝见而悦之，多少时日深埋心中无人倾诉的痛苦终于有人替他说出来了，他觉得自己孤独痛楚的心灵得到了抚慰。皇帝说：父子之间，人所难言也，公独明其不然。此高庙神灵使公教我，公当遂为吾辅佐。立拜车千秋为大鸿胪。数月之后，车千秋即代替刘屈氂官拜丞相，封为富民侯。车千秋既无过人之才能，又无庙堂帷幄之谋、战场攻伐之功，仅以一言中皇帝之意，所谓挠到了痒处，数月之内，取相封侯，"世未尝有也"。

汉武帝如此草率封相,还遭到了匈奴单于的嘲笑,使者至匈奴,单于问何人为相,使者答车千秋,单于未闻其人,问以何故封相,答以上书言事。单于笑道:苟如是,汉置丞相,非用贤也,妄一男子上书即得之矣。使者还,道单于之言,汉武帝羞恼,要治使者辱命之罪。后来大概觉得单于之言也是实情,与使者无干,也就不了了之了。

车千秋在丞相任上,见武帝脾气暴戾,诛杀大臣,且心情抑郁,无以排解,国家朝野上下充满戾气,便与大臣们联名上书,请求皇帝施恩惠,缓刑罚,养志安神,有空多听听音乐,宽解自己的心情,养好身体。武帝回复,谈了巫蛊之祸给他造成的无法平复的心灵隐痛,说数月以来,他每天只吃一顿饭。而且,巫蛊至今未除,还是不断有人用此邪术诅咒他,"阴贼侵身,远近为蛊,朕愧之甚,何寿之有?"君临天下半个世纪之久的汉武帝封禅泰山,四方征伐,迷信神仙,祈望长生,宫观楼台,奢靡绮丽,赏罚由心,杀剐随意,言出法随,臣民慑伏,雷霆之怒,国中震恐,上至皇后太子,下至臣民百姓,遭无妄之祸而命丧沟壑者何止千万,晚年成为真正的孤家寡人,恨其速死者遍布朝野。他的心境如此苍凉悲苦,身体也每况愈下,不久就呜呼哀哉。车千秋成为他在世时最后一个丞相。

汉武临朝以来,下令诛杀的有五个丞相(御史大夫等其他重臣不在其内),有的还遭到灭族之祸。那么,他难道没有信重的丞相吗?有,公孙弘是唯一的一位。此人原来是个放猪的,四十多岁时,开始学《春秋》等儒家经典,六十岁那年,招贤良文学士,中选为博士。为使匈奴,回来述职时不合皇帝意,皇帝发怒,公孙弘害怕,以有病为名跑回了老家。本来他的仕途之路已经终止,可是后来郡国举贤良文学又把他推荐了上去。他推辞说,以前出使匈奴,差点获罪,证明自己能力不行,还是另选别人吧。可能是实在无人可选,公孙弘第二次被推荐了上去。这次他时来运转。武帝下诏求问天文地理,古往今来治道之本,让举荐上来的人"详具其对,著之于篇"上奏皇帝,由皇帝亲览,其实相当于后代的廷试。参与策试者百余人,主持其事的官员认为公孙弘的章奏不好,把他的名次排在了后面,可是武帝阅后,却把他拔擢为第一名。皇帝召其入见,见其风度不凡,复拜为博士,待诏金马门,成为后备干部。公孙弘见作文议论可以升官,愈发努力,连续上书,博武帝欢喜,职位也不断升迁,一年之内,官至左内史,数年内,迁御史大夫,不久即以高年跃居丞相。凡封丞相,原先得有爵位,公孙弘未曾封侯,武帝打破惯例,对公孙弘先拜丞相后封侯,可见眷宠之深。

公孙弘真以才德博帝王之宠吗?很多有才德的人仕路蹭蹬,甚至丢掉了性命,为何公孙弘独能平步青云?那是因为公孙弘老奸巨滑,善处庙堂之间,知道如何讨好君主,讨其欢心。"每朝会议,开陈其端,使人主自择,不肯面折廷争。"把自己的主意一二三列出,让帝王自己决策,决不因意见不同,坚持己见,和主子争执。既得筹谋之实,又不担任何责任和风险。他还会利用别人当"枪手",大臣汲黯就常被他利用,二人商议好向皇帝奏事,见帝后,他推汲黯先说,自己看皇帝的反映在一边"溜缝"。有时与公卿大臣商量好的事情,到了皇帝面前,立刻见风使舵,"皆背其约以顺上指",出卖了大家,站到了皇帝一边。气得汲黯当场揭他的老底:"齐人多诈而无情,始为臣等建此议,今皆背之,不忠"。皇帝当场问公孙弘,公孙弘却虚晃一枪:"夫知臣者以臣为忠,不知臣者以臣为不忠。"一句话,我是没有原则和操守的,只是无条件站在皇帝一边,你要知道我的苦心就认为我忠,不知道我的苦心,就认为我不忠。这种死心塌地的奴才心态自然得到了汉武帝的认可。大凡刚愎自用的君主,皆用奴不用才,所以,公孙弘才在汉武帝面前屹立不倒。汲黯看穿了他欺诈阴鸷的本性,向皇帝举报说,公孙弘居高位,俸禄甚多,却以粗布为被,此饰俭以为诈,其心不端。皇帝问公孙弘,公孙弘回答说:有这回事,在大臣中,我与汲黯是最好的朋友,了解我的也只有汲黯,他所说的完全属实,而且一语中的。居三公之位却以粗布为被,就是想沽名钓誉。没有汲黯,陛下安闻此言?以守为攻,以退为进,反把汲黯的告发化于无形。皇帝认为公孙弘有谦让之德,更加重视他。看穿公孙弘本质的,不止汲黯一人,董仲舒就认为他是一个谄谀君主的小人。董仲舒与公孙弘齐名,但董连个庙堂之官都没混上,只能到诸侯国去任职。公孙弘外表宽仁,内藏忌刻,凡与其有过节的,表面与之相善,迟早必加报复。大臣主父偃就因得罪他被杀。当然他也没忘了心头之患董仲舒,董虽然权力上无法与之抗衡,但学问才华过之,他向皇帝建议,把董仲舒派往胶西为相。胶西王是汉武帝之兄,残暴嗜杀,多行不法,杀了很多朝廷派去的官员。公孙弘想借胶西王之刀取董仲舒之头。董仲舒最后借病退隐,绝了仕途之念,才保得一条性命。

以上可见,汉武帝时代,丞相的取舍去留,身家性命,尽操帝王之手。相权与帝权是否能分立制衡呢?回答是否定的。钱穆先生极力推崇中国王朝的宰相制度,说:"我们可以说,中国自秦以下,依法制言,是王权相权骈立并峙的。王室与政府有分别,自秦以下,早有此观念,而且此观念极为清晰。王室世袭,表示国运之绵延。宰相更叠,则为政事之时新。"他并且认为中国王朝的宰相制度"在西方历史上很少有同样的制度堪与相比",对之推许无以复加。据此,钱穆先生断言中国王朝不是帝王专制的社会,"倘使我们说,中国传统政治是专制的,政府是由一个皇帝来独裁,这一说法,用来讲明、清两代是可以的,若论汉、唐、宋诸代,中央政府的组织,皇权、相权是划分的,其间比重纵有不同,但总不能说一切由皇帝专制"。因为朝廷设宰相之位,就认为皇权相权"骈立并峙",中国王朝不是帝王专制的制度,揆诸史实,窃以为此论不能成立。李斯乃有名的秦相,不能阻胡亥之篡位,当胡亥在赵高的操弄下专权肆暴时,李斯被迫上书,为暴君肆虐立论,云:"是以明君独断,故权不在臣也。"其后,身且不免,与其子并被腰斩于咸阳,其"出上蔡东门逐兔"之叹,乃千古臣子摧肝伤心之悲也! 其与谁"骈立并峙"哉? 至于汉武与宰相之关系,已于上述,哪个宰相敢拂帝王之意而"为政事之时新"? 似未之见也。公孙弘为相时,得帝王信重,"开东阁以延贤人",不过是养些吃闲饭的门客,并非是组阁行政。等到李蔡为相,中经几任,直到石庆,"丞相府客馆丘墟而已"。到了公孙贺、刘屈氂这两任,丞相府已颓败成为"马厩车库奴婢室矣"。所谓丞相不过就是点卯应差而已。稍不如意,命且不保,在帝王面前,就是战战兢兢的奴才。钱穆先生引证诸葛亮《出师表》"宫中府中,俱为一体",解释说:"宫即指皇宫,府即指政府言。可见在中国传统制度及传统观念下,此宫、府两机构是有分别的,而又可调和和融通的。"但诸葛亮此言似非此意,他下面的话是"陟罚臧否,不宜异同",是告诫后主刘禅要公平对待臣下,"俱为一体"乃是强调王朝是在皇帝一元化领导之下。宋人程颐说过:"天下治乱系宰相。"有学者考证出在宋代,宰相在治国理政上确实起了很大的作用,以皇帝名义发出的诏书必须有宰相的副署,才得以成为朝廷正式的政令,宰相有时甚至否决帝王之旨。这是士大夫势力强大后与皇权博弈、宋代皇室让渡部分权力的结果,它并没有形成治统影响后来的王朝。朱元璋建立明朝后,连杀李善长、汪广洋、胡惟庸三任宰相,自胡惟庸被诛后,丞相之位废而不设,君主乾纲独断。以后历代王朝乃至不叫王朝的王朝,没见过哪个丞相敢跟皇帝叫板。钱穆先生说:"像法国路易十四所谓'朕即国家'之说,在中国传统意见下,绝难认许。"中国历史上强调皇权至上的话不胜枚举,"普天之下,莫非王土,率土之滨,莫非王臣",是大家耳熟能详的。不但观念上如此,在政治实践中,中国王朝帝王专制的历史绵延久远,无论执政者还是普通百姓,它所形成的皇权观念深入骨髓,难以祛除,这正是当代中国政治转型滞缓艰困的主要原因。

汉武帝天马之战

从来帝王的所谓丰功伟绩，都是建立在无数小民的累累白骨之上的。帝王的一己私愿化为国家意志，驱动万千生灵赴汤蹈火，相互厮杀。多少生离死别，多少血泪悲哭，多少生命如草芥，多少白骨如丘山，最后把帝王的"伟业"留在了血写的历史上，供后人膜拜颂扬。中国人对秦皇汉武的崇拜实在是一种愚民的意淫，从人本主义的立场反观历史，他们在人世间的每一步都伴随着平民的血泪和死亡！汉武帝太初元年（公元前 104 年）的天马之战是一个历史标本，它告诉人们帝王的权力是怎样运行的。为帝王权力祛魅，我们将看到国家和臣民百姓的生死存亡在帝王的情感天平上是何等渺若轻尘！

汉武帝是一个霸蛮而多欲的帝王，他喜爱女人，宫中便畜养女子数千，以供一人之淫乐；他喜爱奇珍异宝，便四方征伐，遣使索贡，以求域外之方物。因为他喜爱李夫人，爱屋及乌，便赐李夫人的兄弟以高官厚禄。李夫人有两个哥哥，一个名曰李延年，是个歌舞艺术家，那就封他个都尉。都尉者，军中高职也，相当于今之少将。李延年只会唱歌，不会打仗，只会音律，不习军事，于是加个名号，叫协律都尉，是只管唱歌的文职少将，可见这个名堂在中国历史久远，在汉武帝时代就有了。李夫人还有一个哥哥叫李广利，不会唱歌，既然没有文艺特长，那就叫他当个真将军好了。于是，李广利就当了正儿八经的将军，比他的兄弟李延年军阶还高，位列大将之列了。

汉代将军一般前边要加个名号，李广利名号为"贰师将军"。当代人一看这这名号，以为此人只统帅两个师。错了，汉代军队本无师的编制，"贰师"者，西域大宛国的一个城市也。原来他这个将军名号与他执行的军事任务有关,和"度辽将军""征西将军"是一个意思。那么,李广利和大宛国的"贰师城"有什么关系呢?原来,汉武帝在侥幸逃得秦火的《易》中发现一句话,曰:"神马当从西北来。"正巧得到西域乌孙国的好马,武帝认为吉兆,命名"天马"。不久,又得到来自大宛国的汗血马,比乌孙马更显雄伟剽悍,于是,改命汗血马为"天马",乌孙马称为"西极马",低下一个等级。故天下好马第一当属大宛的汗血马。何谓"汗血"?此马奔逐如飞,如电光神火,倏然而逝,马出汗则色赤如血,故谓"汗血"。皇帝本是天子,天子爱天马,理所当然,于是汉武帝对天马渴求不已。

自张骞通使西域以来,汉朝与西域诸国来往日繁,汉代出使西域的使节渐多。因为西域道路险远,一般人不愿去,武帝就从民间招募。一些大言惑众的妄人,贪赏图利的骗子,以求一逞的冒险家和声名狼藉的恶徒纷纷自荐,取得朝廷节钺后,聚拢一帮市井流氓,就以汉家使团的身份跑到西域去了。当时的西域,聚落成"国",据《汉书·西域传》:当时汉家所知有国三十六,后分为五十多国,大国人口众多,兵马强盛,如时在伊犁河和伊塞克湖一带的乌孙国,当时就有人口六十三万,国防军十八万八千八百人;而小国只相当一个小村落,其中最小的单恒国,只有二十七户人家,一百九十四口人,仅养四十五个兵。古时地广人稀,无论大国小国,这些遥远的国度在大汉王朝的眼里如同猛虎视猫鼠,根本不在话下。那时还没发明大国沙文主义的帽子给汉武帝戴,所以大汉王朝近则军事征服,远则派使出访,对异域的珍稀之物勒拿卡要,不在话下。"自是之后,明珠、文甲、通犀、翠羽之珍盈于后宫,蒲梢、龙文、鱼目、汗血之马充于黄门,巨象、狮子、猛犬、大雀之群食于外囿。殊方异物,四方而至。"(《汉书·西域传》)人类社会自古奉行弱肉强食的法则,强者为王,赢者通吃,做强大汉帝国的皇帝说什么是什么,要什么有什么,真真是君临天下!前边说过,这些使节本来就鱼龙混杂,有的到了目的地,有的走到中间耐不得风餐露宿之苦,就折返回来了,编一套鬼话把皇帝哄骗过去,交了差,领了赏,也就 OK 了。历史是血色斑斓、冷硬粗砺的,没那么诗情画意,也没那么温柔。汉武帝喜爱大宛汗血天马,发往大宛国的汉家使团相望于道,每个使团多者数百人,少者百余人,一年中,出使大宛的使团多则十多个,少则五六个,时间长的,八九年才回来,短的,也需数年往返。话说出使西域的某个使团给汉武帝带回一个使皇帝大为光火的消息,说是大宛国有一群汗血天马乃天下极品,国王将其藏匿在贰师城,不肯让汉使见到。武帝闻听大怒,于是,封李广利为贰师将军,远征大宛,去抢夺汗血天马。使节的话,可能只是信口胡言,但这一句话,却使大汉王朝与西域诸国数年间战祸连连,生灵涂炭,百姓或转输军粮,辗转沟壑,或远征异域,战死他乡,曾经盛极一时的西汉王朝也就由盛转衰了。

或问李广利官拜大将,有什么高超的武功吗?非也,他只是一个常人。只因武帝爱妃子,所以爱屋及乌,破格重用。由他统帅千军万马,很多统兵多年的军官不服气。后来李广之孙李陵就因耻为其部将,才发生了孤军深入,身陷匈奴的悲剧,当然这是后话(参见拙文《司马迁之厄》)。从来沙场拼命的都是小卒,将军身边围着一帮谋士高参排兵布阵,多是躲在安全的地方。"战士阵前半死生,美人帐下犹歌舞"嘛,"班师金殿受封赏,一将功成万骨枯"嘛!如《三国演义》所写,关羽手使青龙偃月刀,张飞舞动丈八长矛,阵前向对方主将挑战,双方大战数十回合,斩敌将于马下,两军对垒的数万士兵都是观众和啦啦队,只管欢呼呐喊,这是奥运比赛,却非战场的实情。

贰师将军李广利要征讨大宛,抢夺天马,并非易事。大宛国在今中亚费尔干纳盆地,离大汉都城长安一万二千五百五十里,那时没有飞机和火车,这样遥远的距离,全靠士兵双腿丈量,谈何容易!第一次出兵,汉武帝拨给了李广利六千铁骑,又在国内征召了数万"恶少年",马步兵数万浩浩荡荡,出玉门关,杀奔大宛而去。可是刚一出关,士卒们就逃了大半。他们原以为到外国去开洋荤,抢珍宝,搂洋妞,谁知一路戈壁沙漠,衰草连天,别说洋妞珍宝,连饭也没的吃,水也没的喝。所过各小国,听说来了一帮抢掠的强盗,纷纷闭城自守。李广利指挥大军攻打沿途小国,攻下来,就抢掠饱餐一顿,若三五日攻不下,则弃而前行。后来到了一个叫郁成的地方,数万军队只剩了几千人。郁成兵民据守死战,汉家军队又被杀死不少,城终不得下。李广利穷愁无计,前路茫茫,大宛尚在黄云白鹤乡,再这样耗下去,自己小命也就扔在这里了。于是和左右谋士商议,只得班师而归。回到敦煌,来来去去已经两年有余,所带兵马,十不余一,所幸终于回到汉家故土。于是,向皇帝上书云:大宛国路途遥远,粮草不济,我的军队不怕打仗,就怕没饭吃。况且兵少将疲,也不足以灭国屠城,为陛下取大宛天马。所以我欲暂时回师,等准备充分,兵多粮足,我再率军远征。皇帝览书大怒,派使节挡住玉门关,令:有军卒敢入关者,格杀勿论! 李广利吓坏了,只好和尚未溃散的残部滞留敦煌。

这年夏天,大汉帝国在与匈奴作战中失利,二万余士卒被匈奴所俘,朝中百官都认为应罢远征大宛之兵,倾全力对付匈奴。汉武帝大怒,认为天子之威岂可轻!一个蕞尔小国竟敢逆天子之意,堂堂大汉天威何在?所以,大宛的天马势在必得!他处置了一个力主罢兵的官员,坚持要继续扩充军队,全国动员,再次远征。这次战争的规模比上次大了十倍,为天马而不惜孤注一掷!为补兵员之不足,他释放了大批狱中囚徒,动员了无数"恶少年"发往边地,经过一年多的备战,六万大军齐聚敦煌。为了补给军中粮草,从民间强征耕牛十万、马三万匹,还有数不清的驴骡和骆驼等各种牲畜为军队输运给养。各兵器作坊日夜打造刀矛弓弩,装备前线。调集军中精干力量,将五十余校尉投入伐宛之战。不止如此,为了支持持久的战争,他下令增加百姓赋税,人人要为战争出力,搜刮百姓果腹之粮,悉数供应前线。内地连通敦煌的山路荒野间,载运粮草给养和兵器的各种牲畜驮队络绎不绝,人畜辗转沟壑而死者不可胜数。百姓惊骇,举国骚动,村村寨寨,征兵拉夫。"牵衣顿足拦道哭,哭声直上干云霄;爷娘妻子走相送,尘埃不见咸阳桥。"到处都在上演杜甫笔下《兵车行》的惨剧。据情报说,大宛国都城内没有水井,百姓皆汲城外河中之水以供日用,汉武帝命令随军带去水利专家(水工),以便围城时将环城之水阻断,使城内断水自乱,以便攻陷屠灭。竭生民之力,罄举国之资,驱虎狼之师,夺远人之命,万里征伐,所为者何?当然是为了马,也只是为了马。于是。汉武帝在相马专家中,擢选有伯乐之技者二人,拜为"执驱马校尉",随军前往,以便在破宛后择取上乘之马,加意保护,执献汉廷。

贰师将军李广利受命统帅大军再次征伐大宛。这次与上次不同,兵员虽增加十倍,但粮饷充足,一路上,所过各小国皆开门迎降,供应汉军粮草。大军至轮台,轮台坚守不降,围攻数日,破城而屠之。其余迎降各小国,皆将王侯子弟作为人质解送长安。大汉朝廷命乌孙国派兵共助伐宛。乌孙国深恶大汉抢掠,但迫于势,只好派出两千骑兵,佯为相助,首鼠两端,徘徊不前。因为军队甚多,人吃马喂,所耗甚剧。不得已,汉军分数路进发,分别沿路抢掠,以供军食。其中一路汉军,在郁成遭到强烈抵抗,千余士兵,尽遭覆灭,只有数人逃归大本营。李广利派大军去攻打郁成,郁成城破投降,其王逃往康居国。大军再攻康居,康居国王献出郁成王。郁成王被俘后,于解送路上被杀。汉军所过之处,如铺天盖地的黑色风暴,不被抢掠,即遭屠灭,生灵涂炭,哀鸿遍野,西域诸国和平安宁的生活被彻底摧毁。

汉军一路杀掠行进,无人能阻挡这野蛮的洪流,终于,有三万大军抵达大宛都城。大宛都城名贵山,据后人考察,其地在乌兹别克的卡散赛,也有人说在塔吉克的列宁纳巴德,总之,距大汉帝国相当遥远。大宛国盛产葡萄,居民多以葡萄酿酒,富者窖藏美酒多至万余桶,储之十余年,不仅不坏,反愈益醇美。四野多苜宿,良马盈野,牧歌飘扬,的确是世外福地。当地人民从未听说的汉帝国的军队突然降临,其惊骇恐惧可想而知。大宛国王原以为汉帝国远在万里之遥,他们是不可能为了几匹马跑到这里来的。可他却不知道在遥远的东方有一条龙,这条龙的名字叫刘彻,死后谥号"孝武",后人称为汉武帝。这是一个予取予夺、霸蛮无比的帝王。他被人称为天子,他的国家被称为天朝,他的意志就是天的意志,"犯我天威,虽远必诛"就是他的信条。如今,为了几匹马,他的大军降临了!马,大宛的骐骥良驹,曾是这个草原民族的骄傲,如今却给他们引来了屠城灭国的大祸!

为了保卫家园,大宛国的军队出城迎敌,汉军劲弩攒射,他们只好退回城中。三万大军将贵山城围个水泄不通。李广利命人将环城河水掘开,引入他处,城中断水,立刻陷入了恐慌。大军围宛四十余日,城中居民储雨水为生。季节轮替,旱季来临,人畜无水,汉军围而不解。大宛的贵族们私下议道:大汉军队远道而来,是为了抢夺我国的良马。据说国王藏匿良马,诛杀汉使,才引来了这股祸水。不如杀了国王,把良马献给他们,这样他们或许会退兵。如果他们不退,我们再和他们拼命不迟!于是,为了保全更多人的性命,他们把国王杀掉了。杀掉国王,还没来得及以国王之头来议和,外城的城墙却被攻破了一段,大宛国的一个贵族将领因此丧命。退入内城的大宛贵族们更加恐慌,相与谋曰:这全是我们的国王惹的祸,赶快把国王的头送给他们吧!不然,我们全都没命了!人类历史上,外患严重时,为了保护族人性命,杀头领以求和,这种事情很多。于是,大宛贵族们派了一个使节带着国王的头去见贰师将军李广利,说:我们已经杀了获罪上国的国王,请汉军不要再围攻我们了。如果你们退兵,我们的良马任你们挑,要多少都给,而且供应你们军队粮食。如果你们不肯退兵,我们就杀掉所有的马,让你们空手而归!况且我们已经向康居国求援,他们的军队马上就到了,我们与援军内外夹攻,和你们决一死战,不惜和你们同归于尽!何去何从,请你们拿主意!这时候,围攻贵山城的大汉士兵也已经疲惫不堪,大宛人得到某些汉人的指导正在挖掘水井,城内积聚着充足的粮食。战事已处于胶着状态,想攻陷敌城,并不容易。如果康居国援军来到,强弩之末的汉军将一败涂地。李广利和谋士们商议后,认为有了大宛国王之头,又能得到汗血天马,回去可以和皇帝交差了,就接受了大宛国的求和。汉军挑选了数十匹大宛国上等良马,立了一个亲附汉朝的贵族为新国王,席卷了散在大野的三千多匹牲畜,结束战争,班师回国。

> 天子求天马,万里兴王师。
> 天马归来日,大野尽伏尸。
> 人死何足惜,马啸更长嘶。
> 庙堂呼万岁,歌舞献丹墀。

这次战争历时四年,死去士兵五万人,耗去大量财力物力,所得者不过是几十匹马。多数士兵并非战死沙场,而是在回国途中受到非人虐待,命丧大漠。回国之后的李广利被汉武帝封为海西侯,食邑八千户。天马之战因遂了皇帝爱马之愿,汉武帝大行封赏,计封两侯、三卿、俸禄二千石以上高官百余人。多年之后,汉代学者刘向总结道:"贰师将军李广利捐五万之师,靡亿万之费,经四年之劳,而仅获骏马三十匹,虽斩宛王之首,犹不足以复费,其私罪恶甚多。"此岂李广利一人之罪恶乎!后之汉家臣子议及此事无不痛心疾首。帝王为了自己的权力和私欲,不听劝谏,一意孤行,将错就错,错上加错,逞一时之气,遂一己之私,将无妄之灾加于百姓头上,给国家造成无可挽回的重大灾难,古往今来,所在多有。

汉武帝历来以开疆拓土的武功被后人称道。我们仔细谛听,历史幽深处,隐隐传来孤儿寡母的哭声。那数不清的累累白骨将会告诉你,在所谓的辉煌背后,是无穷的苦难和罪恶。当你对远古的帝王顶礼膜拜时,你可曾想到,那无言的白骨,那饮泣的老妪,那哀哀悲号的孤儿,那蹀躞山路如牛负重为官家输运粮秣的老翁……就是你的祖先?

不错,那就是你的祖先!

你活在汉武帝时代

这当然是一种假设。任何以假设为前提的问题似乎都是伪问题,但假设可以直逼问题的核心和实质。我们阅读和研讨古代的历史,看到很多帝王将相的生平事业和他们的人生悲喜剧,但寻常小民怎样活着却很难见于史书。这不能怪史家的所谓英雄史观对民众的无视,因为古往今来如恒河沙数的百姓生生死死太寻常了,历史上英雄伟业的后面其实就是无数人的挣扎和死亡。

随手翻开史书,我们会见到一些数字和与其相关的历史事件。如汉武帝元狩四年冬,那一年皇帝三十八岁,"有司言关东贫民徙陇西、北地、西河、上郡、会稽凡七十二万五千口"。倘若你是这迁徙百姓中的一员,请你告诉我你为什么会背井离乡?你有父母兄弟姐妹吗?你们怎样走过漫漫迁徙路?有哪些生离死别的故事?你们在陌生的异地是怎样活下来的?可你只在"七十二万五千口"这个冰冷的数字中,默无一言。算了吧,我不想在这里找到你。

同一年,"大将军卫青将四将军出定襄,将军霍去病出代,各将五万骑。步兵踵军后数十万人。青至幕北围单于,斩首万九千级,至阗颜山乃还。去病与左贤王战,斩获首虏七万余级,封狼居胥山乃还。两军士战死者数万人"。这是汉武帝时代和匈奴一次最重要最残酷的战争,哦,我看见你了!茫茫大野中,无数的男人、妇女、老人和孩子在奔跑、哭喊、惨叫……你们潮水般的马队呼啸而来,他们被长矛戳翻,被寒光闪闪的马刀割下头颅!于是,你在狼居胥山下的寒溪旁饮你的战马,在水畔的青石上磨你的战刀……连绵的大山,青灰色的天穹,漠北的风带来浓烈的血腥气,这里离家乡太遥远了!但大汉帝国士兵的脚步可以踏遍世界任何角落！大军的统帅正年轻，他叫霍去病，只有二十七岁。带着七万颗血淋淋的人头，你们凯旋班师！

哦，血色风尘中归来的士兵，你回到了久别的家乡。你的肩头上还留着一个凶狠的匈奴汉子砍下的刀伤，谢天谢地，因为有牛皮甲胄的保护，没有伤到骨头，所以，你还可以下田耕作。好，我们就从这里开始你的故事吧。

那一年你二十五岁，正是青春好年华，你有征讨匈奴英勇作战的光荣历史，但这算不了什么。任何时代，在战争中升官发财的都是统帅和将军，一个小兵能够活着从战场回来就是最大的幸运。此次战争汉军战死数万人，感谢上苍，你不在数万沙场伏尸之中。此次得胜归来的统帅霍去病被皇帝嘉奖，"以五千八百户益封骠骑将军"。而在四年前（元狩六年），史书记载："卫青比岁十余万众击胡，斩捕首虏之士，受赐黄金二十余万斤。而汉军士马死者十余万，兵甲转漕之费不与。"连年征战，十余万兵马尽死于战场；国库空虚，已拿不出粮秣兵甲之费。但卫青以外戚之重，竟得二十余万斤黄金的犒赏，令人咋舌！那年你没在卫青将军的部队服役，但你的哥哥在那支部队里，他已经死在沙场。

你的妻子每日站在柴门边望着灰白的长路，盼望你能够活着回来，当她看到你的身影时，她喜泪滂沱，伏在你的胸前痛哭，你那两岁的孩子牵着妈妈的裤角，仰着头，惊愕地望着你。很快，孩子似乎明白了什么，惊恐地哭起来……家徒四壁，藤萝绕门，贤惠的妻子为你做了煮红薯和糙米饭，或许还为你煮了两个鸡蛋。两只母鸡在院子里咕咕叫，还有一只看门的黄狗，它摇着尾巴，围着你转来转去。你终于吃上了家里的饭，有妻子、孩子、母鸡和狗，山后有你一块土地，你什么都不想要，只希望拥有现在的一切。

妻子忧郁地问道：孩子该怎么办呢？

什么怎么办？他怎么了？

明年他就三岁了，要给官家交口钱呢！可家里……唉……

于是，你听到了这样的事：村头的张家，孩子刚生下来，就被溺死了。后山的李家，女孩已经三岁，因为交不起口钱，父母不忍心下手，雇了人，哄到野外，生生推到崖下去了……孩子死了好多好多，野狗吃死孩子，都吃红了眼。

你浑身发冷，脖颈上飕飕地冒冷气。你抱起膝下的孩子，端详着他的小脸儿，孩子瞪着晶亮的眼睛，疑惑地望着你。

口钱,亦称口赋,也就是人头税。

> 《汉仪》注:民年七岁至十四,出口赋钱。人二十三。二十钱以食天子。其三钱者,武帝加口钱,以补车骑马。

原本民七到十四岁,就开始交人头税的,每人交二十钱。但到了汉武帝时代,从三岁就开始交,而且每人增加了三钱。增加的三钱,说是"补车骑马",其实就是军费之用。

又据《贡禹传》:

> 禹以为古民亡(无)赋算口钱,起武帝,征伐四夷,重赋于民。民产子三岁,则出口钱,故民重困,至于生子辄杀,甚可悲痛。宜令儿七岁去齿,乃出口钱,年二十乃算。

贡禹为汉元帝时人,七岁始交人头税,是后来的事。在汉武帝时代,规定三岁就开始交,而且缴费数额每人也多了三钱。百姓缴不起,生子辄杀,乃当时之实情。

人头税从三岁缴到十五岁,十五岁以后呢?当然还要缴,不过不叫口赋,而称算赋:

> 《汉仪》注,民年十五以上至五十六,出赋钱人百二十,为一算。为治库兵车马。

十五岁至五十六岁,属国家之壮丁,每个人要缴一百二十钱,按人头统计,即为一算,比十五岁以前增加了五六倍。这些钱,也用于军费。

那么,前面所言口赋即人头税中"二十钱以食天子"是什么意思?原来,在汉代,国家财政和天子私家收入是分开的。百姓税收属于国家财政,归大司农管,主要用于官吏的俸禄和国家的行政开支;而皇帝等人的日常用度来于山川园池市井之租税,比如市场交易税、矿产税、山林税等,这些收入属于宫廷私帑,专门用于皇族的日常开支,归少府管。汉代的少府一职,实为皇帝私人的大管家。如今,汉武帝把人头税也纳入供养天子的私产,而另增加三钱,以补军费之用。

是啊,明年你的孩子就要缴人头税,三岁的孩子就要出钱供养天子了。朝廷连年打仗,三岁的孩子还要缴三钱的军费。二十三钱,对于百姓,可不是区区小钱啊,否则为什么宁肯杀掉亲生骨肉而避此赋呢?

不,你抱着孩子断然地说,我们怎么能那样做呢?那是禽兽所为啊!我们宁可累折腰筋骨,也不能舍弃孩子啊!明天我就下田。

但镢头多年使用,已经坏损,家里的盐也已经没有了。你手里尚有一点天子赏赐的钱,那是用匈奴的人头换来的。那好,妻子说,明天就到市里去吧,买一柄镢头和一点盐,我和孩子已经几个月没见到盐星了。

第二天,你到市里去了。你见到了大路上跑过的驷马高车,富豪们和他们的家眷坐在车里,后面跟着一大帮奴仆,路人说,那是有名的大商贾乙家,城里有成片的豪宅,有上千的奴仆,连皇帝的本家此地的甲侯都巴结乙老爷呢!车子从你身边跑过,你见到车里一晃而过的乙老爷,肥头大耳,红光满面,左右簇拥着穿着绫罗的小妾……你走过了甲侯朱红色的大门,那里有些凶神恶煞的守门的兵丁,对你大声吆喝,让你滚远一些。你看到乙老爷的车子停在甲侯门前,甲侯迎出来,他们打躬作揖,然后一行人相跟着进了侯王的大门,后面跟着肩担礼盒的奴仆。

这一天,你走遍街市,没有买到镢头和盐。皇帝刚刚下旨,盐铁由官家专卖,不许私营了。

原来在秦王朝一直到汉初时,煮盐、冶铁、铸钱等产业皆许民私营,国家只管收税赋。这些税赋不入国家财政,只供养皇家贵族,归少府。可是就在国家倾举国之力和匈奴作战时,山东一带黄河泛滥,百姓流离失所,饿殍遍地,外有战祸,内有天灾,国家赈救,无能为力,而一些靠煮盐、冶铁发财的富商大贾不急国家之难,出手相助,反倒囤积居奇,乘国之危,皇帝大怒,煮盐、冶铁,一概官营。

官营之后,国家专盐铁之利,收入剧增,垄断的结果,不仅一些靠盐铁发家的富商大贾断了财路,且使平民百姓生活受到影响。所谓一放就乱,一统即死。但山海矿业,自属王土,岂容刁民缘此生利!

原来,乙老爷去侯王府也是打探朝廷虚实,心中惶惶然也。

你空手而归。你下田没有镢头,妻子为炊无盐,这样的日子你得捱着,因为你活在汉武帝时代。

你后来常常跑到市里去,你只想买一柄镢头和一把盐。你买到了盐,但贵得出奇,镢头始终没有买到。你很愁烦,用木棍石片,用手,用耒耜耞耰,还有一头衰老的黄牛,似乎也对付得下去,但很多事情做不了,你多么需要一把镢头啊!但在汉武帝时代,一个农民如此琐琐小事,当然不会记入历史。

汉武帝死后,即位的汉昭帝召集贤良文学士问民之疾苦,众人一致主张废除盐铁专卖,说:"县官鼓铸铁器,大抵多为大器物,应员程,不给民用。民用钝弊,割草不痛。是以农夫作剧,得获者少。"又曰:"盐铁贾贵,百姓不便。贫民或木耕手耨,土耰淡食。"这段话的后面就是农民买不到一把镢头、一把镰刀,拼力劳作,所获甚少的窘境。应该说,国家垄断盐铁业,限制了生产力的发展,窒息了社会经济的活力,使民生凋敝,百姓愈加困苦。但当时的御史大夫桑弘羊则坚决主张盐铁专卖,他的理由是:"山海之利,广泽之畜,天下之藏也,皆宜属少府。陛下不私,以属大司农,以佐助百姓。……往者豪强大家,得管山海之利,采铁石鼓铸煮盐,一家聚众或至千余人……聚深山穷泽之中,成奸伪之业,遂朋党之权,其轻为非,亦大矣。"从前,皇帝把国土山川皆视为自家的产业,所谓"打江山"是也。盐铁专卖,统治者固有经济上的考虑,但政治上怕出现雇用大量工人的资本阶层,以动摇农业小生产者维系的皇权统治,这才是根本的考虑吧。

这一天,你正在田里劳作,同村的丙伯惶惶然跑过来,喊道:听说了吗?钱又变了,从前的三铢钱废了!天啊,皇帝还让不让我们活了啊!说着,老头子声泪俱下,跪倒在田垄上,仰天哭嚎:天哪,百姓还怎么活啊!

你拿了家里仅有的一串三铢钱跑到市里去,果然,三铢钱已废,什么也买不到了!

钱币从战国始兴,至此仅百余年,古人还无法把握钱币投放和流通的规律,羁縻这个须臾不可缺少的可怕而诱人的魔鬼。在秦始皇时代,币为二等。黄金为上币,是永久的流通货,铜钱文曰半两,重如其文。汉兴,认为半两钱太重,更铸荚钱,民患太轻。彼时还没有纸币,金属钱当然以其重量计值。荚钱太轻,民不愿用,后来又造八铢钱(相当于秦币半两),此后,又有多次更变,到了汉武帝即位,开始行三铢钱,五年后,把三铢钱废掉了,又开始行半两钱。元狩四年,这真是一个多事之年，也就是你跟随霍去病将军入匈奴打仗那一年，皇帝下诏，"乃令县官销半两钱，更铸三铢钱，重如其文"。所以，你的全部家当就是那串三铢钱。

皇帝当年为何废半两钱而更铸三铢钱呢？史称，"官家据铜山而铸钱，民亦盗铸，不可胜数。钱益多而轻，物益少而贵"。也就是说，钱多物少，发生了通货膨胀。而且，民间盗铸，用铜屑及别的金属搀假，钱愈发不值钱了。

第二年，三铢钱刚兴，"有司言三铢钱轻，轻钱易作奸诈，乃更请郡国铸五铢钱"。

就这样，钱币频繁更变，百姓不知所从，苦不堪言。如今，三铢钱废而五铢钱兴，且问你那串三铢钱何所用也？

汉武帝时还有一种寻常小民没见过的"超大面值"的钱称为皮币，史称："是时禁苑有白鹿，而少府多银锡。乃以白鹿皮方尺，缘以缋，为皮币，直四十万。"用一尺见方的白鹿皮周边镶以银锡，这样的钱民间固然造不出，但因其价奇昂，所以它只在"王侯宗室，朝觐聘享"中使用，没法在市场上流通。当时大司农颜异对这个皮币有意见，说，一块玉璧才值数千钱，而一块鹿皮镶上银边就值四十万，本末不相称。皇帝大怒，竟将颜异以他事坐腹诽罪论死。其实武帝之本意，乃是用它钓王侯贵族的金银财宝，颜异书生气，所以送了命。

武帝一朝，因钱币送命的人成千上万。是时以币屡变，商贾多积货逐利，而民间盗铸之风益甚。依律，盗铸诸金钱，罪皆死，而犯者不可胜数。史称："吏民之坐盗铸金钱死者数十万人，其不发觉相杀者，不可胜数。"

几天后，丙伯和他的老伴在后山上寻了短见。这对老夫妇吊死在一棵树上，脚下扔着一堆散乱的三铢钱。邻人说，不完全是因为废了三铢钱，丙伯的两个儿子被人雇去进山炼铜铸钱，几百人被官府抓了，全给砍了头，老夫妇这才上了吊。

但是你还活着。活得虽然艰难，但还过得去。你在田里死做，收下的粮食仅足你和妻儿活命，但你身体还强壮，并且有靠力气生存的人不学自通的本领。你去山里砍柴烧炭（朝廷大官朱买臣干过）；你去山野放猪（当朝丞相公孙弘干过）；你给人杀狗（高祖大将樊哙干过）；你还编苇席，有人办丧事，你还拿着竹箫去给人家吹一支曲子（开国元勋周勃干过）……靠这些下贱的营生，你交得上官家的赋税（你和妻子各一算，每人120钱，孩子23钱，计263钱）。由于你的勤劳和智慧，你还攒下一点儿钱。可是，朝廷年年要用兵，妻子担惊受怕，忧心忡忡，生怕你被征发去打仗。

汉武年间,四夷扰攘。东南:严助、朱买臣等招徕东瓯,事两粤,江淮之间,骚乱不宁,国家烦费。西南:唐蒙、司马相如始开西南夷,凿山通道千余里,以广巴蜀,巴蜀之民疲弊,不惶宁日。东北:灭朝鲜,置沧海郡,则燕齐之间兵戈数发。西北:本来与匈奴有和亲之约,边境虽偶有扰攘,尚未成大患。武帝背约,先使一个做边贸生意的富翁聂壹将货物出关,诱单于贸易,并私约卖马邑城于匈奴,单于信之,率十万骑入塞。汉军三十万埋伏在马邑旁,准备擒杀单于。单于觉之,引军还。自此和亲事绝,两国交恶,兵连而不解,天下苦其劳,干戈日滋,民生日蹙,国库虚耗。

战国时,秦最尚武力,其制兵民不分,有事则人尽可兵,事已则兵尽还民。此乃藏兵于民,人人皆兵。这在靠人海战术取胜的冷兵器时代当然最为强霸。汉承秦制,依然如此。按汉之兵役,男子年满二十三,就要随时征召出战:

《汉仪》注曰:民年二十三为正,一岁为卫士,一岁为材官骑士,习射御骑驰战阵。又曰:年五十六衰老,乃得免为庶民,就田里。

二十三岁上战场,五十六岁才可退役,乃国家制度。残废者可免,曰:"高不满六尺二寸以下为罢癃。"此乃汉代尺寸也,当指个子太矮,拿不动刀矛者。

青年为皇帝打仗,人人有份,丞相之子亦不可免。武帝时有一廷尉(相当于大法官),因家贫,不能花钱雇人替代,其子年年步行北到边关服役。这一方面看出当时人的尚武雄豪气概,也见兵法之严。

要想避开兵役,唯有买爵一途。

爵分五等:公、侯、伯、子、男,本为封建世袭制度之专称,后来,秦孝公用商鞅之法,有民爵之设。民爵七级以下,得免徭役。汉代常有赐民爵一级之说,如新君即位,得生皇子,立太子等。概因要普天同庆,使百姓沾溉皇恩也。民赐爵,可以减罪,可以免役。国家还规定,民爵还可互相买卖。国家也可卖爵,相当于发行公债。汉时民户买爵,即取得对国家徭赋之优复。但优复亦有年限,年过即灭。所以,你倾其所有,买了民爵一级,只可和妻子土地厮守一年,无征发服役之虑。

你战场的刀伤已平,只有阴雨天隐隐作痛,但你还留在自己的茅屋和土地上,身边有妻子孩子相伴。这卑微而可怜的幸福能持续多久呢?

世事如转圜,富贵及身灭。在汉武帝时代,没有谁是安全的。

站在你山坡上的田地上可以看到山下的大路,你看到一队官兵络绎从山下走过,他们押解着一群人,这些人扛抬着箱笼,向官衙走去。乙老爷破衣烂衫,散发赤脚,坐在一架破牛车上,瞪着一双呆滞的眼睛,嘶声喊叫:完了!我完蛋了!我被告缗了,我什么都没有了,我破产了!

是的,乙老爷破产了!但国内破产的可不是乙老爷一个人。

告缗,是汉武帝时对国内富商大贾及资产者掠夺性的一项政策。缗,这里指的是资产财物。告缗之前有算缗,即自报资产,国家课以重税,无异于将富人资产没收入官。民皆匿财不报,于是有告缗:"匿不自占,占不悉,戍边一岁,没入缗钱。有能告者,以其半畀之。"隐匿资产不报,或呈报不实,罚戍边一年,且没收资产。有能告发者,可得富人资产之一半。于是,国内告发之潮大起,富商大贾,人人自危,国家得民财物以亿计,奴婢以千万数,及土地房产无算。"于是商贾中家以上大抵破,民偷甘食好衣,不事畜藏之业。"中等人家都已破产,百姓不再以工商积财,而告发富人者得其半,奸人何乐而不为!于是经营有余之家破产罹祸,浮浪奸猾之徒害人发财。汉武帝并非如后来之革命鼓励穷人造反,虽然他有时候也恨富人。盖因天下财富皆视为皇家之私产,汉家帝王一直轻贱商贾,高祖刘邦曾下诏不许商人衣丝乘车,汉代有"良家子"之说,此即如后来的"贫下中农子弟",只有耕田的人家方可称"良家",凡经商、务工甚至行医者皆为"奸利",排摈在"良家"之外。市税矿山海盐渔业诸收入,皆为皇帝私财,入少府,为天子之私奉养,不入国家财政。而工商阶层靠此发财,等于侵夺皇帝私产,于是,以国家暴力攫夺之决不手软。汉武帝的告缗之策无疑是一种暴政,对社会经济和社会道德的破坏前所未有。私有财产神圣不可侵犯之说乃资产阶级的信仰和法则,在农业小生产者维系的中国皇权时代,决无此种观念也。

乙老爷的破产并不使你感到欣喜,你没有任何幸灾乐祸的恶毒心理。这并非说你的道德高尚,它使你感到,在皇权之下,任何人的财产和生命都无可保障,每个人都没有尊严和权利,所有人都是一粒尘埃。

看着坐在破牛车上嘶声喊叫的乙老爷远去,你不禁打了一个寒战!

于是，那年冬天，你看到了更加震撼的一幕：皇帝派来的地方官骑着高头大马带着一干仆从进了甲侯的宅邸，宣读了皇帝的诏书，甲侯因酎金事被削夺了王侯之爵位，即日被黜为庶民了。甲侯宅邸乱作一团，众妃妾收卷细软，夺门而去。平时在主人面前低眉敛气、诺诺连声的奴仆们大声叫喊，出言不逊，几乎对甲侯和王后动起粗来。不是地方官呵斥弹压，甲侯人身安全都成了问题。

甲侯，乃皇帝之本家也，据说从祖太爷那辈就已封了侯，乃先帝之近支。吴楚七国作乱时，甲侯的爷爷并没有卷入谋反，否则早就掉了脑袋，何能将爵位传子传孙地传下来呢。但年代久远，支系繁衍递嬗，甲侯与当今皇帝虽是同祖，但已经很远了。因此甲侯一直很低调，从不擅作威福，对地方官十分恭敬，只如一个土财主，奉食租赋而已。但这个也没保住，终因酎金而失侯了。

酎，三重酿醇酒也。《汉书》服虔注："八月献酎，祭宗庙，诸侯各献金来助祭也。"可见，酎金是一种名目，为皇家祭宗庙时，各诸侯必须向朝廷贡金助祭。宗庙所供，乃天子和诸侯共同的祖宗，所以祭祖时，王侯必须拿金子来！

《汉仪》注：诸侯王岁以户口，酎黄金于汉庙。皇帝临，受献金。金少不如斤两，色恶，王削县，侯免国。

汉武帝元鼎五年（公元前112年，帝在位28年），"列侯坐献黄金酎祭宗庙不如法，夺爵者百六人"（《汉书·汉武本纪》）。所以，甲侯乃一百零六个倒霉蛋之一。当时，朝廷正发兵讨伐南越，诸侯不积极支持，武帝一怒，借口拿他们开刀，此为近因。其远因实为自吴楚之乱平后，封建世袭衰微，中央集权制的皇权体制愈加巩固，即便同宗同姓之王侯，削夺不加怜惜，以示天子无上之威也！

日子绵长如水，劳苦和愁烦如影随形。一个寻常小民，不触犯刑律，在自己的田垄上耕作，舍得付出血汗，宁可妻儿饥寒，年年完税，日子倒也过得去。

春天，你在山坡上翻地，同村的阿三跑过来，说："看见了吗？看那车仗队伍，那是阿娇一家，要迁到京城去了！"你直起腰，果然看到几辆华贵的车子逶迤着爬过了山路，骑马的紫衣人前后簇拥，在春天蒙蒙的雾霭中格外醒目。"阿娇怎么了？"你懵懂地问。"咳，你没听说吗？阿娇被选入宫里去了！那女娃模样长得好，皮白肉嫩，头发老长，一双水灵灵的眼睛，走起路来飘飘的，都说她是狐狸精转世……这下被当官的选入宫里去了,要是皇帝老儿看中,阿娇可就做娘娘啦!"阿三一边絮叨,一边啧啧地赞叹着。噢,你想起来了,那是后村采桑的阿娇,的确是个美丽的女娃,可刚至及笄之年……"阿娇的爹娘这下子可抖起来了,要是阿娇做了娘娘,那个乡巴佬可是要封侯的。"阿三一脸庄重,说:"住大宅子,成群的奴婢侍侯,每天都吃肉喝酒,出门就坐马车……再不用下田,也不用交租了……"阿三不知什么时候离去了。风在耳边打着呼哨,远天推上一片云彩,风中带着水腥气,看样子要下雨了。不用下田,不用交租,唉,谁生来有这样的福分呢!

但你不会知道,不测的命运也在等着阿娇。

《汉书·贡禹传》:"至高祖孝文孝景皇帝,循古节俭,宫女不过十余。……武帝时,又多取好女至数千人,以填后宫。"

左右郡县,耳闻目睹,女子进宫所在多有,数千宫女供帝王一人之淫乐。但一入宫门,如同囚禁,父母兄弟,如隔丘山。得幸者稀,得宠者少。今日得宠,明朝失势,帝王一怒,命如落花。汉武晚年,因巫蛊之祸,逼杀太子,又使卫皇后自尽。为使幼子刘弗陵(汉昭帝)继位,将其年轻母亲钩弋夫人无端杀死……这些记于史书的事情,你当然无从知晓。

是啊,活在汉武帝时代,有人骤然富贵,是因家有漂亮女孩。有人瞬间破产,是因为你曾经有钱。有人被砍了头,是因为你的脑袋本来是随时准备被砍掉的。有人被割掉了生殖器,是因为你的话叫皇帝不高兴。有人必须上战场去拼命,是因为你有个年轻的好身板儿……

好,现在该轮到你了。

史载,元鼎六年秋(公元前111年),"东越王余善反,攻杀汉将吏。遣横海将军韩说,中尉王温舒出会稽,楼船将军杨仆出豫章,击之"。你又被征发入伍,属横海将军韩说部下,去南方打仗。这一年,你三十三岁,你的妻子三十一岁,你的儿子九岁。自上次随霍去病出征匈奴至今,你已经陪伴你的妻儿八年。八年间,尽管战乱不息,但你却侥幸逃过了兵役。如今你正当壮年,离56岁退役还田的年纪还很远,国家有事,皇帝征召,谁敢抗命?

你哭别了妻儿,最后一次巡看了你的茅屋、田地,嘱咐妻子收好田里的庄稼,等候你的归来。

数月后,你死在湿热的南方,不是死于战场,而是死于可怕的热病。同伴们把你的尸体抛下了瘴气迷蒙的江水。

历史不会记载一个普通士兵的死亡,唯有江水无语东流……

可怜汉武之子孙

汉武帝和五个后妃生下了六个儿子,他们是含着权柄出生的,无论贤愚,都将是帝国未来的主人,或者承继大统,贵为帝王,或者裂土分封,称霸一方。他们的性格和命运关乎着帝国的未来,甚至和百姓的祸福休戚相关。一个残暴昏庸的帝王可以使万千寻常小民家破人亡,一个贤明节欲的王侯也可以使治下的百姓免遭横征暴敛和胥吏的荼毒,得保室家完好,安度悠长的岁月。汉武帝本人是个强势的君主,他在位五十四年,统治大汉帝国半个世纪,身边有数位丞相和若干大臣显贵被诛灭,由于奢糜和穷兵黩武,更使"海内虚耗,户口减半"。闾巷草野之民非死于刀兵即死于徭役和饥寒。贾谊曾孙贾捐之于汉元帝时指斥汉武为政之失:"至孝武皇帝元狩六年,太仓之粟红腐不可食,都内之钱贯朽而不可校。"后乃造作宫室,兴兵四出,"则天下断狱万数,民赋数百,造盐铁酒榷之利以佐用度,犹不能足。当此之时,寇贼并起,军旅数发,父战死于前,子斗伤于后,女子乘亭障,孤儿号于道,老母寡妇饮泣巷哭,遥设虚祭,想魂乎万里之外"。一个帝王为了自己所谓的"勋业"和"英名",视国如私产,视民如草芥,操生杀之柄,兴无穷之祸,把"文景之治"积累下的国家财富耗损殆尽。千门万户生离死别之苦难,野鬼孤魂呼天抢地之痛楚又何可尽言哉!造成如此凄惨酷烈的现实乃帝王一人之力。自秦汉以降,国家权柄多操帝王一人之手,帝王的权威不可挑战,帝王的意志不可违忤,帝王的喜怒不可拂逆,帝王的欲求无论如何荒唐都是天然合理,必须满足的。"敲剥天下之骨髓,离散天下之子女,以奉我一人之淫乐,视为当然。"且欲"视天下为莫大之产业,传之子孙,受享无穷"(黄宗羲《原君》)。汉武帝迷信神仙方术,祈求长生而不得,退而求其次,希望家天下代代相传,子子孙孙无穷尽也!

汉武帝的六个儿子是:和皇后卫子夫所生刘据,和王夫人所生刘闳,和李夫人所生刘髆,和赵婕妤所生刘弗陵,名分很低的李姬为其生两子,即刘旦和刘胥。其中齐怀王刘闳,受封八年后死去,无子,国除,可不在论列之内。其余五子命运虽各不相同,但因是皇裔贵胄,他们的人生遭际是寻常人无法想象的。

刘据是汉武帝的长子。武帝刘彻即位数年无子,他的姐姐平阳公主选良家美女十多名,百般调教,饰以盛装,准备献给他的弟弟。这年,刘彻往霸上祭祀,过姐姐平阳公主家,公主献美人,可惜刘彻一个也没看中。宴会中令歌女献歌,刘彻一眼看中公主府上的歌队主唱卫子夫,公主会意,令子夫侍候刘彻更衣,得幸。刘彻启驾回宫,公主即命卫子夫随行,临上车,公主抚其背曰:"你要走了,入宫后,努力加餐,养好身体,以后富贵了,不要忘了我。"入宫经年,刘彻把她冷落一边,忘记了她。后皇帝下令清理后宫,斥逐皇帝看不入眼的女子。卫子夫涕泣求去,皇帝顿生爱怜,复幸,有妊,不久生下一个男孩。这年刘彻已经二十九岁,得生皇子,甚为高兴,册封卫子夫为皇后。汉武帝元狩元年(前122年),皇子刘据七岁,立为太子。皇后卫子夫之弟卫青因击匈奴有功,封长平侯。恰巧平阳公主的丈夫曹寿病死,平阳公主又再嫁卫青,卫青又成了皇帝的姐夫,可谓亲上加亲。皇后卫子夫的姐姐和小吏霍仲孺私通,生子霍去病,因与皇后有亲,霍去病也以征讨匈奴之军功,封为冠军侯。卫青为大司马大将军,霍去病为大司马骠骑将军。卫、霍二人军功显赫,名载青史,他们是卫氏女人两代的私生子。卫氏本出身低微,母女皆为平阳公主家的奴婢,但因卫子夫贵为皇后,舅甥二人以外戚之重,总揽汉家军事大权,在历史舞台上演出了波澜壮阔、声威赫赫的活剧。但是,辉煌之短暂正如生命之无常,在流逝的岁月中,皇后卫子夫年华老去,太子刘据也渐渐长大,皇帝对女人的兴趣已转移到别的妃嫔的身上。皇后宠衰,太子暂时虽安然无恙,但皇帝国事繁剧,在臣子和女人的环绕中无暇他顾,皇帝与太子间保持着若即若离的父子和君臣关系。如果不出意外,太子刘据本可顺利接班,成为大汉帝国最高的统治者。太子刘据天性仁爱,待人宽厚,没有任何劣迹和恶行;皇后安居宫中,已断风情之念,和所有养尊处优的女人一样,过着寂寞平淡的日子。但是无论皇后还是太子,他们都有一个共同的主人,虽然从名分和血亲上来说，他是丈夫，是父亲，但他是一个皇帝，是至高无上的君主，所以，母子二人的生死祸福同样叵测无常。死亡的骤然降临如同晴空霹雳，没有任何征兆。

在中国历代帝王中，汉武帝刘彻算得上一个长寿的君主，他十七岁即位，在位五十四年。长期执掌帝国的最高权力，无令不行，无欲不从，决人生死，只在一念之间。无上的权力使他养成了冷酷、专断、多疑、任性的性格，到了晚年，他变得昏聩、执拗、荒唐乃至不可理喻。在来日无多的黄昏岁月里，他对死亡充满恐惧，对臣子失去信任，对一切活泼年轻的生命充满妒恨，他产生一种心造的幻影，认为很多人利用巫蛊之术暗中诅咒他，盼他（或意在使他）速死。他的身体也出现了症状，失眠、多梦、心情恶劣，倦怠无力。当时，首都长安城内盛行巫蛊邪术，甚至在庙堂和宫中也有很多臣妾妄图用此术加害私敌。其实巫蛊之术的兴起是和皇帝本人迷信神仙方术有关的。汉武帝刘彻祈求长生，身边聚集了一批巫师术士，自云能通神取药，招致神灵。上有所好，下必甚焉，长安城内被一批来自四面八方的妖人巫师搞得乌烟瘴气，而皇帝本人认为很多人用此术暗害他。先是丞相公孙贺（他的妻子乃皇后卫子夫大姐，所以他和皇帝有连襟之亲）被人诬告，在他去往甘泉离宫的路上埋下偶人诅咒他，他一怒之下，将公孙贺全家灭族。被巫蛊之术牵连的两名公主和皇后的侄子长平侯卫伉皆被杀掉。皇帝所诛杀的人是丞相、公主和王侯，是皇亲国戚，可见皇帝对巫蛊之术的暴怒和无情。这之后，又有数万人涉案被杀，冤案遍地，人人谈蛊色变，长安城内一片恐怖。为皇帝查办巫蛊之案的是一个名为江充的佞臣，他与太子刘据有隙，想置太子于死地。皇帝此时离京去甘泉宫养病，皇后和太子派去问候病情的人皆不蒙召见。在京城，江充衔皇帝之命行事，没有人不怕他。他带人往皇后和太子宫中查蛊，宫中掘地纵横，竟无置床处。江充自云在太子宫中掘出桐木偶人，这是太子用巫蛊谋害皇帝，抢班夺权的"铁证"，他请求前去晋见皇帝，汇报案情。此时的皇帝被所谓的巫蛊搞昏了头，杀人不眨眼，无论何人，只要案涉巫蛊，皆格杀勿论。此时上下壅隔，太子惶恐无计，遂杀了江充，矫皇帝之命起兵自卫。京城哄传太子已反，皇帝大怒，亲自回京平叛，在双方斗杀中，京城十多万兵民死于沟壑。太子兵败逃匿，皇帝命人收皇后玺绶，皇后卫子夫自杀。皇帝又下令搜捕诛杀太子全家，太子刘据走投无路，自缢身死。他的夫人（姓史，称良娣）与三个儿子、一个女儿一并遇害，唯有太子的孙子刘询在襁褓中，得大臣保护，侥幸逃生。太子刘据死于他的父亲汉武帝之手,死时三十八岁。

太子刘据死后,巫蛊之说多不信,大臣上疏为太子辩冤。在这场荒唐的闹剧中,太子、丞相、两名公主等一并罹祸丧命,军民死者不计其数。汉武帝此时似有悔悟,他悔悟的方式还是杀人。他把江充一家和搜捕太子的官员一并灭族,把参与办案的一些人用酷刑杀死,并在刘据父子遇难的地方修了一座望子台以寄哀思。但这挽不回儿孙的性命,如今储位已空,他杀死了自己多年培养的接班人。但是,汉武帝在晚景的凄凉中还是找到了一丝慰藉,他还有一个衷心喜爱的儿子,就是与赵婕妤所生的幼子刘弗陵。赵是一个年轻貌美的妃子,住在一座叫钩弋宫的宫殿里,她从怀孕到生产,迟至十四个月。汉武帝认为这是一种非凡的吉兆,据传说古代的贤君尧就是在母腹中耽留十四个月才生下的,于是,他把赵婕妤所居宫殿的大门称为"尧母门"。此时太子尚在,这种轻率的行为给臣子们一种暗示,似乎君主意有所移,要重新择定储君。所以,一些居心不良的臣子才会对太子轻慢不敬,以至进谗诬陷。如今,太子已死,他要把幅员辽阔的庞大帝国交到这个幼小孩子的手里。但他不放心这孩子年轻的母亲,怕她将来以太后之尊干政乱国,于是,汉武帝找了一个借口,杀掉了赵婕妤。刘弗陵自小失去了母亲,到他七岁那年,七十岁的汉武帝也死去了,于是,按照这位帝王生前的遗愿,在权臣的辅佐下,幼小的孤儿刘弗陵继承了皇位,这就是历史上的汉昭帝。刘弗陵虽有帝王之名,但因其年少,帝国的实际权力掌握在权臣霍光的手中。为了巩固权位,受命辅政的两大权臣霍光与上官桀政治联姻,霍光的女儿嫁给了上官桀之子上官安。为了把小皇帝紧紧抓在手里,他们给小皇帝安排了一位皇后,就是霍光的女儿与上官安所生的女孩。不久,上官父子为了与霍光争权,串通燕王刘旦策划谋反,谋泄,执掌大汉帝国权柄的霍光果断地杀掉了上官父子一家。这种庙堂之上的血腥杀戮给刘弗陵心灵以极大震动,二十一岁那年,青年皇帝刘弗陵撒手人寰。

当少帝刘弗陵在位时,觊觎皇位的是他的两个同父异母兄弟,即刘旦和刘胥。旦、胥一母所生,旦封燕王,胥为广陵王,二人一南一北,贵为王侯,在封地内称霸一方,堪称国中之国的小君主。但二人都患了同一种病,即帝位狂想症,而且病入膏肓,不死不足以解脱。

太子刘据因巫蛊之祸被杀时,齐怀王刘闳也死于封地,刘旦认为依照次序,他应该接班上位,于是派使节入京,要求回都宿卫。汉武帝正为太子之死痛悔懊恼,闻言大怒,把他派出的使节关进牢里,并削去了他三县封地。但他并不死心,等到汉武帝死去,少帝刘弗陵即位,他又派人入京打探消息,并在郡国之间散布谣言,说少帝刘弗陵非武帝亲生,并且和宗室中山哀王之子刘长、齐孝王之孙刘泽等结谋,谎称自己在武帝生前曾受诏书,治民事,修武备,招降纳叛,聚敛铜铁,打造武器,多次检阅车马仪仗,以围猎为名,举行实战演练,种种礼仪称谓,皆同天子,所下文告,语气行文拟同帝王,并连杀十五名谏阻的臣子,种种僭越悖逆之行,在在彰显问鼎帝位的野心。这时,同谋刘泽犯事,朝廷究治,刘泽伏法,供词中牵连到燕王刘旦,皇帝下诏勿治。这时,刘旦若洗心革面,痛改前非,仍可钟鸣鼎食,泽及子孙。但政治野心是一种使人丧心病狂的顽症,想彻底根治,并非易事。

刘旦蛰伏了一段时间,权力中枢的内斗又煽惑起了他疯狂的欲望。为了争夺权力,权臣上官桀父子与霍光之间展开了你死我活的争斗。左将军上官桀在朝中的权力仅次于霍光,其子上官安(霍光之婿)是皇帝的丈人,也握有重权,这个阴谋集团还有一个加盟者,即御史大夫桑弘羊。除此外,尚有汉武帝的长女,因嫁入盖侯王家(汉武帝舅家),简称盖主。盖主有一个情人,称丁外人,丁出入禁闼,和公主成双入对,如同夫妇。盖主欲使丁外人登堂入室,食皇家俸禄,在朝中弄个名分,遭到了霍光的拒绝,盖主因此衔恨,也入了伙。这个阴谋集团原想动摇皇帝对霍光的信任,借皇帝的手除掉他。他们知道刘旦有上位的野心,便私自与他串通,让他上疏皇帝告霍光的状。这一年汉昭帝年仅十四岁,对霍光无比信任,并不为他们的谗言所动。于是,上官集团欲发动一场宫廷政变,除掉霍光,废黜年少的皇帝。上官父子哄骗刘旦,事成后迎他即位,刘旦信以为真,睁大眼睛,盯着朝中动静,如同一个馋嘴的孩子,等着揭锅。但上官父子另有打算,他们计划一旦事成,连同刘旦一同杀掉,而由上官桀当皇帝,彻底夺了刘氏的江山。有人说,果如此,那么置皇后于何地呢?上官安回答说:追鹿的狗哪里顾得了兔子!为了皇权,这个家族已经完全疯掉了。人算不如天算,阴谋很快败露,大将军霍光手段果决而凌厉,上官父子、桑弘羊等阴谋集团的骨干被灭族,荒淫的盖主连同她的情人一并丧命。燕王刘旦知罪不可赦,置酒与妃妾宾客痛饮一场,席间起舞,与妃子华容夫人各作末日哀歌,座中皆泣。皇帝切责诏书到,刘旦以绶自绞而死，夫人跟随自尽者二十余人。

与乃兄燕王刘旦一样，广陵王刘胥同样对帝位有觊觎之心。这不能怪他们狂妄荒唐，因为自太子刘据死后，从血缘关系上说，作为汉武帝的亲生儿子，他们是有资格继承皇权的。况且他们的年龄又居长，按照顺序，轮到他们坐江山是顺理成章的。老皇帝在世时，对皇位的继承人有绝对的话语权，一旦他离世，有血缘关系的众多子孙中谁能上位，则由朝中权臣根据自身政治利益做出选择。刘旦、刘胥兄弟皆身材魁梧强壮，但汉武帝生前并不喜欢这两个儿子。旦"为人辩略，博学经书杂说，好星历数术倡优射猎之事"，且广召游士；胥"好倡乐逸游，力扛鼎，空手搏熊彘猛兽"。在智商见识上，刘旦似乎略胜一筹。刘胥只能算一个骄奢淫逸的莽汉，能和狗熊野猪角力，未必就能当皇帝。况且此人"动作无法度"，虽有一次上位的机会，终被权臣霍光否决。昭帝刘弗陵新即位，因刘胥乃同父异母兄弟，血缘最近，所以不断地给他增加封邑，赏赐金钱，并赐"安车驷马宝剑"。尽管少年天子如此厚待他，但他却日思夜想取而代之。在博取帝位上，刘旦还有一些实际动作（虽然这些动作未必奏效），刘胥却只有一个心思，就是希望当朝天子快点死掉。他的做法是，招罗一些女巫日夜诅咒皇帝。广陵在楚，楚地民俗多信鬼巫。刘胥找到一个叫李女须的女巫下神诅咒，李女须作法，泣曰：孝（汉）武帝魂下来了，附于我身，周围的人马上俯伏在地，李道："吾必令胥为天子。"人皆噤声无语。刘胥多赏女巫金钱，使其于巫山祷告诅咒。恰逢当朝天子刘弗陵二十二岁猝死，刘胥认为女巫诅咒起了作用，道：女须真良巫也！于是杀牛祭神。后来朝廷迎昌邑王刘贺入京，刘胥令女巫加紧诅咒之，不久，刘贺被霍光等朝臣废黜，刘胥更加迷信女巫，厚赏金钱财物。此时，一些朝臣确实有了迎立刘胥的动议，但大将军霍光认为刘胥上台，难以驾驭，对自己构成威胁，所以否决了这个动议，而立太子刘据在巫蛊之祸中幸存下来的孙子刘询为帝（即史上的汉宣帝）。刘胥不满，发牢骚说：先帝儿尚在，太子孙何得立？令女巫们继续诅咒。

刘胥的女儿是楚王刘延寿王后的弟媳，两家私下来往甚密。后楚王刘延寿因谋反罪被诛，供词中牵连到广陵王刘胥。皇帝格外加恩，下诏不追究，还赏赐了很多黄金器物，皇帝以德报怨，刘胥似有愧意，又听说汉家皇帝刘询立了太子，知自己上位无望，叹道："我终不得立矣！"于是下令暂停女巫跳神作法的诅咒活动。倘若刘胥此时帝王梦醒后改弦更张,当可在王位上终老。可是后来又出了一个岔子,刘胥儿子刘宝为南利侯,因为杀人被朝廷夺去爵位后回到了广陵。刘宝是个纨绔无赖,回家后,和刘胥姬妾左修通奸,事发,进了监狱,论罪弃市。朝廷派去的广陵王相又上奏,将原属刘胥私产的一些草原田地分给贫民耕种,朝廷批复实行。刘胥儿子被杀,一些土地又被夺去,对当朝天子心生怨恨,又使女巫们诅咒如前。数月后,诅咒案发,有司究治,刘胥惶恐,把二十多名纠合起来的女巫全部用毒药毒死,企图灭口。朝中大臣请诛刘胥,天子命最高法官(廷尉)等审讯。刘胥认罪,置酒显阳殿,召子女、妃妾等痛饮,并鼓瑟歌舞。刘胥于席间作歌,其词有"欲久生兮无终,长不乐兮安穷"云云。想长生不可能,活着又不满足,被许多欲望折磨,没有一天快乐。如今,朝廷的使节等着复命,自己要死,无人替代,唉,死吧死吧快死吧! 左右皆哭着为他敬酒,一直闹腾到夜阑鸡叫。他遗嘱王太子道:皇上待我恩泽深厚,如今负之太甚。我死后,本应暴尸荒野,若幸而得葬,薄葬可也,无须厚葬。说罢,以绶自绞而死。两个妃子郭昭君等随同自尽。

旦、胥兄弟二人皆因觊觎皇权死于非命。死因、死法乃至死亡过程如出一辙,生为皇子,岂非命也乎!

现在,该说到汉武帝另一个儿子刘髆了。刘髆的母亲李夫人,是汉代歌舞艺术家李延年之妹。一次李延年献歌,唱道:"北方有佳人,遗世而独立,一顾倾人城,再顾倾人国,宁不知倾城与倾国,佳人难再得。"武帝听罢,叹道:世上真有如此美人乎? 李延年回说,他的妹妹就是这样的美人。武帝马上传见,果然丽质天成,美色无双,且善歌舞。武帝大喜,立即纳入宫中,宠眷不衰。李延年官封协律都尉,佩二千石印绶;其兄弟李广利封贰师将军,多次统兵征伐西域和匈奴。李夫人不久为汉武帝生子刘髆,封昌邑王。但美人薄命,不久竟一病不起,武帝亲临探病,夫人蒙被谢曰:"妾久寝病,形貌毁坏,不可以见帝,愿以王及兄弟为托。"武帝曰:"夫人病甚,殆将不起,一见我嘱托王及兄弟,岂不快哉!"夫人曰:"妇人貌不修饰,不见君父,妾不敢以燕惰见帝。"武帝曰:"夫人但一见我,将加赐千金,而予兄弟尊官。"夫人曰:"尊官在帝,不在一见。"武帝一再恳求要见她一面,夫人竟转身面壁唏嘘无语。于是,武帝不悦而起,怏怏离去。武帝走后,众姊妹责备她:贵人为何不见皇上以兄弟相托? 难道你怨恨皇上吗? 李夫人回答说:"所以不欲见帝者,乃欲以深托兄弟也。我以容貌之好,得从微贱爱幸于上。

夫以色事人者，色衰而爱弛，爱弛则恩绝。上所以恋恋顾念我者，乃以平生容貌也。今见我毁坏，颜色非故，必畏恶唾弃我，意尚肯复追思悯录其兄弟哉！"此女非但容颜美艳，其见识也超乎常人，她一语道破了女子事君的本质："夫以色事人者，色衰则爱弛，爱弛则恩绝。"此真千古不磨之理也！李夫人心机很深，在她死后，汉武帝对她怀思不已，请神作法，欲一睹其生前窈窕曼妙之姿，又为其吟诗作赋，以寄相思，但美人已矣，是邪，非邪？终成幻梦！李夫人死后，李广利兵败降匈奴，被匈奴王所杀。汉武帝一怒之下，将李延年全家族灭。李夫人之子刘髆在王位七年后死去。正是：死后焉知人间事？空隔冥河哭断肠！

行文至此，本该结束。但刘髆有一子，乃汉武之孙，即继承王位的昌邑王刘贺，却不得不述。却说汉昭帝刘弗陵死后无子，权臣霍光等人征刘贺入京治丧，其实就是让他继承皇位。刘贺接诏，乘七马车，带了诸侯国内臣僚奴仆数百人火速赶往京城，一天行一百三十五里，随从之马累死者相望于道。一路上，为了求吉利，又在民间搜求所谓"长鸣鸡""积竹杖"（并连之竹所做的手杖），车过弘农郡，又令贴身奴仆将女子藏于衣车内以供淫乐。车至霸上，朝廷派大鸿胪郊迎，并换乘辇舆。刘贺令自己奴仆驭车，由朝廷官员陪乘入都。早晨，车至长安广明东都门，朝廷官员提醒说："按礼法，（诸侯）奔丧望见国都哭，这是长安东郭门也。"刘贺说："我嗓子痛，不能哭。"到了内城门，官员再次提醒，刘贺回说，城门与郭门一样，还是不肯哭。车至未央宫东阙，在朝廷官员的一再敦促下，刘贺才假意哭了两声，算是尽了礼。刘贺受皇帝玺绶，登大位当了皇帝。大臣们很快就发现，他们选错了人。刘贺为人卑琐，对国事懵懂无知，和先帝妃嫔们肆行淫乱，乘太后的小马车到处游逛，更令人不安的是，他信重从诸侯国带来的旧人，疏远原来的朝臣。霍光等人以太后（霍光的外孙女，被杀的上官家族的女儿，时年十七岁）的名义，断然将其废黜。刘贺当了二十七天皇帝，又被赶回了封地。刘贺固为扶不起来的天子，所谓"粪土之墙不可圬也"。后来太子刘据的孙子刘询即位，对这个曾入主未央宫的昌邑王甚为疑忌，亲自下诏地方官对其严加监管。山阳太守张敞上疏皇帝，我们从其奏疏中可以见到这个被废黜的帝王的日常生活：刘贺的王宫中有奴婢一百八十三人，大门紧闭，只许开小门出入，每天一个人出去买食物及日常用品，其他时间，宫中之人不得随意出入。王家自己出钱雇佣王宫中守卫和逻察盗贼的保安。这种生活，无异于监禁。正史中极少记载帝王及诸侯的长相,但保留在《汉书》中张敞的奏疏使我们得见这位王爷的尊容:"故王年二十六七,为人青黑色,小目,鼻末锐卑,少须眉,身体长大,疾痿,行步不便。衣短衣大绔,冠惠文冠,佩玉环,簪笔持牍趋谒。"这个二十六七岁的青年皮肤黝黑,小眼睛,塌鼻子,须眉很淡,身体胖大臃肿,患风痹症,行走不便。上身穿短衣、下身穿肥大的裤子,戴一顶狱吏常戴的帽子,腰间悬一玉环,听说地方官上门,头上插一支笔,手持简牍,马上跑来谒见。此种形貌举止,的确"望之不似人君"。张敞与之坐语庭中,并查验他的妻妾儿女。刘贺有妻妾十六人,子女二十二人,男女各半。阅至其女儿持辔时,刘贺跪禀曰:"持辔母,乃执中执金吾严延年之女。"严女名罗敷,嫁与刘贺为妻。张敞向皇帝汇报此事,显然是给朝中大臣严延年"上眼药"。为了考验刘贺的智商,张敞与之闲语,故意提到不祥之鸟猫头鹰,说:昌邑多枭。刘贺回道:是啊,从前我到长安去,没有枭,东还济阳,才又听到枭的叫声。刘贺对此话题不感兴趣,也不敏感。地方官深知当今皇帝对其疑忌之深,所以对刘贺十分严苛。刘贺跪呈王宫内奴婢妻妾的财物簿子交由地方官查验。从前,故王刘髆活着时,曾有十名歌姬,如今刘髆既死,张敞曾上书皇帝,要求遣散。如今这十名歌姬在王宫内守园子,说及此事,刘贺说:这十个守园子的人,有病者不治,互相殴斗杀伤者不问,想让她们早点死掉,太守为何急着遣散她们呢?张敞对此评论说,可见此人天性"喜由乱亡,终不见仁义"。张敞还是按照朝廷的批复将十名歌姬遣散了。张敞观察刘贺的衣着言语及行为,结论是"清狂不惠"。《汉书》上苏林对于"清狂"的注解是"如今白痴也"。无论如何,从其言行举止来看,刘贺智商偏下,即便不是纯粹的白痴,也近于白痴了。

  大凡强势的君主,其子孙大多不济。嬴政有胡亥,刘备有阿斗,其智商皆属"清狂",近于白痴。曹操有"生子当如孙仲谋"之叹,但无论曹操、孙权,三代之后的子孙皆等而下之者。李夫人美丽聪慧,有见识,有心机,为何与汉武帝留下类于白痴的孙子呢?令人殊不可解。后人有诗叹道:"可怜汉武之子孙,凋零败亡多丧身。幸有孑遗继大统,尚留白痴笑后人!"

大儒董仲舒

汉代大儒董仲舒在"批林批孔"运动中是个反面人物,据说他提出了"罢黜百家,独尊儒术",把孔孟之道定于一尊,是法家的敌人。董仲舒是向汉武帝说过此类话:"臣愚以为诸不在六艺之科孔子之术者,皆绝其道,勿使并进。邪辟之说灭息,然后统纪可一而法度可明,民知所从矣。"但这只是一厢情愿。靠强权推行一"术"固然是为了实行思想统治,但结果和统治者的愿望适得其反。无论是秦始皇还是汉武帝,这类强势的君主都想把人们的脑袋格式化,但都以失败告终。思想文化乃至信仰之类靠强力禁止或推行,处处彰显统治者的愚妄。统治者根本不想用某一术规范自己的行为,他只是取其"为我所需"的部分,无论独尊什么术,都是为了愚民。而且,董仲舒心中之儒和汉武帝心中之儒本不是一个儒,中国百姓所信奉的儒家伦理和汉武帝独尊的儒术更不是一回事。

董仲舒的确是西汉的大儒。儒家之说至秦皇"焚书坑儒"已近衰息,秦灭后,董仲舒倡言弘儒,对儒学在后世的复兴和发展居功至伟,所以,后世的儒家传人几乎把他奉为圣人。近人钱穆先生认为董仲舒和司马光一样,不单是一书生,"他们之作为中国的政治家,都是有抱负而又能见诸实施的"(钱穆《中国历史研究法》)。章太炎不太认可董仲舒,说:"汉初经学,一无可取,像董仲舒、公孙弘辈,在当时要算通博之儒,其他更何足论!"(章太炎《国学概论》)轻蔑之情概见。太炎先生对董仲舒的传世之作《春秋繁露》也评价不高,认为颇多"怪话"。董仲舒还运用阴阳之术,搞过一些祈雨的名堂,所以,太炎先生认为他是一个大巫。这些说法,当然都有理据可证。

董仲舒究竟是一个什么人呢？拿今天的眼光看，他不过就是一个有见地的读书人，本着儒家"齐家治国平天下"的理想，想跻身庙堂，在政治上有所作为，但帝王并不看重他，他只好保命全身，退居家中去著述。这样的人生道路，中国的读书人太熟悉了，从儒家的祖师爷孔夫子一直到近世的太炎先生不都是这样走过来的吗？从士到当代的知识人，许多人先是饱读诗书，然后力求用于治道，当官也罢，革命也罢，幻想做帝王师也罢，等到"道不行"，即便不"乘桴浮于海"，也退隐到家中做学问去了。不求闻达，终生隐居的士人也有，但那是少数。直到近代，知识的分工越来越繁细，西方的民主政治催生了秉持真理和良知，把言论自由用于社会公共领域的知识分子，知识人方有了独立的地位与身份。在汉武帝时代，董仲舒算得上出类拔萃的知识人，但他的人生之路和别人并无不同，由于读书人道德上的洁癖以及本人性格弱点，他不可能在政治实践上有什么作为，说他是一个有抱负又能见诸实践的政治家，窃以为誉之过当。但董仲舒既然求入世，把自己的儒家理念用于治国，自然要谈政治。自古以来，中国的知识人少有不谈政治的。章太炎先生认为其原因一是中国宗教意识薄弱，不谈政治，也没什么可谈；再有中国土地广大，人口众多，其治道亟待精英人物研究。但我认为还有一条，就是知识人在专制的国家，不谈政治，不把自己的治国理念贡献给统治者，他的知识无处可用，也没法子出人头地。再说，从上古的"六经"到后来的《公羊》《左传》、孔孟之学，其学问也无非政治也。所谓"六经皆史"，史，治道之所本也。终生所学，全是政治，不谈这个，又谈什么！但把自己所学比照于当时的社会现实，不回避，不趋附，不阿谀取媚，不哗众取宠，敢于直面矛盾，痛快淋漓，指斥时弊，并开出疗救的药方，才算真谈政治。揣摩上意，看统治者的脸色，观风头，测时变，饰伪取诈，巧言令色；上条陈，歌功颂德；呈奸计，祸国殃民；引经典，断章取义，援外言，眩惑众生，为主子颠顶作恶寻找理论根据，此嬖幸奸人取媚晋阶之行也，岂真谈政治乎！以此观董生之所言，我认为两千多年前的董仲舒是真谈政治者，他很多关于汉武时代时政的议论，历经漫长的历史烟尘的氤氲淘漉，至今仍闪耀着熠熠的光芒。

　　汉武帝即位不久，认为汉朝立国近七十年，并没有达到天下大治。因此下诏令士大夫论天下治道，以便择善而从。古人认为理想社会应该是上古贤君尧舜禹汤文武时代，虽然多出于想象和美化，和我们如今把理想社会寄托在未来一样,不失为古人的一种"中国梦"。这样的社会应该是:"上下和睦,习俗美盛,不令而行,不禁而止,吏亡(无)奸邪,民亡盗贼,囹圄空虚,德润草木,泽被四海,凤凰来集,麒麟来游。"(董仲舒:《上武帝策论》,下同,不另注),以古代这样美好的社会来衡量今天的现实,为什么有如此大的差距?那是因为统治者逆天失道的结果。"继治世者其道同,继乱世者其道变。"汉朝是在秦王朝暴政的废墟上建立起来的,乃是"继乱世",所以必须改革(更化)才能建立起完善美好的政治。秦王朝"师申商之法,行韩非之说,憎帝王之道,以贪狼为俗,非有文德以教训于天下也。诛名而不察实,为善者不必免,而犯恶者未必刑也。是以百官皆饰虚词而不顾实,外有事君之礼,内有背上之心,造伪饰诈,趣利无耻,又好用残酷之吏,赋敛无度,竭民财力,百姓散亡,不得从耕织之业,群盗并起,是以刑者甚众,死者相望,而奸不息,俗化使然也"。秦王朝治下的这样一幅图景,是统治者抛弃先王之德政,用法家严刑酷法治国造成的。在这样的社会里,百姓不得安居乐业,官吏表面忠诚,用官话、套话、颂声谀词敷衍统治者,其实早有叛离之心。到处在说假话,造假象,欺上瞒下,为了财利,官员贪贿无耻,酷吏横行霸道,民众的反抗越来越强烈,尽管用刑罚杀了很多人,仍然挽不回江河日下的崩溃之局。那么,秦王朝为什么会走上这样的道路呢?那是因为周之末世,统治集团已经腐败无道,因此失去了天下,"秦继其后独不能改,又益甚之,重禁文学,不得挟书,弃捐礼义而恶闻之,其心欲尽灭先王之道,而专为自恣苟简之治(苟于权利,简于仁义),故立为天子十四岁而国破亡矣"。周之末世,统治者昏庸无道,诸侯蜂起,天下大乱,秦用武力统一天下,本应改弦更张,与民休息,发展经济,以行善政,但其暴政虐制更甚于前朝,诗书文学全部禁绝,焚书坑儒以愚黔首,把民族的文化积累(先王之道)一概扫除,"自古以来,未尝有以乱济乱,大败天下之民如秦者也。其遗毒余烈,至今未灭,使习俗薄恶,人民嚣顽,抵冒殊悍,熟烂如此之甚者也!"以乱济乱、不断折腾的结果,是把民族原有的道德文化良风美俗破坏净尽,不仅民不聊生,而且造就了"嚣顽"的国民。刁民、暴民、愚民充斥国中,这样的政权早已失去民心,焉得不土崩瓦解!

如今汉继秦之后,必须更化(改革),方可达于善治。"今汉继秦之后,如朽木粪墙矣,亡可奈何,法出而奸生,令下而诈起,如以汤止沸,抱薪救火,愈甚亡益也。窃比之琴瑟不调,甚至必解而更张之,乃可鼓也。为政而不行,甚者必变乃更化之,乃可理也。当更张而不更张,虽有良工不能善调也,当更化而不更化,虽有大贤不能善治也。故汉有天下以来,尝欲善治而至今不得善治者,失之当更化而不更化也。"董仲舒是汉代的"改革派",他认为继秦朽木粪墙这样的烂摊子,人民对政权失去信赖,朝廷的政令无法推行,令下诈起,法出奸生,上有政策,下有对策,朝廷不改弦更张,该改革而不改革,守秦政秦法而不变,这就是汉朝自立国以来想大治而不得大治的原因。

董仲舒还针对朝廷为政之弊端,指出应该严格治理官员的腐败,改变官员选拔的世袭制度和论资排辈现象。他无情地痛斥腐败官员既食朝廷俸禄又攫夺财富的无耻秽行:"身宠而载高位,家温而食厚禄,因乘富贵之资力,以与民争利于下,民安能如之哉!是故众其奴婢,多其牛羊,广其田宅,博其产业,蓄其积委,务此而无已,以迫蹙民,民日削月朘,浸以大穷。富者奢侈羡溢,贫者穷急愁苦;穷急愁苦而上不救,则民不乐生,民不乐生,尚不避死,安能避罪!此刑罚之所以蕃而奸邪不可胜者也。"不止如此,中国百姓向来以吏为师,官员对财富的聚敛和种种败德之行,严重地败坏了社会的风气。郡守县令等地方官本为"民之师帅","师帅不贤"乃至"暴虐百姓,与奸为市",其天下焉能安也!

钱穆先生曾将两汉官员的选拔制度称为"郎吏时期",他解释道:"此一时期,上面的政府已变成士人政府,而士人参加政府之路径,首先是为郎为吏。士人得为郎吏之资格,则因经地方察举获入太学。"他又把此时期定名为"太学生社会","因当时的察举,多需先经太学生阶段"。依钱先生之论,两汉时期官员和人才的选拔制度应为最完美的:先由地方推荐,然后进入太学,经过太学生阶段,为郎为吏,然后走上从政之路。这颇类"文革"后期选拔"工农兵大学生"。且不论后面的后门和猫腻,催生腐败,使此制度产生无穷弊端,即在董仲舒进言的汉武帝时代,郎、吏之选也只在官员和富人的子弟中产生,"夫长吏多出于郎中、中郎,吏二千石子弟选郎吏,又以富赀,未必贤也"。俸禄二千石官员算得上"高干"了,小官员子弟尚无缘,何况平头百姓!如此,造成了官员实质上的世袭制。董仲舒提出的办法也不过是让"列侯、郡守,二千石"这样级别的大员每年向朝廷推荐两个人才"以给宿卫",即放在皇帝身边,以备皇帝考察。推荐贤者有赏,推荐不肖者判罚而已。当然,比起官员世袭,这也是一种进步。董仲舒还对"累日以取贵,积久以致官"的现象提出批评。在官场上混久了,只要不出娄子,总会爬上去。因此造成"廉耻贸乱,贤不肖混淆"。但这想法只见董仲舒的书生气而已。此乃官场之痼疾和常态,侍侯主子久了,总要赏个官当,古今一律,人情之常,焉能禁绝乎!况且久泡官场,总会学得一些做官的规矩和潜规则,这是他的看家本事,不做官又去做什么!

无论如何,董仲舒算得上汉代头脑清醒的士大夫,无论是指斥时弊还是畅论改革(更化),皆能谈言微中,一针见血,他是有资格谈政治的。当然,他不是一般的"政论家",他是"高级知识分子",是大儒,他是有信仰,有理论的。他的理论今天看有些过时,但也不是没有"合理内核"。如"道之大原出于天,天不变,道亦不变"。在董仲舒的眼里,"天"是一个人格神,中国没有本土成熟的宗教,对天的敬畏具有宗教的功能。他说:"国家将有失道之败,而天乃先出灾害以谴告之,不知自省,又出怪异以警惧之,尚不知变,而伤败乃至。以此见天心之仁爱人君而欲止其乱也。"把天灾和人事联系起来,在他的眼里,"天"是仁爱而公正的,人君要作恶,或有异象见于上,或有天灾降于下,这是对人君的警告和惩罚。这种观念,对遏制君主胡作非为还是有积极作用的。所以,古代一遇地震、日食等天之异象,帝王或下罪己诏,或让臣子指陈为政之得失。中国人"法天敬祖"的观念其来有自,王安石提出"天变不足畏,祖宗不足法,人言不足恤"以表达变法的决心,但如果什么都不敬畏,什么都不怕,一意孤行,和尚打伞,无法无天,那也是很可怕的!所谓"天作孽,犹可绾,自作孽,不可恕",今人犹有"人在做,天在看""对天盟誓"之说,可见,对"天"之敬畏,还是深入中国人心的。董仲舒之所谓"道",乃是儒家所倡言的"德",与法家主"刑"相对立:"然则王者欲有所为,宜求其端于天。天道之大者在阴阳。阳为德,阴为刑,刑主杀而德主生。是故阳常居大夏,而以生育养长为事;阴常居大冬,而积于空虚不用之处,以此见天之任德不任刑也。……王者承天意以从事,故任德教而不任刑。刑者不可以任以治世,犹阴之不可以任以成岁也。为政而任刑,不顺于天,故先王莫之肯为也。"这些观念,不能拿今天自然科学的理论驳斥它,说它一无可取。他讲的不是科学,而是王者如何治理天下,此因关涉后来的王道霸道的儒法之争,说来话长,到此为止。

董仲舒有如此观念和理论,对时政也有清醒的认识,那么他在实际的政治活动中究竟有什么作为呢?可以说毫无作为。因为皇帝并没给他政治实践的机会,甚至没在中央权力中枢给他一个位置,而是把他打发到诸侯国去了。董仲舒年轻时苦读圣贤书,有"三年不窥园"之美谈,他的弟子也不少,甚至众多弟子的弟子仅慕其大名,连他的面也见不到。但在汉武帝的眼里,他不过是个儒生而已,尽管是大儒,也不一定委以治国之重任。如果道统和治统两分,董仲舒只能算道统中人。庙堂是个最大的名利场,董仲舒当然也想跻身高位,但苦读圣贤书的结果却把自己读呆了,以清高自许,对秽浊之事看不惯,但庙堂本就是秽浊之地,你看不惯也就只好卷起铺盖走路。与其名气差不多的是一个叫公孙弘的人,无论学问和人品比起董仲舒都等而下之,但几经折腾,却当上了丞相。公孙弘在皇帝面前说话决不直言,而是拐着弯儿顺着皇帝的心思说,即便提建议,也是说出几种方案,由皇帝自择,既不担责任也讨主子喜欢。尽管他没有一件堪称利国利民的德政,在汉武帝这样不好侍侯的主子跟前,竟然如鱼得水,终老于丞相任上。董仲舒看不惯,说他是个阿谀君上的小人。公孙弘当然要报复这个书呆子。董仲舒先是被打发到江都王刘非身边为相,刘非是汉武帝刘彻同父异母的兄长,非常骄奢霸道,汉景帝时,就被赐予将军印和天子旗,皇帝尚且不放在眼中,何况朝廷派来一相。董仲舒战战兢兢,恭谨勤劳,好歹做到任满,没有丧命。但是,公孙弘又向皇帝建议,再派董仲舒到胶西王刘端身边为相。刘端和刘非都是汉景帝与程姬所生,二人乃亲兄弟。这个主儿更不好侍侯,因为刘端类似精神病,杀人不眨眼。其"为人贼戾",天生阳萎,"一近妇人,病数月"。他喜欢一个青年,提拔他为郎,此人出入宫禁,与他的姬妾通奸,"端擒灭之,及杀其子母"。因为刘端数犯法,作恶太多,公卿大臣请诛端。汉武帝袒护他,不肯加刑。后来刘端愈发猖狂,有司一再上疏,请正国法。皇帝只好削去他的大半封地,以示惩戒。于是刘端心生怨恨,行为反常,府库坏漏,所贮藏的财物以巨万计,任其雨淋霉烂不搬走;把王宫所有门封堵,只留一小门出入;经常穿着百姓的衣服,到处乱走,甚至流窜到别的诸侯国去。更可怕的是,他擅杀朝廷派来的相,即便无罪,他看不惯,也会以毒药鸩杀之。诸侯相俸禄二千石,以胶西这样小小的诸侯国,所杀朝廷二千石官员甚多。公孙弘提议董仲舒任胶西相,是想借刘端之手杀掉他。谁想刘端虽乖戾狂暴,对读书的大儒董仲舒还有几分敬重,一度相安无事。董仲舒如卧虎侧,生恐一旦丧命,很快他就以有病为名,辞官回家了。尽管庙堂凶险,董仲舒还是保得首级而归,从此,他断念于仕途,闭门家中,专心著述。

总之,董仲舒对汉武一朝的政治影响本不像后人所说的那样重要。汉武帝根本没有理睬他对现实政治的议论和主张,董仲舒并没进入王朝的政治中心,他被边缘化了。而汉武帝的国务活动多为孔子所不齿于言的"怪力乱神",而其穷兵黩武、横征暴敛、昏乱枉杀的暴政与儒家所倡导的仁政更是南辕北辙。与董同时代的刘向对董仲舒评价甚高,说他有王佐之才,可比古之伊尹、吕尚,管仲、晏子都比不上他。刘向之子刘歆则不同意乃父的说法,认为誉之太过。我认为刘向以升斗量尺丈,乃衡评标准不对。学术和治术是两种术,精于学术者未必通于治术。刘歆说:"仲舒遭汉承秦灭学之后,六经离析,下帷发愤,潜心大业,令后学者有所统壹,为群儒首。"这个评价是客观的。把他放在道统学问方面来考察,董仲舒的确称得上两汉的群儒之首。

司马迁之厄

司马迁身受腐刑，终生引为奇耻大辱。在《报任安书》中，叙罹祸之经过，抒郁愤之心境，以为"身残处秽，动则见尤"，且辱没祖先，"虽累百世，垢弥甚耳！"其椎心剐肝之痛，欲狂欲死之心，后人读之，犹能感同身受。司马迁之厄，缘于替降将李陵说话，用现在的话说，就是对李陵兵败降匈奴，给以"了解之同情"。话刚出口，汉武帝大怒，即下蚕室，阉了太史公。所谓"悲莫痛于伤心，行莫丑于辱先，而垢莫大于宫刑"。司马迁后来虽以屈原、左丘、孙子、韩非等前贤自励，发愤著述，写成皇皇巨著，但我们翻开《史记》时，在文字和书页之间，仿佛犹可见到两千多年前那个不幸的男人悲戚的面容和孤愤的眼神！那么，李陵因何而降？帝王又因何而怒？其背后所蕴涵的传统文化及伦理观念于今人又有何启示？

李陵，汉代名将李广之孙。"卫青不败由天幸，李广无功缘数奇。"自汉击匈奴以来，大小七十余战，李广无不参与。他的同僚及部下才能平庸，多以功封侯，而李广尽管才艺超群，出生入死，威震边地，有"飞将军"之誉，但却从未因战功被朝廷封赏。后因军行失路，有司欲依律治罪，李广愤而自杀。其孙李陵和祖父一样，习得一身好武艺，"善骑射，爱人，谦让下士，甚得名誉"。天汉二年（公元前99年），汉武帝派贰师将军李广利率三万骑出酒泉，击匈奴右贤王于天山，令李陵为其押送粮草辎重。李广利本属外戚，其妹为汉武帝宠幸的李夫人。李陵耻为其部曲，自请率部下精兵，出兰干山南，分匈奴单于之兵力，开辟第二战场。汉武帝说：我知你耻为其部属，但我此次发兵太多，没有骑兵再派给你了。李陵回答说：无须陛下增派骑兵给我，臣愿以少击众，率五千步卒直捣单于之庭！李陵的豪壮英勇,缘于他对帝国的忠诚。但这显然是一次冒险的军事行动,敌人强大,战事凶险,若陷入危境,其后果不堪设想。但汉武帝毫不犹豫地同意了李陵的计划,立即下诏强弩都尉路博德,让他半道接应李陵的部队。路博德是一员老将,曾做过伏波将军,不愿意给李陵当后应,他给皇帝上疏言:如今正当秋季,匈奴马肥,不可与战。我愿意将李陵留在这里,到来年春天,出兵万人,东西并击,方有胜算。汉武帝接疏大怒,认为李陵说了大话反悔了,不想进兵,让路博德上疏迁延。他下诏李陵,督其立即出塞。李陵率领五千精兵,北行三十日,至浚稽山扎下营寨,准备与敌人决一死战,并派一名叫陈步乐的部卒把所过山川地形绘图进呈汉武帝,表示为国靖难、不避生死的决心。汉武帝接见陈步乐后大喜,拜陈步乐为郎。

李陵扎营于两山之间,不久,匈奴单于的三万铁骑就将其围得水泄不通。李陵深知将面临一场恶战,命令以战车为营栅,前边的战士持戟盾,以便短兵相接,后边隐伏弓弩手,待机而发。击鼓而进,鸣金而止,严明军令后,将士们摩拳擦掌,斗志倍增。匈奴见汉军少,发大军直抵李陵之营。两军相逢,战士们挺戟挥矛,与匈奴骑兵搏杀,因是步卒,轻捷灵活,骑兵在山坡乱石间反不易转圜。李陵一声令下,隐伏的弓弩手千弩齐发,匈奴骑兵应弦而倒,死伤践踏,乱作一团。李陵命击鼓而进,汉军乘胜追击。初战大捷,歼敌数千人。单于大惊,急召左右贤王八万铁骑,全力合围李陵数千步卒。李陵与敌周旋,且战且走,南行数日,抵山谷中。因连日作战,战士多有死伤,军中减员不少。李陵下令,士卒中矢者,三创者可坐车行,两创者须驾车保护辎重,一创者属轻伤,仍要参加作战。翌日复战,斩杀匈奴三千余人。李陵引兵东南,沿龙城故道撤至一片芦苇荡中,匈奴于上风头纵火攻之,李陵也令军中纵火,自烧身旁草木以自救。脱险后,军南行至山下,单于在南山,令其子率上万铁骑击李陵军。汉军与匈奴兵在林木间格斗,又杀敌数千人。李陵令连弩齐发,射南山之单于,单于慌忙下山走避,侥幸脱险。第二天抓到匈奴俘虏,俘虏供称,单于认为此乃大汉之精兵,八万铁骑攻之而不下,引我军南近关塞,疑有汉之伏兵,匈奴死伤甚重,已有罢兵之意。而单于左右的头领们认为,匈奴数万铁骑不能灭汉几千步卒,以后将使大汉更加轻视我们。暂时不可退兵,再与汉军在山谷间拼杀一场,如果南行四五十里到了平地上,不能破,再退兵不迟。

此时李陵的部队更加艰困,战士死伤众多,箭矢越来越少,已近弹尽粮绝之危境,与匈奴大战一日数十回合,又杀敌二千余人。匈奴军连战不利,正欲退军。这时,李陵军中有逃兵管敢,因被校尉责罚,投敌匈奴,说:汉军既无伏兵也无救援,箭矢已尽。主帅李陵,副帅韩延年,以黄、白两色旗为标识,二人力战已竭,如强弩之末。如使劲旅精骑围而射之,汉军必破。单于大喜,调大军合力攻之,四面大呼:李陵、韩延年速降!李陵军在山谷中,匈奴兵在山上,四面攒射,箭如雨下。汉军突围,未至鞮汗山,一天之内,五十万箭矢皆尽,于是,弃辎重车,轻装南行。这时,李陵的部队尚有三千余人,士兵们斩车辐持之以为兵器,军官校尉手持短刀,准备与敌人决一死战。单于大军在后,驱汉军入峡谷,敌人倾滚木擂石,士卒死伤甚多。匈奴前后夹击,汉军陷入绝境。黄昏后,李陵穿便衣,怀利刃,独身出营,对左右言:勿随我行,大丈夫一人取单于之首!良久乃还,知势无可为,叹曰:兵已败,今日死矣!身边军吏劝道:将军威震匈奴,此次之败,天命不遂,非战之罪也!将军若能活着回去,天子定能礼遇之!李陵道:诸位休多言,吾若不死,非壮士也!于是,尽斩旌旗,将珍宝印信埋于地下,长叹道:倘若每人能得数十箭矢,我们即可突围,可如今手无寸铁,已无力为战,天明之后,势将受缚为虏矣!大家各自分散逃命,如有人侥幸逃生,回去归报天子!于是,命军士每人带一点干粮,持一片冰,以备饥渴,若脱围而出,在边塞一处寨堡会合,就此遣散了士兵。夜半,击鼓,鼓不鸣。李陵与韩延年俱上马,壮士跟从者十余人。匈奴数千铁骑随后追击,韩延年死于乱军之中,李陵被生俘,遂降。溃散的士卒四百余人逃了回去,余皆覆灭。

李陵率五千步卒,敌匈奴八万铁骑,苦战多日,杀死几倍于己的敌人,以寡敌众,威震敌胆,在战争史上,也算得上一次坚苦卓绝、得胜于失的战例。但因其兵败而降,却使这位名将含辱蒙羞。唐代著名诗人高适的《燕歌行》即咏李陵之事,诵其诗而遥想当年古战场白刃纷纷之情景,英雄失路之悲凉,不由人怆然而涕下。先有李陵之降,后有司马迁之厄,在李陵的悲剧后面,摇晃着帝王阴鸷而凶险的巨大阴影。探询它们之间的因果关系,令后人感慨不已。

李陵之降,固为生死之际的人生抉择,但李陵之败,却是汉武帝一手造成的。以五千步卒当匈奴八万铁骑,无异于以羊饲虎。但汉武帝并不在乎李陵等人的生死,他当时正宠信外戚李广利,对李陵不愿从属李广利深为不满,当即点破李陵的心结，表达了内心的恼怒，你既然"将恶相属"且要"以少击众"，我不给你加派一兵一卒。说明他对李陵此次出战不以为然并深藏愤怨之心。这并非无端的揣测，《汉书》云："陵败处去塞百余里，边塞以闻。"李陵身处绝境时，汉朝边塞大军仅距其百余里，骑兵瞬间可至，虽得知消息，却不肯出兵相救，"战士军前半死生，美人帐下犹歌舞"。这是为什么？原来"上欲陵死战"。汉武帝驱李陵等五千将士于死地，不想施以援手，坐视其覆亡，他是执意让李陵送死的。这且不说，汉武帝还有一个荒唐的举动，把李陵的母亲和妻子召来，让术士为其相面，术士回说，李陵母亲和妻子面无死丧之色。后闻陵败而降，汉武帝怒甚，责问李陵派来报信并被他封官的陈步乐，陈步乐吓得自杀身死。此举更说明汉武帝内心之阴毒。他并不在乎李陵之败，而在乎的是李陵不死。

那么，他为什么让李陵送死并对其不死而降如此暴怒呢？那是因为他在乎李广利。汉武一朝，穷兵黩武，外战多不义。自张骞出使西域，汉家所派使节甚多，浮浪子弟，不逞之徒，皆可自请为使。使节良莠不齐，回来信口雌黄，说大宛国藏匿天马于贰师城，不贡汉家天子。汉武帝大怒，封李广利为贰师将军，率重兵两次远征大宛，天下骚动，军民百姓死伤枕藉，越沙漠，走荒塞，攻城略地，屠戮生民，掠天马而归。此次又派李广利统军以征匈奴，对李陵不愿从属十分恼火，因此才让他去送死。李陵兵败而降，朝中整日声色犬马、奢靡享乐的臣子们一片哗然，纷纷"媒蘖其短"，声讨李陵。司马迁对此十分不平，所以，当汉武帝问司马迁的看法时，司马迁为李陵慷慨陈词，道：李陵对母亲尽孝道，与朋友讲信义，常奋不顾身以徇国家之急，其德行节操有国士之风。如今不幸战败，那些只顾自己禄位富贵的臣僚们却全都站出来指责他，实令人伤痛也！况且李陵率不足五千步兵，深入匈奴戎马之地，抵挡数万精锐之师，使敌人死伤惨重，匈奴兴举国之师而攻之。李陵转斗千里，将士们空拳对白刃，生死相搏，这种赴汤蹈火之壮举，虽古之名将不过如此！李陵虽败，其杀敌之多也足以激励世人。李陵不死，以后必当待机以报陛下。汉武帝本就对李陵不愿从属李广利心中恼恨，对李陵败而复降怒火中烧，听司马迁为李陵辩护，立刻翻了脸，认为司马迁所言是为李陵游说，"欲沮贰师"，贬低出师无功的李广利，下令将司马迁处以腐刑。司马迁的一番话带给了他终生的伤痛！

"相看白刃血纷纷，死节从来岂顾勋？君不见沙场征战苦，至今犹忆李将军!"故事并未终结,李陵降后还有故事。

汉武帝自信臣子对他忠贞无二,李陵之降或为权宜之计(事实也果真如此)。不久,他派军队深入匈奴以迎李陵。军队无功而返,带回的消息是:抓到匈奴俘虏,说李陵在匈奴为单于训练兵马,以备汉军。汉武帝暴怒,立即下令将李陵的母亲、妻子、兄弟、儿女全部斩首。后有汉使节入匈奴,李陵愤而责问道:吾率汉家五千步卒横行匈奴,因无救而败,吾何负于汉而全家被戮?使节回答说:朝廷听说你为匈奴训练军队以敌汉军。李陵说:那不是我,那是李绪啊!原来,帮匈奴训练军队的是一名叫李绪的降将而非李陵。可一切无可挽回,李陵全家已被灭门。

李陵不是贪生怕死、卖国求荣之辈,栖身匈奴后,内心仍受着极大的煎熬,在惶愧和自责中捱着日子。在他兵败的前一年,苏武出使匈奴,因副使张胜参与谋杀匈奴贵族的阴谋被留置,单于欲其降,苏武宁死不从,被流放至北海牧羊。李陵与苏武同朝为官,阶位相同,友谊深笃,如今这位尽忠大汉、风节超绝的榜样就在身边,且是早年的友人和同僚,他内心的负罪感愈加强烈。他不敢去见苏武。数年后,单于令李陵前往北海劝降,李陵始与苏武相见。二人身在异域,黑白分明,取舍异路,李陵为旧友置酒设乐,叙隔阔之思。李陵说:单于听说我与子卿(苏武字)从前是知交旧友,所以让我来见你,请你不要急躁,让我把话说完。如今子卿身处无人之地,受大野风霜之苦,归汉无日,信义安所见乎?自君离汉,君之长兄(苏嘉)为皇上奉车,随皇上前往雍地的棫阳宫,扶皇辇下台阶时,触柱折断车辕,皇上欲治其大不敬之罪,君兄伏剑自刎,朝廷赐钱二百万以葬。君之弟孺卿(苏贤)随皇上去河东祭祀,一宦官与黄门驸马争船,把驸马推落河中溺死。宦官潜逃,皇帝诏令孺卿追捕不得,孺卿惶恐,饮药自尽。来时,君之老母已去世,我亲自送葬到阳陵。君之妻尚年少,听说已经改嫁。只剩下你的两个妹妹,如今十几年过去了,死活不知。家人死丧殆尽,人生如朝露,何必自苦如此!陵始降时,忽忽如狂,自痛负汉,老母在狱,子卿不欲降,难道比我更难决断吗?且陛下年纪已大,法令无常,诛罚随意,大臣无罪被夷族灭门者数十家,即便归国,君之安危亦不可知,如此守节自苦,到底为了什么呢?李陵的一番话虽至情入理,但苏武有原则,他认为自家父子兄弟官禄爵位皆帝王所赐,为了感恩,为帝王尽忠,肝脑涂地再所不辞,即使斧钺汤锅在前,也欣然就死,虽死犹荣。"臣事君,犹子事父也,子为父死无所恨。请勿复再言。"苏武要忠君尽节,并不在意自己家破人亡,大义凛然地拒绝了李陵。李陵在苏武处和老友相聚数日,刚开口:子卿请听我一言……就被苏武打断,道:我已把自己看作已死之人,如果你实在让我投降,我立刻就死在你的面前!李陵被深深震撼,叹道:唉,苏武真义士也,我李陵之罪上通于天啊!于是泪下沾襟。此时的李陵,还处在深深的自责和愧悔之中,尽管母亲妻子已被杀戮灭门,但忠君思想深入骨髓,我们犹可记得他兵败时一句喟叹:"无面目报陛下!"如果"忠君报国"即是为臣的节操,苏武当是千古不灭的典范,被中华民族作为道德楷模千古传诵。但国是谁之国?君是何等君?皆非臣子所当问。有此念头,即为大逆不道。

李陵敬畏苏武的节操,认为自己不配去见他,让匈奴妻子给苏武送去几十头牛羊以解危困。李陵再去北海带去了汉武帝死去的消息,苏武闻之,南向号哭,哀痛乃至呕血,自设灵位,朝夕临祭。我们犹记得,当李陵带给他母亲兄弟死亡的噩耗时,他是那样地无动于衷。在苏武情感的天平上,所有亲人加在一起,也没有帝王一人之重。若非被忠君思想易肝换心的中国人,世人恐怕很难理解这种帝王死后号哭呕血的情感。

汉武帝死后,汉朝与匈奴罢战和亲,苏武得归故国。十九年过去,此时的苏武已须发皆白,李陵为其设宴相送,执酒贺曰:如今足下还归故国,扬名于匈奴,功显于汉室,古之竹帛所载,丹青所画,无过于子卿!我李陵虽是驽怯之人,如果当年汉室宽以待我,不杀我的母亲,我会奋败辱之志,效古人曹刿劫持齐桓公于柯盟之举,以报汉室,这是我一直深藏于心的念头啊!可后来皇上竟诛戮我的全家,遭此灭族之祸,我李陵尚有何反顾之心呢!事已至此,尚复何言!此语不过是让子卿明我之心迹啊!异域之人,与君永诀!说罢,李陵宴前起舞,歌曰:"径万里兮度沙幕,为君将兮奋匈奴。路穷绝兮矢刃摧,士众灭兮名已溃。老母已死,虽欲报恩将安归!"歌罢,泪下数行。此时的李陵,已渐从愧对故国君主的自责中解脱出来,所念唯有老母被杀,不能报母深恩的哀痛了。嗣后,汉复派李陵故人为使入匈奴,欲说动李陵归汉,李陵断然拒绝,道:"丈夫不能再辱!"李陵本想暂栖敌国,俟机归汉,以图后报的,但暴君的恶行和亲人的鲜血彻底消泯了他的故国之思,摧毁了他的报国之志,断绝了他的归国之路。孤臣孽子,流落敌国,终成异域之魂。

逃亡到匈奴的卫律对汉使说了一句话："李少卿（李陵）贤者，不独居一国。"这虽然和马克思"工人阶级无祖国"不是一回事，但还是有点现代意识的。孟子有言："君之视臣如土芥，则臣视君如寇仇。"若君主待我如人，我则以人待之；若君主待我如猪狗，我则以猪狗待之。君主把你当成牲畜，迫害凌辱，杀剐随意，你还对他感恩戴德，九死而不悔，这只能算奴才的道德，而非现代"人"的观念。被迫害凌辱活不下去，死前留下遗书，痛心疾首，自承其罪，大呼万岁，嘱咐家人子女永远忠于领袖，这样的顺民臣子固然可敬，但他只能算两千多年前苏武的同道。如果不是出于外敌入侵之际的民族大义，古之所谓气节，不过就是忠君，所谓"文死谏，武死战"，为一姓天下，死忠愚忠不动摇。中国两千余年之政治，凡事只责臣子之非而讳君主之恶。等到喊出"三忠于，四无限"的时候，中国虽处20世纪，但已退回到历史的暗夜中。

太史公司马迁为李陵辩护，固出于书生之迂，但也是为了忠君。《报任安书》讲到进言动机时，说："陵败书闻，主上为之食不甘味，听朝不怡。大臣忧惧，不知所出。仆窃不自料其卑贱，见主上惨凄怛悼，诚欲效其款款之愚。"其初衷本为帝王分忧，但"明主不深晓"，却下令割了他的生殖器，所以，司马迁之惨痛是可以理解的。班固伤悼司马迁，认为这样一个"博物洽闻"的智者却"不能以智免极刑"。但班固最后的结局也并不美妙，他是因得罪了洛阳令，被关进狱中死去的。在帝王专制时代，帝王视臣民如草芥，知识人动辄得咎，有谁能保证不祸及自身呢！司马迁遭此横祸，在写《李将军列传》时，对李陵再不敢多着笔墨，简单叙说李陵败降后，结语道："汉闻，族陵母妻子。自是之后，李氏名败，而陇西之士居门下者，皆用为耻焉。"李氏名败，遗臭万年，国人忠君报国的节烈观真是深入骨髓千古不灭！可是，那无辜被砍了头的李陵的老母、妻子、儿女等人难道都是该死的吗？她们的血是彰显降人的耻辱之血还是彰显暴君的残忍之血呢？她们就该为李陵之降负罪受死把带血的头颅献于忠君的祭坛之上吗？我们听到了司马迁悲怨的叹息，也听到了李陵母亲妻子泣血的哀号，远古的风带来的血腥气弥漫在我们周围……

海昏侯刘贺的前尘往事

南昌海昏侯墓经过五年的考古发掘,终于确定了它的主人,由内棺所获玉印的印文确证他即为第一代海昏侯刘贺。刘贺是个被废黜的皇帝,翻开史书,感到他荒淫任性,懦怯无能。墓葬品的贵重、奢华和精美证明,此人虽是被贬为边远之地的小侯,犹不失昔日之尊荣。但是想为他正名,洗去他身上的脏污,也找不到多少证据。仅因他随葬屏风上画着孔子像,就认定他是读圣贤书的儒者、行为端庄的君子,似也不能服人。

墓为藏金窟,名污千秋史。刘贺到底是什么人?先为王,后为帝,终为侯,他的命运为何如此奇特?

拔掉篱笆桩　推倒挡风墙

刘贺是汉武帝刘彻的孙子,他的祖母是李夫人,生下他的父亲刘髆。

武帝时,后宫蓄有女子数千,相当于一个庞大的女子军团。乱花渐欲迷人眼,女人太多,想找一个特别中意的也并非易事。这天,武帝闲极无聊,宣宫廷乐人李延年唱歌解闷。李延年是个杰出的文艺人才,填词作曲,无师自通,天生一副圆润的歌喉。他唱道:"北方有佳人,遗世而独立。一顾倾人城,再顾倾人国。宁不知倾城与倾国,佳人难再得!"歌声引动汉武帝无尽遐思,听罢,不由叹道:唉!世上何处去寻这样的美人啊!他的姐姐平阳公主说:听说李延年的妹妹就是这样的绝代佳人！武帝闻听，立即宣李延年妹妹晋见。一见之下，武帝顿时眼前一亮：此女不仅千娇百媚，且能歌善舞。见带露桃花，弱柳扶风；闻呢喃燕语，恰恰莺声，武帝顿时神魂颠倒，惊为天人，立即将其纳入宫中。后来白居易的《长恨歌》首句云："汉皇重色思倾国，御宇多年求不得。"所咏本事是唐明皇，也是汉武帝；是杨贵妃，也是李夫人。盖因帝王专宠美色，其故事并无二致也。

"回眸一笑百媚生，六宫粉黛无颜色。"李夫人得后宫专宠，不久，为武帝生下一子，命名刘髆。皇帝之子，生下就是王，不久，刘髆即被封为昌邑王。

美人薄命，李夫人后来身患重病，武帝去宫中看望她，李夫人以被遮颜，不肯露面。

武帝道："夫人病重，生死难测，难道不想把（昌邑）王和你的兄弟嘱托给我吗？"

李夫人道："妇人容貌不加修饰，不能见君王，妾不敢以此见陛下。"

"夫人如肯见我一面，立即赏赐千金，并将你的兄弟加官晋爵。"李夫人别居养病，与帝分别日久，武帝实在太想见她一面了。

李夫人终不肯露脸，道："加官晋爵，在皇上一言，不在一见。"

武帝一再恳求，必欲见李夫人一面。李夫人竟转侧向壁，哽咽无语。武帝只得起身怏怏而去。

武帝走后，身边陪侍的姐妹们埋怨李夫人道："皇帝要见你，你为什么不肯见他一面呢？难道你对皇帝有什么心结吗？你不想把兄弟托付给皇帝吗？"

李夫人说："我所以不肯见他，正是想把兄弟深托于他啊，我是因为貌美，才以微贱之身得到皇帝的宠爱。夫以色事人者，色衰则爱弛，爱弛则恩绝。皇帝所以执意要见我，是想见到我昔日美丽的容颜。如果他见到我病中毁损的面容，心中必生厌弃，难道还会怜惜和重用我的兄弟吗？"

李夫人聪明智慧，对事情本质的洞见超乎常人。"夫以色事人者，色衰则爱弛，爱弛则恩绝。"这不仅是帝王与后妃们情爱关系的本质，也是性的本质。女权主义者和性学专家都应该把李夫人的灼见奉为圭臬。

李夫人死后，武帝对她思念不已。某术士自云有法术可令其现身，于是夜设帷帐，于烛光灯影中使一红裙女子徘徊于内，只可远观，不可亵玩，亦真亦幻，真假莫辨，搞得武帝缠绵悱恻，神魂颠倒，吟道："是邪，非邪？立而望之，偏何姗姗其来迟!"命乐府谱曲吟唱,以寄哀思。然美人渺渺,终不可见!

李夫人宠眷方殷时,李夫人的两个哥哥——李延年和李广利都得到了汉武帝的重用。汉代重外戚,武帝尤甚,李延年和李广利靠着妹妹的裙带关系飞黄腾达。李延年官拜协律都尉,佩二千石印绶。官禄二千石,在汉代就是高干了。都尉本是军职,大约相当于少将。李延年不懂打仗,是个只管唱歌的少将,他是中国历史上第一个只管唱歌的少将。李夫人另一个哥哥李广利不会唱歌,没关系,封他个真将军。于是,李广利做了"贰师将军"。读者诸君不要误会,以为李广利只统帅两个师。贰师是西域大宛国的一个城市,听说大宛国王把汗血天马藏在那里,不肯给朝廷上贡,汉武帝大怒,于是,封李广利"贰师将军",让他带领大军到大宛国去抢天马。李广利第一次率数万大军出玉门关西征,没等走到大宛,数万人马又饥又渴,大多死在了征途上,李广利只好跑了回来。汉武帝很生气,第二年增加十倍军力,动员全国力量,再次西征大宛。李广利用了四年时间,损失五万兵马,终于为汉武帝抢回天马三十匹。汉武帝龙颜大悦,封李广利为海西侯。李广利封侯之后,成为朝中炙手可热的重臣。靠另一支裙带关系起来的卫青、霍去病等人早已死去,和匈奴的战争方兴未艾,李广利俨然成了朝廷的兵马大元帅。

征和三年(公元前90年),汉武帝命令李广利统帅七万铁骑征剿匈奴。大军将发,丞相刘屈氂前来送行,出长安,至渭桥,李广利对刘屈氂说:希望君侯说动皇上早立昌邑王为太子,将来若昌邑王为帝,你我还有什么可忧虑的呢!刘屈氂点头应允,二人皆有共立昌邑王之心。昌邑王是李广利的亲外甥。李所以敢和刘说这等话,乃因李广利之女是刘屈氂的儿媳妇,二人是儿女亲家。如果刘髆将来做了皇帝,二人的政治地位当然不可动摇。刘屈氂又是谁呢?他是汉武帝同父异母兄长中山靖王刘胜的儿子,也就是汉武帝的侄子。中山靖王刘胜是个酒色之徒,他认为王侯就应该沉湎于声色酒宴之中。所以他姬妾众多,繁殖力特强,竟然生下了一百二十多个儿子。刘屈氂乃一百二十分之一,算不得稀奇。按说李、刘二人身居高位,又是汉武帝的同宗或至亲,想把昌邑王刘髆推上皇位应是情理中事,可这是摸老虎屁股般极端凶险的事情。一是皇位继承乃帝国中最为敏感的大事,弄不好就要死人,死的恰恰是血缘至亲或权臣;二是汉武帝正沉湎于因巫蛊之祸逼杀太子的痛悔之中。佞臣江充借巫蛊诬陷太子,汉武帝昏聩发疯,逼杀了皇后和太子刘据。在这场昏乱的内斗中,身为丞相的刘屈氂曾奉命与太子作战,使太子逃亡后自杀。这在当时属平叛之功,可当皇帝醒悟过来,已成逆天之罪。汉武帝在太子自尽的地方修了一座望子台,每一登临,以泪洗面。那些当时受命查巫蛊和追捕太子的臣子刚刚受到封赏,就被杀头灭族。刘屈氂虽然活着,但也危在旦夕,日夜怵惕,不得安枕,哪里还敢提立太子这样戳皇帝心窝子的事!可是不提,并非就能躲过去,皇帝因太子冤死,不断找碴儿臭骂刘屈氂,刘如处水火,没一日安生。这时,有人告发,说刘屈氂因受皇帝责谴,其妻祭灶时行巫蛊,恶言诅咒皇帝,李广利老婆也参与其事;丞相刘屈氂还和贰师将军李广利商议立昌邑王刘髆为太子。有司勘验属实,皆属逆天重罪。汉武帝下令将丞相刘屈氂用拉肉的厨车拉到刑场腰斩,并将刘的老婆绑赴华阳街砍了头,将李广利全家关进大牢。此时李广利在和匈奴作战中打了败仗,正不知怎样向皇帝交差,听说家人进了大牢,知道回去也是一死,便率部投降了匈奴。闻听大军覆没,李广利降匈奴,汉武帝下令将李氏全家灭族。李延年以倡优之身侍侯皇上,宫廷诗人司马相如作词,他为之谱曲演唱,二人珠联璧合,把颂圣艺术发挥到了极致。这个宫廷艺术家立即被砍了头。李广利降匈奴后,也被匈奴所杀。煊赫一时的李氏宗族彻底覆灭。

或问:此文既写刘贺,何必扯得这么远?诸位有所不知,帝王专制制度是家天下,靠的是宗族血缘维系。家国家国,有家才有国。对于王侯们来说,皇家算不得家,它只是国,真正的家是母系的家,家国合一,才能安全。刘髆刘贺父子固然有皇家血统,如娇嫩的秧苗长在皇家的园囿里,但外戚,娘家人,母舅一大帮子才是护他的篱笆、挡风的墙。如今,母舅被杀,娘家人被绝了根,篱笆桩子被拔掉,挡风墙被推倒,刘髆父子虽为王侯,但已处于罡风烈焰之中,他们的命运也只能任人摆布了。

谁能主宰汉武子孙的命运

后元二年(公元前87年)春,汉武帝刘彻病重五柞宫,权臣霍光涕泣问道:皇上如有不讳,由谁来继承皇位呢?武帝说:难道你没明白我送你那幅画的意思吗？立少子，君行周公之事。这之前，武帝曾命画师画一幅画送给霍光，画上是周公背负年幼的成王接受诸侯的朝见。弥留之际，武帝命霍光为大司马大将军，居周公之位，总揽朝政，以辅幼主。翌日，武帝死去，这个强势的君主将子孙乃至帝国的命运交到了霍光的手里。

霍光，何许人也？

他也是外戚藤蔓上的一个瓜，是一条藤蔓旁杈子上长出的一个最大的瓜。这是自武帝始，历经昭、宣两帝延续三朝的一条藤蔓，这条藤蔓始萌于一个身份低微然而却风流成性的妇人，我们不妨称她为卫妇。现在，我们就梳理一下这条对汉代政治产生重大影响的藤蔓。

武帝的大姐阳信长公主嫁给一个叫曹寿的人，封为平阳侯。平阳侯在长安郊外有一处堂皇的府邸，府邸内有许多奴婢僮仆，卫妇即其中之一。卫妇的三个女儿也在府中服务，这三个女儿依次为：君孺、少儿、子夫。她们都是品貌出众的女孩，继承了母亲风流的品性。最小的女儿子夫不仅容貌美丽，而且有一副亮丽婉转的歌喉，这个女高音歌手成了平阳侯府中歌队里的主唱。

平阳侯府邸不仅养着成群的奴婢，衙门里的小吏们也奉派到府邸里去做事。他们在府邸有一定的时限，到了日子就会离开。圈囿于深宅里的女人们极少见到男人，所以，那些小吏进入府邸后总会交上桃花运。那时卫妇还年轻，她爱恋的男人叫郑季，是一个入府做事的小吏。郑季离开后，卫妇生下了两人的私生子。按照规矩，奴的孩子生在贵族府中，身份也是奴，卫妇便将孩子送到了生父郑季家。郑季已经娶了老婆，过着寻常百姓的生活，就让这孩子去放羊。因是私生子，母亲在侯府为奴，郑季的老婆对这个来路不正的孩子看不入眼，他在生父家受尽了屈辱和虐待。但这只是暂时的，他的命运会随着一个女人的骤然显贵而翻转。我们暂时放下他，谈谈另一个私生子。

且说数年后，另一个小吏也奉派进入平阳侯府，他的名字叫霍仲孺。他也有了艳遇，相好的是卫妇的二女儿少儿。少儿也生下一个私生子。但少儿已找不到离府的霍仲孺，所以只好把他养在身边。

这年春天，汉武帝来到平阳侯府。他带领百官随从到霸上郊祭，顺便到姐姐家做客。公主为了讨好天子，早就挑选了一帮子美女，调教好了，准备献给武帝。一见之下，武帝竟然一个也没看上。宴会上，府中歌队为皇上献歌，武帝一眼看中了主唱卫子夫。公主会意,令子夫侍候武帝更衣,在更衣室中,二人做成好事。武帝临走,把子夫带回宫中,后来为武帝生子刘据。卫子夫被册封为皇后,刘据被立为太子。

皇后卫子夫的娘家人自此飞黄腾达。这条外戚之藤攀牵缠绕,与汉武一朝及其后汉代的政治、军事、宫廷斗争乃至天子废立皆休戚相关,密不可分。

这条藤蔓上长了三个著名的大"瓜":卫青、霍去病、霍光。还有一个公孙贺,娶卫家大女儿君孺为妻,是汉武帝的连襟。被汉武帝强逼当了丞相,巫蛊之祸一起,公孙贺父子就被汉武帝杀掉了,这里略而不谈,只谈"一卫二霍"。

卫青,卫妇与小吏郑季私生子。同母妹卫子夫既为皇后,他也就改从母姓,离开生父家,入宫为官,从放羊娃擢升为大将军,统帅千军万马,在征讨匈奴中屡立战功,名标青史。后来,曹寿病死,他得尚公主,娶了守寡的阳信长公主,入主平阳侯府邸,其命运之翻转,颇具传奇色彩。

霍去病,卫妇二姑娘少儿与当年小吏霍仲孺私生子。生母是皇后的二姐,换句话说,皇后是他三姨。他被汉武帝封为骠骑将军,在征讨匈奴中战功卓著,其生前功勋及历史上的声名远胜卫青。震烁古今的两位汉代将军是卫氏妇人两代私生子,实为汉史一大奇事!

这一年,霍去病以骠骑将军率万骑征匈奴,过霍仲孺河东平阳老家,命人传霍仲孺来见,去病跪拜,父子相认。霍去病临行,为父亲置田宅奴婢甚厚,昔日小吏霍仲孺以艳遇生子,一日而成富家翁。霍去病远征归来,再至生父家,将同父异母弟弟霍光带往京城。时乡野少年霍光仅十余岁,入京后,即在皇帝左右做事,耳濡目染,对庙堂规矩和高层政治谙熟于心,又天生聪慧机敏,勤谨恭敬,至霍去病去世时,霍光已成为汉武帝身边最得信重的近臣。

卫青和霍去病虽战功显赫,身居高位,但汉武帝正年富力强,乾纲独断,军国大事用不到二人插嘴,且二人年寿不长,所以,对汉代政治并无影响。汉武帝去世后,真正高居庙堂,主宰汉武子孙命运,对汉代政治产生重大影响的正是这位昔日的乡野少年——负周公使命的霍光。

汉武帝有六个儿子:卫皇后生太子刘据,母子二人皆死于巫蛊之祸。王夫人生齐怀王刘闳,早死。所以他死前还有四个儿子,即李姬生的燕王刘旦和广陵王刘胥,李夫人生的昌邑王刘髆,赵婕妤生的最小的儿子刘弗陵,也就是他指定的接班人。

赵婕妤很年轻,住在钩弋宫,所以也称钩弋夫人。据说她怀孕十四个月才生下皇子刘弗陵,比常人的九月怀胎整整多了五个月,生下的婴儿也很壮硕。晚年得子,汉武帝非常高兴。又据说远古的帝王尧也是在母腹中十四个月才生下来的,他认为此子乃是未来帝王的征兆,便将赵婕妤宫门命名为"尧母门"。这事很被当时的臣子和后世的史家所诟病。当时太子还活着,因为汉武帝活得长,太子刘据已经当了爷爷还没接上班,如今命名钩弋宫门为"尧母门",岂非暗示将由少子接班吗?那些揣摩上意、心怀鬼胎的人自然要在皇帝与太子间挑拨生隙。果然不久发生了巫蛊之祸,太子被搞掉了。虽然汉武帝事后很痛悔,但少子接班已成定局。为预防未来的太后专权,危及汉家社稷,汉武帝把刘弗陵年轻的母亲杀掉了。汉武帝放心地死去,把八岁的孤儿和大汉帝国的未来交到了霍光的手里。

就在汉武帝死去的那一年,他的另一个儿子,李夫人所生的昌邑王刘髆也死去了。刘弗陵即位为帝,年幼的刘贺即位昌邑王。

小皇帝刘弗陵即位,真正当家的是大将军霍光。在这短短的十二年间,霍光改变了汉武帝穷兵黩武、横征暴敛、瞎折腾的做法,与民休息,所以,百姓的日子基本是安定的,国家生机有所恢复。但是,在庙堂上却发生了两大权力集团你死我活的残酷斗争。霍光的对手是同受汉武帝遗诏辅政的左将军上官桀与其子上官安。本来,霍光之女嫁给上官安,霍光与上官桀为儿女亲家。为了巩固权力,两大政治家族又把上官安幼小的女儿送进宫里,给小皇帝刘弗陵当了皇后。上官桀成了皇后的爷爷,上官安成了皇帝的岳父,而霍光则成了皇后的外祖父。刘弗陵即位时,年纪尚小,八岁孤儿居深宫之内,不免孤单恐惧,于是,让他的一个异母姐姐来照料他,即汉武帝之女,因下嫁盖侯王氏,封地在鄂邑,人称鄂邑盖公主,简称盖主。盖主有个情人,姓丁,人称丁外人,她想给情人在宫里弄个编制,外人变内人,名正言顺出入宫廷。上官桀为了讨好盖主,极力串通此事,但这事在霍光那里碰了钉子。上官桀有个小妾的爹犯了法,应依律治罪,上官桀去霍光那里求情,同样遭到拒绝,是公主捐了二十匹马,才把那人救了出来。于是,盖主和上官父子联合起来,要把霍光搞掉。他们先是在少年皇帝刘弗陵那里进谗言,企图借皇帝之手搞掉霍光,但皇帝对霍光非常信任,并不按他们的棋路走。于是,他们就串通对皇位早有野心的燕王刘旦,想杀掉霍光,废黜刘弗陵,搞一次宫廷政变。阴谋泄露，霍光把上官桀父子全家诛灭，盖主和燕王刘旦自杀。上官皇后还是十几岁的女孩，因与阴谋无涉，保住了性命。粉碎了政敌的阴谋后，霍光一言九鼎，权力进一步巩固。

在上官父子阴谋集团的未遂政变中，汉武帝的一个女儿和一个儿子死去了，如今，汉武帝的儿子除了在位的小儿子刘弗陵外，只剩刘旦的同母兄弟广陵王刘胥。刘旦和刘胥都得了帝位狂想症，想当皇帝想得发疯，但兄弟俩的脑子都不太清楚。刘旦还知道串通盖主和上官父子搞一次里应外合的政变，而刘胥的做法更是荒诞，广陵巫风甚盛，他请了一大帮子巫婆，日夜诅咒当朝的皇帝。他认为当朝皇帝被巫婆咒死，他就可以名正言顺地上位了，因此花重金养了数十巫婆，骂天咒地，连年不休，他自己甚至也有些癫狂了。

您还别说，刘胥的名堂还真"灵"，小皇帝刘弗陵在位十二年，竟然在虚龄二十一岁那年遽然崩殂（死后称汉昭帝），且死后无子。刘胥大喜，以为这回该轮到他了，因为他是汉武帝唯一在世的儿子了。他重赏巫婆，手舞足蹈，大呼小叫，准备进京上位。可那空出的龙椅究竟由谁来坐是由大将军霍光说了算的，刘胥远在封地为王，他的德行霍光等人早有耳闻，况且他年龄大了，不好驾驭，尽管他是汉武帝的亲儿子，血缘最近，但霍光还是断然否决了他。儿子不行，只好在孙子中找。汉武帝子孙凋落，遗裔衰微，最后，找到了昌邑王刘贺。刘贺是汉武帝亲孙子，虽然未闻有什么过人的德行和才智，但血统纯正，入主大内，名正言顺。于是，大将军霍光以朝廷和太后的名义征刘贺进京奔丧，实际上等于宣布，刘贺将是大汉帝国皇位的正式继承人。

刘胥闻听，如一桶冷水兜头泼下，嘟哝道：儿子还在，为什么让孙子接班呢？但他嘟哝两句也就瘪了茄子，因为谁接班可不是由他说了算的。他只好重整旗鼓，把他的巫婆队伍组织起来，继续诅咒。

在刘胥的诅咒声中，昌邑王刘贺兴高采烈地踏上了进京之路……

二十七天皇帝梦

昌邑故地在今山东巨野县境内，距帝都长安千里之遥。朝廷使节到昌邑正

值夜半,昌邑王府点起灯烛,立刻发朝廷玺书,知道刘贺将入京即位,阖府上下忙乱起来,连夜为刘贺打点行装。翌日午时,准备就绪,大队人马立即出发。刘贺所乘为七驾马车,叫"七乘传",诸侯遇十万火急的要事方可启用。除这辆专车外,尚有装衣物、食品等王侯日用品的车子数十辆,由奴婢们随行照料王侯起居。其余尚有人马数百人,昌邑王的臣子除少数留守的外,全部随王入京。汉代制度,诸侯国的臣子地位不高,再有才能,也极少能到中央做事,如今昌邑王要继大统当皇帝,一朝天子一朝臣,水涨船高,他们马上就要成为皇帝的臣子,入帝都,进中央,飞黄腾达了!因此个个豪气干云,精神抖擞,前后驱驰,精气神比平时陡增百倍。日暮时,车马至定陶,休憩吃晚饭,只一个下午,随从们累死的马相望于道。郎中令龚遂劝谏刘贺精简随员,于是打发回昌邑五十多人。那些人虽不情愿,但已经没有马匹替换,总不能靠两只脚跑到京城去,所以只好怏怏折返。余下人马继续进发,到了济阳,刘贺为求吉利,忽发奇想,令人去搜求长鸣鸡,并于路上买了一根手杖,因用并连的竹子制成,称为积竹杖。车马一路前行,过弘农郡时,刘贺已离王宫数日,急于赶路,渐觉无聊,于是想要一个女人,便嘱咐贴身的奴才去办。这奴才便于路上掠得一个女子,藏匿在载衣被的车子里,以供刘贺淫戏。临近长安附近的湖县,被朝廷使节所知,便责备昌邑王相安乐对刘贺规谏不严,有失王相之责,安乐将此事告诉了郎中令龚遂,龚遂入见刘贺,问他可有衣车藏匿女子之事,刘贺矢口否认,龚遂已知其事必有,见刘贺嘴硬,当然不便搜查衣车,叫刘贺下不了台,便道:既然没有此事,大王何必因宠爱一个奴才而毁了自己的名誉呢!请收捕奴才,以洗雪大王的清白!于是,命卫士长依律将刘贺的贴身奴才痛打一顿。

刘贺的车仗终于驶近长安,朝廷负责礼宾的官员亲自迎接,并让刘贺换上了皇帝的乘舆。刘贺命自己仆从驾车,龚遂在身边陪乘,车近长安广明东都门,龚遂提醒道:按照礼节,诸侯奔丧望见国都要哭,这就是长安东郭门。刘贺说:我嗓子疼,不能哭。车子过郭门驶近城门,龚遂再次提醒,刘贺说,城门和郭门一样,没啥区别,还是不肯哭。等到车子来到未央宫东门,马上就驶入皇宫了,龚遂急了,说,昌邑王在京的官邸就在宫外驰道北,没到官邸前,有南北路,马行不过几步就到了。大王应马上下车,向西跪伏宫门外,为先帝哭尽哀止。刘贺只好下了车,按照礼仪,马马虎虎哭了几声,算应付过去了。

朝廷让刘贺来当昭帝的治丧委员会主任,主持昭帝葬礼,千里奔丧,目的是让他接班上位。刘贺也认为皇帝的位子非己莫属,他是汉武帝的亲孙子,社稷者,刘氏之社稷;国家者,刘氏之国家,我不当皇帝,谁还有资格当呢?所以,他立刻接受了皇帝的玺绶,承袭了皇帝的尊号,率领他在昌邑带来的亲信,把长安宫阙里里外外巡视一番,御阶踏尽,栏杆拍遍,深帏美色,一一过眼,奇珍异宝,把玩一番,不禁心花怒放,志得意满。大小臣僚,一呼百诺,他有什么欲望和要求,稍有暗示,立刻有人去办;他面上稍有不快之色,群臣立刻屏息噤声,生怕获罪。他想杀谁就杀谁,想睡谁就睡谁,想抬举谁就抬举谁,想贬辱谁就贬辱谁,真真是威加海内,君临天下!天下有比当皇帝更好的事吗?没有了!天下有比皇帝更幸福的人吗?没有了!刘贺沉浸在初当皇帝的高峰体验中,狂喜而忐忑的心很快平定下来。他觉得当皇帝没什么了不起,王侯和皇帝是什么呢?就是任性使用权力的人。在昌邑为王时,他就在任性的权力中生活多年,所以,由王侯到皇帝,几乎用不着什么过渡,只要更加无所顾忌地使用权力就可以了。先帝有两个臣子批评他,话说得很难听,他立刻翻了脸,痛责资格稍微老一点的,把另一个关进了大牢。难道他们不知道未央宫已换了主人吗?不给他们一点颜色看,新皇帝如何立威!他讨厌那几个先帝老臣的嘴脸,他们的脸上像挂了严霜,明显带着不满的神色,他要立刻让他们滚蛋,而且要杀掉一批不知进退的老东西。他决定撤换大批中枢大臣,要用从昌邑带来的臣僚们替代他们。昌邑带来的臣子都是"旧人",俗话说得好:臣子要旧,女人要新,依靠昌邑的臣子更加放心。他已经睡过了先帝的几个宫人,一个姓蒙的又年轻又娇媚,他很喜爱她。他已经把留在昌邑的那些女人忘掉了,宫中有太多的美人,足够他享用。对了,还有大将军霍光,这个老头儿是个可怕的影子,在他面前晃来晃去。可他对自己还是虔敬恭顺的,每当奏事,总是跪下来俯伏于地,口称陛下,连头也不肯抬。有君臣名分在,霍光又何足惧!还有宫中的上官太后,按照礼法名分,是唯一高居其上的人。但昭帝年仅二十一岁而亡,所谓太后,不过是个十七八岁的小姑娘,尽管她是霍光的外孙女,但她能管得了皇帝吗?事情要慢慢来,等到那些盘踞多年的先帝臣子全都靠边站,昌邑旧臣们上了位,立住了脚,谁又能奈何得了他呢!这些昌邑旧臣和多年贴身的随从奴婢才是他的股肱之臣,是他御寒的衣服、遮阳的伞,是他的依靠。如今,主子当了皇帝,要让他们好好玩一玩,乐一乐,尽情享受一下宫中的奢华,他们会更加感恩戴德,舍命尽忠。于是,新皇帝刘贺在昭帝尸骨尚未下葬时,就把皇家宫阙变成了一座日夜笑语喧哗、弦歌不绝、深帏巧笑、淫乱奢靡、各种玩乐花样层出不穷的高级会馆。

  大将军霍光感到了威胁,他的权威受到了挑战。从前,朝中大小国事皇帝都首先要和他商量,即使在皇帝亲政之后,没有他的同意,事情也不可能实行。如今,新皇帝任性而为,把他晾到了一边。他受到了冷落和无视,在新皇帝的眼中,他越来越无足轻重,越来越被边缘化。想到此,他不禁浑身发冷。权力是他生命的支柱,上面承载着太多的东西,失去权力也就失去了身家性命。在多年庙堂之上的血腥厮杀中,他看到了太多失败者的头颅。如今,自己的权力高台正在一点点坍塌,他仿佛看到了前面的断崖和深渊。他知道,很多朝中老臣对新君的表现感到失望,对朝廷的未来充满忧虑,而且同自己一样,自身的权位受到了威胁。新皇帝和他带来的一伙人的喧嚣和放肆已经把朝廷上下搞得乌烟瘴气,不满和愤懑在朝臣中蔓延。他就近观察过新皇帝,觉得此人颠顸、任性,眼神空洞而淫邪,脸上写满享乐的欲望和顽童般的冲动,这是一个被特权和享乐宠坏的白痴。他为自己决定的新君而懊悔,当然这是大多数朝臣的意见,但他完全可以否决它。他后悔没有派人认真调查一下昌邑王的德行和表现,如今木已成舟,搞掉这个新皇帝是要麻烦一些的。但是,他已经下定了决心,必须要搞掉他!

  霍光已经着手布局,心腹老臣已经暗中串联。大家都已认识到,这不仅关乎每个人的荣辱生死,而且关乎大汉江山兴衰存亡。谁是大汉江山?谁是帝国的中流砥柱?是大将军,是他们这批朝中老臣。新皇帝带来的一批人要取代他们,这是他们绝不能容忍的!保卫他们自己的权力就是保卫汉家社稷,这是一场你死我活的斗争。这场决斗在两个阵营中展开,一方是先帝老臣,一方是王国新贵,后者正摩拳擦掌,要把前者赶下台去。长安城暗流涌动,一场权力争夺战即将展开。

  刘贺的臣子们也不都是只知混闹的群氓。人身依附是专制权力的特点,刘贺上位坐稳江山,臣子们才安全,也才有辉煌的前程,所以多数人对刘贺是很忠诚的。更有满怀儒家理想的贤者诤臣,他们更希望刘贺改掉在王国惯出来的臭毛病,远小人而近君子,戒淫乐而兴德政,做一个有为的贤君。昌邑王国中尉王吉在刘贺入京时就曾苦口婆心地告诉他,既为先帝奔丧,入京后要谨言慎行,"宜日夜悲哀哭泣而已",大将军在朝中主政多年,德行兼备,"臣愿大王事之敬之,政事壹听之,大王垂拱南面而已"。希望您留意我的话,要常放在心上。刘贺如能按此而行,皇帝的位子当然会稳如泰山。可惜他全当成了耳旁风,根本没听进去。就在刘贺等人日夜淫乐的日子,他的郎中令龚遂已经闻到了风中的血腥气,预感到大祸将至,对刘贺进言道:陛下已即位多日,应马上提拔先帝大臣的贤能子孙以为左右亲近之臣,如果继续信用昌邑故人,陷于游宴逸乐,陛下就很危险了。先从我开始,立即斥逐昌邑故人。刘贺当然听不进这种大惊小怪的"昏话"。

霍光的计划已经部署停当,刘贺的罪状也已写进群臣的表章,但要有一个万无一失的开端。他找到了从前的老部下大司农(农业部长兼财政部长)田延年,试探道,新君如此这般,我深为汉家社稷所忧虑啊!田延年说:将军乃国之柱石,认为此人不堪为君,为什么不讲给太后,另选贤能呢?霍光道,我有这样的想法,不知古来是否有这样的先例。田延年说:当然有啊,当年伊尹为殷相,废昏君太甲以安社稷,后世称其忠。将军若能这样做,就是汉之伊尹啊!有了田延年这样敢作敢为的心腹,霍光立即召集丞相以下诸位大臣到未央宫开重要会议。群臣到齐,霍光开门见山,说:昌邑王荒淫无道,将危及汉家社稷,大家说怎么办?废君之事只在三五人的核心圈子里密谋过,大家都不知道,事出突然,群臣惊愕失色,相顾无言。田延年上前一步,手按佩剑,厉声道:先帝将孤幼子孙嘱托给将军,把天下交到你的手里,是因为将军乃忠贤之人,能安刘氏社稷也!如今群臣鼎沸,社稷将倾,且汉家以孝治天下,如今汉家宗庙将绝祀,将军死后,有何面目见先帝于地下?今日所议之事,不容迟疑,哪个后表态,我立刻以剑斩之!霍光立刻接言道:大家责备我是对的,如今天下汹汹不安,责任在我。群臣俯伏在地,一齐叩首道:天下万姓之命在于将军,我们听大将军的!众大臣在霍光率领下,一齐去见太后,陈述刘贺不可以承宗庙继皇位的种种情状。皇太后立即上朝,到未央宫承明殿宣布诏令:宫中各禁门不许昌邑王群臣进入。刘贺乘御辇回宫,黄门宦者各持两边门扇,刘贺一进去,两扇门咔嚓一声,立刻关闭,他的随从臣子被关在了门外。刘贺不明就里,问道:这是干嘛啊?大将军霍光跪禀道:皇太后有诏,昌邑群臣不得入。刘贺依然被蒙在鼓里,傻乎乎说地:能不能轻点儿,吓我一跳!外边,霍光已安排好,昌邑群臣被赶到金马门外,车骑将军张安世命羽林铁骑将刘贺带来的二百名大小臣子全部收捕关进了大牢。霍光又令原昭帝侍中的宦官们持守刘贺,厉声道:你们听好了！要各尽职责,不可疏忽,如果发生自杀的事,我将有负天下,背杀主之名！此时刘贺尚不知将废,问身边看护他的人:我原来的随从群臣犯了什么罪,大将军把他们全都抓起来？没人回答他。不一会儿,只听太后传诏,召昌邑王立刻晋见！刘贺这才有些害怕,自语道:我犯了什么罪太后召我？这时,十七岁的上官太后穿着缀满珍珠的朝服,盛装端坐武帐中,周围侍御的数百人皆手持兵器,殿门武士们一脸威严,持戟陈列殿下。群臣们依次上殿,排班站好,召昌邑王伏前听诏。这是一封早就准备好的,申讨刘贺的奏章,以丞相杨敞领衔,具名大臣三十六,列刘贺十八大罪状,略如下述:

一、先帝薨逝,朝廷征昌邑王进京为先帝主持丧礼,刘贺无悲哀之心,进京路上不素食,命跟从官员掠夺民女藏于衣车,夜里则纳入旅舍以供淫乐。入京后,先立为皇太子,常派奴婢私买鸡豚吃(不孝)。二、受皇帝信玺后,依礼,先帝入殓,以皇太子之身行玺大行前,尚未正名为帝,竟不封信玺(僭越)。三、其从官持朝廷节钺,将昌邑从官奴婢二百余人引入宫中,在禁闼内尽情戏耍玩乐(狂悖)。四、取朝廷节钺十六,早晚临祭,令从官持节跟从(僭越)。五、以皇帝名义下旨,令皇宫御府取黄金千金,赏赐贴身侍中君卿,让他娶十个老婆(荒嬉)。六、大行皇帝棺椁停在前殿,竟发乐府乐器,引入从昌邑带来的乐师,击鼓作乐,为俳优之戏。回宫时,令人上前殿,击钟磬,引入宗庙乐人排列两侧,鼓吹歌舞,众乐齐奏(狂悖、不孝)。七、发长安御厨三大牢(皇家祭祀用牛、猪、羊三牲)供祭,祭祀毕,即与从官们大吃大喝,宴毕,驾皇帝法驾,排列仪仗,驱驰北宫、桂宫等园囿中,斗老虎戏野猪,以为游乐(亵渎宗庙)。八、擅自动用皇太后小马车,使官奴骑乘,游戏掖廷中(僭越、不敬)。九、与孝昭皇帝宫人蒙某等淫乱,并下诏掖廷令,有胆敢泄露者处以腰斩(淫乱、狂悖)。

尚书令读群臣奏章至此,年轻的上官太后已满面飞红,怒目圆睁,喝道:"停!"责问刘贺:"你为人臣子,应当如此悖乱吗?"刘贺离席伏地,不敢抬头,冷汗涔涔而下。尚书令继续列举刘贺九大罪状,都是失帝王礼义,破坏朝廷制度,荒淫悖乱之行,且不听臣下劝谏,不思悔改,此人为帝,将危及汉家社稷,因此不可承大统。群臣已告祀宗庙,请太后下诏废黜。

皇太后下诏,一个字:"可。"

刘贺懵了,一时回不过神来。霍光催促他:马上起来,接受皇太后诏命！刘贺还想耍赖,说:我听古人有言:天子有诤臣七人,虽无道而不失天下啊!刘贺很傻很天真,可谁是你的诤臣呢?母舅已死,外戚绝根,篱笆被拔了桩,挡风墙被推倒,谁会庇护你这个不争气的混帐东西呢!霍光不耐烦了,道:皇太后已经下诏废了你,还称什么天子!上前抓住他的手,夺过皇帝玺绶,呈给了太后。然后,抓住刘贺的臂膀,挟其下殿,群臣随送出金马门而止。刘贺伏地,西向皇宫而拜:我愚昧无知,不足承汉祚!起身后,上了自己的车。霍光一直把刘贺押送到昌邑王驻京官邸,最后拜别道:大王您自绝于天下,臣等愚昧胆怯,不能杀身以报德。臣宁负王,不敢负汉家社稷。希望大王您珍重自爱,从此我就不能见您了!说罢,流泪而去。

刘贺即皇帝位,二十七天被废。群臣上书:自古废黜之人都流放远方,不许参政,请将刘贺迁到房陵县监视居住。皇太后下诏,让刘贺回昌邑,毕竟当过皇帝,又赐二千户封地。

他带到都城的二百多名从官旧臣已被逮捕,以未尽对昌邑王的辅导之责、陷王于恶的罪名尽被杀头。这些人兴高采烈而来,以为从此会随着主子飞黄腾达,没想到把脑袋送到了京城。他们被押送至刑场的路上悲愤不已,对主子刘贺也充满了怨怼,一路高呼着:"当断不断,反受其乱!"可见刘贺有用他们取代先帝臣子、彻底更换执政班底的图谋,只是刘贺沉湎于初当帝王的淫乐中,当断不断,害得他们丢了性命。

诸侯国的官员如果服务于一个败德倒霉的王侯,一旦王侯被朝廷治罪,臣子很少能全身而退,陪着掉脑袋是常有的事。龚遂和王吉因不断规谏刘贺而没有被杀,死罪虽免,活罪难逃,二人被"髡为城旦",即剃光头发,脖子箍上铁圈,早起去修城墙,服苦役。

这场权力斗争以刘贺的被废而结束,而刘贺本人也实在是扶不起来的天子。

望之不似人君

现在,汉武帝只剩一个儿子了,那就是广陵王刘胥。前面已经说过,刘胥想当皇帝想得发疯,弄一群巫婆天天诅咒在位的皇帝,昭帝刘弗陵死去时,他高兴

了一阵子,还重赏了巫婆。可后来听说刘贺上了位,没他的事儿,他很郁闷,但也只能发几句牢骚。听说刘贺被废,他再度狂喜起来,认为这一次非己莫属了。可是,京城方面并无信使到来,霍光又一次断然地否决了他。霍光选择的新君是太子刘据的孙子刘询。多年前的巫蛊之祸,狂怒的汉武帝失去理智,刘询的祖父刘据一家人全部毙命。那时刘询尚在襁褓里,受大臣保护,秘密养在民间。汉武帝死后,历昭帝一朝,刘询年已十八岁,霍光等大臣商议后,由他继承帝位,做了新皇帝,这就是史上的汉宣帝。

刘胥绝望,破罐子破摔,不久,诅咒案发,朝廷治罪,和他的哥哥刘旦一样,自杀身死。至此,汉武帝的儿子一个也没有了。孙子刘贺被废后,即位的是他的曾孙,汉武皇脉仍不绝如缕地传续下来。

宣帝刘询即位后,朝政仍掌握在霍光手里。刘询渐渐成长起来,他继承了曾祖父喜爱奢华而生性猜忌的性格。按辈分刘贺是他的叔叔,但既然曾经入主未央宫,就要防备他有不臣之心,所以对废帝刘贺加强了监视。元康二年(公元前64年),刘贺被赶出未央宫已十年,刘询给昌邑的地方官山阳太守张敞下了一道密旨,要他对刘贺严加监察。张敞奉旨前往昌邑王府查问,将刘贺日常生活情况具奏上报。这篇奏折很详细地汇报了刘贺在昌邑被软禁的生活以及他的精神状态,甚至还描画了刘贺的容貌,实为正史所罕见。

刘贺昌邑王宫中有奴婢一百八十三人,平时大门关闭,只开小门,只有一个负责采办日常生活用品的小吏出入,其他人不得随意进出。官府在王宫外边设有巡警(督盗)盘查往来行人,对王宫严密监视,不许人随意靠近。为防盗贼,王宫自己出钱雇保安。张敞曾多次派员前往王宫严查,元康四年(公元前62年,刘贺被废已十二年)九月中旬,张敞亲往王宫,想看一看刘贺日常生活情况,他所见到的刘贺是这样的:"故王年二十六七(此处刘贺年龄疑有误),为人青黑色,小目,鼻末锐卑,少须眉,身体长大,疾痿,行步不便。"可见,被废的刘贺在软禁中身体和精神全都垮掉了。刘贺皮肤黝黑,小眼睛,塌鼻子,眉毛稀疏,身体虚胖,因患痿痹症而行走不便。听说地方官来到王宫,赶忙穿着短衣和肥大的裤子,戴一顶惠文冠,腰间佩一玉环,发髻上簪一支笔,手里拿着简牍,匆匆忙忙跑来谒见。如此卑琐不堪,不仅望之不似人君,哪里还有一点王侯的样子呢!张敞与之坐语闲谈,为窥探刘贺的内心,张敞说起猫头鹰:昌邑这个地方猫头鹰好多啊。刘贺回答说：是啊，从前我到长安时，并没看到猫头鹰，回昌邑时，走到济阳一带，才听到猫头鹰的叫声。由这番对话，张敞推断刘贺对从前被废黜似无屈辱的感受，也完全听不懂以"恶鸟"对他的影射。接着，张敞查阅刘贺的妻子奴婢。刘贺有妻妾十六人，子女二十二人，男女各半。查到其女儿持辔时，张敞问其母何人，刘贺跪禀，持辔母亲是朝中大臣严延年的女儿，名罗敷，曾嫁刘贺为妻。接着，张敞检查刘贺的奴婢及财物帐簿，其中有十个女子，乃已故昌邑王刘贺父亲刘髆的乐舞队员，皆无子女，也不是姬妾奴婢，刘髆既死，应该放她们出宫，可刘贺依然将她们留下为刘髆守墓园。查问此事，刘贺说：这些守园的女人，有病不给治，互相斗殴相杀也不管，就是让她们早点死掉，太守何必急于将她们罢归呢？张敞评论道：可见刘贺"喜由乱亡，终不见仁义"。根据朝廷指示，立即将十名女子遣散出宫。张敞评价道：看其所穿衣服及言语举动，刘贺是个"清狂不惠"的人。所谓"清狂"，即类于白痴。皇帝刘询览张敞奏疏，知刘贺不足忌，也就放下心来。

第二年春天，皇帝刘询下诏，封刘贺为海昏侯。其实刘贺自被废黜离京，回昌邑故地，即遭软禁，称为废王或故王，形同禁囚，已不列诸王名籍。有大臣上疏言：刘贺乃天之所弃，陛下至仁，又封他为列侯。像他这样的"嚣顽放废"之人，不应参加宗庙的祭祀活动。刘询批复：可。就把刘贺从山东昌邑迁往江西豫章去了。

刘贺境遇虽每况愈下，在远离都城的江西海昏，如果交友谨慎，不妄议中央，没有非分之想，本可以过清闲的日子，毕竟他是汉武帝的亲孙子，是据有四千户封地的列侯。但他是个脑筋不甚清楚的人，不仅没有起码的政治智慧，甚至没有自我保护能力。数年后，有个叫孙万世的地方小官经常和他走动，有一次，孙万世问他：当年你被废时，为什么不坚守皇位？如果你不出宫，以帝王之威，下诏斩大将军霍光，难道会让人眼睁睁夺去皇帝玺绶吗？刘贺回答说：你说得对，可当时没想到啊！刘贺糊涂至极，果然"清狂不惠"！话已出口，朝廷派人审查属实，削户三千。孙万世其人可能就是负有使命，引他上套的告密者，而刘贺不察，堕入彀中。刘贺自小处在养尊处优的王宫里，呼奴使婢，颐指气使，长久以来，养成了任性乖张的纨绔性格，其天性本就愚钝，封闭的环境又限制了其智商的发展，除了人的自然欲望必求满足外，对世事人情混沌茫然，对皇权政治一无所知，其言其行，类如白痴，一旦失势跌倒，除了被人摆布之外，也只有逆来顺受。不久,只有一千户封邑的海昏侯刘贺死去,结束了他昏昧、任性而屈辱的一生。

或问,这样一个落魄的小侯,何以有如此豪华的大墓,墓葬品又何以如此贵重?要知道,刘贺是汉武帝的孙子,他的父亲刘髆为昌邑王时,汉武帝还在世,地位之尊宠、生活之豪奢、家产之丰厚自不必言。刘贺自幼肥甘锦绣,看重物质享乐,死后也要过王侯的生活,所以看重家产,乐于守财。其虽被朝廷视为罪人,但并没有查抄其家产。刘髆在汉武帝天汉四年立为昌邑王,居王位十一年死去,我们从出土的简牍中看到"昌邑九年"和"昌邑十一年"的文字,知葬品皆为刘髆所留。正是:千年又见海昏侯,黄金白骨共一丘。荣辱兴亡随流水,长空雁去云悠悠。

汉代的公主

皇帝的女儿称公主,娶公主为妻必得有列侯之爵位,称为尚公主。尚,表示男子卑下之意。汉代史上留名的公主,观其史迹,不仅可以了解皇室权贵日常生活,还可以从一个侧面观察皇权运行中血亲的作用与局限。中国古代是个男尊女卑的社会,但由于公主具有皇裔血统,所以她们生下来就享有常人难以想望的特权。尽管她们的私生活奢靡而神秘,但当她们被皇权政治裹挟其中时,亲情人伦的面纱被剥去后,其命运无不涂抹上血色斑斓的悲剧色彩。

汉代首位公主当属汉高祖刘邦的女儿鲁元公主。刘邦和吕后生一儿一女,儿即惠帝刘盈,女即鲁元公主。两个孩子生于贫贱之中,长于战乱之世。刘邦游手好闲,不务产业,孩子曾随母亲在田间劳动。后来,刘项争天下,两个孩子和他们的母亲、爷爷皆被项羽掠为人质,幸得不杀,苟全性命。后刘邦败落,被项羽大军追得急,路上见到两个孩子,同车而载。追兵追近,刘邦将两个孩子推堕车下,自顾逃命。幸得夏侯婴相救,两个孩子才侥幸没死于乱军之中。所以,无论是惠帝刘盈还是鲁元公主,他们的童年都充满了辛酸和苦难,在生死之际体会到了亲情的阴暗和冷酷。刘邦称帝,他们的地位发生了翻天覆地的变化,江山百姓似乎都成了自家的私产,男为太子,女为公主,高堂华屋,钟鸣鼎食,群僚百官,卑如奴婢,真个是无求不应、无欲不从了。尽管他们的父母在这场血腥的厮杀中胜出,但是,他们身上突破人伦底线的阴毒和残忍,还是给他们的心灵带来了不可治愈的创伤。不要说自己的父亲在生死关头把他们断然置于死地的决绝,就是母亲把父亲的宠姬砍断手足,弄哑喉咙,扔入猪栏,名之为"人彘"的行为,也令他们无比惊骇和恐怖。太子刘盈被母亲引领见到"人彘"后面无人色,痛言道:"此非人所为也!"自此精神上受到重大打击,厌恶人生,即位后不理国政,二十四岁即在帝位上郁郁而终。太子如此,公主如何?史书上没有记载公主在这个特殊环境里面对这一切的正面反应,但从其后的命运里我们不难揣测她凄苦悲凉的心境。她成年后,父亲为他择定的夫婿名为张敖,是父亲早年朋友张耳的儿子。张耳因助刘邦夺天下有功,生前被封为赵王,死后由儿子张敖继承王位。既为王侯,姬妾众多,公主不是他唯一的女人,他只是张敖的正妻而已。汉七年,刘邦从平城经过赵地小住,既是帝王,又是丈人,张敖岂敢怠慢!他放下王侯的身份,短衣窄袖,形同奴仆,亲自为刘邦上菜,恭谨勤劳,尽子婿之礼。可是刘邦不高兴,他不待见异姓王侯,即便自己的门婿也看不入眼。于是箕踞于高位,对张敖骂詈不休。张敖不敢吭气。可张敖不是寻常小民,丈人骂一顿忍气吞声也就算了。他是王侯,身边有一大群辅佐的人,这些人不仅为张敖感到难堪,自己也觉得受了屈辱,便愤愤不平道:我们大王也太熊包软蛋了!("吾王孱王也!")赵王相贯高等人早年就曾随侍张敖之父张耳,对张敖忠心耿耿,他对张敖说:天下豪杰并起,能者先立。如今大王服侍高祖甚为恭敬,而高祖无礼。请让我们为大王杀掉他!此言一出,张敖大惊失色,咬破自己手指出血,道:诸君怎能说出这等话!如今我的一切,皆高祖所赐,愿君此后万勿再说此话!贯高等十余人背后议道:这反倒是我们的不对了!我们大王是个忠厚的人,不做背德之事。但我们决不能忍受这种屈辱,如今既怨高祖辱我王,所以要杀他,并不有损大王的德行。今事成归大王,事败我们甘坐其罪!此事对于张敖似乎已了。

第二年(汉八年),刘邦从东垣回长安,又经过赵地。这次张敖不仅隆重招待,而且把自己的一位美人献给丈人受用。刘邦这次似乎没骂张敖,他离开赵国都城,过柏人县,时间已晚,本应夜宿其地。此时,凶险的谋杀也已准备停当,贯高等人已安排刺客匿于夹墙内,只待刘邦入住要他的性命。刘邦入宿前,心忽有所动,问道:此何地?回说柏人县。刘邦说:柏人,迫于人也,不住。于是,车仗人马继续赶路。贯高等人精心安排的谋杀破产,刘邦拣得一条性命。汉九年,贯高的仇家知其谋,揭发检举,刘邦立即下令严查逮治。参与其谋者纷纷自杀,贯高道:你们一死百了,谁为我王洗雪清白?于是,赵王张敖与其相贯高等人全被解往京城。刘邦认为弑君之谋张敖一定是主谋,对贯高等人严刑拷打,但贯高等人尽管体无完肤,死去活来,一口咬定张敖并不知情,乃他们私下所为。但刘邦并不相信,吕后道:赵王是咱们的姑爷,从公主那方面说,赵王也不能做这种事啊!刘邦怒骂道:如果张敖杀了我,夺了天下,难道会少女人吗?在他的眼里,他的女儿不过是一个女人,与皇权社稷相比,实在微不足道,夹在父婿之间你死我活斗争中的鲁元公主,只能无奈地接受命运的安排。后来,由于贯高宁死不屈地坚持,刘邦也通过人打探出贯高所言不虚,张敖才侥幸脱罪。张敖被赦后,丢了诸侯封地,因鲁元公主的缘故,被封为宣平侯。

且说张敖呈献给刘邦的美人因与刘邦一夜情怀了身孕,张敖那时还是赵王,闻听后,不敢再把美人重新收回宫中享用,只好另盖了一处宫院把美人养了起来。等到贯高等人谋反案发,张敖母亲、兄弟、姬妾等人都被关了起来,等待杀头。美人被拘后,对看守的官吏说:以前曾被皇帝所幸,腹中怀有皇子。官吏上报,刘邦正怒不可遏,没理这个茬儿。美人的兄弟通过关系找到在吕后身边得宠的辟阳侯审食其,请他向吕后求情。吕后妒恨,当然不肯替美人说话,审食其也没再坚持。此时,美人已生下腹中的孩子,听说被赦无望,愤而自杀。赵王张敖被赦后,才有人将美人所生之子交给刘邦。刘邦懊悔,但美人已死,只好把她葬在了家乡真定,把孩子交给吕后抚养。因此子自小就在吕后身边,和吕后亲生子惠帝共处,所以,刘邦死后,刘姓诸王多遭吕后毒手,而此子幸免。这就是刘邦最小的儿子淮南王刘长。文帝即位,刘邦之子独文帝刘恒与淮南王刘长在世。刘长身材壮大,勇力过人,文帝对这个小兄弟很是娇惯,刘长多行不法,直呼皇帝为大哥。刘长恨辟阳侯审食其没有说动吕后,尽到保护自己母亲的责任,致使母亲自杀身死,进京后袖藏利刃,召审食其而杀之。尽管私杀王侯,文帝还是赦免了他。后来,刘长谋反,文帝不得已将其流放蜀地。押解途中,刘长绝食身死。这件事当然无关鲁元公主,但帝为父,王为夫,他们在女人问题上是超越人伦的,女人只是他们泄欲的工具,岳丈和女婿可以共用一个女人,且可以作为礼物进呈。处在帝与王之间的公主情何以堪?

血缘、辈分、人伦等常人看重的东西,在皇室眼里都是无关紧要的,一切都要服从权力斗争的需要。刘邦死后,太子刘盈即位,齐王刘肥来朝。刘肥是刘邦与外妇曹氏所生,在诸子中年最长。皇帝刘盈很尊重这位同父异母的长兄,游猎朝宴中尽叙亲情。吕后妒恨,决意除之,留置刘肥,不使返国。刘肥不得脱,手下献计，为讨好吕后，割城阳郡给鲁元公主，且尊鲁元公主为齐国太后，以母礼事之。鲁元公主乃刘肥小妹妹，竟一下子成为这位长兄的太后，一切恭敬孝顺的礼仪皆等同他的母亲。吕后这才开了心，放刘肥一条生路。这且不说，刘盈初为帝，没有皇后，吕后为了巩固权力，竟强行将张敖与鲁元公主所生的女儿给刘盈为后。从辈分上论，鲁元公主与刘盈是姐弟，把姐姐生的女儿给弟弟做妻子，把亲外甥女嫁给亲舅舅，悖乱人伦之甚也！但世代相传的皇权高于一切，吕后为了不旁分权力，竟强行乱伦之配，千方百计让舅舅与外甥女生下皇位的继承人，虽然落得竹篮打水一场空，但身处其中的鲁元公主又情何以堪？

鲁元公主，这个身份高贵而又极其卑微的女人，如同历史上一个模糊的影子，我们无法看清她的表情，更无法窥测她的内心。她的婚姻、孩子以及自身的一切都服从皇权斗争的需要而任凭摆布。刘邦死后，吕后当权的第一年，鲁元公主即死去了。她的丈夫张敖比她多活了六年，而她那残暴专断的母亲比她多活了八年，成为大汉帝国的实际主人。公主或许享受了极其尊贵的葬礼，但在地下黑暗而冰冷的梓宫里，她是如何看待人间种种荒唐而丑陋的恶行呢？这只好去问那游荡千年的鬼魂了！

馆陶公主，汉文帝刘恒的女儿。文帝时，大汉王朝已经稳定，礼仪秩序逐渐完备，公主可享受奢华而尊贵的生活。在这种环境中，权贵们人性的欲望突破制度的藩篱，超越道德的底线，渐呈侈靡放荡之势。公主名嫖，堂邑侯陈午尚之，生女。《汉武故事》载，汉武帝刘彻幼时，其姑馆陶公主将其抱于膝上，问："儿欲得妇不？"刘彻答："欲得妇。"公主指左右侍女百余人，刘彻皆摇头不要。最后指其女问曰："阿娇好不？"于是乃笑对曰："好！若得阿娇作妇，当作金屋贮之也。"这是"金屋藏娇"成语的由来，故事颇有人伦亲情的味道。《汉武故事》多小说怪诞之语，正史不载，其事可姑妄听之。馆陶公主原来想将女儿许给栗太子为妇，但遭其母栗姬的拒绝。当时，馆陶公主和景帝的姬妾们走得很近，作为景帝同辈的姐妹，她也能在景帝面前说上话，很多姬妾因公主进言而得宠。但是，栗姬不买她的帐。这个女人因其性格执拗，落得非常可悲的下场。景帝曾对她托以诸姬之子，说：当我百年之后，你要善待他们。栗姬不应，且出言不逊，景帝当时隐忍未发作，但已心中衔恨。馆陶公主又常常在景帝面前说她的坏话。最后景帝废了栗太子。栗姬怨愤不已，但皇帝已不肯见她，最后忧愤而死。遭到栗姬拒绝后，馆陶公主又为女求婚于王夫人之子，王夫人自然应允。栗太子废后，景帝立王夫人为后，胶东王刘彻为太子。刘彻登基之后，馆陶公主的女儿就成了汉武帝刘彻的第一位皇后。陈皇后是刘彻姑表妹，起码辈分不差，不像吕后那样胡来。如果刘彻当年真有金屋藏娇之诺，这桩婚姻应该是十分完满的。但陈皇后自小锦衣玉食，擅宠娇贵，年轻的皇帝对异性的渴望又毫无节制，自从汉武帝刘彻在姐姐平阳公主府上得幸卫子夫后，陈皇后几次寻死觅活，与刘彻的关系日益恶化。后来，陈皇后又与贴身侍女楚服搞妇人媚道，以巫蛊诅咒卫子夫等。事发，株连者三百余人，楚服被枭首于市，陈皇后废居长门宫。陈皇后被废黜后，其父堂邑侯陈午忧郁而死，而她的母亲馆陶公主虽年已五十余，浪漫而放荡的生活却刚刚开始。

且说早年有一个名叫董偃的美少年，年十二三，和他的母亲以卖珍珠钗环为生。公主闻其美，召入宫中，一见果然面目姣好，公主便说：我替你母亲养你。即将这少年养在宫中，教给他读书、骑马、御射等贵族必备的本领。到了十八岁，这董偃便与公主同行同止，形影不离了，"出则执辔，入则侍内"，成了公主的面首和情人。董偃性格温柔，因公主的缘故，京城中名公贵人都愿意结交他，称其为"董君"。公主也愿意董偃"散财结士"，告诉府中主管府库的人说："董君所发，一日金满百斤，钱满百万，帛满千匹，乃白之。"一日之费，倘不超如此之巨，连招呼都不必打，其豪奢实令人咋舌耳！尽管生活在天堂之上，但地狱的阴风却不时从耳边掠过。董偃有个朋友，名叫袁叔，是大臣袁盎的侄子，有一次对董偃说："足下私侍汉主，挟不测之罪，将欲安处乎？"私下和公主偷情，罪不容诛，还想平安自在活下去吗？董偃回答：我为此事忧之久矣，却不知怎么办。袁叔给董偃出了个主意，说皇帝常去的顾城庙一带长满了楸树和竹子，又属籍田，也没有宿宫，而公主的长门园在长安城东南，属近郊，可以为宫馆，如果你让公主把长门园献给皇帝，皇帝一定高兴。如果皇帝知道这是你的主意，也就不会治你的罪了。一句话，就是让公主给皇帝行贿，讨皇帝的欢心。董偃立刻说与公主，公主自然无不应允。汉武帝接受了姑姑的园林，很高兴，命名馆陶公主的园林为长门宫。讨得了皇帝的欢喜，公主叫董偃给袁叔百斤黄金以为回报。袁叔又给董偃见皇帝出主意，由公主称病不朝，汉武帝亲临探病，问公主有何要求，公主言辞甚卑，口称臣妾，希望皇帝日理万机之余，能够枉顾她的山林(府在山林中，故谦称)，让她亲自为皇帝"献觞上寿,娱乐左右,如是而死,何恨之有"。皇帝回答说:此事何足为忧?公主安心养病,只怕我的从官太多,使公主破费。几天后,公主病愈,皇帝赐钱千万,为公主贺喜。这之后没几天,皇帝就亲临了馆陶公主的府第。公主身着贱者之衣,迎接皇帝,坐定后,皇帝说:"愿见主人翁。"皇帝的意思是要见董偃,但董偃无名无份,乃是公主养的小白脸,无法称呼,故云"主人翁"。公主下殿,脱去簪珥,赤脚顿首,对皇帝说:"妾无状,负陛下,身当伏诛。陛下不致之法,顿首死罪。"这老女人毕竟是有心机的人,先向皇帝请罪,说自己私养面首,本来应依法杀头,皇帝不治罪,自当叩头谢恩。皇帝诏谢,馆陶公主这才戴上了簪环,穿上了鞋,草草打扮了一番,从东厢引出了董偃。只见董偃围着绿方巾,穿着紧袖短衣,一副贱役打扮。公主引见道:"馆陶公主庖厨之臣董偃昧死再拜谒!"明明在床上干活,偏要说他在厨房服役,如此遮口,大家面子好看。董偃在皇帝面前连连磕头,皇帝让他平身,并赐衣冠。公主亲自奉觞,为皇帝祝寿。董偃也入席陪饮,尽欢而罢。此后,依公主之请,皇帝按照将军、列侯、从官的标准多次赏赐董偃金钱缯帛。从此董偃虽无名分,但贵宠无比,达官贵人无不巴结,一些狗马之辈日聚其门。董偃还曾陪皇帝游戏北宫,驰逐平乐,深博皇帝欢喜。有一次皇帝置酒宣室,赐饮公主,派人召董偃赴宴。

当时,东方朔为汉武帝执戟之臣,陪侍左右。闻董偃将入宣室赴宴。放下手中的戟,进前对皇帝高声说:"董偃有斩罪三,安可入乎?"皇帝问:"什么意思?"东方朔道:"董偃以人臣私侍公主,其罪一也;败男女之化,而乱婚姻之礼,伤王制,其罪二也。陛下富于春秋,方积思于六经,留神于王事,驰骛于唐虞,折节于三代,偃不遵经劝学,反以靡丽为右,奢侈为务,尽狗马之乐,极耳目之娱,行邪枉之道,径淫辟之路,是乃国家之大贼,人主之大蜮。偃为淫首,其罪三也。"皇帝听了,半晌无言,说:我已安排了酒宴,下不为例吧!东方朔非仅直言敢谏,他满腹经纶,有文采,有见地;且坚持到底,决不回头。他说:"不可!宣室乃先帝之正处也,非法度之政不得入焉。故淫乱之渐,其变为篡。"接着,他列举史上佞臣乱政祸国,终使社稷败亡的先例,义正词严,不容辩驳。此时汉武帝尚年轻,有励精图治之志,对臣下之言还能听得进,于是说:好!立即下诏,宣室之宴停止,重新在北宫设宴,并不许董偃从正门入,只能走偏门即东司马门。董偃走了一回,皇帝下令此门更名东交门。自此,董偃之宠日衰,侍侯个老女人,身心劳瘁,刚到三十岁,就一命呜呼。又过了几年,馆陶公主也死了。她没有和其夫堂邑侯陈午合葬,却和董偃合葬于霸陵。她希望到另一个世界再和董偃厮守淫乐,所以直追到阴司去了。董偃生前迫于公主之权势淫威,或许出于无奈,到了阴间,是否还愿意见这个发苍苍、视茫茫、落齿塌腮、鸡皮生生的老妪,那就难说了!除非她还是日掷千金、声威煊赫的大汉公主。不过,馆陶公主却给后来的公主开了个先例,"是后,公主贵人多逾礼制,自董偃始"。只要制度恒久不变,公主娇贵贪淫,董偃之辈将层出不穷。

　　盖主,鄂邑盖公主的简称。鄂邑,公主之封地,公主下嫁盖侯,因称焉。她是汉武帝的女儿,武帝薨,昭帝刘弗陵即位,幼帝年仅九岁,为照料皇帝,盖主得以入居宫中。和她的姑奶奶馆陶公主一样,她也养了一个情人,同样因没有名分,人称丁外人。汉武临终,遗诏辅佐幼帝的有大将军霍光、左将军上官桀等,政争在霍氏、上官氏两大家族中展开。本来,两家乃儿女亲家,霍光之女嫁上官桀之子上官安,有女。为了巩固权力,上官桀欲将上官安之女给幼帝为后。霍光原来因其女尚幼,没有同意。后上官氏不断游说,其女渐长,霍光终于同意了,于是,皇帝终纳上官女为后。这桩政治联姻使两大家族均得到好处,上官桀成为皇后的祖父,霍光成为皇后的外祖父,而上官安则成为皇帝的岳丈,官升骠骑将军。皇帝尚幼时,朝中一切大事皆决于光,没有霍光的同意,政事不得施行。盖主想为她的情人丁外人求封侯,上官父子同意并为之说项,但在霍光这里却碰了钉子。上官父子觉得面子上过不去,而盖主更是对霍光怀恨在心。种种权力之争,终使上官父子成为霍光最凶恶的政敌,必欲置霍光于死地。这个阴谋集团能量甚大,不仅有权位仅次于霍光的上官父子(从上官皇后那边论,上官氏与皇帝更近),还有御史大夫桑弘羊。桑曾提出盐铁公营,解决汉武帝奢侈和四方征伐而造成的财政困境,自以为对国家有功,想为子弟求官,遭到霍光的拒绝,因此也成为阴谋集团的骨干。如果盖主和她的姑奶奶馆陶公主一样,只求满足情欲,过奢华的生活,或许她也会得以善终。但情欲使之疯狂,为了情人,她投入了凶险的政治旋涡中。盖主是一个被权势宠坏的女人,凌驾于国家法度之上,胡作非为,不计后果。据《汉书·胡建传》载:皇后父亲上官安与公主情人丁外人相善,丁骄恣不法,因被京兆尹樊福所查,心生怨恨,派刺客射杀樊福。雇凶杀人,且杀的是朝廷命官,朝廷当然要追查。刺客藏于盖主宅中,官吏不敢捕。时任渭城令的胡建奉命率领吏卒往盖主府上围捕，盖主与丁外人、上官安带领众多家丁打手，驱赶奔射前来围捕的官吏，官吏四散而走，凶手逍遥法外。这且不说，盖主又叫人告胡建侵夺公主，杀公主家奴，箭射公主府门之罪。赖大将军霍光回护，胡建暂没获罪。后来，霍光病休，上官桀代霍光理政，竟下令逮捕胡建，胡建愤而自杀。从这件事情可以看出这个阴谋集团邪恶的本质，正义、公平、法律乃至国家的利益全不放在他们的眼里，他们所求唯有弄权害人、侈糜享乐而已。盖主乃其中最寡廉鲜耻的首恶分子。所幸年幼的皇帝信任霍光，他们企图中伤诬陷而通过皇帝之手除掉霍光的阴谋没有得逞。

盖主除了骄奢不法、弄权享乐外，她还是一个头脑简单、昏昧的女人。阴谋集团有一个外援，即时刻觊觎皇权的燕王刘旦，由于他桀骜不逊，野心外露，汉武帝生前很讨厌他。上官父子设想先杀掉霍光，然后由燕王刘旦引兵入京，废昭帝而立刘旦为帝。但这只是欺哄刘旦的一个虚假许诺，父子二人的真实目的，是要趁乱杀掉少帝刘弗陵和燕王刘旦，立上官桀为帝。盖主是这个丧心病狂的阴谋执行者之一，由她出面，设宴招待皇亲贵戚，上官父子安排刀斧手隐于帷后，就席间诛杀大将军霍光。但这个计划尚未实行即被人告发。告发者乃是盖主舍人，或许他也能出入盖主的卧内，但地位不及丁外人，所以悉知其谋。大将军霍光果断粉碎了这个阴谋集团，上官父子、桑弘羊、盖主情人丁外人皆被灭族。除上官皇后因没参与阴谋，又是霍光的外孙女，没有株连外，燕王刘旦、盖主皆自杀。所谓祸福无门，唯人自招，在这场血腥的政治杀戮中，盖主扮演了极不光彩的角色，她的下场是咎由自取。

史上留名的汉代公主还有汉武帝的姐姐平阳公主，为了讨好做皇帝的弟弟，她千方百计用美女贿赂武帝。卫子夫原是平阳公主家歌队的主唱，在公主家得幸武帝，武帝临行，她送上卫子夫，临上车，她抚着卫子夫的背说：你就要走了，入宫后要吃好饭，养好身体，将来富贵了，不要忘了我！后卫子夫被封为皇后。平阳公主一直过着安逸奢华的生活，她的丈夫平阳侯曹寿死后，有人给她介绍卫青。卫青是卫子夫母亲的私生子，因皇后卫子夫而得宠，击匈奴有功，封长平侯，官拜大将军。公主笑道：哦，是他啊，他原本是我们家的人啊！卫青率军归来，平阳公主就成了卫青的夫人。

和盖主一样，阳石公主和诸邑公主也是汉武帝的女儿，但她们的下场更加悲惨。两个人还没有出嫁，就与人通奸，她们的秘密情人一个是丞相公孙贺的儿子公孙敬声，一个是已故大将军卫青的侄子卫伉。两位公主皆卷入巫蛊之案中，据称她们用巫蛊妖术诅咒她们的父亲。晚年的汉武帝性情暴戾，下令将两位公主和她们的情人全部杀掉了。

  由于高贵的皇族血统，公主是离皇权最近的人。这是她们的幸运，也是她们的噩梦。皇权是奇妙而凶险的东西，它可以让你一生荣华富贵，也可以瞬间将你吞噬。这个至高无上的东西有着嗜血的本性，它不讲人伦，没有亲情，无论是谁，都要向它顶礼膜拜，一不小心，离它最近的人就将死于非命。盘点汉代公主们的命运，使我们对专制皇权的本质有了更清醒的认识。

叛逆的王侯

王侯虽然通过分封和世袭获得了爵位和特权,但他们知道,比他们更高的权力最初是通过抢夺得来的。对他们来说,坐在皇权位置上的人并没有什么神秘。既然通向皇权之路是血和白骨铺就的,最终能否胜出,乃是实力的较量。那么,在他们认为或许可以挑战皇权的时候,他们愿意孤注一掷。他们离皇权最近,所以成了叛逆者。并非所有叛逆的王侯都是觊觎皇权的野心家。野心家的心灵粗糙而卑劣,无论他们在多高的位置上,都不值得尊重,因为他们如同一只攫食的野兽,权力是最终的猎物。抢到手的权力如同吞进口中的猎物,决不容许他人染指。一切野心家毫无例外都是为所欲为的独裁者,他们的叛逆是不义的,即使他们得胜,也绝非人类的福音。无论一头狮子还是一群鬣狗,他们对猎物的争夺只是一场血腥的厮杀,一幕引人入胜的好戏,不明智的人侧身其间,只会丢掉性命,没有任何好处。而那些被命运的罡风击打的脆弱的灵魂,那些身不由己跌入黑暗渊薮的人们,他们的挣扎和反叛,更能激起我们深切的同情。

淮南王刘长:中国的哈姆雷特

淮南王刘长的诞生是一个意外。他的母亲在一场与己无干的事件中丢掉了性命,这一直是他心中的隐痛。他看透了皇权的丑恶和人世的虚伪,养成了桀骜不驯和玩世不恭的性格。他对皇权的挑战乃是率性而为,甘愿以卵击石,最后在皇权秩序中成为失败者。他对自己的死亡并不在意（或许已经厌倦了尘世的一切），虽然他没有像丹麦王子哈姆雷特那样留下对世界深省的独白（因为中国并无莎士比亚），但他和哈姆雷特的心灵是相通的。这一切说来话长，且让我们从头道来。

汉高祖刘邦是西汉帝国的第一位帝王，他的皇位是抢夺到手的，本文所述及的所有王侯身上都流有他和他祖上的血液，不过随着族裔的繁衍和分蘖越来越淡而已。刘长是刘邦最小的儿子，是主根上长出的一个孽种。

那一年，刘邦已当了七年皇帝，但皇位并不稳固，很多和他一同打天下的弟兄们虽然被他封了王，有了自己的封邑和领地，内心并不服气，刘邦也对这些异姓王侯充满了疑忌。他们名义上是君臣，实质上是虎视眈眈的对手和冤家。刘邦认为只有采取逐个击破的办法，把这些异姓王侯一个一个消灭掉，封刘姓子弟为王侯，才能使家天下固若金汤。所以，他和臣子们有一个盟誓：非刘姓而王者，天下共击之。这年，他亲自带兵追逐韩王信，深入匈奴腹地，被匈奴数十万铁骑困在平城，七天七夜，内无粮草，外无救兵，陷入了绝境。后来用陈平之计，重金贿赂单于阏氏，匈奴大军这才放他一条生路，得以绝处逢生。平城突围之后，他经过赵国，赵国乃他属下的诸侯国也。赵国的王叫张敖，是他当年贫贱时的朋友张耳的儿子。张耳帮助刘邦打天下，立下大功，被封为赵王。张耳死，其子张敖继承王位，刘邦和吕后所生之女鲁元公主嫁给张敖，为赵国王后，所以赵王张敖又是刘邦的女婿。如今，皇帝和岳丈大人光临赵国，赵王张敖极其恭敬。他脱下王袍，穿上短衣，亲自给刘邦布菜斟酒，以尽臣子和翁婿之礼。但刘邦的心情糟透了，他刚刚死里逃生，大野风霜和鞍马劳顿令他身心俱疲，对接连反叛的异姓王侯充满怨恨，而眼前对他恭敬如奴婢的人恰恰就是一个异姓王，尽管此人是他的女婿，但他怎么看也不顺眼。刘邦箕踞高位，对张敖破口大骂。张敖低眉顺眼，脸上陪着笑，大气儿不敢哈。可是，张敖的几个近臣却看不下去了。赵人强悍，重感情、重然诺，宁可以死相拼，决不受横逆之辱。赵国相贯高、赵午等人，都是年过六十的老人了，当年就是张敖父亲张耳的门客，皆意气相激，见张敖受辱，心中不平，怒道："吾王孱王也！"遂对张敖曰：天下豪杰并起，能者先立，如今大王对高祖恭敬有加，高祖却对大王无礼辱骂，让我们为大王杀掉他！张敖闻言，咬破手指出血，痛言道：诸君何出此言？赖高祖之力，我才有今天的王位，子孙后代的恩惠皆高祖所赐,愿诸君再勿出此悖逆之言！贯高等人背后议道：看来这是我们的错了。我们大王是个讲德行的人,当然不肯做这种事。但我们义不受辱,事成,为大王洗刷耻辱；事败,我们自己承担！总之,贯高等人并没放弃谋杀刘邦的计划。

第二年(汉高祖八年),刘邦经东垣再过赵国。这一次,张敖并不是光上菜敬酒,而是把自己宠幸的一个美人献给刘邦陪寝。刘邦这次似乎心情很好,没有骂张敖。一夜风流后,刘邦翌日离开赵国都城前往柏人县。在那里,贯高等人布置了武士藏在为刘邦备宿宫邸的夹墙中,一旦刘邦入住,就结果他的性命。皇家仪仗人马至柏人县,刘邦问左右：此何地？对曰：柏人。刘邦道：柏人,迫于人也,不住！于是,人马继续赶路,刘邦拣得一条性命。汉高祖九年,贯高的仇人告发了贯高谋杀皇帝的阴谋,刘邦又惊又怒,贯高乃赵国之相,他既为主谋,赵王焉得不知？看来,只要是异姓王,哪怕是自己的女婿也是靠不住的！于是,他下令,将赵王张敖连同他的臣子姬妾一律逮捕,先提审贯高等人,待案件查清后再论罪惩处。

这次被拘捕的就有去年奉命为刘邦陪寝的赵美人。原来,赵美人自与刘邦一夜情后,怀了身孕。张敖见美人怀了皇帝丈人的孩子,再不敢将美人收入宫中,而是在宫外另盖了一处宅子供养起来。此次,受贯高案牵连,一并被官家抓进了牢里。

刘邦最为震怒也最想查清的是,赵王张敖对谋杀他的事情是否知情？或者他就是弑帝篡位的主谋？吕后认为从女儿鲁元公主的角度看,身为女婿的张敖不可能做出这种逆天悖理的事情。刘邦怒道：如果他杀了我,篡位当了皇帝,难道还会少女人吗？

赵美人被拘捕后,对官吏说,曾被皇帝所幸,身怀皇帝的孩子。官吏不敢怠慢,忙将此事上报。刘邦正在震怒中,没有理会这件事情。美人的弟弟赵兼通过关系找到吕后身边的辟阳侯审食其,指望他在吕后面前为美人说情。审食其跟吕后说了此事,吕后心肠歹毒,妒心极重,当然不肯对刘邦在外边搞的女人出手相助,审食其也不好再坚持。此时,赵美人已分娩产子,见皇家如此寡情,可怜一弱女子,被翁婿二人当成泄欲的工具,生而无望,死又何念？于是,断然自尽。

贯高被毒刑拷打,体无完肤,一口咬定,谋杀皇帝之事与张敖无关,完全是自己一人之主张。后来搞清了，张敖确实对此不知情，于是，刘邦这才下令，把张敖放了出来。刘邦佩服贯高是有血性的真汉子，欲赦而不杀。贯高曰，我之活着，就是为了要证明赵王的清白，如今赵王已被赦出，我死无憾矣。况且我曾谋杀皇帝，即使活着，又怎么在皇帝手下为臣呢！于是，自割喉管而死。

赵国之案已结，张敖虽不涉案，但刘邦不想再让他据地为王，看在自己女儿的面子上，封他为宣平侯。官吏这时才敢把美人所生之子呈给刘邦。知美人已自杀身死，刘邦有些后悔，于是下令由吕后抚养这个没娘的婴儿，命名刘长。

汉高祖十一年，淮南王英布反，刘邦废英布立刘长为淮南王。刘邦剿灭英布后，三岁的刘长正式成为据四郡之地的淮南王。因为刘长是在吕后的抚养下长大的，所以，刘邦死后，他的姬妾所生诸子皆遭迫害，多丧命吕后之手，而刘长却安然无恙。到吕氏被诛灭，汉文帝即位，刘长已成为力能扛鼎，徒手敢搏熊罴的壮汉。刘邦诸子多被吕后除掉，所余文帝刘恒外，即为淮南王刘长。文帝刘恒对这个异母兄弟多所回护，但刘长心灵深处的创痛却难以平复，对皇家的伦理秩序充满蔑视，我行我素，不奉法度，就连文帝的母亲薄太后和太子刘启对刘长也畏惧三分。刘长入京，与文帝同车行猎，直呼文帝为大哥，在臣子们看来，这是僭越君臣名分的行为，但刘长根本不在乎。刘长对母亲的死始终耿耿于怀，从根本上说，是死去的父亲刘邦杀死了母亲，抚养自己长大的吕后也是罪魁祸首。但二人已死，情分已绝，皇家伦理满是黑暗龌龊的东西，常人认为的背德之行，在帝王却视为理所当然。最后，他思来想去，把自己母亲之死归结到辟阳侯审食其的身上，虽然让审食其承担这个罪责有些勉强和冤枉，但是，森严的皇家法度和虚伪的伦理让人无处下手，从哪里撕裂它来纾解一下胸中积郁太久的愤懑和不平呢？他下令召辟阳侯审食其来见，审食其来了，他从袖中取出预备下的锋利的铁椎，猛然刺向那个尊贵的朝臣。审食其应声倒地，他命令随从结果了他的性命。然后，刘长脱下王侯的衣服，驰马至皇宫前，裸袒上身，俯伏丹墀，向皇帝请罪道：臣母不当坐赵国事，当时，辟阳侯能够在吕后面前力争，但他不争，使臣母死于非命，罪一也；赵王如意母子无罪，吕后杀之，辟阳侯不争，罪二也；吕后拜诸吕为王，以危刘氏，辟阳侯不争，罪三也。如今我为天下除贼臣辟阳侯，为母亲报仇，特向皇帝请罪！辟阳侯审食其一直在宫中为吕后办事，并深得吕后信重，但身为臣子，他也不当为刘邦和吕后的事情担责；况且，审食其为朝廷大臣，即便有罪，也应经有司审理后由皇帝下令惩处，擅杀大臣，乃法不容赦之死罪。但文帝看在兄弟的份上，还是赦免了他。

刘长虽没获罪，回到封地后，心情却愈加绝望和痛苦。他从母亲的悲剧和自己来到这个世界的过程中，感受到人世的卑污和皇权的黑暗，所以，他从心底里鄙视这一切，甚至鄙视高贵的王位和自己的生命。他先是向皇帝请求辞去淮南王的爵位，甘为一介布衣之民。身为王侯，放弃先帝的恩典和自己的臣民封地，这种匪夷所思之举，受到了皇帝的敦劝和告诫。接着，他又上书，要求去母亲的家乡真定为母亲守墓，再次受到皇帝的申斥和责备。在皇帝的舅舅薄昭受命给刘长的信中，对刘长申斥道："且夫贪让国土之名，轻废先帝之业，不可以言孝，父为之基，而不能守，不贤。不求守长陵，而求之真定，先母后父，不谊。……贵布衣一剑之任，贱王侯之位，不智。"其实刘长早把尊贵的王侯之位视若粪土，所谓先母后父，那是因为尽管他的父亲贵为帝王，在他眼里，不过是一个视万民如臣妾、奸淫杀剐随意的暴君和杀害母亲的凶手，在对生母的追念中，只能激起他的怨恨和轻蔑。所以，接到这封信，他极为反感。既然不能辞去王位，以布衣之身为母亲去守墓，刘长索性玩世不恭，有意挑战皇权秩序。他废除汉家法律，自己制定规则，一切出入仪仗等，全仿照天子的派头，如果这些僭越之行还不能使天子发怒，他就索性玩起了造反的把戏。他派出了七十人和四十辆马车，以人拉车，载着兵器，跑到长安城北一个叫谷口的地方声言造反，这种行为，无异于儿戏。数十万装备精良的军队未必可以推翻中央王朝，七十个乌合之众和四十辆人拉的马车就能造反吗？可见刘长并不是当真的，他要用一个荒唐的把戏表达他对皇权的蔑视和亵渎。发生这件事后，皇帝下诏命他进京，等待处理。刘长既没畏怯，又没犹豫，自己跑到京城去了。

中央王朝的大臣们认为刘长的行为是不可原谅的，为了维护皇权的尊严，提议将刘长处死。皇帝知道刘长并非真的造反篡位，要求大臣再议，一些大臣还是坚持要处死刘长。最后，皇帝决定把他流放到边远的蜀地以示惩戒。刘长坐进了押解他的槛车，还对身边的侍从若无其事地开玩笑，说：谁说我勇敢无畏？我这不也犯法了吗？此时的刘长，已厌倦人世，决定赴死，以求解脱。在押解西行的路上，他在槛车内绝食而死。

刘长死后，民间作歌曰："一尺布，尚可缝，一斗米，尚可舂，兄弟二人不相容！"指斥文帝杀弟，对刘长之死给予了极大的同情。其实刘长反叛的姿态不过是内心痛苦和绝望的表现，他是无意于取代帝王之位的。"丹麦王国是一座监狱和肮脏的猪栏。"他对哈姆雷特王子的话一定会产生灵魂的共鸣，"生存还是死灭"，刘长同样经历了这种艰难的抉择。最后，他毅然走向了不归路。

在历史上，刘长是唯一视王位如粪土，提出辞爵为民的王侯；是唯一把造反当儿戏，以此嘲弄和亵渎皇权的王侯；是对皇权秩序和伦理极度鄙视，内心积郁着不可纾解的痛苦和愤懑、毅然以死亡寻求解脱的王侯。这是一个高贵而痛苦的灵魂，中国的哈姆雷特。

淮南王刘安：行走在悬崖边上

刘长死后，后来继承淮南王位的，是他的长子刘安。

刘安是个文化人，如果活在今天，他会成为艺术家和出版家。但他活在二千多年前帝王专制时代，又身为王侯，加之一般文人所有的犹疑少断，有心无胆，不善治事的弱点，注定将进退失据，灭国亡身。

刘安才艺颇多，好读书，善鼓琴，文思敏捷，辞采华丽，乐于和文人打交道，加上他王侯的身份，有财富，有声名，有在王国之内号令四方的权力，所以身边聚集了数千文人术士。他组织这些人著书立说，据说著成者有内书二十一篇，外书三十三篇，还有八卷"中篇"，言神仙黄白之术的还有二十多万言，文字量甚为可观。《汉书·艺文志》将刘安等人的著述列为杂家，谓之"兼儒、墨，合名、法"，可见其包罗万象，无所不言。当时汉武帝也好艺文，而刘安从辈分上论是汉武帝刘彻的叔父，加之召见时应对文雅，所以甚见尊重。朝廷对淮南王下达文书，总是让大文人司马相如起草或阅过后再下发。每次朝见，和武帝论为政得失及阴阳方技之术，常至黄昏入夜方罢。

既然甚得皇帝尊崇，刘安本该安于本分，常守富贵，优游于书籍音乐之间，以著述论道为乐，做一个自在王侯才是。可是刘安有文人要命的积习，即内心不安分，而政治上又极为糊涂。他对自己究竟要什么，能得到什么，自己有多少政治本钱完全心中无数。他是跟着感觉走的人，在凶险的皇朝政治中，他走在悬崖边上而不自知，最后只有失足跌落，断送自己。

早在景帝时代，吴王刘濞作乱，派使节至淮南串通，他就要起兵应吴。淮南相说：如果大王必欲应吴作乱，我愿为将。于是，刘安把军权交给了淮南相。其相统兵后，坚守城池，不听刘安反叛之令而忠于中央王朝。恰好汉兵来救淮南，吴楚之乱得平，淮南得以保全。这件事情被悄悄压下来，算刘安的侥幸，否则，朝廷治其反叛之罪，即使不掉脑袋，淮南王也做不成的。整个事件足见刘安毫无政治远见，同时也没有应对事变的能力。但就是这样一个人，却向往皇权，甘愿受人的蛊惑。刘安入京朝见，武安侯田蚡忽悠他说：如今皇上无太子，大王乃高帝亲孙，天下莫不知大王仁义之行，宫车一日晏驾，不是大王还有谁能立为帝？刘安闻言大喜，把很多金银财宝送给田蚡。从此，刘安被煽惑起的政治野心日益炽烈，他本来就相信星象方术，这年，天空出现了彗星，身边的术士对他说：当年吴国兴兵作乱，彗星也出现过，那时，彗星长不过数尺，尚天下扰攘，流血千里，如今彗星纵横天际，天下兵当大起。刘安认为武帝时无太子，一旦天下有变，诸侯相争，自己应有逐鹿天下的准备，于是，多造兵器攻战之具，用金钱贿赂诸侯，一些方士造作谣言阿谀逢迎他，他便厚赏他们。

以上行为，只能算刘安对皇权的意淫。凭淮南诸侯小国，即便倾举国之力，和强大的中央政权对抗，也如狮兔之搏。当年吴王刘濞作乱时，数十年铸钱煮盐，国家殷富，不仅有强大的财力支撑，而且联合六个诸侯国共同举事，可是在中央帝国强大的军事打击下，数月间土崩瓦解。刘安之力，不及吴王之万一，却偏要做帝王梦，简直是昏了头！

他所搞的，都是一些无足轻重的小把戏。他有一个爱女名刘陵，聪慧而又伶牙俐齿，他派她去京城长安当间谍，探听朝廷的消息。指望她靠女色和口才结交皇帝周围的人。原来，武帝母亲王太后先曾嫁金氏，生一女，养在民间。武帝即位，把这个异姓姐姐接到宫中，许以荣华富贵，封为修成君。淮南王太子刘迁之妃即是修成君之女，和皇家关系密切。刘安父子有谋反之谋，怕太子妃知道后向朝廷告密，父子俩商量后，刘安即让太子冷遇其妃，三月不与其同寝。刘安又假意痛责太子，将太子与妃关在一间屋子里，而刘迁还是不理其妃。其妃无奈，请求离异，刘安出面假意上书谢罪，赶走了太子妃。刘安父子搞的这些阴损的小伎俩，无非是觊觎帝王之位，但皆属邪僻小道，于事无补。刘安所宠爱的王后、太子刘迁及女儿刘陵在淮南国内侵夺百姓田宅,随便抓人囚禁,横行无忌。刘安不能正其家,焉能治其国?仅此一端,也足见刘安本非王霸之才。他最后的败亡,恰恰因其齐家无术。

　　太子刘迁爱击剑,自以为无人能敌,听说郎中雷被剑术高超,欲与雷被比剑,雷被谦让不肯,太子逼迫之。惶遽中误中太子,太子怒,雷被惶恐。此时武帝正全国征兵,欲与匈奴开战,诏命武艺高强自愿入伍者去长安。雷被怕太子迫害,自愿请求前往边关奋击匈奴。太子在刘安面前谗毁雷被,言其对太子不敬,刘安命郎中令斥免雷被,不许其入伍,以为其后不敬王侯者戒。雷被惧刘安父子进一步陷害,不久,逃到了长安,上书申述。武帝命廷尉与河南令逮治淮南王太子刘迁。刘安与王后计议,欲保护太子,起兵反叛。刘安或许知道起兵毫无胜算,他又是个没有主意的人,于是犹豫了十余日。后来,武帝下诏,不必将太子抓到京城,可于淮南就地讯问。淮南国相是朝廷派出的官员,因为寿春的地方官受刘安之令藏匿太子,淮南相上书告发。刘安请求淮南相不要上书,淮南相不听,刘安慌乱,也上书告发淮南相。廷尉讯问后,很多不法之事涉及淮南王刘安,刘安派人去京城探询朝廷的动向,百官请求逮治刘安。刘安害怕了,第二次准备起兵。太子刘迁道:如果朝廷派人来逮捕大王,大王可于身边安排卫士,如果朝廷官员敢对大王下手,即令卫士杀之,我派人把朝廷派来统兵的淮南尉杀掉,那时再起兵不迟。父子二人计议停当,等待时机。当时武帝以为淮南王刘安只是不许雷被入伍、对诏书执行不力的小问题,因此没放在心上,加上从前对这位叔父颇有几分敬重,于是,没有派公卿大臣来处理,只派出一名朝廷中尉来讯问刘安。这位朝廷官员见了刘安后,和颜悦色,只是问了一下雷被事的前后经过。刘安觉得事情不大,放弃了即刻起兵的打算。中尉回京,汇报了案情,大臣们认为刘安擅自阻拦雷被入伍击匈奴,蔑视违抗天子诏命,应杀头弃市。武帝认为不当,大臣们又要求废黜其王位,武帝又不许。最后决定削除五县封地,实际执行削除二县即可,由前来处理的中尉再赴淮南,宣读皇帝赦令,执行削两县之地。开头,刘安听说朝廷公卿要求诛杀他,不知道仅仅是削地的处罚,又和太子商议,仍行前计,杀朝廷使臣而起兵。汉中尉到淮南,言皇帝开恩赦免,向刘安祝贺,并无杀头之祸。刘安放了心,又暂时放弃了起兵的打算。但刘安因有不安分的野心,对此次赦免脱祸并无半分感激悔过之心,反倒牢骚满腹,说:吾因行仁义而被朝廷削地,此乃寡人的奇耻大辱!自此,筹谋反叛愈甚。有人从长安来,妄言皇帝没儿子,他就开心得不得了;如果说皇帝有儿子,百官尽职,天下大治,他就恼怒生气,认为是胡说。刘安已经患了帝位妄想症,病到闭目塞听、胡思乱想的地步。他天天和几个人面对地图,指手画脚,商量从哪里进兵,在哪里决战,又从哪里进入长安……可他究竟有多少兵马?又有多少同盟军的帮助?谁会拥戴他入主皇宫?以区区淮南一隅之地,如何抵挡朝廷百万大军?他一无所知,也不愿去想,自闭症和妄想症折磨得他一刻不得安宁。

刘安和一个妃子生了个儿子叫刘不害,在诸子中年最长,但因刘安宠爱王后,王后嫉妒刘不害,在刘安面前不断地谗毁他,于是,刘安看不上刘不害,太子也不把刘不害当成哥哥。诸侯王子弟皆分封为侯,刘不害独不得封。刘不害有个儿子叫刘建,对父亲的遭遇深感不平,有心除掉太子刘迁,以其父代之。太子知其谋,每次抓住都把他痛打一顿。刘建知太子欲杀朝廷官员谋反事,求一朋友上书朝廷,请朝廷讯问刘建,因其知淮南王父子阴谋,事既上达朝廷,皇帝不能不重视,要求严肃调查。刘安尚无任何实际行动,已祸起萧墙之内,可他还蒙在鼓里。当年被前代淮南王刘长诛杀的辟阳侯审食其的孙子审卿已经长大,在朝廷任职,他和时任丞相公孙弘关系很好,为了替爷爷报仇,他搜集了很多淮南王刘安的材料,不断地向公孙弘进言。公孙弘开始怀疑淮南王有叛逆之行,于是下令严查。结果,刘建的揭发都指向了刘安、刘迁父子及其党羽谋逆之事。事情到了这一步,刘安已钻进了死局。

出了刘建这样的事,刘安知已无退路,遂做困兽之斗。他除了安排起兵之事,还刻好了皇帝之玺、大小百官之印,制作使节法冠,准备登基之用。刘安的造反方案是:一是佯装押解罪人西去长安,行刺大将军卫青,然后把丞相公孙弘抓在手里,将谋反之事告白天下,百官风附影从,刘安即位称帝。可是,要征发淮南国内之兵造反,朝廷派来的淮南相和诸二千石官员不从怎么办?其计策是,在王宫中放一把火,等到淮南相和朝廷派下的官员来救火时,趁乱将他们杀掉。还要找一个发兵的借口,让人穿上捕快的衣服,持朝廷羽檄,飞马入城,高喊:不好了!南越兵杀过来了!然后,趁机调动军队,兴兵作乱,直捣长安。这些方案是否荒唐暂不论,百无一用的刘安只是如梦呓般在那里说来说去,进行精神上的演练和狂欢,却没有一样能付诸行动。

此时，有司已将刘建揭发的供词上报皇帝，武帝立命人逮捕淮南太子刘迁。于是，刘安父子谋，召淮南相与朝廷派来的二千石官员入王宫议事，乘机杀掉他们起兵。淮南相应召而来，内史以外出为借口，未到。掌握军事的中尉回应说：已接到朝廷诏命，不准前往见王。父子见只来一个淮南相，杀这样一个文官无益于事，就放走了淮南相。父子二人计无所出，太子刘迁说：当年参与策划谋杀朝廷官员的人都死掉了，没有活口留下来，而且，王国之内能够帮助大王的可用之人都被朝廷逮系，事已至此，让我去投案算了。刘安本就没有主意，如今更是六神无主，此时，方知从前的一切皆是一场荒唐梦。太子自杀未死，只是受了伤。参与谋划的近臣向朝廷自首。有司将太子、王后拘捕，并发兵将王宫团团围住，所有参与策划的人尽捉拿归案，并搜集到了全部谋反罪证。大臣们向皇帝呈报，武帝命主管诸侯的朝廷大吏持朝廷符节治刘安之罪。刘安知命无可恕，遂自杀身死。

刘安谋反，未发一兵一卒，连一件实质性的军事动作都没有，只是计划来、计划去，画饼充饥，做着荒唐的白日梦。如一只馋嘴的猴子，见对面山头树上挂满了诱人的桃子，中间却隔着万丈悬崖，它在悬崖边上抓耳挠腮、跳踉叫嚣、张望试探，却无计越过悬崖，终于跌落深渊，呜呼哀哉！

衡山王刘赐：窝里斗家国俱灭

衡山王刘赐是刘安的弟弟，二人封地相临，皆贵为王侯，却因来往礼节上的事情生出嫌隙，自此愈益生分，不通音讯。

刘赐既无大志，亦无才能，不像他哥哥刘安还敢胡思乱想，做帝王梦过把瘾，他只求做一方诸侯，安享王侯之尊，荣华富贵，传之子孙，如此于愿已足。他所以卷入谋反大逆，是因祸起闺门深帷之内。

刘赐的王后名乘舒，为其生长子刘爽、女儿无采、少子刘孝三人。还有两个心爱的妃子，一名徐来，生子女四人；一名厥姬，生子二人。其中长子刘爽立为王太子。

王后乘舒病死，徐来为后，厥姬亦有宠，争斗先在两个女人间展开。厥姬对太子刘爽说：知道你母亲先王后是怎么死的吗？那是因徐来要争当王后，用巫蛊妖术害死的。太子自此衔恨徐来。徐来的哥哥来到衡山，太子设宴招待，即于席间挥剑砍伤了他。徐来自此与太子结怨，不断给刘赐吹枕头风，说太子的坏话。太子妹妹无采出嫁后，被休回家，与衡山王一个宾客通奸，为此，太子多次斥责无采。无采怀恨太子，不与来往。徐来见兄妹生隙，便善待无采与太子弟刘孝，刘孝有心与其兄争太子之位，两人便与徐来结成了统一战线，共同对付太子。所谓三人成虎，这三个人不断在刘赐面前给太子刘爽进谗言，不由刘赐不信，太子多次遭到其父的囚禁和毒打。一次，王后徐来的继母被人袭击所伤，衡山王刘赐认为是太子买凶所为，鞭笞太子。不久，刘赐病，太子自言也病，不前来侍候。刘孝、无采就在父王面前谗毁其兄，说，刘爽哪里有什么病，听说父王病了，他面有喜色，恨不能早日取而代之。刘赐大怒，欲废太子刘爽而立刘孝。

王后徐来知刘赐有废太子立刘孝之意，想让爽、孝皆败，而立自己的亲生儿子刘广。她身边有一个侍女，美色善舞，被刘赐所爱幸，便设计让刘孝与之淫乱，用美人计打倒刘孝。刘孝虽入彀中，徐来尚未及安排适当的时机让刘赐撞破，此时，太子刘爽却向她示爱求欢，闹出了宫闱丑闻。太子认为徐来在父王面前谗毁自己没完没了，便想勾搭徐来，用情欲堵住她谗毁之口。这天，正巧王后徐来召太子刘爽宴饮，刘爽见室内无人，以敬酒为由近前，从后面抱住徐来欲求枕席之欢。徐来毫无思想准备，又惊又恼，便向刘赐告发了太子的不伦之行。刘赐召太子，欲缚而笞之，太子知父王刘赐有废己立孝之意，索性把无采与宾客、刘孝与王后身边侍女的奸情全抖落出来，道：见不得人的事何止这些，我要上书朝廷，要完蛋大家一起完蛋！说罢，向外即走，刘赐忙让人拦阻太子，太子怒，无人能禁。刘赐亲自带人抓回了太子，太子兀自口出恶言，刘赐命给太子戴上械具，锁闭宫中。

这之前，衡山国内有一人自称有方术，要上书求事天子。衡山王刘赐认为其人藐视他，即罗织罪名，将此人定为死罪。朝廷负责查办案子的官员认为此案不实，欲平反之，刘赐即告官员，官员反诉刘赐在衡山国内强夺民田，又毁人坟冢以为田等种种败行劣迹。有司请逮治刘赐，武帝不许，为了监督刘赐，使其奉法安民，下令衡山国内二百石官员皆由朝廷委派。刘赐由此怨恨朝廷，纠集一伙所谓能望星气懂兵法的不逞之徒日夜议论谋反之事。如今，刘赐既已囚系太子，对少子刘孝便格外信重,让他佩带衡山王的印绶,号为将军,令居宫外之舍,多给其金钱,便于招降纳叛。投奔前来的杂七杂八的门客们知衡山王与淮南王有谋反之计,便作慷慨激昂状,极力怂恿鼓动,以求封赏。刘赐受此蛊惑,昏头昏脑,令刻天子玺、将相印,日夜搜罗好勇斗狠的狂徒,并多造兵车箭矢,以应军需。刘赐也与兄长刘安重归于好,二人约结反谋,刘赐不敢望做天子,只望造反时,扩大地盘,做江淮之地的大诸侯。这年秋天,依例各诸侯王应入京朝见天子,刘赐上书称病,武帝准了他的假,允其在国内休养,免于入京。刘赐便上书,请废刘爽而立刘孝为王太子。刘爽知道后,便令朋友白嬴潜入京城,上书告发衡山王刘赐与子刘孝图谋不轨的阴谋。白嬴到长安,未及上书,淮南王刘安谋反事发,有司捕拿奸党,白嬴先被搂了进去。衡山王刘赐闻听后非常害怕,担心审问白嬴时,把他谋反的阴谋抖搂出来,他立刻上书,告太子刘爽违逆不道,事下沛郡地方官审理。这年冬天,有司抓捕淮南王谋反涉案者,在刘孝家中逮捕一名叫陈喜的重犯。官吏上告,认为刘孝乃藏匿罪人的首犯。刘孝大恐,这之前,陈喜曾与刘赐、刘孝父子商议谋反的事情,怕陈喜全部招供,又担心太子刘爽使白嬴上书揭发了全部隐情,于是先行自首,指望靠揭发检举而脱死罪。至此,由后妃之妒而起,刘赐父子间分崩离析、反目成仇连及的宫闱秽事等一系列闹剧终于到了高潮。高潮来临,大幕也即将落下。当事者招供,衡山王也承认了谋反之事,武帝命官员治刘赐之罪,兵围王宫,刘赐自杀。刘孝有告发自首之功,本应赦免死罪,但有与王御婢通奸等不伦之事,王后徐来用巫蛊谋害乘舒,太子刘爽告父王不孝,三人皆依律处死。

吴王刘濞:七国之乱的盟主

刘濞是刘邦哥哥刘仲之子。

刘邦先封刘仲为代王,匈奴犯边入代,刘仲不能守,弃国而逃,王也不当了,取道洛阳跑回了长安。刘邦不忍加刑,废王而封其为合阳侯,养了起来。

英布造反,刘濞年方二十,为骑将,随刘邦平英布有功。吴国会稽一带,民风剽悍,刘邦认为懦弱者无以镇服,而自己妃妾生的几个儿子年纪又小,便封侄子刘濞为吴王,管理三郡五十三城。封地之广,物产之饶,足为国中之国。封拜后,刘濞受吴王印,将行,刘邦接见,端详其良久,道:汝面有反相?汉五十年后东南将有战乱,难道应在你的身上吗?刘濞闻言,忙俯伏于地,连称不敢!此时刘邦已有悔意,可封拜之令已下,只好轻叹一口气,抚着刘濞的背,温言道:天下同姓一家,你要好自为之,保境安民,翼佐皇室,勿生妄心,千万不要有谋反作乱的念头!刘濞顿首受教。

惠帝和吕后当政时,天下初定,民心思安,中央王朝顺应时势,简政养民,各诸侯王皆为刘姓子弟,也能在自己的封地内安享富贵和特权。吴国地处江南富庶之地,境内豫章郡山上蕴藏着丰富的铜矿,刘濞招募天下亡命者,采矿冶炼,盗铸钱币,又濒临东海,沿海开设盐场。铜、盐皆国之重宝,民之所需,铜而为币,则利倾天下,如此,吴国民无赋税,国用富足,成为大汉王朝最强大的独立王国。

国富则王骄,国强则王横。吴国既富强,虽然名义上还是大汉王朝的藩属国,但吴王刘濞腰杆渐硬,已经敢和皇室斗气叫板了。孝文帝时,吴国太子入京朝见,和皇太子刘启饮酒博戏。吴太子身边的随从皆楚人,依傍权势惯了,便狐假虎威,轻狂自大,把谁都不放在眼里,和皇太子刘启争道。这当然是吴太子怂恿的结果,主人既傲视天下,奴婢便敢撒野逞强。皇太子咽不下这口气,便带人去赌场上把吴太子抓住后就地处死。表面上看,这是豪强纨绔间使酒斗气的把戏,其实是诸侯国和皇室的较量。吴太子既命丧京城,皇太子命归葬吴国。丧车至吴,吴王刘濞怨恨道:天下刘氏都是一个祖宗,死在长安就埋在长安,何必要葬在吴国!复命丧车返长安。自此,刘濞与皇室结怨,称病不朝。朝廷查访后,知道刘濞无病,依律,诸侯王无故不朝请,失王侯礼,可杀头。所以,吴国使者到京城,总要受到朝廷严厉的申斥。吴王愈加和朝廷对立,渐生谋逆之心。诸侯入京,春为朝,秋为请。这年秋天,吴国派使者入朝秋请,皇帝又责问使者,使者曰:天子至察则不祥,吴王开始是诈称有病不朝,朝廷发觉后不断责备他,他就愈加自闭,无以自解,恐皇上问罪诛之,吴王不知所措。陛下何不赦免吴王以往之过,重建信任和骨肉之亲呢?汉文帝是个宽厚的人,就赦免了吴国使者,同时,赐给吴王几杖,因其年老,特允不来朝请。吴王得朝廷赦免,暂时放弃了谋反的准备,但因自成一国,擅冶铜铸钱、近海煮盐之利,国库充盈,财大气粗,虽偏安一隅,多年来称霸一方,有自己的军队和政府,对中央王朝轻蔑不恭,罪犯逃往吴国,不但被匿藏，且封官加爵，朝廷对此隐忍三十余年。吴王刘濞骄狂日甚，已对中央王朝构成威胁。

为了加强中央集权，巩固和捍卫朝廷的权威，吴国已成心腹之患，迟早必削夺它的势力，打下它的气焰。以刘濞骄狂无忌之性格，公然对抗，势所必然，所以，朝廷与吴国之战只是时间问题。早在汉文帝时，晁错为太子家令，曾屡次上书，请求皇帝解决吴国的问题，不要养痈成患。但汉文帝宽仁退让，实际上纵容了吴王的反叛气焰，终文帝之世，吴王不但没有收敛，反而增大了威胁的能量，把这个烫手的山芋留给了即位的汉景帝刘启。景帝刘启和吴王刘濞是有过节的，刘启为太子时杀过吴太子，既有杀子之仇，刘濞焉得不反！御史大夫晁错进言曰：当年高皇帝初定天下，兄弟少，诸子弱，大封同姓，故庶子悼惠王（刘肥）封齐国七十二城，庶弟元王（刘交）封楚国四十城，兄子（刘濞）据吴国五十余城，齐、楚、吴三王皆为旁支庶蘖，已分天下之半。如今吴王前有太子之隙，诈称病不朝，于法当诛。文帝不忍，赐几杖，免朝请，朝廷待其德至厚也。吴王不思改过自新，反而愈益骄狂，即山铸钱，煮海为盐，招降纳叛，阴谋作乱。今削其地亦反，不削亦反，削地，早反，祸小；不削，迟反，祸大。晁错之论，剀切深刻，一语中的，景帝也认为抑制藩国的强势，加强王朝的权威，乃帝国长治久安之策。这年冬天，楚王刘戊来朝，晁错言刘戊早年来京参加薄太后葬礼时，曾在换衣服的房舍内与女人私奸，此等秽恶之事发生在国葬期间，亵渎至尊，于法当诛。景帝下令，免死而削楚东海郡。又前二年，赵王有罪，削赵国常山郡；胶西王刘昂有罪，削其六县。

朝廷削藩的决策震动诸侯，唇亡齿寒，兔死狐悲，皆有危殆之忧。吴王觉得事将及己，更是蠢蠢欲动。朝廷大臣们正在讨论削吴之事时，吴王已经在策动谋反了。他首先联络的是楚王刘戊，刘戊乃楚元王刘交（刘邦异母弟）之后，其人淫乱暴虐，好武弄兵，正因被削地而对朝廷充满怨恨，所以，与吴王一拍即合，决定与吴王通谋作乱。胶西臣子闻刘戊欲反，纷纷规劝他，刘戊不听，令两个谏阻的臣子身服赭衣，舂米于市。他的叔叔来劝他，他说：叔叔不听我的，等我起兵时，先杀他。他的叔叔吓得带着母亲太夫人跑到京城去了。楚相张尚、刘戊的老师（太傅）赵夷吾皆因谏阻其谋反被杀。刘戊又联合齐、淄川、胶东、济南等国，皆许诺参与。

朝廷削吴之会稽、豫章二郡的诏书到吴后，吴王首先起兵，诛杀朝廷驻吴二千石以下的官员。楚、赵、胶西、胶东、淄川、济南等国皆反,发兵西向长安。这就是历史上有名的吴楚"七国之乱"。

叛乱七国中,胶东王刘雄渠、胶西王刘昂、淄川王刘贤、济南王刘辟光皆齐悼惠王刘肥之子。

齐王刘将闾原定参加谋反,后来背约反悔,据城而守。济北因城墙坍毁,没整修好,其郎中令劫持济北王刘志,不得发兵。一个犹疑,一个想参与而不得,两人也皆刘肥之子。

刘肥在刘邦诸子中年最长,是刘邦微贱时与曹氏女私通所生。刘邦当了皇帝,封刘肥为齐王,所王齐地七十余城,所有说齐方言的百姓皆为他的属民。因非正妻吕后子,刘邦死后刘肥险被吕后所杀,后割城给吕后女儿鲁元公主,侥幸得脱,得以寿终。如今,叛乱七王中,有四王是他的遗种。

刘邦与姬妾所生诸子中有一名刘友,先被刘邦封为淮阳王,吕后害死赵王如意,惠帝徙刘友为赵王。惠帝死,吕后召刘友进京,幽囚旅邸,派兵围之,活活将刘友饿死。吕后死,汉文帝即位,封刘友子刘遂为赵王,刘遂因有罪被削常山郡,怨恨朝廷,因此,积极参与叛乱。其相建德和内史王悍谏阻,刘遂不听,将两人活活用火烧死。

七国之乱是刘氏家天下的内部之乱,也可以说是家族内部的厮杀。参与叛乱的诸王侯的支系已如上述,从汉高祖刘邦的角度说,一个是他的侄子(刘濞),五个是他的孙子(刘雄渠、刘昂、刘贤、刘辟光、刘遂),一个是他的侄孙(刘戊),他们要造皇帝的反,汉景帝刘启也是刘邦的孙子。

七国之乱初起时,景帝也很紧张。七国行檄天下,挥军西向,大有荡平长安,翻天覆地的气焰。战争逼近,庙堂之上也展开了你死我活的内斗。晁错固是治国之干才,然而他的政敌也很多,其中他的死对头就有袁盎。晁袁二人积不相能,虽同在庙堂为官,从不在一个场合碰面,更甭说彼此的亲热寒暄,如同非洲草原上的狮子和猎豹,是两种不同的食肉动物,如果碰面,必然互相避开。他们彼此的轻蔑和仇恨几乎与生俱来。袁盎当过吴王的相,御史大夫晁错调查袁在吴为相期间收受吴王重金财宝之事,袁盎因被免官。吴王谋反,非止一日,晁错还要查袁盎有意对朝廷遮掩吴王谋反之罪。袁盎这下慌了手脚,如果罪名成立,他的身家性命都要玩完。袁盎绝地反击,赶快通过他的朋友魏其侯窦婴求见皇帝。

景帝正为七国之乱忧心如焚,见了他,当然要说到这件大事。袁盎安慰景帝说:此无足虑,吴王周围皆鼠窃狗偷之辈,没有深明大义的臣子,吴王不过是受了别人的蛊惑而已。臣有一策,无须出一兵一卒,七国之乱可平。景帝忙问计将安出,袁盎见晁错在侧,道:我的话只能对君主一人说,人臣不得知,景帝只好让晁错回避。袁盎对景帝说:七国之乱,是因为削地而起,为陛下出此策者,乃晁错也。诸侯起兵,提出要清君侧,诛晁错,他们不是造陛下的反,而是要除掉陛下身边的乱臣贼子。只要杀晁错一人,收回削地的诏命,则诸侯自然罢兵,天下生灵免战乱之祸,陛下可保江山永固。景帝闻言,沉吟良久。晁错对大汉江山忠心耿耿,在他身边时间最长。早在他为太子时,晁错就是他的太子家令,他的大小事务,皆由晁错办理,无不称心随意,因此称之为"智囊",是他信重的心腹之人。如今是朝中御史大夫,乃丞相之副,朝廷大事,多所倚重,君臣相处日久,感情日深,且削地之策,亦为国家长治久安。如今要杀晁错,于情于理实在难下决断。袁盎见景帝犹疑,心中恐惧,如果晁错不杀,自己就会丢命,这是你死我活的斗争,皇帝一言,性命攸关,于是,伏地再进言曰:天下本刘姓一家,诸侯与陛下,乃骨肉之亲,晁错之计,实为离间陛下之骨肉,高皇帝有知,也当痛心疾首!且即便削地,也应渐进缓行,使诸侯心悦诚服方是,晁错阴毒凶险,表面上操切躁进,实为激起祸乱,置陛下于万难之境,朝廷出兵进剿,乃是骨肉相残。如陛下诛晁错之首,收削地之诏,臣曾为吴国相,愿为使去见吴王,使其偃旗息鼓,罢兵而还。这段话使景帝对晁错的挚爱怜惜之情顿时瓦解。他不想打仗,七国兴兵,流血千里,兵连祸结,胜负难料,一旦有个闪失,帝位和自家性命都不可逆知。如果不是听信晁错之言,何以激起七国兵变,造成今日困局? 于是,景帝喟叹一声,道:吾不可因爱一人而失天下也! 遂同意杀晁错,派袁盎为密使前往吴国议和。

可怜晁错,至死还为国事奔忙,帝王已拿他做了牺牲。被人诳骗上车,腰斩东市,妻子儿女尽被枭首。千古臣子之悲,无过于此!

吴王刘濞有个侄子在朝中为宗正,这是管理诸侯王的官。因是吴王近亲,景帝派他和袁盎同去见吴王。宗正以亲故,先入见,要吴王跪拜接旨,此时吴楚合兵,气焰正盛,吴王笑道:"我已为东帝,还有何人可拜!"听说袁盎同来,遂令袁盎为将,统兵与朝廷作战,袁盎不从,被吴王囚禁。袁盎做茧自困,命在旦夕,后趁机逃脱,一个人跑到梁国(景帝弟弟梁王刘武的属地),间道回朝,向景帝汇报。

景帝此时只有发兵平叛一条路可走了。遂命条侯周亚夫率三十六将军往击吴楚,曲周侯郦寄率军击赵,将军栾布率军击齐(齐当时也为叛乱的盟国),大将军窦婴率军屯荥阳监齐赵兵。

吴王刘濞之反,全国动员,征发兵丁,发令说:寡人年六十二,身自为将,我的小儿子年十四,甘为士卒先,国人上与寡人同,下与少子等,皆入伍从征!十四至六十二的男丁都要当兵,可见其孤注一掷的决心。

七国之中,吴国是盟主,吴军为主力,周亚夫兵绝淮泗口,堵塞了吴军的粮道,深沟高垒,静待其溃。吴兵攻梁,梁王拼死抵抗,吴兵不能下,不久,吴军粮饷绝,兵大溃。吴王率麾下千余人败走,渡淮河,走丹徒,欲保东越。东越有兵万余,吴王命收罗溃卒,以苟延残喘。汉派密使至东越,陈说利害,并许以大利。东越诓骗吴王出城劳军,安排壮士,以戟矛戳杀吴王于军前,以匣盛其头,快马送至京城。吴王刘濞反时,传檄天下,悬赏将士,诱之以高官重金,云:寡人金钱在天下者往往而有,非必取于吴,诸王日夜用之不能尽。真是财大气粗,志吞天下!钱不能尽命已尽,头悬北阙看浮云。至高的尊崇,无尽的荣华,骄狂的野心,不知餍足的欲望,在一颗败虏之头的眼中大概都是浮云了吧!

初,吴楚合兵攻梁,破梁之棘壁,气焰颇盛。至昌邑南,与汉将周亚夫战,因汉绝吴楚粮道,士卒溃散,吴王败走,楚王刘戊自杀。赵王刘遂发兵西行,准备与吴楚合兵,并联络外敌匈奴,约其兴兵内侵。不久,吴楚溃败,匈奴闻之,不肯入塞。汉将栾布破齐还,围赵,决水淹赵城。赵城破,赵王刘遂自杀。七国初反,胶东、胶西、淄川、济南四兄弟约齐王共反,齐王狐疑,守城不应,胶西、淄川、济南三国合兵攻齐。齐王令路中大夫速去京城报告天子,天子令路中大夫还报齐,命齐王坚守,汉军已破吴楚,不日将救齐。路中大夫返回后,三国兵围齐城,已无从入,并被围兵所捕,令其至城下向齐王喊话,说,汉兵已破,赶快举城降!如不从命,将杀头。路中大夫应允,被押至城下后,路中大夫见齐王立在城头上,忙喊道:汉已发兵百万,使太尉周亚夫击破吴楚,马上就来救齐,千万要坚守啊!围兵将路中大夫砍成肉泥。齐被围甚急时,齐王欲与三国通谋,尚未定约,后路中大夫复返,且告以坚守勿降,其大臣方劝齐王千万不要投降三国。这时,汉将栾布等率汉军至,击破三国兵,解了齐国之围。后闻听齐王有意与三国通谋,将欲移兵伐齐,齐王刘将闾惧,仰药自尽。而胶东王刘雄渠、胶西王刘昂、淄川王刘贤、济南王刘辟光皆伏诛。

汉高祖刘邦建立西汉帝国后，诛灭了异姓王，分封刘姓子弟为王，指望这个靠宗族同姓统治的王朝世代罔替，宗庙长存。自刘邦称帝至汉景帝不过五十几年，刘邦死后，刘氏王侯被吕后灭了一拨，吴楚七国之乱，八王死于非命，又灭了一拨。自此，刘氏支脉渐衰，皇家恩泽随着分支的疏远也越来越淡薄。分封制度渐成皇家一种养人的特权，再无藩国王侯敢与中央王朝分庭抗礼。所谓藩王再不是被克隆的小皇帝，有臣子，有军队，有一大帮王妃，他们沦落为食租税的土豪，穷的王侯甚至连马车都坐不起，只能坐牛车。自此后，皇帝君临天下，皇威无远弗届，中央集权的王朝政治才真正巩固下来。

梁孝王刘武：恃宠而骄生妄念

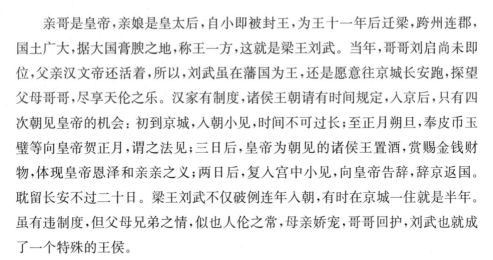

亲哥是皇帝，亲娘是皇太后，自小即被封王，为王十一年后迁梁，跨州连郡，国土广，据大国膏腴之地，称王一方，这就是梁王刘武。当年，哥哥刘启尚未即位，父亲汉文帝还活着，所以，刘武虽在藩国为王，还是愿意往京城长安跑，探望父母哥哥，尽享天伦之乐。汉家有制度，诸侯王朝请有时间规定，入京后，只有四次朝见皇帝的机会：初到京城，入朝小见，时间不可过长；至正月朔旦，奉皮币玉璧等向皇帝贺正月，谓之法见；三日后，皇帝为朝见的诸侯王置酒，赏赐金钱财物，体现皇帝恩泽和亲亲之义；两日后，复入宫中小见，向皇帝告辞，辞京返国。耽留长安不过二十日。梁王刘武不仅破例连年入朝，有时在京城一住就是半年。虽有违制度，但父母兄弟之情，似也人伦之常，母亲娇宠，哥哥回护，刘武也就成了一个特殊的王侯。

父皇文帝崩，哥哥刘启即位，刘武更是频繁前往京城。母子情深，兄弟无猜，皇权等级制度的森严藩篱在温暖的亲情之下似乎荡然无存。时景帝刘启尚未立太子，一次宴会上，刘启从容道：千秋万岁后当传位于梁王。此言一出，满座皆惊。刘武虽不信哥哥之言，心为之动，其母窦太后也很高兴，因为对小儿子的溺爱和娇宠，私心里也希望刘武能成为未来皇位的接班人。朝臣窦婴持酒进上曰：天下者，高祖天下。父子相继，汉之约也，皇上何以得传梁王？刘启赧颜无语，大约亦觉出言不慎。虽然手足相亲,似也不可以皇权相传,如此表达亲情,毋乃不当乎!窦婴是窦太后的本家,但此话并不为窦太后所喜,自此衔恨于婴,除其门籍,开除了他入朝宴饮议事的资格。

哥哥刘启宴会上无心之言,母亲窦太后私心里的动念,在梁王刘武的心中播下对皇权的非分之想。这个念头如一点火星,慢慢地燃烧起来,烧灼得他寝食难安。

这年春天,吴楚七国作乱。吴楚合兵,先攻梁之棘壁,梁国损失数万人。梁王求救于太尉,周亚夫从战略全局出发,以梁为汉之屏障,使吴楚顿兵梁下,不得西进。梁王坚守睢阳,以拒吴楚,与周亚夫大军一起,和叛军相拒三月,终使吴楚兵粮尽而溃。在这场平叛战役中,梁之战绩与朝廷相当。吴楚平后,第二年,景帝立太子。因梁在平叛中有大功,与朝廷乃骨肉之亲,封赏最重。梁国国土,北以泰山为界,南至高阳,大小四十余城,实乃国中之国,其体制礼仪与中央王朝等同。

于是,梁王刘武心安理得当起第二天子。筑方圆三百里的猎苑,称东苑,又扩修睢阳城,修豪华壮丽的宫殿,其宫殿错落相连,绵延至三十里。得赐天子旌旗,每当梁王外出,千乘万骑相随,东西驰猎,仪仗豪华,惊天动地,拟同天子。和皇帝一样,出曰跸,入言警,一时间,天下有了两个皇帝。梁王于是广召天下豪杰,许多不逞之徒、游说之士纷纷聚于睢阳,其中声名昭著的有齐人羊胜、公孙诡、邹阳等人,据传皆有安邦定国之策,梁王皆厚遇之。公孙诡有奇邪之计,初见梁王,即赏赐千金,封中尉,梁王呼之为公孙将军。在这些人的鼓动之下,梁王刘武更加不安分起来,制作弓弩刀矛等冷兵器数十万,库存金钱以亿计,其珠玉宝器等物多过京师。古人云:天无二日,国无二主。梁王种种僭越之行,一方面得到了景帝和太后的默许,另一方面,也是他急剧膨胀的野心所致。这一年十月,梁王入京,景帝特命臣子带豪华的驷马乘舆于关下迎候。入朝后,又上书请留京师。以太后之亲,兄弟之谊,皇帝莫不应允。梁王入宫与皇帝同辇,出则同车游猎,和皇帝一起,在上林苑中射猎禽兽。梁王的侍中、郎、谒者等官员和大汉的宦官一样,随意出入宫禁。

十一月,因栗后强直不顺,母子皆失宠,景帝废栗太子。窦太后欲以梁王为后嗣,袁盎等大臣直谏,窦太后之议受阻,亦不再提以梁王为嗣事。梁王刘武遂怏怏归国。帝国储君之立，是一个十分敏感的事情，所以，《史记》《汉书》皆云："以事秘，世莫知。"关于这件事的始末，补《史记》的褚先生有比较详细的记载，褚先生名少孙，是西汉元、成间的一个博士。他说："臣为郎时，闻之于宫殿中老郎吏好事者称道之也。"他在世时，离其事不远，又闻一些老人道其事，使历史有了鲜活的温度，他的记载当是比较可信的。据褚先生所记，景帝、梁王陪母亲窦太后宴后闲坐，母子交谈融洽，窦太后说："吾闻殷道亲亲，周道尊尊，其义一也。安车大驾，用梁王为寄。"景帝跪席举身曰："诺。"景帝罢席后召见臣子，述说了窦太后之言，问：这是什么意思呢？大臣们说：太后的意思就是想立梁王为国之储君啊！景帝又问：为什么这么说？袁盎回道："殷道亲亲者，立弟；周道尊尊者，立子。殷道质，质者法天，亲其所亲，故立弟。周道文，文者法地，尊者敬也，敬其本始，故立长子。周道，太子死，立嫡孙。殷道，太子死，立其弟。"这段话，把殷、周立储君的不同规矩讲明白了。景帝并非不明白母亲的意思，但当时不好违拗母亲的意志，所以答应了。但他想把此事公之于臣子，由臣子们出面干预母亲的主张，于是，他再问道："依诸公之意，该当如何？"于是，袁盎等臣子们纷纷进言，都表示反对窦太后立梁王为太子的主张。因为汉家是遵循周朝的做法，应该立皇子为太子，而不应立弟。他们举历史上宋宣公的例子，说明立弟为储君，将给国家带来无穷的祸乱。宋宣公死前，不立子，而将王位传于弟。弟受国后不久死去，将王位复还于兄之子。弟之子争之，以为自己当代其父即位，于是，刺杀兄子，造成国家的动乱。所以，《春秋》评价其事说："君子大居正，宋之祸宣公为之。"其祸是因宋宣公传弟不传子造成的。袁盎等人请求入见太后，陈说其事。这正是景帝所希望的。于是，袁盎等入见太后，以宋宣公之鉴，言不宜立梁王为太子。窦太后觉得有道理，放弃了以梁王为储君的想法。

第二年四月，景帝立胶东王为太子（即后来的汉武帝刘彻），梁王刘武上位的幻想彻底破灭了。他把一腔怨愤发泄到谏阻太后的袁盎等人身上，于是，与羊胜、公孙诡等人密谋，派刺客刺杀了袁盎等朝中大臣十余人。朝廷捕刺客未得，但事关重大，景帝已怀疑其为梁王所为。褚先生记其事云：刺客欲杀袁盎，袁谎称是袁将军，想以此蒙混过去。但刺客事先已做了准备，回答说：没错，杀的就是你！于是，利刃贯其胸，从容而去，其杀人之剑尚留在袁盎的身上。有司将此凶器交与长安铸剑工匠辨之，皆曰：此梁国某人所制剑也！以此断定刺客来于梁国。景帝怒,命令务必将刺客捉拿归案。朝廷派出察办其事的使者冠盖相望,其主谋羊胜、公孙诡等人成为朝廷重犯。二人藏匿在梁王后宫,使者责梁二千石甚急,梁相及内史进谏梁王,梁王无计,只好命令羊胜、公孙诡自杀,出其尸,以自解脱。在追捕刺客的过程中,梁王谋反的种种证据也渐渐浮出水面。窦太后日夜啼哭,寝食俱废,景帝亦很忧虑,问公卿大臣如何处之,大臣们建议由谙熟古今经术、善治事、识大体的臣子前往查办。于是景帝派田叔、吕季主两位大臣前往调查梁王之事。回来的路上,两人将梁王谋反的证词等皆焚灭,空手来见景帝。景帝问事之原委,田、吕二人回道:梁王实不知谋反之事,皆其邪佞之臣羊胜、公孙诡所为,二犯皆已伏诛,梁王无恙也!景帝高兴,忙说:赶快告禀太后!太后闻听后,立起坐餐,气也平复了。景帝难道不知梁王的狼子野心吗?他当然心知肚明。使母亲转忧为喜,又不使兄弟受国法之诛,这样的结果是他愿意看到的,所以不愿穷追深查,把事情遮掩过去算了。梁王刘武的行为彻底毒化了兄弟亲情,刘武有心挽回,故上书请朝见,至京后,坐布蓬车,只带两个骑从,偷偷来到姐姐长公主家藏起来。汉派出使节来迎梁王,梁王已入关,不知所在。这可惊吓着了窦太后,哭道:皇帝把我儿杀了!景帝也慌了,以为梁王自尽了。这时,人来禀报,梁王身负一把斧子,伏于阙下请罪!太后、景帝这才转忧为喜,母子兄弟相对而泣。景帝下令,召梁王随从诸官入关。但是,兄弟之间很难再回到从前两小无猜的感情了,景帝再不肯与这个觊觎皇权、谋反悖逆的弟弟同车而行了。数年后,梁王又入京朝见,上书请留京城陪侍母亲,景帝不许,梁王只好孤寂地返回封地。他在悔恨、忧郁、无望的心情中捱过了以后的岁月,死在了封地。

梁王刘武是个孝子,每闻母亲窦太后有病,常废寝忘食,欲留长安陪侍母亲。窦太后也很喜欢他的小儿子。故死后谥为"孝",世称梁孝王。由于觊觎皇权,铸成大错,无论他自己的内心还是母子兄弟之间,都为此倍受煎熬。尽管有王侯之贵,富埒上国,一呼百诺,千乘万骑,风附影从,终究没有得到幸福和内心的安宁,躁动而狂妄的野心使其堕入虚妄和幻灭之中……

供养一个皇帝要多少钱

皇帝乃中国制造，绝对属于国货，它的发明者是秦王嬴政。当时，秦灭六国，嬴政觉得王、君之号不能昭显他君临天下的威风，于是，让群臣为其上尊号。丞相李斯等提出，上有天皇、下有地皇，人间唯泰皇最尊，应称泰皇为是。嬴政不满意，自命皇帝，而且是开天辟地第一个，故号始皇帝。其意要自他开头，子子孙孙传下去，万世不绝。这事发生在公元前220年，从此，华夏大地始有皇帝之号，也从这一年开始，中国进入了皇权专制的时代。

从秦始皇二十六年也即公元前220年起，至公元1912年最后一个皇帝被赶下台，共历二千一百三十二年，这期间，有皇帝尊号者大约数百人，尚不算抢得龙椅很快就被赶跑的李自成之流。中国人没有皇帝的日子掰着指头算也不过百年。所以，皇权专制是一棵根深叶茂的擎天大树，中国人在它遮天蔽日的阴影下活过了两千余年，此树虽被放倒，但根须蔓延于地下，时时萌蘖发芽，它有形无形的阴影还时时罩在中国人的头上。

中国人对皇帝一点也不陌生，打开电视任何一个频道，都能看到皇帝的身影。我们看皇帝被一大帮臣子簇拥着发号施令，看皇帝在深宫和妃子调情……皇帝不仅威风八面而且风流倜傥，真真羡煞人也！尽管那是由艺人扮演的皇帝，但也足以满足我们对皇帝的意淫。真龙天子，奉天承运，皇帝圣明，臣罪当诛……这样的话我们耳熟能详，中国人真是太热爱皇帝了！

那么，供养一个皇帝要多少钱？这是一个别有用心的问题。因为养皇帝不能算经济帐，应该算政治帐，只要我们需要皇帝，多少钱都得养！如果在皇帝时代有谁提出这样的问题,不祸灭九族也得推出午门问斩。如今皇帝没了,我们似乎可以稍稍研讨一下这个问题。我们的研讨结果是,尽管历朝历代或有差异,但养皇帝是非常昂贵的。皇帝绝对是一个"奢侈品",一般的民族养不起,只有勤劳朴实的中国人民才养得起皇帝。我们有两千余年供养皇帝的历史,所以我们是一个"伟大"的民族。

汉代去秦不远,皇帝名副其实,绝对正宗,而且出过一个和秦始皇齐名的汉武帝,所以我们可以拿他来作为标本。

养皇帝,不仅只养皇帝一个人。尽管皇帝号称天子,但他也是父母生养的,因他是世袭即位的,所以皇帝一般没有爹,但他的娘大多是活着的。这原因是老皇帝多宠爱年轻的妃子,如果这妃子恰巧又为他生了太子,并且立为皇后,二人年纪相差悬殊,老皇帝死后,太子即位,皇后正当年,还有长久的岁月,所以,有时候,皇帝在位时,不仅他的娘活着,有时他的祖母也还活着。汉代承袭秦朝的规矩,皇帝的娘叫太后,皇帝的祖母则称太皇太后,这是他血亲上两个尊贵无比的女人,都要建宫奉养的。此外,皇帝还有嫡出或庶出的兄弟姐妹,有嫡出或庶出的儿子和女儿。他的兄弟和儿子自然要封王(诸儿中有一人立为太子),而他的姐妹和女儿皆为公主,加上他们的配偶姻亲,所以,所谓养皇帝,等于供养一个或多个庞大的家族。

皇帝要娶妻,为帝国繁衍后代,他的正妻称为皇后。而皇帝决非一个女人可以打发得了的,他需要很多女人。民间有所谓三宫六院七十二嫔妃之说,但这远远不够。皇帝到底有多少女人呢?因为每个皇帝都不一样,所以史书总是语焉不详。汉代开头的皇帝除皇后外,"妾皆称夫人。又有美人、良人、八子、七子、长使、少使之号焉"(《汉书·外戚传》)。每个名号下有几人,不详,所以,女人之数无从统计。到了汉武帝时代,史称"武帝多取好女,至数千人,以填后宫"(《汉书·贡禹传》)。这个"数千人"仍然是个模糊的数字。汉武帝当了五十四年皇帝,活了七十一岁,在位和寿龄都很长,数千女人,这个数字比较可观,相当于一个庞大的女子军团,别的皇帝未必能超过他。为什么没有准确的统计呢?盖因女人太多,皇帝自己也搞不清,况且有些女人流转无常,所以也就没法统计了。为什么要统计皇帝的女人呢?因为她们不仅和皇帝做爱和吃穿用度,她们还要拿俸禄,也就是说,要拿相当于"高干"的工资,这笔支出是相当惊人的。汉代皇后以下后宫女人级别和俸禄待遇如下：

昭仪	位视丞相	爵比诸侯王
婕妤	视上卿	比列侯
娙娥	视中二千石	比关内侯
傛华	视真二千石	比大上造
美人	视二千石	比少上造
八子	视千石	比中更
充依	视千石	比左更
七子	视八百石	比右庶长
良人	视八百石	比左庶长
长使	视六百石	比五大夫
少使	视四百石	比公乘
五官	视三百石	
顺长	视二百石	

无涓、共和、娱灵、保林、良使、夜者　视百石

后宫有名目的女人十九级，其俸禄待遇比照国家公务员分为十四等。最高级的昭仪和丞相位置相同，相当于今之总理，其余没有名目的女人也有数千之众，可见后宫这个等级森严的女儿国不是很好混的。因为只有帝王一个异性是这女儿国的主人，所以，一个女子要想攀上一个级别，除了貌美如花，风流蕴藉等自身条件外，还要靠得幸帝王的运气了。其间的嫉妒、排挤、倾轧和悲苦自伤当不难想象。

皇族、后宫都在供养皇帝的范围之内，所以，其开支的浩繁巨大可以想象。皇室后宫所需皆属"特供"，由国家统一采购，此在汉代谓之均输。均输，也是平抑物价的手段。从前，内廷所出采购各官各自为市，物价因之腾跃。后设均输官，尽笼天下货物，则皇室政府公私所需，皆取之均输，无烦各自市而相争。所谓均输，其实就是为了保证皇帝和政府官员供养所需由国家垄断商品贸易和物价，即"尽笼天下货物也"。对此，我们似乎并不陌生。

皇帝等人的吃穿用度，日常生活需要大量的勤务人员，说穿了，就是要有众多的人侍候他们。这也要设立各种机构和官吏主掌其事。

先说吃的。汉制，给皇帝备膳者："太官主膳食，汤官主饼饵，导官主择米。"这三个专管皇家御厨的官各司其职，他们可不是灶旁忙活的厨师，他们是管理者，每人手下都有一帮子人。

再说穿的。"御府主天子衣服。"管理皇帝衣服的有一个机构叫"御府"。这个机构专门负责皇帝的穿衣。在少府管理之下还有东、西两个织室，大约是负责宫廷纺丝织绢的所在。为皇室制衣的地方不在京城，而设在外地，称为三服官。《汉书·贡禹传》："故时齐三服官，输物不过十笥。今作工各数千人，一岁费数巨万。"仅齐地的三服官就有数千人在那里做工，相当于如今一个现代的制衣企业，国家每年耗费巨量的金钱。想来后宫女子数千，穿衣皆赖于此。而且，此类专为宫廷做衣服的不止一处，据《汉书·地理志》，襄邑亦有服官。

再说器物。少府之下，又设三工官：考工室，主做器械；东园匠，主陵内器物；尚方，主做禁器物。这些专供皇室所用器物的作坊皆设在外地，据《地理志》，其工坊之设有河内怀县、河南荥阳县、颍川阳翟县、南阳宛县、济南东平陵、泰山奉高县、广汉雒县、蜀都成都县，凡八处。又据《百官表》，水衡属官有技巧六厩，想来是奇工巧匠集中之所，专为皇室制作淫巧之物。少府属官有若卢令丞，执金吾属官有武库令丞，是为皇帝制造和管理兵器车舆的。皇帝及后宫的日用器物、宴乐妆容，甚或死后陵内之陪葬品皆有赖于此。故元帝时贡禹有言："蜀广汉主金银器，岁各用五百万。三工官，收费五千万，东西织室亦然。"耗费之巨，令人咋舌！

又有宫廷掌车马之官，称为太仆。其费用出自大司农，即由国家财政埋单。而专为皇帝掌乘舆者谓之黄门。《贡禹传》："厩马食粟将万匹。……今民大饥而死，人至相食，而厩马食粟，苦其大肥，气盛怒至，乃日步作之。"宫廷所养近万匹御马，皆食粟。百姓饥饿，乃至人相食，而御马肥壮，又无处可用，只好在马厩中倒着小步发散充溢之气。其又言："臣禹尝从之东宫，见赐杯案，尽文画金银饰，非当所以赐食臣下也。"此足见宫中奢靡之状。

侍候皇帝的还有太医令丞，主医药之官；乐府令丞，主音乐之官。每官都有一个专门机构和一大群专业人员。这些官员都归少府管理，属皇帝御用。

皇室后宫人数众多，管理吃穿用度、车马仪仗、宴享祭祀等日常消费又有专门的机构，侍侯他们的人当然就更多了。在古代，国家财力大部分用于供养皇帝。汉代的财政税收有两大块，一块由大司农负责，属于国家财政，主要用于官员俸禄、战争费用以及整个国家行政机构的有效运转，其主要来源是百姓的税赋。另一块由少府负责，属于皇帝的私产，用于供养皇帝。其来源是市场交易税、山林矿产税、海洋渔业税等，举凡冶铁炼铜、煮盐捕鱼、伐木烧炭、土特产品、市廛交易等税赋尽属皇室。皇室乃一大巨府，天子乃天下的主人，他认为国土上的一切资源都是他个人的私产，他的恩泽沾溉和哺育着天下的百姓，百姓应感戴他的恩德，满足他的欲望，所以，将奢淫享乐、挥霍糜费视为当然。皇帝垄断和占有了国家大部分财富，但他犹不满足，比如汉武帝，他下了一道诏令，百姓生下孩子三岁就要交人头税，每人二十三钱，其中有二十钱用来养天子，另外三钱用来充军费。这要从百姓手中搜刮多少钱呢？史载汉平帝元始二年有一次人口统计，全国人口为五千九百五十九万四千九百七十八人，汉武帝承文景之治，数十年休养生息，人口不会少于此。三岁至十五岁人口约占总人口的三分之一，则有两千万，每人二十钱养天子，汉武帝仅从人头税一项有四亿之入，所以，后宫养数千美女对他来说并非难事。据《贡禹传》："民产子三岁，则出口钱，故民重困，至于生子辄杀，甚可悲痛。"尽管老百姓宁可杀死自己的孩子，也不愿再养皇帝，但中国人还是世世代代供养皇帝二千一百三十二年，而且现在还在怀念他。

问君可是戏中人

蔡中郎与《琵琶记》

陆游《小舟游近村,舍舟步归》诗云:"斜阳古柳赵家庄,负鼓盲翁正作场。身后是非谁管得?满村听说蔡中郎。"起码在南宋年间,蔡中郎的故事就已在民间传唱。说书的盲人所唱的故事,显然是来于南戏曲目《赵贞娘》。徐渭《南词叙录》说:"南戏始于宋光宗朝,永嘉人所作《赵贞女》《王魁》实首之。"《赵贞娘》叙蔡伯喈上京应举,贪恋富贵功名,长期不归,其妻赵五娘独撑门户,吃尽千辛万苦,在蔡家父母死后到京师寻访伯喈,伯喈不认妻子,马踏赵五娘,最后,天降报应,蔡伯喈被雷击而死。此等故事,后来又有家喻户晓的《铡美案》,蔡伯喈在前,陈世美继后,男人富贵忘恩,抛弃糟糠之妻,终有恶报,实在是为苦难中受尽屈辱的妇女出了一口恶气,让她们在故事和戏文中得到一些慰藉和感动。元末,杂剧作家高明将《赵贞娘》的故事改编成《琵琶记》,其故事略谓:蔡伯喈原是个孝子,同赵五娘结婚后夫妻感情很好。他本不想去应考,但其父蔡公不从。他考中状元后,牛府招他入赘,他辞婚,牛丞相不从;他辞官,朝廷又不从。蔡伯喈入京后,家乡陈留遭灾,父母先后亡故,赵五娘一路弹唱琵琶,行乞入京寻夫。由于牛氏的贤惠和牛丞相的回心转意,夫妻终得团圆,蔡伯喈受到了朝廷的旌表,成了"感动中国"的道德模范。这个故事较《赵贞娘》复杂很多,蔡伯喈成了正面人物,有了大团圆的结局。有论者认为这个戏男人讲忠孝,女人讲贞烈,是在宣扬封建道德。我们在道德上爱走极端,一讲忠孝,就是驯服工具,愚忠愚孝;一谈贞烈,就讲从一而终,立贞节牌坊。走到极端后,再来个大反复,把它全部打倒。可是只要专制的土壤还在,旧道德的根苗还会生长,人伦人性之善全被芟夷割弃,只剩下了恶。我们不是曾经有过"忠不忠,看行动;亲不亲,阶级分"的口号吗?"忠"还是要的,忠于一人而已;不讲孝道,不讲亲情和友情,讲阶级,娘老子可以打倒在地。一人为至高无上之神,全国尽愚痴狂暴之民,这样的岁月,离我们并不很远。

比之原作《赵贞娘》,《琵琶记》经过文人的加工,显然文学性更高了。它把人物置于各种情境之中,让他在两难的境遇中经过灵魂的挣扎,做出艰难的选择。人并不能完全听从内心的召唤,他有时要屈服于环境,正因如此,人性经过苦难的淬炼,才更加显示出它耀眼的光芒。原作《赵贞娘》情节相对简单,人物黑白分明,过于脸谱化,后来蔡伯喈受天谴被雷击而死,更显出它的粗糙和幼稚。而《琵琶记》中的道德说教和大团圆结局也并不怎么高妙。如果从文学的大概念来说,中国的文学讲教化,先秦诸子到唐宋八大家,经、史、子、集,诗文繁盛,但小说、戏曲等狭义的文学形式发育较晚,对于一千多年前的南戏和元杂剧,我们不能有更多的苛求。

剧中的蔡中郎(伯喈)何许人也?从戏剧的角度讲,他就是子虚乌有的艺术创造,是虚构的人物。但是,蔡伯喈却实有其人,他就是东汉末年有名的文学家蔡邕。蔡邕(132—192),字伯喈,陈留圉(今河南杞县)人。少有文名,博学善辞章,并精通音律。由于他善弹古琴,曾被桓帝时的宦侍征发入都,行至半途,因病而返,因留有诗赋《述行赋》,鲁迅说他"并非单单的老学究,也是一个有血性的人"。就因为他在诗赋中,不畏权势,对人民的苦难有深切的同情,汉灵帝时,他被召拜郎中,入朝做了官,校书东观,迁为议郎。虽然参与了政治,但还在校书,做着文化人的本职工作。可是既从政为官,就不能不对政治和时局发言,终于惹来祸端:因弹劾宦官,被流放到朔方。后虽然遇赦,但宦竖仍在朝中专权,乃"亡命江海,远迹吴会",跑到当时荒秽阴湿疫疠横行的吴越之地隐藏了十二年。其后汉朝衰微,董卓专权,他又被强征入朝做了官,不久,董卓为王允所杀,王允以"怀卓"之罪,将蔡邕关入大牢,瘐死狱中。这个学识渊博、才艺出众的读书人,终于在专制政治的反复倾轧中死于非命。

蔡邕又是东汉末年有名的才女蔡文姬的父亲,蔡文姬在兵燹动乱中被匈奴掠往北国,被迫嫁于匈奴左贤王,生子后又被曹操派使节赎回。她的《悲愤诗》写尽国破家亡的乱离之苦、生离死别的凄怆之痛,是文学史上不朽的名篇。(又传有《胡笳十八拍》,疑为后人假托之伪作)蔡邕在朝中做官时,曾亲书经文,刻于大石,立于太学门前,以便士子们习诵,这就是有名的石经。他对教育和中国文化典籍的传承也做出了独特的贡献。

从蔡邕(伯喈)之人生经历可知,无论《赵贞女》还是《琵琶记》,搬演的皆非他的本事。汉代人要想做官,学问德行出众后,博得时誉,要靠地方官举荐(举孝廉),或者自己上书朝廷,使帝王召对,若果有学问才能,皇帝即可封赏,进入官场。隋唐之后,科举渐兴,后世科考制度逐渐完备,才有上京应举科考之说。元以后的小说、戏曲写才子落魄,入京考中状元,扬眉吐气,得意洋洋,一天云彩全都散去,官爵美人,俱入怀中,寄托了文人的想望,甚至可说是一种意淫。但人生的这一陡转,却是小说、戏曲的大关目,矛盾解决,皆大欢喜——成就了国人最喜欢的大团圆,人生和艺术都有了完满的结局。

朱买臣与《马前泼水》

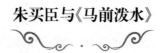

朱买臣是西汉武帝时人,最辉煌时官列九卿,属朝廷重臣,班固《汉书》有传。读他的传记,觉得饶有趣味,是因为班固写出了人情伦理,传主的性格也跃然纸上。

朱买臣家境贫寒,喜爱读书,入山砍柴,担薪而行,吟诵不绝,"其妻亦负载相随,数止买臣毋歌讴道中,买臣愈益疾歌"。夫妻俩背负柴捆,走在山道上,丈夫边走边大声背诵、讴歌诗书典籍,妻子觉得丢人,一次次阻止他。可这个执拗的读书人却不听,反而"愈益疾歌",这叫活在现实中的妻子情何以堪!"妻羞之,求去。"不是不和他同行,而是要离开这个穷酸的书生。如果朱买臣仅仅以诗书自娱,安贫乐道,追求高雅的精神生活,那么他以后也就没戏了。但朱买臣是读书做官论的忠实信徒,他坚信书中有黄金屋,有颜如玉,有未来的富贵荣华,于是他笑对妻子说:"我年五十当贵,今已四十余矣。汝苦日久,待我富贵报汝功。"眼前的现实和未来的憧憬反差太大,妻子当然不肯相信他对未来的许诺,于是,"妻恚怒曰:'如公等,终饿死沟中耳,何能富贵?'买臣不能留,即听去"。这就是现实主义和理想主义的巨大反差,朱买臣是不可救药的理想主义者,妻子离他而去后,他仍然"独行歌道中"。如果现实主义胜利了,朱买臣就是那个背倚老槐树的黄粱梦者,一个行为怪异、精神有问题的妄想狂。但这故事的结局是理想主义胜利了,朱买臣后来做了官,登了天子堂,他平日苦读的诗书派上了用场,果然有了荣华富贵。虽然这中间经过了很多波折,但理想主义还是战胜了现实主义,于是,朱买臣苦难倒霉时离去的妻子成了嫌贫爱富、下场可悲的"坏女人",成了戏剧中的反面人物。

这戏的名字叫《马前泼水》,是东北地方戏二人转中的传统曲目。

其故事梗概是:朱买臣身处贫寒,仍然苦读诗书,妻子崔氏嫌贫爱富,逼他风雪天入山砍柴,又恶语相加,目的是逼迫朱买臣写下休书,离开这个整日做白日梦的穷酸书生,另嫁他人。朱买臣对妻子很有感情,不忍离弃,但崔氏早就变了心,一定要挣脱这无柴无米的生活:"崔氏闻听这句话,叫声穷酸朱买臣。你有干柴和细米,老娘能将就过几春。没有干柴和细米,老娘和你两离分。"当朱买臣试图用美好的愿景来抚平她的怒火时,她完全不相信这种对未来的许诺,她轻蔑地羞辱对方:"崔氏闻听撇一撇嘴,叫声穷酸朱买臣。打开你朱家家谱看一看,你朱家哪辈做过官人?你柳罐斗脑袋怎戴乌纱帽,虾米腰怎穿蟒龙鳞,狗爪子怎拿爷家象牙笏板,熊掌怎登爷家粉底朝靴沾埃尘。京城内下了三阵做官的雨,哪阵雨点能淋(临)你的身?癞蛤蟆想吃天鹅肉,想瞎你眼盼断你筋。"语言鄙俚,骂得痛快淋漓而又惊心动魄,把对方羞辱得无地自容,一个又刁又泼的可恶女人呼之欲出。崔氏挣脱了朱买臣,嫁给一个石匠。石匠崩瞎一只眼,砸断一条腿,对崔氏行家庭暴力,打骂不休,崔氏沦为乞丐。这时朱买臣入京赶考得中高官,车马仪仗,前呼后拥,回乡祭祖。崔氏拦路认夫,想续前缘。朱买臣命人将一盆水泼于马前,如崔氏能收得泼地之水,则认她为妻。当然是覆水难收,崔氏又羞又悔,无颜人世,于是撞死在马前。

社会生活中,物质是基础。朱买臣不善治生,挣不来干柴细米,养不了妻子,但却坚信自己会做高官,并许诺将来妻子就是"一品夫人",使她享受荣华富贵。这样的话不独崔氏不相信,观众也难以认可。可最后的事实告诉我们:你应该相信未来和梦想,如果你不相信,当美梦成真的时候,你后悔就来不及了!可是,一个男人,挣不来干柴细米,满足不了老婆最低的生活需要,你相信他对未来的许诺吗?你相信读书真能做官吗?你相信一个沦落底层没有任何背景的穷酸书生对未来的幻想和期许吗?尽管从古至今,当官永远是荣华富贵的唯一捷径,但是,官场真就那么好混吗?

放下《马前泼水》,我们来看一看朱买臣的现实人生。

首先,朱买臣的上升之路并不平坦,汉代并无科考制度,他是给一个负责监察的小吏当小卒跑到长安去的。到了长安,他给皇帝上疏自荐,皇帝没理他这个茬,他寄居京城,饭都吃不上,众人皆以乞丐视之。朝中有人好做官,他有一个老乡叫严助,深得皇帝信重,靠严助的吹嘘引荐,皇帝接见了他。这时候,他砍柴时习诵讴歌的诗书才派上了用场,"说《春秋》,言《楚辞》,帝甚悦之,拜买臣为中大夫,与严助俱侍中"。人之发达显赫,时也,运也,倘若朝中无人,朱买臣满腹诗书连一粥一饭也挣不来,只能饿毙街头。

其次,朱买臣是个喜欢张扬做戏之人。人生失意时,他用未来的美好愿景安抚妻子,说得煞有介事,似乎五十之龄一到,入庙堂,当大官如探囊取物一般。说此话时,他心里肯定没底,所以妻子也只当他胡说。可这一天果真到来时,朱买臣岂能不把戏做足!朱买臣官拜会稽太守,离京上任前,皇帝取笑他:"富贵不归故乡,如衣绣夜行,今子如何?"朱买臣早就打定主意,要有出人意表之举,于是,他到了故乡会稽之后,没穿官服,没带随从,却穿着从前的破衣烂衫,怀揣印绶,来到会稽的旧衙门口。他从前常到这里蹭饭吃,所以认识这里一些看守旧邸的人。他们见他来了之后,并没当回事,以为他还是那个从前找不着饭门的"孔乙己"。他们在一起吃了一顿饭,朱买臣佯醉而卧,准备露底,果然,守邸小吏发现了他破衣中故意露出的系印的绶带,"守邸怪之,前引其绶,视其印,会稽太守章也。守邸惊,出语上计掾吏。皆醉,大呼曰:'妄诞耳!'守邸曰:'试来视之。'其故人素轻买臣者入内视之,还走,疾呼曰:'实然!'坐中惊骇,白守丞,相推排陈列中庭拜谒。买臣徐出户。有顷,长安厩吏乘驷马车来迎,买臣遂乘传去"。这出戏真是做得高妙之极,朱买臣踌躇满志而深藏不露,突现真身而缓步出庭,家乡故人除了惊诧、惊骇、惊羡、惊叹之外,唯有顶礼俯伏而已。

可是后面还有好戏。大官临境,忙坏百姓,这样一个大人物回到故乡,地方上焉敢怠慢，于是，征发百姓给仪仗车马整治道路，前来迎接的大小官吏公车塞路，有百余乘。朱买臣豪车华衮，前呼后拥，浩浩荡荡，车入吴界，竟发现了弃他而去的前妻和后夫，两口子混杂在百姓中间，正给衣锦还乡的朱买臣整修道路。朱买臣令停车，将前妻与其后夫载于后车，带到太守府养在后花园里，让他们做点杂役闲差。前妻又羞又悔又恨，一个月后，自缢而死。真实的人生与戏中情节相去不远。但人性远要复杂得多，当朱买臣穷困潦倒之时，负薪行墓地中，正逢离异的妻子与夫家祭扫，见他饥寒无食，尚"呼饭炊之"，给他吃了一顿饱饭。可见人性还有温暖美好的一面。妻子与他分手，只是耐不得饥寒，看不到前景而已。

朱买臣人生大起大落，前后境遇云泥之别。他成功了，辉煌了，也极尽炫耀了，他的人生是否会从此如诗如画，如歌如吟，画上完满的句号呢？No，那是不可能的！庙堂官场，虽钟鸣鼎食，富贵显赫，但那里可不是天堂，稍不留意，便跌入万丈深渊，身名俱灭。朱买臣的为官之路充满坎坷，如履薄冰，曾两次"坐法免官"。官场同僚间的倾轧残酷无情，他整别人，当然也被人整，无论挨整和整人，都是下狠手，往死里整。他的同僚和恩人严助贵幸一时，但牵连进淮南王刘安谋反大案，虽然皇帝有心赦免，但廷尉（最高法院院长）张汤力争，认为严助出入禁门，乃皇帝的腹心之臣，和诸侯私交如此，不诛何以为治？于是，把严助砍了头。兔死狐悲，物伤其类，朱买臣自此和张汤结仇。张汤为小吏时，曾巴结趋附朱买臣，如今已非往日光景，张汤不仅手握重权，且几次代丞相视事，朱买臣此时为朝中长史，虽名列朝班，但张汤已不肯买他的账，屡屡折辱之。朱买臣去见张汤，张汤据几坐床，傲然不为礼。故买臣对其恨之入骨，必欲置汤于死地。于是，他联络王朝等另外两个长史，合谋排陷张汤，终于使其下狱。汤不服，抗声自辩，皇帝使张汤的知交赵禹入狱责之。赵禹说："你为何如此不自知？当初你整治别人时，多少人死于你手？如今别人整治你，当然要做成铁案，天子也要把此案严查到底，想让你自己了断。你还抗辩什么呢？"张汤如梦方醒，自知难逃一死，于是上书皇帝，说自己起于刀笔小吏，于朝廷无尺寸之功，陛下恩德，使我位居三公之位，今我虽无以塞责，但陷害我的就是朱买臣等三位长史也！上书后，张汤于狱中自杀。张汤临死，狠狠咬了朱买臣一口，这一口咬得不轻，足以使朱等毙命。张汤死后，家无余财，儿子们要厚葬其父，张汤母亲说："汤为天子大臣，被恶言而死，何厚葬为！"于是，有棺无椁，以牛车拉出埋了。事传皇帝耳中，皇帝感叹曰："非此母不生此子！"此时方悟，张汤被买臣等合谋诬陷而死。虽然最后裁决张汤生死的是皇帝，但当他醒悟时，还是要找替罪羊，皇帝下旨，将诬陷张汤的三长史一并送上刑场。朱买臣等人掉了脑袋，他梦寐以求的当官之路就此终结。

　　常言说：人生如戏，戏如人生。但人生的舞台有大有小，角色有主有次。在皇权专制的中国，人生最辉煌亮丽的舞台莫如官场庙堂，一旦登台，万众瞩目，人人喝彩，真真羡煞人也！朱买臣登台之后，表演得淋漓尽致，声威并壮，赢得满堂彩，真是极人生之快意也！但很快就在同僚的排摈厮杀中跌下台去，弄得血淋淋一段尸身，连脑袋都丢了。可惜他的娘子目光短浅，既已离异，又何必悔恨自缢？若活到最后，知道朱买臣烈火烹油锦上添花的一番闹腾之后，却丢了卿卿性命，她应该庆幸自己的选择还是正确的吧！

　　正所谓：人生快意能几时？登台应思下台时。你方唱罢我登场，如醉如狂亦如痴。君为戏中人，我乃台下客，愿你下台时能保得首级而归，我就为你祝福了！

古代奏疏中的警世之言

古代士大夫上给皇帝的奏疏是庙堂的应用文,本不以文章词采取胜。畅论时政,指陈时弊,胪列应兴应革之事,虽引经据典,为自己的主张找根据,但决不像我们常见的官样文章,满篇官话、套话、空话、废话……让人一头雾水,不知所云。官样文章的作用在于走过场,开场锣鼓响过之后,生旦净末丑上场照本宣科,念过定场诗后跑回幕后,幕后的东西观众是看不到的。所以官话套话不止是形式主义,也不仅是制度僵化毫无活力的表现,它是一种表演,是愚弄老百姓的玩意,是现代专制主义的衍生物。古代的奏疏是写给皇帝的,它不负担向百姓宣传、统一思想的任务,所以必须要言之有物,不能有半句不着边际的空话。受书写工具的限制,臣下的奏疏也不能信口开河,长篇大论。做官的士大夫,除了起于草莽的开国臣子,多为满腹经纶的知识人。历代皇朝,当它稳定之后,都要举荐重用读书人,形成稳定的文官集团来理政治国。所以我们在史书上读到的很多奏疏不仅感到它指陈时弊痛快淋漓,而且为其文采斐然、引征广博、说理透辟、正气激扬而击节赞叹。李斯的《谏逐客疏》、魏徵的《谏太宗十思疏》等许多奏疏都是《古文观止》中的名篇。西汉一朝,贾谊、晁错、董仲舒、东方朔等名士且不论,即便那些不为后世所重,其名并不彰显的人物,因其奏疏留于史册,我们读后,仍感到文有可采,人有可风。下面聊举数例,以证斯言。

"天下以言为戒,最国家之大患也"

在西汉的历史中,梅福是个微不足道的小人物,他没有高官显爵,当然没有运筹帷幄的庙堂之功、攻城略地的安邦之举,其最大的职位,不过是小小的县尉,顶多相当于如今科级公务员。去官之后,回到老家寿春,平头百姓而已。然而《汉书》上竟有他的传记,不为别的,只为他有两篇上成帝疏,所以班固堂而皇之地把他列入正史。其身已灭,其名犹存,其言犹应为后世所铭记。

梅福上成帝疏中有一句很著名的话,即"天下以言为戒,最国家之大患也!"这是距今两千多年前的一位古人说的话,他是针对汉成帝不纳天下之言,对言者治罪加戮的恶政而提出的告诫。中国历史上,告诫统治者广开言路,不应以言治罪的言论很多,著名的有《召公谏厉王止谤》,提出"防民之口,甚于防川,川壅而溃,伤人必多"的名言,"夫民,虑之于心,而宣之于口,成而行之,胡可壅也?"厉王一味堵塞言路,甚至用卫巫这样的耳目"使监谤者",卫巫"以告,则杀之",造成"国人莫敢言,道路以目",万马齐喑,人皆钳口的局面,还沾沾自喜,自以为能消弭谤言而安居高位,三年后,这个用特务监视言者、用刑罚来惩治言者的厉王就被推翻了。中国的专制统治者历来害怕人民议政,这几乎是一个传统,从秦始皇的焚书坑儒,闭钳天下之口,到清王朝严酷的文字狱,这个传统一以贯之,到了清末民初,饭堂、旅舍等公共场所还贴着"莫谈国事"的告语,盖因专制统治以民为敌,以愚民治民为能事的"治国理念"。梅福是两千多年前的古人,他所提出的关于开放言论的主张或许还和现代政治"言论自由"的观念有距离,但这确实也是中国言论自由之先声。他提出统治者必须重视"知识人"(士)的言论和见解,方可补弊政之失:"士者,国之重器。得士则重,失士则轻。"他引用《诗经》中大雅的名句"济济多士,文王以宁",说明吸引众多知识人参与政治活动的重要性。排斥知识人,打击知识人,视知识人如寇仇,这是颠顸凶恶的专制暴君最大的恶行。他举出两个"士"的例子,说明当知识人面对仇恨言论、迫害言者的暴君时,是会跑到敌国发挥所长的。一个是古代的箕子,他是纣王的叔父,在暴君治下身心遭到迫害,性命难保,他佯狂而保命,后跑到周,写成《洪范》这样的著作;另一个是汉初名臣叔孙通,他本秦人,逃脱了秦国的暴政,归汉后,为汉朝制定了礼仪制度。这并非他们叛国背亲,实在是因为暴君治下,"不可为言也"。

统治者欲求天下长治久安,必须广开言路,奖励那些敢于进言的人,使人才脱颖而出,"今欲致天下之士,民有上书求见者,辄使诣尚书问其所言,言可采取者,秩以升斗之禄,赐以一束之帛"。如果这样,天下之士方能砥砺奋发,吐忠言,献良策,使国家充满旺盛的活力。反之,如残暴的秦王朝那样,钳百姓之口,张诽谤之网,无疑"倒持秦阿,授楚其柄",为渊驱鱼,为丛驱雀,把人才都赶到敌国去,其败亡是不可避免的。当然,并非所有的言论都可取,其中必有不正确或不经不伦的偏颇之言,"夫以四海之广,士民之数,能言之类至众多也。然其俊杰指世陈政,言成文章,质之先圣而不谬,施之当世合时务,亦亡(无)几人"。既如此,当有"言者无罪"的胸怀和气度。无论言者之言多么不中听,也不可以因其言而惩罚他,"夫戴鹃遭害,则仁鸟增逝",杀了一只枭鸟,鸾凤等鸟尽皆远逝,如此,治国者怎能听到良谋忠言呢?所以,"天下以言为讳,朝廷尤甚,群臣皆承顺上指,莫有执正,何以明其然也?"如果国人都"承顺上指"按统治者的心思意愿说话,错误荒谬的东西得不到纠正,国家就会很危险了。汉朝建立以来,有三次大的危机,吕后之篡权,霍氏、上官氏两大权贵家族的反叛之谋都危及汉家社稷,其原因,都是不能广开言路,止逆谋于初萌所致。所以,"天下以言为戒,最国家之大患也!"此言质之今日,也是振聋发聩之言。班固不因其身份卑微,籍籍无名而弃之,将其嘉言懿行载之史册,足见史家之卓识。

梅福上疏,没有得到皇帝的理睬,自此隐于家中,读书养性。那时没有什么信息传播的渠道,更谈不上互联网,所以他成不了网络大 V,更成不了"公知"和"意见领袖"。大约他也深感苦闷吧!等到王莽专权,汉室衰微,他就抛妻弃子,离家出走了。有人说他成了仙,后来还有人看见他更名改姓,在会稽的一家集市当了保安(吴市门卒)。孔子有言:"不得中行而与之,必也狂狷乎!狂者进取,狷者有所不为。"梅福晚年落魄,终入狂狷一流,这是帝王专制时代下层知识人的悲剧命运,如梅福者,大约还有很多吧!

"舍法度而任私意，奢侈行而仁义废"

"立言、立功、立德"，古人称之为三不朽。官职和名位从来不是衡量一个人历史地位的标准。我读史书，见有些人已是宰相或名列三公九卿之位，但其名字仅在别处被提及，却找不到他的传记。此无他，盖因其人平庸，没有嘉言懿行或事功建树可被后人所铭记。在高位作恶者反被列入佞幸，被史家彰其恶而榜其丑，遗臭万年。中国古代史籍浩如烟海，如梁任公所言，一个人从孩提时把卷而读，至白首而不能穷尽。但只要有定力，对中国传统文化有敬畏之心，总能在其间发现瑰宝。史上先贤的智慧、思想及风姿华采数千年之后仍是滋养我们民族文化的源头活水，今人诋毁排拒，只能见其愚。历史上的思想家、文学家且不论，仅以当时为职官者言，所行不过是尽职尽责之事，所言不过是应兴应革之务，当时之政事与今日之政事肯定风马牛，但历史在中国实在走得太慢，千年之后，古人针对时政、时务所发的议论，今人犹觉言在当前，事或有别理却相通，岂非太阳底下无新事、古人之言不可废乎？

贡禹，汉元帝时人。此时的西汉王朝历经数代，离王朝新兴、制度草创之日已远，统治集团已然怠惰，讲究奢侈享乐，渐趋腐败。贡禹上书，历数腐败奢华之弊，列举之事，直指皇室，请求皇帝减损。他首先指出远古大治时代的情形："古者宫室有制，宫女不过九人，秣马不过八匹；墙涂而不雕，木摩而不刻，车舆器物皆不文画，苑囿不过数十里，与民共之；任贤使能，什一而税，亡（无）它赋敛徭戍之役，使民岁不过三日，千里之内自给，千里之外各置贡职而已。故天下家给人足，颂声并作。"在农业社会，生产力不发达，以上图景，或许是可能的吧。皇室内只有九名嫔妃，养八匹马，宫墙只涂灰泥，木门之类也不雕刻花饰，皇室所用器物不雕画，打猎的园囿只有方圆几十里，且与百姓共用。税赋很轻，除什一税外，没有其他的赋敛徭戍之役，如果要为国家出民工，每年每丁不超过三个工，千里之内的事皇室自己去办，千里之外鞭长莫及，设几个官吏管事。这才是小政府，大社会，百姓安居乐业，一片颂扬之声。这样一幅远古的大治图，的确令人向往，和今日的重敛豪奢形成强烈的对比。汉代开国及后来的几任君主的节俭去之不远:"至高祖、孝文、孝景皇帝,循古节俭,宫女不过十余,厩马百余匹。孝文皇帝衣绨履革,器亡(无)雕文金银之饰。"可是后来,"后世争为奢侈,转转益甚",越来越严重了。严重到什么程度呢?贡禹奏疏中列举了几项:"故时齐三服官输物不过十笥,方今齐三服官作工各数千人,一岁费数巨万。""三服官",是专门管理为皇帝及宫廷做衣服的官员,因为作坊在齐地,称"齐三服官"。从前每年不过向宫廷呈送十竹箱衣服,现在专给宫廷做衣服的人就达数千人,每年耗费巨万之资。"蜀广汉主金银器,岁各用五百万。"专为朝廷制作金银器物的作坊在蜀地广汉,仅此一项,年耗五百万。"三工官官费五千万,东西织室亦然。""三工官"是为宫廷服务的机关,管理宫殿庭园修缮等事务,每年支出五千万之巨,东西织室是为宫廷织造绢帛的作坊,每年也要耗费五千万。"厩马食粟将万匹",一万匹马将吃掉多少粮食!贡禹还说,他曾经随皇帝到过太后所居的东宫,其赐臣子进食的桌案和杯盏,皆用金银文饰,而东宫奢华之费难以胜计!贡禹责问皇帝:天下之民因为大饥荒而死去者成千上万,甚至人相食,宫廷侈糜豪奢,达到如此惊人的地步,君主口口声声说受命于天,为民父母,难道应该这样吗?老天难道看不见吗?

以上列举宫廷和官家的"特供",耗尽多少民脂民膏?所以,奢侈贪腐之风来于最高统治者,他要求皇帝以身作则,正人正己,先从自己做起。"大减损乘舆服御器物,三分去二。"皇帝的车驾及日用器物,减去三分之二。宫殿园林已经修好了,不好拆除,但后宫养着那么多女人可以减少。皇帝生多少孩子自有天命,留下二十名贤德的后妃,其余女子都打发回家。皇家陵园中值守的宫女没有孩子的,也应放归。宫廷养马不超数十匹,长安城南皇家游猎的园囿,自西南直到户县的广大土地都恢复耕地,让贫苦农民耕种。"天生圣人,盖为万民,非独使自娱乐而已也。"

汉元帝是个不错的皇帝,看了贡禹的奏疏,觉得虽然言辞激烈,但还是忠于社稷之臣。于是下令减少宫廷的马匹、粮谷和御苑中饲养的狮子、老虎等食肉的猛兽,把宜春下苑的土地与贫民耕种,罢免了齐三服官和供宫廷娱乐的角抵之戏,并提拔贡禹为光禄大夫。

贡禹不是贪恋禄位之徒,不久,向皇帝辞职,要求回家终老,他在奏疏中细数自己的家境和俸禄,"臣禹年老贫穷,家赀不满万钱,妻子糠豆不瞻,裋褐不完"。

妻子吃糠咽菜,没有完整的衣服,后来到朝廷做官,由俸禄八百石到如今的二千石,身居高位,而无益于国,尸位素餐,日夜惭愧,如今年老,血气衰竭,耳不聪目不明,请求归老家中。皇帝报书,赞扬他"守经据古,不阿当世",还要听他治国理政的宏论。所以要他保重身体,为国珍重。不久,拔擢他为御史大夫,名列三公。贡禹虽年老,毫无衰暮之气,在位数年,心系国事,给皇帝上书几十次,言为政之得失。

他提出改革人头税(口钱),汉武帝横征暴敛,重赋于民。民生子三岁就要交人头税,民不堪重负,"至于生子辄杀,甚可悲痛。宜令儿七岁去齿乃出口钱,年二十乃算"。他提出裁减宫廷和官府大量吃官饭的冗员,"诸离宫及长乐宫卫可减其太半,以宽徭役。又诸官奴婢十万余人游戏亡事,税良民以给之,岁费五六巨万,宜免为庶人"。如此多吃财政饭的闲散冗员,全由百姓税收养活,国家何堪此负!又提出皇帝近臣及侍中以上官员,不得经商私卖,与民争利。如有犯者免官削爵,永不录用做官。又提出废止汉武帝兴起的以钱赎罪和以钱买官的弊政。种种有关国计民生的建言,至今读来,仍感新鲜警策。很多建议十分具体可行,皇帝皆酌量实行之。

王朝是世袭的,前代君主乃后世君主的祖宗,言祖宗之恶,揭祖宗之短,向来为当朝统治者所深忌。但贡禹指陈时弊,追根溯源,毫不留情地批判汉武帝的暴政所造成的风俗败坏、遗祸久远的恶果。

> 武帝始临天下,尊贤用士,辟地广境数千里,自见功大威行,遂从嗜欲,用度不足,乃行壹切之变,使犯法者赎罪,入谷者补吏,是以天下奢侈,官乱民贫,盗贼并起,亡命者众。郡国恐伏其诛,则择便巧史书习于计簿能欺上府者,以为右职;奸诡不胜,则取勇猛能操切百姓者,以苛暴威服下者,使居大位。故亡义而有财者显于世,欺谩而善书者尊于朝,悖逆而勇猛者贵于官……行虽犬彘,家富势足,目指气使,是为贤耳。故为居官置富者为雄桀,处奸而得利者为壮士,兄劝其弟,父勉其子,俗之败坏,乃至于是!

有钱可买官,能够在官方文书和计簿上说假话、做假帐的逸巧之徒可任显职;好勇斗狠,以暴力欺压百姓者使居大位;品德败坏,行如猪狗者,家富势足。

当官能够攫得财富才算好汉,干坏事只要获得利益就是英雄。全社会以此为标准,以至于兄弟父子以此相勉励。这就是汉武一朝的社会现实!

贡禹指出,即使是太平年景,国家也不安定,百姓也不幸福,原因在哪里呢?他给出的答案是,那是因为统治者"舍法度而任私意,奢侈行而仁义废"的结果。统治者有法不依,任意胡来,言出法随,人治为上,有权就有一切,乃至奢侈享乐,贪腐公行,把信仰、原则、道德、信义……这些人类尊崇的理念抛到一边。我们读到这里,不禁为两千多年前的古人对社会深刻的批判和睿智的见解而叹服。现代病理学告诉我们,如果有相同的病象,则可能有相同的病灶,如果恶疾隔代相传,极有可能是基因的问题。贡禹已矣,如果他所指出的两千多年前的社会痼疾我们今天尚能感同身受,我们则应反思,我们和帝王专制的社会是否有相同的文化和制度基因呢?

曲突徙薪

古人说理,善于取譬设喻,我们读先秦诸子之文,这种印象格外深刻。史书上这种例子也不胜枚举。大将军霍光死后,霍氏家族骄奢不法,茂陵有一个叫徐福的人预言道:"霍氏必亡。夫奢则不逊,不逊必侮上。侮上者,逆道也。在人之右,众必害之。霍氏秉权日久,害之者多矣。天下害之,而又行以逆道,不亡何待!"当时的霍氏家族,正当烈火烹油、如日中天之时,徐福能有这种断言,说明他很有远见。他三次上书汉宣帝,建议皇帝抑制霍氏家族的特权,云:"霍氏泰盛,陛下即爱厚之,宜以时抑制,无使至亡。"三次上书,皇帝"报闻"而已,并未引起重视(或许皇帝故意纵容,使其自蹈灭亡之路也说不定)。

不久,霍氏家族因谋反被诛灭。一个权势煊赫的家族转瞬覆亡,正应了后人的一句话:眼看他起高楼,眼看他宴宾客,眼看他楼塌了。霍氏覆灭之后,许多揭露其阴谋的人都得到了封赏,但官家并没有理睬徐福。于是,出来一个人为徐福鸣不平,他给皇帝上了一道奏疏,文不长,录如下——

臣闻客有过主人者,见其灶直突,旁有积薪,客谓主人,更为曲突,远徙其薪，不者且有火患。主人嘿然不应。俄而家果失火，邻里共救之，幸而得息。于是杀牛置酒，谢其邻人，灼烂者在于上行，余各以功次坐，而不录言曲突者。人谓主人曰："向使听客之言，不费牛酒，终亡火患。今论功而请宾，曲突徙薪亡恩泽，焦头烂额为上客耶？"主人乃寤而请之。今茂陵徐福数上书言霍氏且有变，宜防绝之。向使福说得行，则国亡裂土出爵之费，臣亡逆乱诛灭之败。往事既已，而福独不蒙其功，唯陛下察之，贵徙薪曲突之策，使居焦发灼烂之右。

突，烟囱。让烟道拐个弯儿，把旁边的柴草移走，免于发生火灾。这是已经看到危险的人善意的告诫。主人对劝告"嘿然不应"。结果发生了火灾。火被扑灭，主人请客，"曲突徙薪亡恩泽，焦头烂额为上客"。上书的无名氏讲这个故事是要皇帝赏赐曾断言霍氏将反、应抑乱于未萌的徐福。后来，身居闾巷的徐福得到了朝廷赏赐的十匹绢帛，又被录用为国家公务员（郎）。

我想，开明的执政者对曲突徙薪者不应该"嘿然不应"（更不要说治其罪），如果改变"天下以言为戒"的做法，营造宽松的舆论环境，更多的曲突徙薪者就会勇于进言，把"舍法度而任私意，奢侈行而仁义废"的恶行丑事揭露出来，不至于在祸患发生之后，浪费大量的社会成本。所以，还是那个卑微的小人物梅福说得对："天下以言为戒，最国家之大患也！"

终结者：王莽和他的短命王朝

1

王莽是西汉王朝的终结者，也是他自己的终结者。这个对权力有着病态迷狂的野心家在历史上有篡逆的恶名，那是因为我们目前所知有关他的一切资料都来于《汉书》。《汉书》的作者班固是东汉的兰台令史，身为朝廷史官，当然会指斥王莽的篡逆行径。但古人为史，重的是史德，即不隐恶，不谀颂，实事求是，秉笔直书。所以，尽管出于皇朝的正统观念，他反对和鄙视王莽，但所记王莽的一生行迹当是可信的。王莽终结了延续二百一十一年的西汉王朝，以一己之力，基本上不费刀兵征伐之举，没有兵燹战乱之祸，几乎在朝野上下欢呼和拥戴声中，以外姓臣子之身，轻取帝王至尊之位，立起了一个自家的朝廷。他在帝王的舞台上不恤人言，蔑视常规，敢作敢为，独行其是，视天下如一张白纸，挟生杀予夺之权，逞半巫半儒之态，狂放恣肆，淋漓挥洒，制礼作乐，从周复古，描绘他心中理想的蓝图，正所谓"敢为激发之行，处之不惭恶"。尽管他的王朝及身而灭，但王莽其人终无愧人杰鬼雄也！

王莽能走到历史的前台，和一个女人有关。且说宣帝时，太子刘奭最宠爱的女人司马良娣（太子正妻称良娣）患重病，将死，对太子涕泣道：臣妾之死，非因病，乃周围的姬妾争宠嫉恨，用巫蛊邪术加害于我，我死于地下，又岂能瞑目也！司马良娣死后，太子既痛惜心爱的女人，又怨愤原来的姬妾，诸事无心，不胜悲愁,病恹恹打不起精神。因迁怒于原有的姬妾,所以无人得近太子。皇帝和皇后知太子委过于身边的女人,就计议为太子再择一女子,以慰太子的思虑和悲愁。太子深陷于对逝者的哀伤中,对此没有太多的热情。时备选女子五人,皆盛装坐于太子侧,太子瞥了一眼,怅然无语。为了不拂皇后意,漫应道:此中一人即可。坐近太子的女子身穿绛红衣裙,低眉无语,主其事的皇后侍御以为此女即太子中意的女人,皇后即命两名宫廷内官将此女送往太子宫。

人的命运和历史的走向都具有奇异的偶然性。在这次选妃仪式上,由于一个女子偶然穿了一件绯红的衣裙,又极其偶然地坐临太子,被哀伤悲愁缠绕的太子一句漫不经心的话,西汉帝国为自己准备了未来几代的女性掌门人,同时也产生了它最后的掘墓人。

这名女子名叫王政君,当年十八岁,正值妙龄。得幸太子后,马上就怀了孕,不久,为太子生下了一个男孩。皇帝非常喜欢这个婴儿,因为他是帝国隔代的接班人。西汉帝国如一辆破旧但尚能平稳运行的车子,只要不出意外,帝国的权力可以保持正宗的血统嫡传至三代,这对帝国的稳定是相当重要的。皇帝为他的孙子命名刘骜,婴儿还在襁褓之中,得到了无比精心的照料,遵皇帝之命,宫中侍女和保姆们常把婴儿抱置于皇帝身边,这不仅体现寻常的人伦之情,更关系帝国的命运,因为这婴儿就是帝国的未来!

婴儿母亲王政君的家世可以追溯至汉武帝时代。她的祖父叫王贺,曾任朝廷绣衣御史,这是武帝时特设的官职,绣衣乃皇帝所赐,穿上它,就有生杀之权。汉武帝对外征伐不止,对内苛政暴敛,民不堪扰,民乱不息,武帝遣绣衣御史巡行天下,镇压民乱,惩治官吏。俸禄二千石官员上报朝廷杀头,千石以下者可自行诛杀。其中一名绣衣御史暴胜之斩杀万余人,因为王贺诛杀太少,武帝认为他不称职,罢了他的官。王贺儿子名王禁,是学法律的,在朝廷大法官手下做秘书(廷尉史)。此人好酒好色,妻妾众多,生下四女八男十二个孩子,王政君在四个女孩中排行第二。她有一个大姐名叫君侠,两个妹妹依次叫君力和君弟。王禁所生八子依次为王凤、王曼、王谭、王崇、王商、王立、王根、王逢时。与王政君同母者只二人,即王凤和王崇。

王禁还有一个弟弟王弘,生个儿子叫王音。

王政君生子三年后,汉宣帝死了,太子刘奭即位,他就是史上的汉元帝。刘奭当了皇帝,儿子刘骜即为太子。王政君先是被封为婕妤,三天后封为皇后。皇后父亲王禁被封为阳平侯。王政君当了皇后,皇帝有了更多的新宠,她再难见到皇帝,只能在深宫里过着养尊处优又与世隔绝的寂寞生活了。太子刘骜渐渐长大,他身材肥壮,喜爱音乐、女人、盛宴和美酒。这对于一个皇室的储君来说,似乎也算不得什么。但汉元帝认为太子材质平庸,难当帝王之任,他和爱宠傅昭仪(昭仪,在后宫地位仅次于皇后)生了另一个儿子,封为定陶王。定陶王多才多艺,元帝有意更换定陶王为太子。这对于太子的外家王氏来说,无疑是灭顶之灾。当时皇后的同母兄王凤等人因外戚之尊,在朝中已有了相当的地位,他联合其他的大臣,竭力劝阻元帝打消更换太子的念头。元帝犹豫再三,认为皇后谦退恭谨,母仪后宫,没有什么过失,而太子当年又得到父皇的喜爱,所以,终于没下废太子的决心。

汉元帝在位十六年撒手人寰,皇权转移到刘骜手中,他在史上被称为汉成帝,西汉王朝在他的手中走向了最后的终结。女人通过生育创造历史。王氏女所生的这位帝王堪称史上最昏庸的帝王之一,任何读过汉代历史的人都会为西汉王朝遭逢如此衰败之君而扼腕叹息。儿子的庸劣自然不能怪罪母亲,皇室封闭侈糜的生活足以使一个心智健全、体魄强壮的青年销尽精魄和锐气,成为一具权力峰巅上的行尸走肉。刘骜二十岁即皇帝位,在位二十六年,四十六岁因脑中风猝死。在这相对漫长的岁月里,衰败的大汉帝国在缓慢地走向死亡,同时,异己的政治力量也在权力的核心渐渐成长壮大,直至最后吞噬掉它赖以存在的母体。

刘骜之昏,不在于他的胡作非为,而在于他的不作为。他登基后,母亲王氏成为皇太后,舅舅王凤为大司马、大将军领尚书事,总揽朝政。封太后同母弟王崇为安成侯,食邑万户,王凤以下诸男皆为关内侯。本来汉家重外戚,外戚乱江山,是汉家历史的老故事。自吕后娘家诸吕起,后来的霍氏、上官氏都曾使汉家社稷险遭倾覆。武帝同样重用外戚,但武帝乃强势君主,卫、霍之流仅为其所用。汉成帝是个主不起事的人,将朝政大权一概委以外戚,自己乐得在后宫女人堆里厮混。五年后,他把所有活着的舅舅全都封了侯:王谭为平阿侯,王商为成都侯,王立为红阳侯,王根为曲阳侯,最小的舅舅王逢时为高平侯。原来封的安成侯王崇病死,留下遗腹子,起名王奉世承袭侯位。此前成帝的外祖父王禁已死,由长子王凤嗣侯。成帝一日封王氏五侯,活着的舅舅人人有份,加上早封的王崇、嗣侯的王凤,太后王政君的兄弟已人人尽侯。

有一人因阳寿太短,早死于泉下,没赶上千载难逢的封侯之幸。他的名字叫王曼,在王氏诸男中排行第二。但没关系,历史的高潮戏将由他的儿子出演。

王凤执汉家朝政十一年,病重。死前,成帝执其手问道,如依次轮班,是否该由老三王谭上位了。但王凤否定了他的同父异母兄弟,因为王谭等人对他这个大哥并不恭敬,豪奢僭越,难以服众;而叔伯兄弟王音对他卑恭如子,在他病卧床榻时殷勤照料,其人行为谨慎,处事严整,可托以国事。王凤死,成帝即命王音为大司马车骑将军,总揽政局,一年后,封王音为安阳侯,食邑待遇与王家五侯相等。王音理政八年,薨于位。这之前,老三平阿侯王谭已死,成帝很后悔没有让这个舅舅体验执掌国政的荣耀,按顺序,立即封活着的老五成都侯王商为大司马卫将军,总揽朝政。王商当政四年,薨。本来排序应该轮到老六王立,但红阳侯王立骄奢淫逸,数犯国法,所养宾客皆好勇斗狠之徒,目无法纪,横行京城,恶名暴著,简直就是黑社会老大,所以万难委以国事。于是,越过老六,封老七曲阳侯王根为大司马骠骑将军。高平侯老八王逢时是无才无能的庸人,一生在锦绣堆里吃闲饭,那一年,他死去了。所以,终成帝之世,外戚王根是最后一个替他当家的人。

成帝把帝国权力交给外戚,仗着他舅舅多,一个一个顺序上位。随着时光流逝,王氏诸侯渐趋凋落,终至繁华过眼,春梦无痕。客观地讲,王氏当国,也谈不上有多少祸国殃民之罪恶。帝国看似庞大,但只要帝王不折腾百姓,没有动摇国本的内乱和水旱之灾,其实朝廷政事至简。所谓国泰民安就是帝王所祈望的太平盛世,帝国只是在既定的轨道上运行就可以了。至于宫廷内部擅权争宠、尔虞我诈之权斗,乃是庙堂正常生态,它隔绝在宫墙之内,与寻常百姓的日常生活并无多少关系。王凤初擅权,群臣也有心怀不平、向皇帝进言告状的。如京兆尹王章给皇帝上密折,揭露王凤把自己一个小妾的妹妹纳入后宫,献给皇帝,说此女适宜生子。而王凤小妾之妹曾经许嫁于人,假如怀了孩子,难保不是野种。此欺君罔上之罪也。这种狗扯羊皮的脏污烂事无关国计民生,但朝堂斗法也无外乎这些上不得台面的东西。王章告状,也曾动摇过成帝对王氏的信任,但太后为了娘家人撒泼,又是哭又是不吃饭,成帝是个没主意的人,把王章下狱弄死也就完事了。至于王氏诸侯豪奢违制,政出私门,卖官鬻爵,排挤异己之种种行径乃是题中应有之义,或者说,是帝王准许的特权。当然,事情如果闹过了头,也会引起皇帝的不满。如王商欲避暑,高宅豪邸皆不用,非要住皇帝的明光宫。皇上过王商府第,见其毁穿长安城墙,引澧水入私邸大湖中以助行船,其游船翠羽为盖,帷幕为屋,击楫中流,越女清歌,比皇帝还奢华,心中不满,犹隐忍不言。等再到王根府邸,却见积土成山,山上台阁,巍峨壮丽类如未央宫中的白虎殿。皇帝实在忍不住了,发了一通火,几个人做了认错请罪的姿态,事情也就不了了之。

　　成帝末年,在太后的请求下,又封王氏一侯,这就是王曼之子王莽。本来因王曼早死,留下孤儿寡母,和王氏诸门就没法相比。王莽渐渐长大。各门兄弟皆王侯之后,纨绔子们沉迷于声色犬马之中,竞尚奢华。独王莽孤贫,折节下士,勤苦好学,平时穿戴行事和普通儒生无别。他有一个哥哥亦早死,王莽服侍母亲和寡嫂,养育兄子,皆遵儒家孝悌之礼;外交英俊,内事各家叔伯,无不曲尽人意。处毒焰熏蒸之中,傍腐臭淫滥之侧,竟然出现这样一个修身齐家的堂堂君子,如蔓草荆榛中高耸的乔木,简直就是一个异数!有斯人必有斯用,只待时至也!

　　儒家的出世之说,修身、齐家之后是治国、平天下,王莽自然不是一个只求独善其身,最后与草木同朽的腐儒。对于他来说,通向庙堂的路并非遥不可及,因为盘踞庙堂之上的都是他的同宗叔伯,太后是他的亲姑姑,皇帝是他的表兄弟。但他可不是只图攀缘裙带的庸碌之徒。裙带非不可攀,但要攀得不露痕迹,名至实归。当他还是一个青年学子时,由于他清苦自持、高标独举的行为,在朝野上下就已博得贤德之名。社会越腐败,道德越沦丧,人们越期待一个完美的道德楷模以唤起向善的希望。王莽虽然当不起道德楷模,但也是一个众人赞许的君子。他位高权重的叔伯们开始为他发声,他们的话带着权力的金石之音,其影响力和穿透力百倍于小民的喧哗。这时,执掌国柄的大伯父王凤病了,王莽侍疾在侧,每次都亲自尝药,连月来,乱首垢面,衣带不解,其恭顺孝敬胜过亲子。王凤被深深感动了,弥留之际,将侄儿王莽托付于皇帝和太后。皇帝立刻将王莽拔擢到内廷拜为黄门郎,不久,又升任射声校尉。或问,没有王凤的临终之托,王莽身为皇帝和太后的至亲,难道不会得到内官的职位吗?依大汉帝国任人唯亲的传统,或许他会得到。但王莽多年积累的人气和声望,难道只求做皇帝身边一个内官吗?成帝末年的大汉帝国,朝野上下尽知王莽之名,大家都认为,即便王莽不是太后的至亲,这样风标卓然的人才也不应该被埋没。

王莽终于被封了侯,他的爵位是新都侯。时光无情,王氏先辈诸侯尽被雨打风吹去,执掌朝廷权柄的王根也已老迈。王莽的时代就要到来了!

就在王莽被封侯的同时,王家的另一个至亲淳于长被封为定陵侯。淳于长是太后姐姐王君侠的儿子,也属皇亲国戚。当年太后的母亲李氏,因不满王禁女人太多,与之离异,再嫁一个叫苟宾的人,与苟生有一子,太后怜念母亲,也想让成帝封苟姓子为侯。成帝觉得此事说不过去,没有答应,只赏给他一个内官做。至此,王氏及亲眷被封侯者已经十人,史称"十侯"。大汉开国以来,其煊赫荣宠空前绝后。

淳于长与王莽辈分及年岁相当,两人先后为侯,执掌国柄的曲阳侯王根老迈多病,谁将在王根之后上位?淳于长是个聪明人,会说话,能办事,懂得钻营和见风使舵,如一条黏滑的鳗鱼,游走于君主与王侯之间。他和王莽攀缘的手段、发迹的路径相同,也是殷勤恭敬于王凤病榻之前,因王凤临终前的荐举,得近至尊,博取侯位。他如今权位仅次于王根,如果不出意外,他是王根之后当然的接班人。他之所以有如此地位,是因为他干了一件事深得成帝之心。原来,成帝登基后,女宠甚多,废黜了原来的许皇后,想立心爱的赵飞燕为后。但皇太后认为赵出身卑贱,不太同意。从辈分上论,皇太后是淳于长的二姨,所以他有机会出入东宫,在皇帝母子间传话。他传达了皇帝的心愿,说服了犹疑的太后,皇帝最后遂了愿,赵飞燕终得为后。这件事使他在皇帝、皇后和太后间三面讨好,几乎奠定了他不可动摇的政治地位。帝国的政治权力给人以庄严堂皇的外表,其内部有着既柔韧又脆弱的纽带,这纽带就是得近君主的女人。应该说,淳于长是靠着女人缚牢了他的地位和权力,但它的脆弱和不可依恃也是显而易见的。现在,王莽手中握有割断这纽带的利刃,它足以使对手从高位坠落,坠落到漆黑可怕的深渊里去。但王莽还要步步试探,小心行事。

他首先来到大将军王根的病榻前,对王根说:定陵侯听说您病了,高兴得不得了。自认为将代替您辅政,现在就开始封官许愿了。王根闻言,脸立刻就阴了,喘气也粗了起来。王莽察言观色,接着就把淳于长的最致命的黑幕抖落几句,算是若隐若现地亮了一下刀子。王根震怒,说:既如此,你为何不早说?王莽道:不知大将军您的心思如何,所以我憋在心里没敢说。王根咳喘着,哆哆嗦嗦举起了胳膊,用嘶哑的声音喊道:快,快去东宫,把事情原原本本禀报太后!奉大将军之命,王莽立刻求见太后,太后听着王莽的话,脸渐渐地白了,末了,说:这小子既然这样,赶快启奏皇帝吧!最后,奉太后之命,王莽求见皇帝。见了皇帝,王莽说:臣已见过大将军,又见过太后,此事关乎陛下之尊严,社稷之安危,臣不得不冒死陈言,恳请陛下圣裁!于是,把那把断淳于长之命的刀子交到了皇帝手中。

这把刀子的确是致命的。淳于长聪明,聪明再进一步就是奸猾,奸猾和贪欲联手,肯定会越过底线,干出不计后果的蠢事来。原来这淳于长自封侯后,仗着皇亲国戚的气焰,淫于声色,不奉法度。如果仅耽于声色尤马之乐,用高墙隔断世人好奇的目光,或许只可谓王侯的风流。但淳于长并不满足于此。成帝废黜的许皇后是皇帝玩厌的美人,颇有风韵,如今废居长定宫。许后有一姐姐名许孊,也是一王侯夫人,王侯死,如今寡居。淳于长贪恋许孊之貌,与之私通,后将许孊娶到家,成为他的小妻。许后通过姐姐许孊贿赂淳于长,私心以为,皇帝有赵飞燕在,复为皇后不可能,但求淳于长能在皇帝面前进言,哪怕再封个后宫位次稍低的婕妤也可。淳于长大包大揽,为迎合许后,竟大言许诺说,他可以说动皇帝封许后为"左皇后"。许后信以为真,不断给淳于长送金钱珍宝车舆绢帛之物,其值上千万。但淳于长似乎并不稀罕许后的金钱,每当许孊前往长定宫看妹妹,他都要托许孊带给许后一封私信,信中多挑逗戏侮之言,淫秽下流,毫不避忌。淳于长胆大妄为,这样作死的勾当,所谓"交通书记,赂遗连年",瞒得过别人,又如何能瞒得过百计窥伺的王莽?听罢王莽的话,皇帝怒不可遏,立即将淳于长下狱穷治。淳于长在狱中承认戏侮长定宫,谋立许后为"左皇后"的大逆之罪,尚未施刑,即死于狱中。皇帝即命廷尉孔光带毒药去长定宫,宣读了皇帝赐命后,许后仰药自尽。

除掉了淳于长,王莽权力的阶梯上已无人挡路。王根老病退位,荐王莽自代,皇帝立刻封王莽为大司马。这年是汉成帝绥和元年,王莽年三十八,他终于跃居帝国权力的中心。

综观此事的前因后果,我们尚不能断言王莽就是只管攫取权力的阴险贪戾之徒。在权力斗争中,所谓亲情是最没有重量的砝码。但淳于长又何尝不是咎由自取!在他之前,王氏家族已有四位大司马主掌朝政,都是他的叔伯长辈。如今,王莽蝉联第五位大司马。王莽跃居高位后,越发砥砺自重,以邀声名。他礼贤下士,延揽四方宾客,把皇帝赏赐的金钱散与士民,自己却过着俭朴的生活。他的母亲病了,公卿朝臣派自己的夫人们前去慰问,他的夫人迎接客人,衣不曳地,膝盖上还打着补丁。夫人们都以为是家中的仆婢,后来知道是大司马王莽的夫人,无不惊骇叹息。王莽是读书人,他看重名节纲常,更看重维系帝国运行的礼乐制度,它来于儒家的典籍,也来于帝国的传统。无论在私生活和朝廷公务中,王莽都要践行和维护这种价值,甘愿为此付出代价。种种克己复礼的行为,使王莽声名鹊起,成为人们心目中的完人和贤人。

但这是王莽最终想要的吗?

王莽主掌朝政一年后,汉成帝猝死于寝宫。这个身体强壮的皇帝仅仅活了四十六岁,他在位的二十六年中,大汉帝国的权力尽在外戚王氏之手。他颟顸懵懂,没有主意,也主不起事,虽然以他的名义下过一些诏令,不过是借助他君主的名分。有一次,他想封一个文人做中常侍。任命的诏旨已经写好,新官的官服也已拿来,身边的人提醒他,此事没经过大将军,还是不要草率行事。皇帝说,这是小事,无须告知大将军。但侍从们觉得不妥,还是通报了大将军王凤,王凤断然否定了皇帝的任命。他没有什么理由,就是不想让皇帝做主,皇帝只好乖乖听从,沮丧地撤销了任命。皇帝连身边的随从都没权决定,更遑论其他国事!皇帝偶尔也会发一次火,但大家做一点戏,把他像小孩子一样哄过也就罢了。君主既然不问国事,他主要的时间和精力就全消磨在后宫里。除了一个叫张放的男宠,还有数不清的女人供他淫乐。皇帝最宠爱的女人是赵飞燕姐妹,她们本是公主家舞队的舞女,出身低微,以体态轻盈得到皇帝的宠幸。姐姐取代原来的许后封为皇后,妹妹封为昭仪。皇帝后来更爱年轻的妹妹,她住的昭阳宫,以白玉为阶,黄金为门限,室内帷幕的壁带上装饰着金玉、明珠和翠羽,其豪奢前所未有。皇帝是名副其实的酒色之徒,他的大半生命消耗在宴乐和床笫之上,但他宠幸的赵氏姐妹却没有生育。一个权力世袭的王朝,君主的后嗣关乎着社稷的安宁和享祀的久远,但这个迷恋女人肉体的男人对此毫不在意。本来,原来的许皇后曾育有一男一女,但都不幸夭折。皇帝本人是有生育能力的,他死后,内官大臣们揭露,皇帝曾经和一个曹姓宫女和一个许姓美人各自生过一个男孩,不幸的是,这两个男婴皆在皇帝的默许下,被善妒凶狠的赵昭仪下令杀掉了,同时被赐毒杀死的还有婴儿的母亲。更令人不可思议的是,许美人生子后,皇帝将此事告知赵昭仪,赵昭仪撒泼,皇帝无奈,竟和赵昭仪关上门,两人亲手杀死了婴儿(见《汉书·外戚传》司隶解光的奏折)。为平息悍妇之怒,亲手杀子,宜乎其断根绝嗣也!

皇帝杀子绝嗣,但帝国总要有储君。元帝和王皇后生成帝刘骜后,又和傅昭仪生一子,封定陶王,和冯昭仪生一子,封中山王。元帝在时,曾有意废刘骜立定陶王为太子,但终未实行。成帝刘骜即位后,定陶王就国,十年后,定陶王薨逝于封地,谥定陶恭王,其子刘欣继承王位。这一年,中山王和定陶王刘欣皆入朝,工于心计的傅昭仪见成帝无嗣,就贿赂赵昭仪和当时执政的大将军王根,为其孙刘欣求为太子。这两个人皆能做得皇帝的主,于是,刘欣就被定为了太子。成帝暴崩,刘欣即位,这就是史上的汉哀帝。

皇室接班人的选择非常失败。刘欣不仅是身患痿痹的残疾人,还是个同性恋,性格乖僻固执,从身体到精神都是残缺畸零之人。这样的人被选为国君,正是大汉帝国无可挽救的死亡之兆。刘欣甫一登基,王莽的姑姑由皇太后升为太皇太后,她下了一道诏旨,令王莽归政就国,以避帝外家。成帝在时,外家王氏当国,如今新皇帝来了,又带来一帮子母系、祖母系的娘家人,应该是他们的天下了,所以前朝辅政的王莽理应规避。王莽给新皇帝上书,请求退隐就国。但新皇帝位子还没坐稳,身为元帝正妻的太皇太后还凌驾高位,所以,新皇帝不想马上就和前朝的王氏闹翻,便挽留王莽继续留任。

久远的宗法制度,乃帝国权力合法性的基础,从春秋时代家国同构制度延续下来的大汉帝国,治国也如同齐家,所以,尊卑之序不容淆乱。有大臣为谄媚新君,上书请立刘欣的母亲丁氏为皇太后,王莽严词弹劾,指斥其"误朝不道"。过了几天,皇帝在未央宫设朝宴,内官为皇帝祖母傅氏设帷幄,其座位与太皇太后王氏并列,王莽严责内官,道:定陶太后乃藩妾,何以与至尊并列?立命撤座另置。王、傅二妇人,虽同为元帝生子,但一为妻,一为妾;如今王氏为太皇太后,而傅氏虽为皇帝的祖母,但只能算定陶太后,所以王莽称之为藩妾,高低尊卑,不可并列。傅氏闻听大怒,不肯参加宴会,对王莽心怀怨恨。王莽于是再次请求退隐还政。皇帝罢了他的官,但给予十分优渥的待遇。两年后,哀帝刘欣把母亲丁氏封为帝太后,称中安宫,祖母傅氏封为皇太太后,称永信宫,成帝的皇后赵飞燕称皇太后,加上元后王氏为太皇太后,称长信宫,于是,朝中一时有了四个太后。而且两个年辈最高的老太太——傅氏与王氏并尊,名分地位等埒,终于扬眉吐气了。

哀帝一朝,王莽优游闲居,虽不惜得罪新君,但由于维护朝廷的宗法制度,被众多大臣认为是直道而行的君子、刚直不阿的铮臣,名誉不降反升。朝野上下对他寄予厚望,希望他出山力挽帝国政治的颓势。尽管如此,王莽是不安全的。他之所以不在乎新皇帝的感受,敢于与哀帝的外戚们叫板,是因为成帝刚死,姑姑太皇太后在朝,王氏的政治势力还无人可以撼动。但仅过三年,新君已经坐稳了位子,一朝天子一朝臣,忠于新君的大臣们开始挑战王氏的权威了。哀帝的丞相就曾提议褫夺王莽爵位封邑,免为庶民。如果刘欣的皇帝继续当下去,王莽性命堪忧,又何谈后面的一切。

历史的吊诡之处在于,短命的刘欣二十岁即位,在位仅六年,即一命呜呼,寿仅二十六岁。登基伊始,他的痿痹病日益加重,放荡的生活加速了他的死亡。他在位的政绩毫无光彩可言,却留下了诸多的遗孽劣迹,留待后人清算。他除了给母亲、祖母封赐尊号外(幸运的是她们在他之前死去了,否则她们的下场将是十分悲惨的),又将二十出头的嬖幸董贤封为大司马,倾国家之财力,对其赏赐无度。在一次宴会上,竟出言将皇位传给董贤,遭到了一位大臣公然指责:陛下之天下乃高皇帝之天下,陛下是无权说这种话的!匈奴单于入京朝觐,见董贤如此年轻,竟位越三公,极人臣之位,大为不解和震惊。董贤之幸,只因为他是个漂亮的美少年,而性错乱的刘欣视国事如儿戏,任性胡为而已。

人云:国之将亡,必生妖孽。刘欣是个地道的妖孽,而他的死,将呼唤出一个强人,把气息奄奄的大汉帝国牢牢地钉死在棺材里。

3

汉哀帝一咽气，太皇太后没有片刻迟延，立即驾临未央宫收取了皇帝玺绶，朝廷大权重新回到王氏手中。她环顾四周，当年声威煊赫的王氏诸侯尽已凋零，子弟中几无可任事者，老妇人不由倒吸一口冷气。世事无常，人命危浅，皇帝驾崩，群臣惶惑，哀帝近臣，眈眈虎视，倘有心怀叵测之徒乘危作难，则国事倾覆、命运翻转只在顷刻之间。如今，王氏可依恃者唯有侄儿王莽一人，于是，火速派使者召王莽进宫。诏命王莽暂行朝政大权。王莽立即派人收大司马董贤印绶，董贤畏罪自杀。太后命群臣商议大司马人选，大司徒孔光等人举荐王莽，前将军何武、后将军公孙禄互相举荐（这两个人还想挑战王莽的权力，很快就会自食苦果）。太后岂能让大权旁落异姓，立即封拜王莽为大司马总揽朝政。如今帝位尚空，朝廷第一等大事即选一刘姓子孙填充帝位，太后与王莽商议的结果，是让年仅九岁的中山王继成帝之后。哀帝刘欣在位六年，已伤透了王氏之心，幸其早死，暴其恶而未鞭其尸，已算对他的宽容，所以，把他从帝王序列中排除掉了。

西历纪元公元元年，东方的大汉帝国，一个九岁的孩子登上了帝位。在中国历史上，是为汉平帝元始元年。形式上，太后王政君临朝称制，代行国事，实际权力尽在大司马王莽手中，他才是帝国真正的主人。这一年，王莽四十六岁，他的时代开始了。

专制权力是最能放大人性之恶的魔杖，它不仅有着嗜血的本性，而且决不宽容。王莽从前也当过大司马，但那时尚有诸多限制和禁忌，皇帝虽然昏聩败德，但毕竟是君主，而且皇帝身边的臣子还有众多公开和潜在的敌人奈何不得。如今，对少年天子完全可以视若无物，太后虽在高位，不过仅有象征性的权力，左右一个老妇人，逼她就范，易如反掌。王莽先是拿两个女人开刀立威，汉成帝皇后赵飞燕（其妹赵昭仪已于成帝死时自尽）曾挟宠害皇子，汉哀帝傅皇后曾有骄僭之行，皆令其自杀。如果说赵罪有应得，则傅一年轻女子，被人做主嫁一痿痹、性错乱的男子，虽有皇后之名，不过是深宫的囚徒，如今被逼令自杀，未免冤枉。但王莽恨的是死去的刘欣，所以，她也就成了冤死鬼。还有两个人，也是王莽不待见的,那就是何武和公孙禄,因互相举荐,一概免职。还有一个是太后亲弟弟红阳侯王立,虽无官职,但是最能和太后说上话的人,一旦他在太后面前说自己的坏话,就会动摇自己的地位,所以,即便是自己的叔叔,也决不留情。他让人上奏王立的旧恶,逼迫太后把王立赶往封地,不久,又迫其自杀。至于哀帝当年的异己旧臣,不归顺者,对其家人诛灭流放,更是毫不手软。以上所为,不能说王莽就是阴狠凶暴,有些人或许是罪有应得。附顺者拔擢,忤恨者诛灭,是权力的内在逻辑,否则也无法建立权威和执政班底。大司马代天子号令群臣,为使国家长治久安,肃清前朝皇帝遗毒余孽,立威慑众,重开新局,不过是铁腕宰相应行之事。帝国历经两代庸劣窳败之君,戾气、暮气、腐败和淫邪之气弥漫庙堂,臣子们太盼望一个雷厉风行、敢作敢为的人来扭转危局了。天降大任于斯人,王莽杀伐决断的作风正是群臣们长久期待的,大家对王莽的拥戴,上表为其请功,把他比作古代的周公和开国贤相萧何,也并不完全是人身依附和对权力的谄媚。

王莽是权力场上的老手,他知道如何恩威并施培植自己的心腹,巧妙地利用大众的情绪为自己造势。在庙堂和公众场合庄严肃穆,用不容置疑的口气说些冠冕堂皇的话,使人们对他肃然起敬,如果他要达到某一目的,先把他的想法暗示给心腹,让他们秉承其旨意上书显奏,下面推波助澜,鼓动起臣民狂热的情绪,他自己再谦恭推让,甚至磕头流泪,上以迷惑太后,下以煽惑群氓,一而再,再而三,把戏做足之后,才把不断推升的声望和实惠收入囊中。他先让南方边远小国献贡"白雉",然后将其献祭于宗庙,这是远古典籍所载的国泰民安的祥瑞之兆,周公辅政,方有此瑞,如今大司马居周公之位,祥瑞再现,所以,大司马宜如古代周公,赐"安汉公"之号。"上应古制,下准行事,以顺天心。"大臣们上书后,王莽开始三番五次地推辞"谦让"。他先是说,国家能有今天,是我和几个主要的大臣共同制定国策,朝廷要赏,也要赏他们,把我放一边。这显然不是真心话。你是众臣之首,赏别人不赏你,说得过去吗?于是心腹臣子再让太后下诏,引古籍"无偏无党,王道荡荡"之言,说明朝廷赏赐你,不是因为你和太后有骨肉之亲,乃是遵从先古圣人之道。但是王莽装病不出席"授勋"仪式。臣子们三番五次登门敦请,他还是不肯出来。大臣们又说,朝廷先封赐下面的臣子,他就会出来了。于是,把王莽手下的四个心腹之臣(所谓"四辅")下诏封赏,授太师、太保、少傅等荣号,增加封邑。可是王莽还是不出来。他知道,"四辅"既已有封号,增爵位,居于

"四辅"之上的大司马安有不封之理？"安汉公"这个名号除了他王莽，谁又当得起呢？他是决心要把戏做到底的。于是，群臣们再次联名上书，请求王莽接受封赐，不要使朝廷失去尊严和面子，更不要使臣下和百姓们失望。太后以朝廷的名义下诏，封王莽为太傅，赐号"安汉公"，增加了两县二万八千户的食邑和其他赏赐。王莽这才起来接受封赐，但他只肯接受太傅的职位和"安汉公"的名号，至于赏赐的食邑，等到百姓丰衣足食后再接受。群臣再争，太后无奈下诏，把其他赏赐增加了一倍，这才把王莽"安汉公"的名号落实了。

王莽的野心是时势造成的。随着他的声望和权威的提升，他的野心在慢慢地苏醒。他暗示臣子上书，让倦于政事的太后安心养老，把朝廷大权全都揽在手中。为了巩固权力，他把自己一个尚未成年的女儿配给少年天子做皇后。为了达到这个目的，他同样使出了表面谦退、实则造势的手段，使众臣集体请愿，呼天抢地一般，非得"安汉公"女儿做"天下母"不可，终于在少年天子十三岁那年，把女儿定为了皇后。为了取悦太后，他让太后及其姐妹在春暖花开时节坐着车子巡幸宫阙园囿，代表国家礼节性地接待采桑女，使太后等几位老贵妇心花怒放。他还带头捐出百万金钱和三十顷土地救助贫民，使朝廷公卿百官人人效法，推高自己的声望。于是，有臣子引经据典，呈上歌功颂德的文章，要朝廷继续封赏王莽及其家人。这次，不但是朝廷大臣上书，还带动了民间百姓八千余人为王莽呼吁，于是，太后又代表朝廷下诏，加王莽封号为"宰衡"，取殷之贤相伊尹为阿衡，周之辅政周公为太宰，王莽之功，度越前代圣贤，合而用之，故称"宰衡"。封王莽的母亲为"功显君"，食邑两千户，赐予黄金印绶；又封王莽儿子王安为褒新侯、王临为赏都侯。仿周公故事，王莽增加的封地，堪为国中之国。王莽又是装病谦让，直至求见太后，叩头流涕固辞，把从前的戏码又演了一遍，最后，当然还是"委屈"地接受了。此时，王莽的声望和地位已达到极致，古今为臣者无人可及。如其自述所言："臣莽伏自惟，爵为新都侯，号为安汉公，官为宰衡、太傅、大司马，爵贵号尊官重，一身蒙大宠者五，诚非鄙臣所能堪。"的确，他的名号地位已经无以复加了，于是，他让朝廷给他刻一方金印，曰"宰衡太傅大司马印"。因为新都侯、安汉公都属名誉头衔，而刻在印上的才是号令四方的实权。朝廷当然无不照准。接着，公卿王侯百姓继续上书，还要朝廷再赐王莽以荣衔，史载因其不受朝廷封赐的新野之田，吏民上书者前后达四十八万七千五百七十二人，而王莽派出各地考察观览民风的使者,更听到四方莺歌燕舞,山野城郭一片万岁的欢呼声,他们采集来歌颂朝廷和大司马的民歌就有三万余言,这真是前所未有的盛世。于是,朝廷又俯从民意,历数其安社稷之功,赐安汉公"九锡"之礼,曰"九命之锡",是活着的人和宗庙祖宗祭祀时所享有的最高礼仪,包括车马、衣服、乐悬(编钟、悬磬之类)、朱户(府门之色)、纳陛(登堂之阶)、武贲(卫队)、斧钺(出行仪仗)、秬鬯(祭祀之器),其规制几乎等同皇室。

就在王莽的地位和声望达于鼎盛之时,汉平帝竟然暴病而亡。他九岁为帝,在位五年,仅仅活了十四岁。他的死疑窦丛生,史书语焉不详,据《汉注》云:少年天子身体很好,因王莽将他的母亲和外家隔绝在封地,不许见面,故对王莽生怨。于是王莽生篡杀之心,于腊日上椒酒,置毒酒中,将平帝毒死。在这之后,翟义起兵反王莽,移书天下,所列王莽之罪就有毒杀平帝这一条。

当时的大汉帝国,天子年幼不亲政,太后临朝称制,王莽又是大司马,江山社稷表面上还是刘姓王朝,其实已是王家的天下,群臣谄媚鼓噪,权力私相授受,王莽早有"篡夺"之实,已是实际上的君主,建立新朝,登基称帝,不过就是走个过场而已。的确,历史已经给王莽搭好了舞台,序幕已近尾声,充当历史主角的王莽的正戏,就要开演了。

4

少年天子平帝一朝,其实就是王莽的天下。他虽有臣子之名,却实行帝王之事,其篡势已成。等到平帝神秘暴崩,他完全可以脱下臣子外衣,直接坐到帝位上改朝换代。此种天下已成之局,就连闾巷中闲逛的狗也不会怀疑了。

但王莽还要有一个短暂的过渡,他在刘氏子孙中找了一个年仅两岁的婴儿放到了皇位上。这个婴儿就叫刘婴,史称孺子。当时汉宣帝曾孙为王者五人,其他刘姓子孙在列侯之位的有四十八人,但王莽一概否决,却立了个襁褓中的婴儿为帝,他取而代之的意图已昭然于天下。

英国伟大的历史学家爱德华·吉本在他的皇皇巨著《罗马帝国衰亡史》中写道:"世界有很多种政府形式,而以君主世袭政体最令人发噱。试想老王死后把国家当成私产，像一群牲口那样传给对人类和自己浑然无知的婴儿。英勇的武将和贤明的大臣，放弃对帝国天赋的权利，趋向皇家的摇篮屈膝宣誓效忠，像这样怎能不使人气愤填膺？"东方古老的大汉帝国的臣民们不在意皇位继承人是否为乳臭未干的婴儿，只在意他的血统是否纯正，因为君权神授的观念已经深入人心。人类臣服某一个家族世代统治的传统由来已久，一个异姓的强人取代原有的皇室另立朝廷，必须找到合法性的根据。其方式有两种：一是用武力推翻前朝，所谓"枪杆子里面出政权"。但仍要大造"苍天已死，黄天当立"的舆论，大讲前朝如何罪恶不道，逆历史潮流，已经气息奄奄，应当寿终正寝，退出历史舞台，而自己才是代表正义、光明、历史前进方向的新生力量，打天下坐天下应天顺命，于是，新的王朝建立起来。这个王朝历经数代，由积极进取堕为僵化保守，由相对的开明清廉沦为彻底的腐败糜烂，最后，又一股异己的力量用暴力将它推翻，再建立另一个新的王朝。没有任何一个王朝能摆脱"其兴也勃，其亡也忽"的历史周期律，因为无论官方的话语如何变化，但万变不离其宗，"百代都行秦政法"，哪一朝都在"千古一帝"秦始皇规范的圈子里打转。东方专制帝国就在这种历史循环中跌跌撞撞地走了两千余年。王朝更迭的另一种方式就是所谓"禅让"。君主把自己的权位主动让给比他更贤德更有能力的人。这种方式仅见于中国远古的传说，据说一个叫许由的高人听说君主要把位子让给他，他觉得君主的话弄脏了自己的耳朵，于是跑到山泉边去洗耳朵。这种事情我们姑且相信曾经有过，因为那时生产力不发达，君主被推举出来，相当于一个氏族长，他带领氏族老少栉风沐雨，不但要保证他们的温饱生存，还要防御其他氏族的入侵抢掠，肩上的担子很重，而且没有多少特权。这从大禹治水的记载约略可知，大禹带领氏族的人治理洪水，跋山涉水，腿上的汗毛全都磨没了，手脚长满了老茧，三过家门而不入……这样的君主大约很少有人愿意去做。后来生产力发展了，一个氏族渐渐成了一个国家，当王的有高于常人的享乐，还有种种特权，大汉帝国的儒生术士就从典籍上查到，黄帝光女人就有一百二十个，这是任何一个生命力旺盛的男人都向往的事情。王还可以主宰臣民的命运，有生杀予夺之权。从这个时候起，就再没听说哪一个王肯把王位出让了，不仅不出让，还明确规定，他一旦死去，由他的子孙世代承接他的位置。后来秦王打败了所有的王，灭了他们的国，大大小小的王国成为一个整体，他认为他已经拥有了"天下"，"天下"的四周有一些落后野蛮的土著,称之为"四夷",他已经成为"天下"的主人,不再允许别的王存在了。于是,他自称"始皇帝",他的子孙要万世一系,永远做天下的主人。大汉帝国的开国君主是灭了秦王朝夺得的天下,和秦始皇一样,也希望自己的子孙世世代代永为帝王。如今,自汉高祖刘邦始,刘家的天下历十帝已达二百余年,尽管自庸劣的汉成帝始,三代帝王皆断根绝嗣,但刘家没有哪个帝王肯站出来,表示愿意把皇权禅让给王莽。不仅如此,名义上身为汉家臣子,尽管实质上已行帝王之事,在帝位已空时,还要从刘家子孙中选一个小屁孩或者乳臭未干的婴儿填充帝位。这让王莽很不爽。那么,所谓第二种王朝更迭的方式究竟是什么呢?那就是异己的政治力量在旧王朝的内部渐渐强大,它吞噬掉自己的母体之后,成为新的个体,在旧王朝已无力还手的弥留之际,改换旗号,取而代之。此种方式由王莽开其端,魏之曹氏,晋之司马氏继其后,都用这种方式建立了自己的王朝。

　　具有皇室血统的刘姓王侯大多慑服如鼠,填充皇位的两岁婴儿在襁褓中酣睡未醒,大汉帝国已到了弥留之际,王莽必须得行动了!他此时已有了"摄皇帝"和"假皇帝"的名号,庙堂的臣子们已经把王莽当作了君主,年号也改为"居摄",其实就是王莽自己的年号了。这时发生了东郡太守翟义起兵反莽的军事行动。以前也曾有过几次小规模反莽活动,但都很快失败,没有成气候。这次翟义不仅拥立一个叫刘信的王侯为天子,且拥兵十余万,与之呼应的另一支仓促组成的民间武装也号称十余万,竟来攻打首都长安。王莽非常惊恐,连忙调集军队平叛。自己怀抱孺子日夜祷告于汉家宗庙,并让臣子颁发文告,誓言自己暂摄帝位,将来,孺子长大,一定还政于汉室。王莽平叛调动的是国家的正规军,反莽的部队很快就失败了。王莽长舒一口气,他知道,事情不能再拖下去了。如果迟疑不决,将会有更多的叛军出现。索性当个真皇帝,建立自己的朝廷,新朝一旦建立,那些犹疑观望的人也就会安心归顺,而心怀不满的人也就掀不起大浪来了。叛军土崩瓦解,说明自己既合天意,又获民心,登基上位的时机已经成熟了。

　　君权神授,该让老百姓知道神的意志了。

　　王莽上书太后,说有一个名叫刘京的王侯曾上报朝廷一件怪事,齐郡临淄县一个亭长一夜数梦,每次都梦见一个奇人对他说:我,天公的使节也。天公让我告诉亭长,"摄皇帝当为真(皇帝)",如果不信我的话,此亭中当有新井。第二天,亭长起来,果然看到亭中有眼新井,入地百尺。冬至前后,远在巴郡的石牛,还有一块有字的石头，不知怎么无缘无故跑到未央宫前殿来了。我和某大臣去看，忽然天风骤起，天空昏暗，等到风停了，我们看到一块铜符，和画在绢帛上神秘的图画放在石头前，上面的文字写道："天告帝符，献者封侯。承天命，用神令。"从这两件怪事看，上天已经把天命神令明确地告诉了我们。孔子说过："畏天命，畏大人，畏圣人之言。"我对天命深感敬畏，请改年号为初始元年。太后知道，这个从所罗门魔瓶里放出的魔鬼再也收不回去了，没有人再能挡得住王莽要做真皇帝了。

满口荒唐言，只为圆一个帝王梦。谁都知道这无耻谰言背后的名堂，但人们沉默，最后他们相信了这些所谓的"符命"。权力的巫师把他的魔法施加到群众身上，形成一个毫无理性的狂澜，汹涌澎湃，势不可挡，最后，阴谋家达成了他隐秘的目的，同时他被狂热的群众推拥到神坛和权力的峰巅之上。王莽当皇帝的故事是一个最好的历史范本，它完整地演绎了这个过程。在无异议、情绪化和低智商的群体狂潮中，聪明的投机者总能攫取到最大的政治利益。一个名叫哀章的长安文人，精心制造了一个黄铜匣子，谓之"金匮"，内有上天符命，能两开，其一镌字为"天帝行玺金匮图"，另一开镌字为"赤帝行玺刘邦传予黄帝金策书"。这两段貌似古怪的话需要稍做解释。据传刘邦当年起兵时，进军路上盘踞一条白蛇，他的同伙吓退了，刘邦仗着酒力，抽剑向前，将白蛇斩为两段。后来有人在刘邦斩蛇处见到一个哀哀哭泣的老妪，人问其为何而哭，老妪回答说，她的儿子白帝子挡了人家的路，被赤帝子杀掉了，因此悲哭。大家觉得她出语荒诞不经，正要盘诘她，那个老妪忽然不见了。这个故事被虚构出来，和王莽所谓天公使节给亭长托梦是一个性质，就是要证明"君权神授"，刘邦是赤帝子，杀白帝子灭秦而为帝。如今，刘姓王朝气数已尽，因此，刘邦要把皇帝之玺传给黄帝。黄帝是谁？他就是王莽，因为王莽自己考证并认定，自己乃是黄帝轩辕氏的后代，有着最远古帝王的血统，因此，王莽为真天子，做皇帝天经地义。更妙的是，这铜匣里还装有王莽八个大臣的名字，后来增加有王兴、王盛和哀章自己，计十一人，都是王莽新朝的重要大臣。这个铜匣子是哪来的？天上掉下来的？土里挖出来的还是神仙送过来的？没说。不过，哀章听说王莽编造了亭长、石牛等故事后，立刻穿上了黄色的袍子，捧着这个铜匣子到刘邦的高庙去了。他把这个铜匣子非常郑重地交给了守护高庙的官员。官员立即上报，而王莽很快就来到了高庙，拜受

"金匮",算是得到了大汉帝国开国皇帝的禅让和上天的神授,戴上皇冠,谒见太后,来到未央宫前殿,布告天下,当上了真皇帝。

当年,汉高祖入咸阳至霸上,秦王子婴出降,奉上秦始皇之玺。到高祖诛灭项羽,即天子位,自己佩带,刻刻不离,后来这始皇玺由汉家君主代代相传,号为汉传国玺。由于孺子刘婴尚在襁褓,这传国玺就保存在太后的长乐宫。王莽当了真皇帝,向太后讨要,太后不肯给。后来他派王舜来向太后索要。王舜是王音之子,王莽的庶兄弟,论辈分也是太后的侄子,深得太后信重。太后知其来意后,开口怒骂:你们父子兄弟蒙汉家恩德,富贵累世,受汉家托孤之重,不知图报,反倒夺人之国,真是猪狗不如,天下还有你们这样的兄弟吗?既然用什么金匮符命当了皇帝,就该自己作玺,为什么非要这亡国不祥之玺呢?我一个汉家老寡妇,旦暮且死,欲与此玺俱葬,你们别想拿到手。涕泣而言,絮絮不止,左右皆垂泪,王舜亦悲不自止。末了,王舜跪仰太后,说:臣已无话可说,王莽决心要这传国玺,您老能终不给他么?太后听王舜出语恳切,又怕王莽威胁逼迫,这才命人将玺取出,狠狠掼在地上,骂道:我老太婆已经死了,你们兄弟如此,迟早必受灭族之祸也!

这件事可见太后对王莽废汉自立的态度。她尽管以汉家老寡妇自许,但她是无力动摇王莽当皇帝的决心的。

哀章既有献金匮符命之功,又把自己列入了新朝重臣的名单,当然受到了王莽的重用,名列朝班。可是王兴、王盛在哪里呢?左右近臣无人叫这个名字,后来,遍访之后,终于找到了。王兴,是管城门的小吏,王盛,是个卖饼的小贩,两人只因名字应了"符命",都被王莽封为高官。投机的无行文人攫取了荣华富贵,而王莽的迷信妄诞更令人发噱失笑。

5

我们借历史这扇窗子观察古人的行为,有时感到庄严肃穆,有时又感到惊心动魄,也有的时候,我们为某些重大事件的残酷血腥而惊骇不已,还有的时候,我们也为他们的一些愚妄荒唐的行为而叹息失笑。或许我们无权嘲笑古人,他们

的一些古怪行为有些出于权力的任性,有些则用来服务于更神圣的目的,尽管在今人看来,很多事情是那样地不可思议。

台湾的柏杨先生对王莽有极高的评价,他说:"王莽是儒家学派的巨子,以一个学者建立一个庞大的帝国,中国历史上仅此一次。王莽有他的政治抱负,他要获得更大的权力,使他能够把儒家学说在政治上一一实践,缔造一个理想的快乐世界。"王莽是不是儒家学派的巨子,对此我不好说什么,因为他没有什么发展儒家学说的天才著作流传下来。说他是学者,似乎有些牵强。或许在柏杨先生的眼里,他述而不作,是儒家学说伟大的实践家吧。但是在他的帝国里,我们并没发现什么"理想的快乐世界",而他本人的一些作为更让人感到匪夷所思。在所有古代的帝王中,没有谁像王莽那样一意孤行,他干出很多出格的事博人眼球,令人大惑不解。妄诞迂执,不切实务,半儒半巫,惑人欺世,这就是王莽"儒家帝国"的政治风景。

他坚称自己是黄帝的后裔,自说自话,言之凿凿,追叙祖先的谱牒,其目的,当然是为了证明自己当帝王乃天命所在。上位前,造作符命,民间一些骗子争言奇异之事以求封侯;上位后,声言"皇天革汉而立新,废刘而兴王"。竟玩起了拆字游戏,繁体字"劉","卯、金、刀"也,为了使刘氏帝位永绝,通行的刀币和民间的佩饰"刚卯"皆不许用,并且以皇帝诏旨颁行天下。所谓"刚卯",据《汉书》服虔注解:以正月卯日作佩之,长三寸,广一寸,四方,或用玉,或用金,或用桃(木),著革带佩之。今有玉在者,铭其一面曰"正月刚卯。"由此看来,这不过是民间辟邪求福的一个小佩饰,但因容易引起对"劉"字的联想,王莽亲自下诏禁绝。这年秋天,王莽派五威将军王奇等十二个人四方巡行,颁布"符命"于天下,其中"德祥五事,符命二十五,福应十二,凡四十二篇"。五威将所乘坐的车子上图画天象星辰之属,用六匹母马拉车,地生万物为之母,六,地之数也,所驾之车合天地之命数。五威将军本人除穿着色彩艳丽的衣服,背后还需插满漂亮的野鸟毛。每一个五威将各置左右前后中五帅,这样一个奇怪的组合共有六个人,加上扈从和卫队,是一个不小的队伍。十二将,每将置五帅,共派出巡行四方的使节七十二人。将持朝廷节钺、称太一之使,帅持幢,称五帝之使,他们穿的衣服、车子和马的颜色,各如其巡行方向的色数,如南方色为赤,则往南方的使节红衣红马红车,东方色为青,则往东方的使节青衣青马青车。王莽策命曰:"普天之下,迄于四表,靡所不至。"这样服饰奇异的使节必须达到所行方向的极远之地,他们去干什么呢？第一,向天下的人宣告"符命"四十二篇,证明王莽当皇帝乃是天和神的意志,除了前面已讲过的石牛、亭长之梦,无端出现的深井,那个叫哀章的人所献的金匮符命外,还有某地的母鸡忽然变成了公鸡之类。王莽是个儒生,他会搞意识形态,他要用这种方式宣布其政权的合法性,告诉天下臣民百姓,他登基为帝,乃因天降异象,昭告下方,因此他才代天受命,君临天下。尔等百姓既畏天听命,就要老老实实接受我的统治,不要再怀念刘姓的汉家王朝。第二,他们要去收取四夷邻国国王的印绶,大汉帝国封他们为王,这是不对的,他们有什么资格称王呢？王莽登基后就下了一道诏命,其言曰:"天无二日,土无二王,百王不易之道也。汉氏诸侯或称王,至于四夷亦如之,违于古典,谬于一统。其定诸侯王之号皆称公,及四夷僭号称王者皆更为侯。"天上只有一个太阳是王莽,地上只有一个王是王莽,所以,任何人称王都是大逆不道。国内王者称公,外国称王者改为侯。王莽很快就会收到恶果,因为这样一件无关国计民生的不智之举,他将四面树敌,将国家置于动荡不安之中。

  王莽要砸烂一个旧世界,创造一个新世界,凡大汉帝国旧有的一切都要改变。官名官制,改！原有主管国家财政的大司农改为羲和,这是中国远古神话中的太阳神,王莽拿来做官名,后来又改为纳言；而为皇家主管财物的少府改为共工,这是远古传说中一个氏族部落头领的名字,也拿来做官名。其他所谓四辅、三公、四将等中央和地方官吏改为各种稀奇古怪的名字不可胜记。行政区划,改！按照古书所记,"州从《禹贡》为九,爵从周氏有五"。把国内的行政区划分为九州,按照公、侯、伯、子、男五等分封爵土,"诸公一同,有众万户,土方百里。侯伯一国,众户五千,土方七十里。子男一则,众户二千有五百,土方五十里"。王莽自称"万国之主",他像孔夫子一样"郁郁乎文哉,吾从周",非常羡慕周天子,似乎想回到分封制上去。当然,其滞碍难行,也是显而易见的,"以图簿未定,未授国邑,且令受奉都内,月钱数千。诸侯皆困乏,至有佣作者"。王莽统计一下,光诸侯就有一千八百名,所谓分封,原来只是空头支票,画饼充饥,所谓的诸侯也不过分到地方政府按月领工资,有很多诸侯穷困得只好给人去打工。所谓"学者"治国,只尚空谈,拘泥于书本,唯书唯古,种种异想天开的花样,给国家百姓徒增困扰而已。王莽对旧有的地名乃至州郡的名字非常厌恶,所以也要按他的意图改变。首都长安改为常安,长乐宫改为长乐室,汉朝历代皇帝国事活动的未央宫改为寿成室,前殿更名为王路堂。这个还算他求新求异的小花样,未央宫叫什么鬼名字无关寻常百姓的衣食住行。但有些拍脑门的新花样则叫官吏和百姓无所适从,困扰不堪。如他随心所欲地更改郡名,变易属地,"一郡至五易名,而还复其故,吏民不能记"。刚把某郡改个名,不久王莽心血来潮,再改一次,甚至一个地名改了五次,最后又改回原来的名字。官方文书只好在新名后面附缀旧地名,才好下达。此谓之困官,至于他随意变乱钱币,造成市场混乱、民生困顿的困民之举,应有专文论述。史载"是时百姓便安汉五铢钱,以莽钱大小两行难知,又数变改不信,皆私以五铢钱市买,伪言大钱当罢,莫肯挟"。王莽下诏,如有仍然使用汉五铢钱,说新朝大钱当罢的人,其罪和非议井田制相等,都要流放到边塞少数民族的地方去。"于是农商失业,食货俱废,民人至涕泣于市道。"王莽时国家货币数次变易,朝令夕改,给国家经济和民生造成了极大的灾难。王莽还把有些归顺称臣的刘姓诸侯赐予"王"姓,因钦封的"国师"刘歆与他有姻亲,所以格外开恩,得以保留原姓。还把他的姑姑,原来汉朝太后的名称改为"文母太后"。其种种变易不经之事,不胜枚举。

倘如柏杨所言,我们姑且称王莽为学者,则这个学者治国一是好古稽古,刻意复古,凡事从古书上找根据,然后以自己的意志和想法任意诠释,证明自己所行之事符合"正经"和圣人之意。颁赐诏书,引述古经,一应举措,尽仿古帝王之行。他热心于制礼作乐,讲合六经之说,用儒家的所谓"六经"统一臣民的思想。以至于公卿大臣旦入暮出,议论连年不决,致使国计民生的要事无暇也无人处理。王莽治国既以古为则,其种种妄诞不经之事皆用经典加以掩饰,愚人且自愚。王莽不是今天我们所能理解的儒者,他身上带着许多神怪巫觋的色彩。中国自秦汉以降,皇权和国家的意识形态已经越来越世俗化,就在《左传》《国语》《战国策》等逃过秦火侥幸流传下来更早的史书中,我们所见王霸之国的君主们所关心的也大都是军事外交之事。孔孟论政,说仁论礼,不言怪力乱神。自汉以来,汉武帝刘彻和独建一朝的王莽是神怪巫觋气最重的两个帝王。刘彻被方士忽悠,一直存仙升之妄念,其迷乱误国之行至死方休。王莽本人则半儒半巫,迹近癫狂之举配有帝王庄严的仪式,令人惊诧莫名。

天凤四年,王莽已经当了九年皇帝,他忽发奇想,铸作了一个名为"威斗"的东西,而且亲自到长安南郊工地上指导和监工。史称"威斗者,以五石铜为之,若北斗,长二尺五寸,欲以厌胜众兵"。大致猜想,此物以五色石为星,在铜坯上缀成北斗形状,制作它的目的,有辟邪和防暗杀者近身之意。此物成后,令官名司命的一名贴身侍从背着它,如果王莽出行,司命背负它走在前边,王莽入宫时,则背负它走在车旁。铸这物件时,因在室外作业,逢天奇寒,参与其事的百官人马有被活活冻死的。

天凤六年,王莽为帝十一年,国事紊乱,饥民为盗,天下扰攘不安。王莽还是乞灵于鬼神。他找术士望气,俗云看风水,然后征集天下工匠,图画设计,亲临行奠基之礼,由百官陪同,"亲举筑三下",在长安南郊修"黄帝太初祖庙"等九座庙宇,总称"九庙",其规模"且令万世之后无以复加也"。为此,尽毁城西苑中建章、承光、包阳、大台、储元宫及平乐、当路、阳禄馆等十余座汉家宫殿,"用其材瓦,以起九庙"。这年大雨下了六十余日,征用民工无数。为了解决民工吃饭问题,国家开始卖官,如有捐助粮食六百斛者,可以为郎,"增秩赐爵"。庙要修得壮丽庄严,为黄帝修的太初祖庙东西南北各四十丈,高十七丈,庙中廊柱顶上皆以铜为饰,雕金镂银,"穷极百工之巧"。这项浩大的工程,"功费数百巨万,卒徒死者万数"。直到王莽灭亡的前一年,九庙方落成,王莽举行了"纳神主"的隆重仪式,请九位神鬼入住。王莽乘六马车,每匹马身上披上由五彩毛编织的龙纹衣,头上装着三尺长的角,把拉车的马弄得怪模怪样,坐在华盖车里的王莽更是一身巫气,由十位骑士前导,浩浩荡荡,莅临九庙。"纳神主"的仪式完后,鬼神入庙,王莽赏赐主持修庙的司徒和大司空钱各千万,侍中、中常侍等贴身的官员皆得封赏。

王莽迷信神鬼,已经达到神经质的地步。除了耗国家巨资,扰民残民修空前绝后的"九庙"外,他自己常常疑神疑鬼,自我惊扰。一次他梦见长乐宫外五个铜人忽然站起来,甚感不安,因为铜人身上铭有"皇帝初兼天下"之文,这是为汉高祖纪功的铭文,他立刻命人将铜人身上的铭文刮削掉。他总觉得汉高祖刘邦灵魂在作祟,于是,令虎贲武士进高祖庙驱鬼,武士们拔出宝剑,四面望空乱击,用斧子砍坏门窗,又用桃木煮水向四壁泼洒,用赭红色的鞭子抽打墙壁。这些古怪的举动都是为了镇压汉高祖作祟的灵魂。最后王莽还是不放心,于是命令一个将军住在高祖庙里,另外一个将军住到汉高祖的陵寝去,以此来震慑不安的灵魂。

有人说,远古的黄帝建华盖以登仙。于是王莽建了一个九重华盖车,高八丈一尺,驾六马,三百个穿黄衣扎黄巾的力士簇拥左右,车上人击鼓,左右连呼:"登仙!"王莽每外出,令这个怪异的仪仗前导,一片"登仙"的呼叫声。百官私语,说这分明是一辆丧车。关于黄帝登仙的传说,流传于战国方士之口,至汉代,已被视为荒诞不经。汉武帝对此五迷三道,至王莽,已近走火入魔矣!

6

从周王朝到秦汉,由于生产力水平的低下,无从接触更不了解遥远的世界。帝王们的观念还是"内华夏而外夷狄"。认为国境四周都是一些未开化的民族,称之为"四夷",对其极其鄙视和轻贱。迄至秦汉,最大的外敌乃是匈奴,这个以游牧为主的强悍民族对边境乃至帝国的安危都造成很大的威胁。大汉帝国的君主们对匈奴有征伐有和亲,其目的是要求得边境的和平和安宁,让两国百姓都能安居乐业。用今天的外交辞令来说,奉行和平友好的睦邻政策对于国家安定、经济发展和人民幸福至关重要。汉家自宣帝始,与匈奴及四邻诸国是关系最好的时期,所谓"边城晏闭,牛马布野,三世无犬吠之警,黎庶无干戈之役"。可是到了王莽称帝,他几乎是迫不及待地把这个和平安宁的局面破坏掉了。他的颠顶狂妄和一意孤行,造成了国家动乱和人民的苦难。

前文已述王莽遣五威将军巡视和出使四方之事,五威者,示威胁迫于天下也:"其东出者,至玄菟、乐浪、高句骊、夫余;南出者,逾徼外,历益州,贬句町王为侯;西出者,至西域,尽改其王为侯;北出者,至匈奴庭,授单于印,改汉印文,去'玺'曰'章'。"四邻的少数民族诸国,当时多为大汉帝国的外藩属国,受汉家印玺,称王一方,每年朝贡,奉献给朝廷一些稀有的方物,而朝廷也待之以礼,予金银绢帛等赏赐,也有一些贸易,互通有无。自张骞通使西域诸国,开通了丝绸之路,与西域各国的贸易就没有中断过。当时,虽然还谈不上国家无论大小都有平等的权利这样现代的外交理念,但大汉帝国对四邻诸国还是给以应有的尊重,如不干涉其内政,如无犯边之衅,决不兵戎相见等,就是现在,这也是处理国与国关系的准则。

王莽派遣北出的五威将军名为王骏,有左右前后中五帅可谓副使,为甄阜、王飒、陈饶、帛敞、丁业共六人。他们此去匈奴的目的,就是为了王莽一人为王,普天之下再不许有王的想法,授匈奴单于新印。原来汉家颁授单于印文为"匈奴单于玺",王莽新授的印文为"新匈奴单于章"。王莽的使节们把新印交给了单于,印是被绢帛包着的,单于没来得及看印文,虽然有旁边的姑夕侯一再提醒,在使节们的催促下,单于还是解下了旧印交给了他们。其中的副使陈饶怕单于看了新印后,再讨旧印,悍然用斧子把汉家旧印砸碎。第二天,单于果然对新印不满,要讨回旧印。云:"汉赐匈奴印,言'玺'不言'章',又无'汉'字,诸王以下乃有'汉'言'章',今既去'玺'加'新',与臣下无别。"他认为匈奴之于汉,只是属国,而非臣子,如今以臣子待之,于理不当。但得到的回答是:汉家旧印已经砸碎了。这种强横的流氓行径,常人也难以忍受其凌辱,况单于乃一国之君!不久,匈奴单于就派十几员大将,统帅上万铁骑,重开边衅。边境又烽烟四起,百姓死难,近一个世纪和平安宁的睦邻关系被王莽葬送了。其起因无非"玺""章"一字之辨,王莽之愚妄可见一斑!

西域的车臣国因王莽暴虐强横,率部欲降匈奴,王莽的西域都护诛斩车臣王,车臣王的哥哥还是率国内民众牲畜等举国归降匈奴,两国合兵,纵横杀掠,西北边鄙,再无宁日。

匈奴扬言要大举进犯,戍边的校尉陈良、终带等见西域各国皆叛,战端一开,必死无疑,于是,杀边将刁护等人,胁迫士兵边民二千余人逃往匈奴。

匈奴侵扰寇边之役越来越频繁,其人数大者万余,中者数千,小股也有几百,雁门、朔方太守皆被杀,吏民百姓生命及财产损失不可胜记。于是王莽拜了十二名将帅,"发郡国勇士、武库精兵",开赴前线,屯守西北边陲,准备兵士集中到三十万,粮草征集够支撑三百天,十路出击,大举进攻匈奴。王莽的想法是愚蠢的,他既不了解边地的情况,更不懂战争。一个名叫严尤的将军回顾了历史上华夏和匈奴的关系,认为周王朝把入侵者驱逐过境而罢兵,此谓中策;汉武帝选将练兵,深入远戍,虽有克获之功,但汉家也有巨大损失,兵连祸结,三十余年不得安宁,造成国内疲敝,百姓苦难,此谓下策;而秦王朝倾举国之力修筑长城,妄图将胡人挡在长城之外,民不聊生,国力衰竭,长城完工,社稷亡灭,此谓之无策。他向王莽指出这样宏伟的战争计划不可能成功的五点理由,谓之五难,如:兵员和粮草征集耗费时日；先到的部队长期等待，给养供应不上；士兵长期暴露荒野，丧失战斗力；匈奴之地气候严寒，又多沙漠，粮食和饮用水的长期供应难以为继，若经历四季，部队发生疾疫，则不战自溃等。所以他要求带精锐部队先进军，给敌人以重创，使其不敢轻易犯边也就达到了目的。但王莽骄狂自恣，好大喜功，根本听不进正确的意见，仍然全国转输军队粮草，征用兵员和粮秣牺牲畜，全国骚动，百姓再无宁日。后果如严尤所言，先到的部队等待兵员粮草，时日一久，将骄兵疲，而内地各郡愁于征发，百姓弃城郭流落山野为盗贼，并州、平州等地尤其严重。这样的局面久拖不决，从未和匈奴有过一次正面的战役。

后来，王莽也有过分裂匈奴的企图，如胁迫利诱匈奴王，欲封十五个单于，又悍然改匈奴为"恭奴"，单于为"善于"，杀匈奴王为质的儿子等愚蠢的行为。虽然匈奴因单于死后变更有过短暂的和亲愿望，但由于王莽的骄狂和不智，终使匈奴死心塌地与华夏为敌，成为边疆的大患。

为了讨伐匈奴，王莽还在国内征集有奇能异行的超人。应征者中，有声称渡江海不用舟楫，水上行走如履平地的；有声称不用军粮，只吞食其药丸就不饥不渴的；还有声称插翅能飞，一日千里，可窥探匈奴军情的。王莽虽知皆妄，用其声名而壮军威，皆拜为理军，给以车马，待时而发。有什么样的君主就有什么样的臣民，轻启边衅后，军国重事搞成了巫术邪道的闹剧。

北方匈奴已成劲敌，战争动员已使国家动荡。别的方面怎样呢？

南方：王莽派往南方的五威将军改句町王为侯，其王怒而不附。王莽命地方官用欺诈的手段将句町王杀死，王弟起兵攻杀地方官，南方复有兵燹之患。王莽遣平蛮将军冯茂击句町，十分之六七的士卒遭疾疫而死，为了供战争之需，赋敛民财十取五，益州虚耗，百姓困苦不堪，终不能克。后又换将再征，又强征民财十取四，梁州人烟绝迹，成为空城，句町之叛仍不能平。

东方：王莽征高句骊兵伐匈奴，高句骊人不愿背井离乡去打仗，郡县强征之，结果，高句骊人逃亡塞外，聚集为寇，官府不能制。辽西大尹田谭追击之，反被所杀。王莽不抚慰安顿东北的少数民族，反倒诱骗高句骊侯而杀之，更名高句骊为"下句骊"，和改匈奴为"恭奴"同一伎俩，皆侮辱轻贱之意。它造成的连锁反应是，东北少数民族秽貊、夫余皆反，东北边境再无宁日。

西方：西域诸国以王莽毫无恩德信义，焉耆国先叛，杀西域都护但钦。王莽天凤三年,遣五威将王骏等出西域,诸国皆郊迎,向朝廷贡献。王骏因焉耆国前曾杀都护但钦,欲袭击焉耆等诸国。焉耆诈降,设伏兵,王骏及军队覆灭。王骏的部下后到,掠杀老弱,从车师还入塞。西域自此和华夏绝。

和邻国关系的恶化,完全是因为王莽骄狂自恣所致。东西南北"四夷"皆叛,王莽的王朝四面受敌。外患的恶果全都转嫁到百姓身上,子弟千里戍边去打仗,赋税加重,民不聊生,这加速了王莽政权的崩溃。

7

王莽在历史上恶名昭彰,两千年来,后人很少对他有正面的评价。人们骂他是乱臣贼子,似也不完全是站在正统王朝立场上的诛心之论。如果他是一个开明的帝王,对内对外以国家和百姓的福祉为重,正身克己,屏绝邪妄,以贤明的统治赢得民心,即便他的王朝时日短暂,后人也应怀念他的德政,给他以应有的历史地位。近世以来,我们看到有很多学者为王莽鸣不平,发掘他正面的东西,给以积极的评价。胡适先生说:"王莽受了一千九百年的冤枉,至今还没有公平的论定……然而王莽确是一个大政治家,他的魄力和手腕远在王安石之上。我近来仔细研究《王莽传》《食货志》及《周礼》,才知道王莽一班人确是社会主义者。"为什么胡适先生称王莽是"社会主义者"呢?王莽真的是二千年前追求经济上平等、公平,打倒富人、解放穷人的先知吗?这要从王莽当上皇帝后推行的经济变革说起。

王莽的国内经济政策很容易说清楚,一是实行井田制,制止土地和奴婢买卖;二是实行"六管",由国家垄断资源和一些重要商品。

始建国元年,即公元9年,王莽推行井田制,其下诏曰:"古者,设庐井八家,一夫一妇田百亩,什一而税,则国给民足而颂声作。此唐虞之道,三代所遵行也。秦为无道,厚赋税以自供奉,罢(疲)民力以极欲,坏圣制,废井田,是以兼并起,贪鄙生,强者规田以千数,弱者曾无立锥之居……今更名天下田为'王田',奴婢曰'私属',皆不得买卖。其男口不盈八,而田过一井者,分余田予九族邻里乡党。故无田,今当受田者,如制度。敢有非井田圣制,无法惑众者,投诸四裔,以御魑魅,如皇始祖虞帝故事。"这是以国家权力强制推行的土地制度,复古改制,想回到鸿蒙初开的唐虞时代去。王莽是个信古好古的人,一切都是古代的好,有时所思所想所推行的一切,是书上的古代或者想象中的古代。即如恢复井田制,在想象中真是无比美好:一对夫妇耕种"王田"一百亩,八对夫妇共用一眼井,在八百亩"王田"之内,八对夫妇安居乐业。"鸡犬之声相闻,民至老死不相往来。"因为没有道路与外界相通(尚无阡陌),民只认识自己的土地庄稼和手中锄头,他们完全陶醉于田园之乐中,对外边的世界一无所知(为什么要知道与己无关的事呢?)。官家按照十分之一的收成来收税。这样,就做到了国家富足、人民幸福,除了颂声大作以歌圣世,百姓还需要什么呢? 但这只存在于想象之中,如果坐在宫殿里描画这样的盛世蓝图是很容易的,它或许有过,尽管加进了很多美丽的想象,但在今天,已经完全不可能了。井田制的消亡,并非起于秦,在它之前就已经不复存在了。尽管书载秦孝公用商鞅变法,"坏井田,开阡陌",我们今天也有理由认为,在远古,或许也只在小范围内部分实现过,更多还是存在于远古圣人贤君的想象世界里。当生产关系成为限制生产力发展的桎梏时,它必然随之改变。农业、手工业等生产力的发展,战争、贸易等社会活动拓宽了人们的眼界,术士、游侠、儒生、商贾等各种人物的出现……这一切都打破了人们对土地的依赖,人们也不愿意再受土地严苛的限制。把人圈囿在一定范围的土地上,与世隔绝,做一个与野兽没有多少区别的草野之民,这固然有利于帝王安全的统治,但却完全违背历史的发展规律。如果强制推行,它只能造成社会的停滞和倒退。近世学者们认为王莽推行井田制是抑制土地兼并,打击豪强世族。的确,自汉以来,土地兼并造成的两极分化是一个严重的社会问题,王莽是罕见的直面这个问题的君主。但王莽本质上是个半儒半巫的书生,儒当家时,他好古信古,对所谓的远古盛世充满诗意的想象,他向往做一个唐虞那样"万国之主",在黎民百姓"颂声大作"中安享尘世帝王的权力;巫当家时,他信惑鬼神、符命、征兆,认为帝王的权力既为上天所赋,自身乃是受到上天眷顾的超人,可和上界鬼神相通,甚至仙升天界,位列仙班。王莽迷信古典,迷信神怪,迷信权力,迷信自己,他所颁赐的治国诏命中,有很多援古自炫、生搬硬套、不切实务的内容。读他的诏命,你有时感到他是一个自命不凡、充满浪漫神巫之气、白天而降的超人。但事关国计民生的政策出台,是要有制度保障和具体实施办法的。而井田制的推行,只有一纸诏命,与其说是国策,莫如说表达了他信古复古、对古代帝王的一种向往。因此,它根本不能有效地贯彻落实。非议井田制,擅自买卖土地奴婢者,罪至死,"自诸侯卿大夫至于庶民,抵罪者不可胜数"。因为没有制度及措施,致使"吏缘为奸,天下嗷嗷然,陷刑者众"。抓了一些人,杀了一些人,徒然造成了一些乱局和社会问题,井田制的国策是完全失败的。

三年后,一名大臣上书称:"井田虽圣王法,其废久矣。周道既衰,而民不从。秦知顺民之心,可以获大利也,故灭庐井而置阡陌,遂王诸夏,迄今海内未厌其敝。今欲违民心,追复千载绝迹,虽尧舜复起,而无百年之渐,弗能行也。天下初定,万民新附,诚未可施行。"这段话很简练,它道出了秦废井田是顺应民心和历史发展方向的,王莽推行井田制是违背民心和历史规律的,它遭到了民众的抵制。钱穆先生认为王莽的"好政策"没得到有效推行,是因为没有认真办事的官员和能吏,而所用皆作奸犯科的坏人。倘若真的落实井田制,百姓就会得到幸福吗?窃以为这种把全国土地收归国有(王田),平均分块让人耕种的做法绝非百姓的福音。土地和其他的生产资料一样,正常的流转只能发挥更大的效益。人也如此,把人世代固定在一块土地上,是把人当作一种无意识的生产工具,这样,人就会反抗。所以"周道既衰,而民不从"。一旦失去国家强权的压制,井田制必然瓦解。千年之后,要想恢复,怎能不遇强大的抵制和反抗?所以,"莽知民愁,下诏诸食王田及私属皆得买卖,勿拘以法",从而废除了井田制的推行。

或曰:强制世族富豪把多占的土地分给没有土地的穷人,王莽是为穷人谋利益,难道穷人会反对他吗?一方面,王莽的朝廷没有停止分封依附自己的公卿大夫的官爵和食邑,培植了一些新的贵族,另一方面,打击了一些汉王朝原有的旧贵族,其目的在于巩固自己从大汉帝国夺得的权力。我们没有看到穷人分得土地高歌翻身、颂声大作的记载,只看到由于王莽轻启边衅四面受敌,二十万大军驻扎边塞,国内横征暴敛,以供军需,南北输送,民不聊生,"北边及青徐地人相食,洛阳以东米石二千……流民入关者数十万人……饥死者什七八"的大饥谨。在这巨大的人祸面前,王莽派人到各地,教老百姓煮草木为酪,结果,酪不可食,更加扰民烦费而已。

随同井田制一并废止的,还有奴婢的买卖。王莽的诏书中,引孔子"天地之性人为贵"之语,对奴婢买卖大加挞伐,决定和土地一样,禁止奴婢的买卖。这也是被某些学者称道的德政,但王莽不过是把"奴婢"更名为"私属"(王莽非常喜欢命名和更名,以示帝王之威),无法禁止奴婢的产生和买卖。原因是家天下的王朝是个金字塔式的社会,皇权至高无上,皇帝及分封的子弟和公卿士大夫皆由各种奴婢供养侍侯,不在官场的富人的奢华享乐也要由奴婢提供。朝廷和官家的奴婢可以靠国家权力分配,民间的奴婢却要禁止其流动买卖。如果奴婢算作一种社会地位低贱的人力资源,禁止其流动,也就断了他们的生路。如果富人们不需要或养不起原来的奴婢,又不允其在人力市场上交换买卖,富人和奴婢都将陷入双重的困境。由于北部边塞的战乱,大量的人口涌入内地,流民只好做奴婢以谋生,王莽又悍然下令禁止,这些流民得不到安置,只有辗转沟壑,死于异乡。王莽的做法,表面上看来为奴婢争人权,实际上他驱使所有的国人都成为他自己的奴婢。

王莽的"六管"之策,也为某些学者所赞美。所谓"六管",即王莽为帝第二年(公元10年)下令将盐、酒、铁器、铸钱、布帛、山川湖海的资源统一收归"国有",由国家调配和管理。王莽表面的初衷似乎是为普通百姓着想,因为这些百姓须臾不能缺少的生活日用品"编户齐民"自己不能制造,需要去市场购买,如果豪民富贾操纵物价,则虽贵数倍,百姓不得不买。为了百姓,收归国家管理。"每一管下,为设科条防御,犯罪者至死,吏民抵罪者浸众……"贩卖盐、酒、铁器等就是死罪,厉行严禁的结果是杀了一些人,关了一些人。那么,寻常百姓从中得到好处了吗?汉武帝时曾经搞过盐、铁专营,结果农民买不到一把收割庄稼的镰刀。国家铁厂造出的都是大而无当之物,造出的镰刀"割草不痛",农民苦不堪言。所以,汉武帝一死,大臣们就上书要新君废盐铁专营。王莽时代,实行这种"国家社会主义"的结果是什么呢?一是百姓愈加困穷,民生凋敝,地皇二年,有大臣公然指斥主持"六管"的臣子"设六管以穷工商"。二是由此养肥了一批权力蛀虫,"郡有数人,皆用富贾。洛阳薛子仲、张长叔、临淄姓伟等,乘传求利,交错天下,因与郡县通奸,多张空簿,府藏不实,百姓愈病"(《汉书·食货志》)。从记载看,所举诸人应该是勾结地方官从国家垄断中获利的权力大蠹,用做假帐、虚报库存等手段大发横财。"六管"因国家垄断生产和经营活动支撑王朝财政,所以尽管民怨沸腾,腐败丛生,仍然强制推行至地皇三年,这是王莽灭亡的前一年,民变蜂起,王朝危殆,这才不得不下诏:"除井田奴婢山泽六管之禁,即位以来诏令不便于民者,皆收还之。"

胡适先生标榜王莽和他的一班人是"社会主义者",柏杨先生称王莽改制是"为了改善这种不公平和铲除造成这种不公平的罪恶"。钱穆先生把王莽的"六管"概言为"国家社会主义"。从这种主义的实践中活过来的人,饥饿、贫穷、失去自由的生命体验是刻骨铭心的。有些所谓"看起来很美"的东西,落到百姓的具体生活中将是无穷的灾难和罪恶。

善良的人对君主美好的言词和许诺报以天真的赞许和热烈的企盼,但他们将撞到黑暗的铁壁上。

王莽的时代,普通百姓挣扎在兵燹、重赋、死亡的地狱里,世族经济和严重的两极分化并无丝毫的改变,反而愈发严重。井田制和"六管"令并非解民倒悬的法宝。这是一个黑暗的时代。王莽不比别的帝王更仁慈更英明,相反,由于他的愚妄和专横,带给了人民更多的苦难。

8

君臣关系在儒家的五伦中居于重要的地位。儒家讲社会的和谐和秩序,所以君贤臣忠、父慈子孝、夫唱妇随、兄友弟恭等理想的人际关系合乎儒家对美好社会的想象。仅就君臣关系来说,所谓君贤臣忠的境界是万难达到的。中国两千余年的君主社会,最好的年代不过是君不戮臣,臣不弑君,彼此相安,不发生血腥的冲突,共同维护社会的正常运转而已。所谓明君圣主,乃是臣子的谀颂之词。我们歌颂帝王的伟大,常常因为他开疆拓土或从另一个帝王手中夺得政权,这一切都建立在血腥的战争之上。在人类相互杀戮的呐喊和呻吟声中,在死亡者的白骨之上,升起了帝王的宝座。侥幸活下来的人惊魂未定,就争相把激动的泪水和欢呼献给了新的帝王(欢呼淹没了所有疼痛的呻吟和悲伤的哭泣),而从帝王的权力中分得一杯羹的臣子和御用文人们马上忙于制作颂歌,颂声盈野,一个伟大的帝王诞生了!但很快人们就会发现,当你深情的歌声刚一出口,无情的皮鞭就会抽打在你的身上。专制的本质就是压迫,帝王是世界唯一的主人,所有人都是他的仆人和奴隶。草野之民从繁重的赋税、徭役、战乱和胥吏粗暴的践踏和掳掠中体会到生存的艰难,而御阶的臣仆则会直接看到帝王的冷酷、荒淫与昏庸。帝王的权力是不受制约的权力,不受制约的权力本质上是邪恶的。帝王也是人,具有人的一切弱点。不受制约的权力刺激了帝王无穷的欲望,人的欲望一旦突破底线,就沦为纯粹的恶。剥去一些帝王身上的华衮,我们常常会看到他们集众恶于一身,有常人难以企及的恶行秽迹,尊贵的龙袍和神秘的权杖遮蔽了这一切,只有离他们最近的臣仆才得以窥视其奥秘。所以,帝王恨他的臣仆,认为他的敌人就睡在自己的身边。即使不那么昏聩残暴的帝王,他们对政务的判断和处置能力、性格弱点、身体状况乃至最隐秘的宫闱内情,臣仆们也会了然于心。在臣仆们的眼里,没有什么伟大的帝王,尽管他们把伟大的口号喊得最响,对帝王磕头最多,每天都战战兢兢地重复着皇上圣明的套话,但皇帝知道,这并非他们的本心。臣仆们这样做,并非因为敬他,而是因为怕他。正因为皇帝握有所有人生死祸福的权力,所以,他的御座前才围拢了一大群山呼万岁俯伏磕头的人。庸众狂热的颂歌会把帝王造就成不可一世的妄人,他蛮横专断,愚妄昏庸,违背常情常理,对一些事物的认知低于常人,用于国事决策,会造成重大灾难。这也会使臣仆们对主子产生轻蔑抵触的情绪,降低帝王的威信。臣仆们觊觎皇权,意欲取而代之,酿篡弑之谋而构祸于庙堂,或可有之,但并不常见。毕竟在君臣关系中,君为强势而臣为弱势。况且君主即便昏庸残暴到极点,也终有至死不渝的臣仆尽忠到底。帝王的权力是家天下,人身依附是它的基础。臣仆们并非铁板一块,依据权位和君主的亲疏处在不同的层级上,因对政局的认识、相同的利益、特殊的关系等因素结成牢固的或松散的联盟。臣有异志乃君之大患,所谓帝王之术其实就是驭臣之术。君主之败常因对臣子驾驭不当所致。驭臣有术的帝王口蜜腹剑、恩威并施,是最大的阴谋家和两面派。权位越高、越贴近帝王的臣子越危险,无论是实有还是心造的幻影,总之,帝王把他们看成致命的威胁。正是他们,常常把自己的头颅供祭在皇权的祭坛之上。上帝不会让任何一个人成为通吃全赢的人(如果那样,这个人岂非上帝自身?),人间的帝王也不例外。把身边的臣子一个个干掉的帝王会成为四顾茫然的孤家寡人,他们或者在孤寂中死去,或者把自己的头颅和皇冠一并投进末日的烈焰……帝王将死之时,他将看到无上的权力是一种虚无,恶行不会带来善果,未来的世界将完全把他摒除在外。尘世的生命一旦终结,不但是权力,声音也会消亡。他再也不会对现实的世界发声,从前的声音将消失在虚无之中。他或将看到夺命者狰狞的嘴脸和逼近的屠刀,他的宫殿在火中燃烧,他的后妃四散奔逃,他的臣子不见踪影……一切都如一场光怪陆离的梦。梦醒之时,已在冥界。死去的臣子已不消说起,活着的臣子会投奔新的主人,把唾弃的口水吐到帝王的尸身上……

王莽与刘邦截然不同。后者是起于垄亩或闾巷的不逞之徒,聚群成党,靠血腥拼杀从别人手中夺得江山。尽管权威是在斗争中形成的,但很多出生入死的功臣自认为有挑战权威的本钱和能力,或者从前的位阶和实力还在主子之上,俯首称臣,或有不甘。因此,刘邦必得杀掉对自己形成威胁的功臣,方能坐稳江山。王莽的帝位是篡夺而来,他由臣子而成君主,好比从前的主人家道衰落,嫡传已绝,旁支子息孤弱无援,管家便霸占了主人的财产奴婢,自己当起了大宅子的主人。所谓帝国权力的自然位移固然是人为的结果,太师椅摆在高堂华屋,小主人尽管在帷幕后的襁褓中吃奶,懵然无知,但老管家要想堂堂正正坐上去也非易事。一些人为其喧呼造势,把他一步一步扶上台阶,终于登堂入室,假惺惺、战兢兢,摸摸椅背儿掸掸灰,佯作无心,反复试探,最后终于按捺不住,这才在众人怂恿的呼喊声中一屁股坐了上去。原来主人的臣仆转而效忠于他,新主人必得表现出慷慨大度,才会打消改换门庭的臣仆们的疑虑和不安。于是,王莽除旧布新,更改官名官制,使其看起来更加堂皇,封赏为其上位有功的心腹,所有为其抬轿子造势者尽得高官厚禄,这才稳定了自己的班底,心安理得地当起了皇帝。

王莽做稳了皇帝后,慢慢体会到君臣关系的本质乃是主仆关系。无论多高位置的奴仆也不能和主人有同等的人格,再高的官也是奴,再大的奴也非主。只有这样,才能树立起君主至高无上的权威。必须使臣子们认识到,他们的荣辱祸福乃至生死都操在君主一人之手。只有这样,他们如得到君主的拔擢和赏赐,才会感激涕零,更加忠心耿耿;如君主示以颜色,他们才会如芒在背,寝食不宁,无从生悖逆之心。王莽的做法是:给小人物撑腰壮胆,让大人物弯腰低头,不断地折辱他们,使他们颜面扫地。公卿入宫议事,跟随之人有定数。一次,太傅平晏入宫多带了两个随从,遭到了宫门守吏的严格盘查,对平晏出语不逊。平晏的卫士长大怒,为维护太傅的权威,收捕了宫门守吏。王莽闻听,下令执法部门派出数百人围住了平晏的府第,把平晏的卫士长逮捕后当场处死。王莽的做法无疑是警告平晏,你虽居三公之位,但却是无足轻重的。即使你遭到了宫门守吏的羞辱,你也应该谦恭低头,因为他是为皇帝守门的。大司空王邑部下一官员因公夜晚经过奉常亭,亭长不放他过,故意刁难他。这个官员报了官阶和公务,亭长喝醉了酒,吆五喝六,百般羞辱,这官员忍无可忍,用马鞭抽打他,亭长竟拔刀把官员杀死后逃亡。有司追捕杀人者,王莽说:亭长因公杀人,无罪,不要抓他。大司空王邑只好申斥手下的官员,向皇帝去请罪。哀章因献"符命"助王莽当皇帝被封为"国将",地位很高。但王莽根本不把他放在眼里,知道这个无行文人的荣华富贵是靠见风使舵、投机取巧得来的。朝廷大员在王莽眼里都轻贱如奴婢,而这个哀章更加不堪。哀章家里妻妾不和,闺门秽乱,有些见不得人的龌龊事,经常闹得沸反盈天。王莽特意为哀章家派了一名官员,起个官名叫"和叔"。但他可不是和事佬,他是官,专门管他家见不得人的烂事儿。王莽还特意给这个官员下了一道诏书,不但管闺门之内,还要管他家外地亲戚的事。一切隐私,公之于众,全由官断。孔仁、赵博、费兴三个小人物专门攻击庙堂大员,上纲上线,罗织声讨不遗余力,王莽把他们全都放到关键岗位上,"择名官而居之",让他们作为自己督察臣子的耳目和鹰犬。

王莽当年的心腹有甄丰、刘歆、王舜等人,当年对王莽的吹捧不遗余力。上书让朝廷封王莽"安汉公"和"宰衡"的名号,加封王莽的母亲、儿子等都是这几个人背后鼓捣的。但还有人比他们更来劲儿,知道王莽的野心是当皇帝,所以又加劲儿忽悠王莽。等到王莽真的当了皇帝,抬轿子、吹喇叭的一班人自然论功行赏,官居要职。可是,甄丰、王舜等人的本意并非要王莽把大汉朝一脚踢开,立自己的朝廷。如今,见王莽把事情闹到这份上,不禁心里打鼓。原为汉家臣子,如今却成了王莽的臣子,心里转不过弯儿,怕将来天地翻覆,自己和王莽一道成为乱臣贼子被清算。王舜虽为王莽至亲,后忧惧成疾,郁郁而终。刘歆内心畏怯,不敢做声。甄丰嘴上不说,心里不满。王莽知道甄丰真实的想法,所以把他从高位上拉下来,封他个"更始将军",和卖饼的王盛同列。甄丰对此默无一言。但帝王既知你心怀不满,你大祸临头的日子也就不远了。

当时，甄丰的儿子甄寻也被封官，还有一个茂德侯的爵位。俗言祸福无门，唯人自招。这甄寻不是个安生的主儿，好言所谓"符命"。他知道王莽信这个，便从古书上找到"分陕"一段史迹，依周朝时周公、召公故事，自陕以东周公主之，自陕以西召公主之（此即今陕西名字之来源），陕，古之陕州也。就此附会道：王莽的王朝当效周天子，分陕以立周、召那样有德之人分别管辖。以甄丰、平晏分管其地。王莽不想在庙堂上看到甄丰的嘴脸，立即同意，想把他打发到外地去。甄丰正要离京上任，到西边去安享余年，不想甄寻又出了个幺蛾子。他又作了个"符命"，说汉平帝的皇后本是他甄寻的老婆。平帝后何许人也？原来她就是王莽的女儿。平帝九岁被选为帝位继承人，十二岁那年，王莽为了巩固权力，用尽手段，把女儿送入宫中当了皇后。平帝短命，十五岁夭亡（也有人说被王莽毒杀），不久，王莽就篡位当了皇帝。他把自己的女儿封了个"黄皇室主"，年纪轻轻，养在深宫，捱着养尊处优又与世隔绝的幽闭岁月。王莽可怜女儿，也想把她嫁出去。于是，他命令他的立国将军孙建的儿子精心修饰一番，带着一个医生，借口探病，盛装前往。不想其女大怒，鞭打奉命引见的侍女随从，王莽精心安排的孙建之子等一行人灰溜溜逃了出去。随后女儿果然气怒成疾，卧病数日不肯起，王莽自此不再相强。谁想这甄寻自讨没趣，不知援引何书何典，以何为说，一口咬定"黄皇室主"本该就是他的老婆。王莽大怒，自篡位登基，怀疑大臣们心中不服，有怨谤之言，正想杀个人震慑一下，不想这甄寻恰好撞到了枪口上。王莽骂道：黄皇室主乃天下之母，你这是什么狗屁话！立即下令逮捕甄寻。甄寻惹了祸，吓跑了。其父甄丰知难逃一死，不想让刽子手砍头，自尽身亡。惹祸的甄寻跟一个方士跑到了华山，一年后，抓捕归案。有司一审问，原来这甄寻还有一个小圈子，常在一起非议朝政，对皇上有不敬之言。涉案的有被王莽拜为"国师"的刘歆的两个儿子，一名刘芬，一名刘泳，还有大司空王邑的弟弟王奇、刘歆的门人丁隆等数百人。其中有很多公卿列侯的亲眷、门人、党羽等。这伙人为什么成为小团伙，甄寻又为什么那么自信地认定"黄皇室主"是他老婆呢？原来，自王莽造作"符命"以为篡位登基的根据始，社会上流行左道旁门的邪说，皆以"符命"为说，论议国事，占卜吉凶，预言未来。既然王莽这么轻易地登上了帝位的宝座，别人又何尝不可？他们或者认为甄寻就可能成为未来的帝王，所以才聚拢在他周围。那么，有根据吗？有。据说这甄寻手掌上的纹路成"天子"二字，这岂非天命所在！于是，王莽下令解其臂而验证之。王莽看后，道：哪里是什么"天子"，这分明是"大子"啊，也可以说它"六子"，"六"者，戮也，说明甄寻父子应该戮死啊！于是，"流（刘）芬于幽州，放（甄）寻于三危，殛（丁）隆于羽山"。用驿车拉着他们的尸体，郡县传致以示众，送他们到各自埋骨之地，遗臭万年，永不翻身。其余涉案的数百人也尽被处死。

王莽这个人非常有意思，他一举一动都要从古书上找根据，把自己的行为附会到远古帝王上去，他这样做，是效舜处置共工的法子。杀人也杀出历史感来了。

臣子有悖逆之谋，构祸于庙堂的原因有三种：一是君主残暴多疑，君臣互为仇雠，臣子不仅禄位不保，且有性命之虞，臣子不得已做困兽之斗，鱼死网破，在所不惜；二是君主孱弱昏庸，宠信奸佞，臣子坐大，势力养成，已成尾大不掉之势，故废主夺位，取而代之；三是社稷危殆，已近穷途末路，君主无自存之术，臣子有离散之心，故叛主构逆，弃暗投明，以图自存。王莽的一生，经历了后两种过程，他篡汉夺位，自立王朝，由臣子而为帝王，属于第二种。到了他的王朝即将灭亡的关头，王师外溃，大臣内叛，则属第三种。

地皇四年，即公元23年，是王莽王朝的最后一年。饥荒兵燹，国内鼎沸，各路叛军不仅攻城略地，且逼近首都。王莽惶惶不可终日，唯执左道旁门，祈祷神灵护佑，以求退敌逃死。他身边的重臣在这危急关头已看到了危险和死亡的步步逼近，除了一些懵懂愚忠、随波俯仰、不明大势的庸碌之辈，洞若观火者已在寻觅解脱之道。卫将军王涉串通主管军事的大司马董忠、国师刘歆等欲劫持王莽，投降汉军以求自保。刘歆迷信星象，谓必得太白星出方可举事，董忠谋事不谨，被人告发。王莽召董忠等人议事，中黄门等一干人立将董忠杀死，王莽令虎贲武士用斩马剑将董忠尸体戳烂，收捕董忠宗族，老幼皆砍成肉泥，埋于一丘。王涉、刘歆等皆自杀。他们都是王莽最亲近的臣子，但在王朝分崩离析的关头，谁也不愿为别人的家天下殉葬。君主对于危难关头叛离的臣子恨之入骨，杀剐务尽。他们也曾为君主的家天下忠贞不二，竭尽全力，但最后都宗族殄灭，死于非命。

封官厚赏，问罪诛杀，这些恩威并施的手段固是千古帝王驾驭臣子之术。除此之外，王莽还有两手：一是抑夺下权，国事专擅，鉴于自己从汉室篡位的心得，他决不使任何臣子一人坐大，宁可亲力亲为，以至于"常御灯火至明，犹不能胜"，积牍成山，许多紧迫待决之事连年无果。二是自我神秘化，造成臣子对君主的迷信。史载王莽之貌"侈口蹙顱，露眼赤睛，大声而嘶。长七尺五寸，好厚履高冠，以氂装衣，反膺高视，瞰临左右"。也即嘴巴很大，额头很短，眼睛暴突，睛有红丝，嗓门很大，声音嘶哑。中等个头，为了显示身材伟岸，爱穿厚底鞋，戴高帽子，将卷曲的毛装在衣服夹层里，使其膨胀，以示魁梧。看人居高临下，决不平视，以示权力高高在上，凛然不可犯。"寻常看不见，偶尔露峥嵘"，不是贴身亲近之臣，别人很难窥其真容。接见臣子，旁边侍御高举云母扇屏遮其面，只有威严沙哑的声音从屏后传出，语言简短古奥，令人战栗悚然。一个待诏受到接见的臣子谈见到这位帝王的感受时说："莽所谓鸱目虎吻豺狼之声者也，故能食人，亦当为人所食。"王莽闻言，立刻将这个臣子杀掉了。王莽的自我神秘化，乃是东方君主的御臣秘术，臣子对君主的凛然敬畏和信仰崇拜，由焉而生。

9

帝王主宰千百万人的命运，俯临众生，顾盼自雄，但是，死神却对帝王垂顾有加，时刻环伺左右。她先是一个一个把帝王的亲人们带往冥界，把帝王一个人留在孤绝的权力峰巅上，让帝王体验到权力的快感后再品尝尘世的凄冷和空茫。死神用他亲人的死亡警告帝王，再大的权力也不是无所不能的，在死亡面前，帝王也是一个零，当你折腾够了的时候，死神会如期而至。

王莽迷恋皇权，在攀登皇权的台阶上，每一阶都留下亲人死亡的阴影，最后，所有的亲人都做了他皇权的殉葬品。

王莽共有四个儿子，依次为王宇、王获、王安、王临。

先死去的是王获。那时王莽已封为新都侯，先是以大司马之位代叔父王根辅政，成帝死，哀帝即位，赐命其以侯就第，暂时回家赋闲蛰居。哀帝罢王莽之官，欲用其外家丁、傅等人，朝野很多人为王莽抱不平。王莽此时正欲广结公卿，克己复礼，以邀声名。这时，他的儿子王获给他惹了祸，这个纨绔子竟然杀死了家中的一个奴婢。死人的事是不好隐瞒的，如果不了了之，王莽的声名和地位都将受到损害，政敌也会就此大做文章，甚至上书弹劾他。王莽恨怒交并，不想走官家的程序,把事情闹大,于是命王获自杀。王获死后,朝廷收到官员为王莽讼冤的上书百余封。王获杀人固当死,但王莽严命其子自杀谢罪的行为却垫高了王莽的声望,为其东山再起埋下了伏笔。

接着死去的是王宇。王获死于刑事案件,王宇卷入政治,死于一个政治事件。哀帝死,平帝即位,王莽重掌朝政,赐号安汉公,权势如日中天。西哲孟德斯鸠有言,人类的权欲和贪欲一样,是无限膨胀和不知餍足的。此时王莽因久在中枢,一言九鼎,已有篡位之想。平帝的父亲是刘氏诸王中非常不起眼的一个小王侯,封在中山这一弹丸之地。死时,儿子方两岁,依例嗣王位。哀帝刘欣死后,王莽重返庙堂,再执朝纲。为了新帝好驾驭,他就立了九岁的中山王为皇位继承人。平帝原名箕子,王莽和大臣们觉得这个名字土里土气,像某种器物的名字,于帝王身份不配,于是更其名为刘衎。汉家重外戚,新帝登基后,渐渐地都会把身边的重臣换成母系中的人,这已成为一种历史传统。哀帝上位后,为避帝外家,王莽曾被赶出朝堂,所以对此有刻骨铭心之痛。为了永远把持朝政,他以太后的名义下了一道命令,拜平帝的母亲卫氏为中山孝王后,平帝的两个舅舅卫宝和卫玄封为关内侯,永留中山,不得入京。这不仅断了平帝母系的人参政的可能,而且隔绝了平帝的母子亲情。少年天子已成王莽掌中之物,一切只能听任摆布。王宇认为王莽的做法实在阴毒和不近人情,担心皇帝心中怨恨,长大了会报复,那时王莽宗族都会人头落地(他不知王莽别有所图,不会让皇帝长大,自己就会坐到帝位上去)。于是,他就派人和卫宝等人私通书信,让卫后上书朝廷,请求入都陪侍儿子。王莽当然不会理睬这种请求。于是,王宇就和他的老师吴章及妻兄吕宽等人商议这个事情。吴章出了个馊主意,说王莽这个人话是听不进的,但他很迷信鬼神,不如整出件怪事吓他一下,然后再顺势进言,或许会有效果。王宇就命他的妻兄吕宽夜晚持血泼洒在王莽的大门上。不想吕宽的行动被守门人发现,将其擒获。王莽大怒,将王宇关进大牢。王宇狱中服毒自尽。王宇妻子怀孕待产,也入了狱,生下孩子后,也被杀了头。王莽这次杀子,自比于周公诛管蔡。逢迎的大臣们上书,由太后颁旨,大加褒奖,称"公居周公之位,辅成王之主,而行管蔡之诛"云云。王莽于是穷治吕宽之狱,将平帝的母系亲属全部杀死,只留下了平帝的母亲中山孝王后。这位可怜的母亲思念远在京城的儿子,涕泣不已,她唯一的愿望就是能与儿子厮守在一起。如今这个愿望不仅完全破灭,而且她的家族也被诛灭了。牵连进这桩政治事件的还有很多朝廷显贵,其中重要的有:敬武公主,汉元帝的妹妹,年高德劭的皇族至亲;梁王刘立,汉家诸侯王;红阳侯王立,王莽的叔父;平阿侯王仁,王莽的从兄弟等人。这些人对王莽擅权素有非议,于是,王莽分别给他们派出催命使者,迫使他们自杀。既然连自己的儿子都被杀死,王莽要他们的命是不会手软的。儿子王宇一案,给他一个扫清政敌的机会,百余人死于非命。通往皇权的路上已没有障碍,他觉得杀死一个儿子,很值很划算。

王莽死了两个儿子,为了补偿他,由大臣提议,朝廷官拜王莽为宰衡,相当于实质的皇帝,同时封赏他的母亲和剩下的两个儿子。于是,王莽的母亲被封为功显君,三子王安为褒新侯,四子王临为赏都侯。至王莽为摄皇帝时,又晋王安爵为新举公,王临爵为褒新公,复封王莽的侄子王光为衍功侯。王光是王莽大哥的儿子,大哥死后,王莽当年对待寡嫂和侄子王光不错,因此博得了贤德的声名。王光年小于王宇,王莽为宇、光二人同日择妇成亲,大宴宾客,一时传为佳话。王光封侯后,很快就出了事。他与执金吾窦况有私仇,为了报复窦况买凶杀人,被窦况收捕。王莽闻听大怒,切责王光。王光的母亲对儿子说:你自己想想与长孙、中孙相比怎么样?长孙、中孙分别为王宇、王获的小名,意思是王宇、王获都因罪被杀,你又算得什么呢?于是,母子二人皆自杀。

到了王莽自立为帝,他的老婆被立为皇后,子孙全都位列公侯。他的三子王安智商低,史称"颇荒忽",近于痴傻,于是立四子王临为太子,王安封为"新嘉辟"。辟者,君也,取为国君之义。虽然痴傻不能治理国事,名义上还仍有国君的称号。王获早死,无子女,王宇身后留下六个儿子,皆封为公。家天下的皇权荫蔽光崇家族子孙乃天经地义,王莽虽诛二子,最后终于得偿素志,开朝立国,成为一代帝王。和所有开国皇帝一样,他希望家天下代代相传,子孙无穷尽,期盼子孙贤德圣明,能够担负起江山社稷的重任。四子中,二子死,一子痴,所重者,唯立为太子的四子王临。于是,他给王临安排了四师四友,陪侍左右,以教导和影响他成为合格的接班人。

皇权之可怕,在于它有嗜血的本性,因此最接近它的人极易触机而亡。皇权之可怕,还在于它如希腊神话中海妖的歌声,极具死亡的诱惑力。受它荫蔽的人享受着至高权力带来的快感,沉迷于海妖的歌声,忘乎所以乃至迷失本性,最后被死亡掳获。其致死的本源，皆在于人的欲望的恶性发作。

最先触机而亡者是王莽的孙子王宗。王宗是王宇的第三子，封为功崇公。和他的祖父王莽一样，热衷于当皇帝。可如今还轮不到他，他有些着急。他没有抢班夺权的资本，所以搞起了帝王意淫术。他为自己画了一张身服天子衣冠的像，同时刻了三方铜印，印文类如天子之玺。这种非分之想和昭彰的野心乃皇家之大忌，况且还和因罪流放至合浦的舅氏吕宽家族有联系，事发后，按问治罪，王宗自杀。王宗的姐姐王妨是卫将军王兴的夫人，因诅咒婆婆，且杀婢灭口，王莽命人责问，王妨与王兴皆自杀。王兴原为守门小吏，王莽信符命，与卖饼儿王盛皆拔擢高位，还把孙女下嫁。如今，孙女王妨与王兴皆死。

地皇元年（公元 20 年）七月，大风毁王路堂（即未央宫前殿）。据王莽自述，昭宁堂池东南有榆树大十围，其东半边枯僵，被大风吹断，断树覆压东阁之上。东阁即东永巷之西垣也。烈风突起，发屋拔木，对于这次迅猛的风灾，王莽在诏书中惊呼："予甚弁焉！予甚栗焉！予甚恐焉！"（弁者，据《汉书》中颜师古的注解，谓抚掌惊惧之意）加上其后的"予甚惊焉！"王莽在短短百余字的诏书中，为何不顾帝王的尊严，连发惊恐之声？难道仅仅是恐惧一场突来的狂风吗？他又为何特意提到断树覆压于东永巷西垣之上？东永巷是何所在？此中究竟有何深意？其后，王莽为何又谈星象，引述孔子"名不正则言不顺"的话，指出王临上有兄而为太子，属名不正，并把国内天灾不断、四海不宁、百姓困穷的责任归结到错封太子上？王莽仅剩安、临二子，安既智商低下，临为太子岂非不二人选吗？何有名不正之说？最后，他又为何断然废黜王临太子之位，复封安为新迁王，封临为统义阳王，并说希望借此以保全二子的话？

此中深意，王莽诏书中已略有所及。原来，王临自为太子后，曾久病在身，朝见时坐于茵褥之上，需四人挈之而行，至王路堂后，又需在西厢及后阁更衣室中暂歇。后来，皇后，也即王莽正妻王临的母亲病了，王莽命王临去宫中陪侍母亲，将妃妾留在了东永巷。如今，烈风雷电所击，皆与王临相关。东永巷，王临妃妾所居，难道事关女人吗？

不久，王临事发，此中谜底揭晓，令世人惊骇莫名。

王莽关于大风毁王路堂的诏书，说明他已经知道了王临的隐恶，只是难以启齿，不好说破而已。王莽是个迷信的人，他知道风决非无端而起，天之所怒乃因王临骇人之恶。原来,王莽之妻因王莽数杀其子(获、宇),哭瞎了双眼,长久的精神折磨又使其疾病缠身。所余二子,安不堪用,唯太子王临可使母亲稍得安慰,于是,王莽令王临去宫中陪侍。王临独身入宫,暂留母亲宫中。莽妻身边有一侍女名原碧,姿色出众,曾被王莽所幸,王临也与之私通。事虽秘,终难久隐,想来是王莽嗅到了风声,觉得事极丑恶,不好张扬,故隐忍不发。王临深恐事泄,遂有杀父之谋。王临的妻子是国师公刘歆的女儿,据说能看星象,对王临说,宫中将有白衣会。白衣,丧服也。群臣白衣会于宫中,定为帝王之丧。王临认为弑父之谋可成,心中窃喜。这时,王路堂有烈风摧屋拔树之警,王莽遂断然废黜其太子之位,命其出居于外第,王临心中愈发忧惧。时莽妻病重,王临予其母一书,大略言:其父待诸儿严苛无情,宇、获都是年及三十而死于非命,如今我也年及三十,不知将来能否保得性命。王临并非无端忧恐,废黜太子,赶他出宫别居,种种迹象表明他的父亲已经知道了他的隐恶。王莽进宫,发现了王临的信,大怒,疑临有恶意。所以,其母死时,不许其参加葬礼。葬礼毕,王莽收捕原碧拷问,原碧将奸情与弑父之谋全部供出。这种悖伦弑父之恶竟出在他寄予厚望的爱子身上,王莽心中的震动可想而知。帝王之家这种极丑恶之事怎可让世人知道?王莽欲隐其事,令将参与审案的几个人秘密处死,然后,给王临送去了毒药。王临不肯服毒,逼迫之下,以利刃自戕而亡。王临死后,莽又下诏给刘歆云:王临不知星象,事之起因,罪在其妇。于是,刘歆的女儿也自杀了。也就在这个月,王安亦病死。四儿一母,尽死。除王安有些痴傻,属自然死亡,三儿皆因祸横死。

现在已无从知道王莽的心境。从历史记载来看,他对亲人之死似乎并无悲伤,他平静、从容、用帝王宽阔的胸怀容纳并消解了亲人之死。或许他亲手制造的死亡已太多太多,每天都有无辜的人在他眼前死去,他已经没有了普通人的情感,已经固化为一块石头,一尊帝王的塑像。

王莽妻死儿丧后,当年在封地尚有三个妃妾为其生过两男两女,年纪尚小,接来京城以为后嗣。但他的王朝已在风雨飘摇之中,两年后,王莽与其王朝覆灭,他们都成了他的殉葬品。

10

王莽的王朝国名为"新",从他的汉家爵位"新都侯"而来。他在位期间,又一度更为"心",又为"信"。王莽喜欢灵机一动,多变而无常,尤其爱更名命名,但更来改去,他的王朝始终不像个正经的朝代,所以史上径称为"王莽"。王莽正式立朝开国当皇帝,十五年及身而灭。

王莽覆灭那一年,已七十一岁。

这一年,他分遣四十五人到民间寻访美女以充后宫,据说远古的黄帝有一百二十个女人而得道仙升。似乎女人越多,成仙的可能越大。他已步入古稀之年,应该考虑成仙的问题了。不久,他将花白的须发染黑,册封从杜陵征选来的一个姓史的女孩子为皇后。聘礼是黄金三万斤,车马奴婢、奇珍异宝不可胜记。王莽亲迎皇后在前殿两阶间,成礼后,日夜与方士在后宫实验房中术,以纵淫乐。

这一年,州郡失陷,各路叛军已逼近京城,更始帝已立。他派出平叛的军队溃败逃亡。但王莽尚有余勇可贾,他调集全国军队四十二万,由王邑统领,与叛军决战,但昆阳一战,土崩瓦解,王莽陷入绝境。

这一年,他还以帝王之威,敉平了董忠、王涉、刘歆等人的庙堂逆谋,侥幸没死于臣子之手。

这一年,他犹执左道旁门,信惑神怪,指望上天鬼神护佑,救拔他于困境之中。但百计无验。有臣子援引周礼及春秋左氏言,国有大灾,则哭以厌之。故《易》云:"先号啕而后笑。"建议王莽"呼嗟告天以求救"。于是,王莽率群臣到长安南郊,仰天大呼:皇天既授莽以天下,为何不殄灭众贼?如我王莽所行非是,苍天啊,你用雷霆击死我吧!接着,便捶胸顿足,号啕大哭,气尽,伏地叩头不止。可叹七十老翁,为皇权得失如此凄怆狼狈!那飞迸的泪水中,可有为亲人及儿孙之死挥洒的一滴痛泪?

这年十月,长安破,兵从宣城门入,日暮时分,百官尽奔亡。第二天,乱兵烧宫阙,斧劈殿门,高呼:"反虏王莽,何不出降?"大火延及掖廷承明宫,王莽避火至宣室前殿,火则随之。宫人妃妾哭喊:"当奈何!"王莽此时穿深青套红的衣服,身边带着皇帝的玺绶,手持一把防身的匕首,管天文占星的官员还带着占星的仪盘陪侍左右。日影渐高,王莽随星象斗柄而坐,曰:"天生德于予,汉兵其如予何!"此时王莽因辍食,困乏至极。第三天清晨,身边的臣子扶掖其从前殿南门下台阶,西出白虎门,坐车至渐台,渐台环水,欲以阻汉兵。此时,王莽犹怀抱符命(哀章所制铜匣,所谓金匮符命)、威斗等物。王莽身边尚有千余人随侍左右。汉兵进攻,至渐台,高喊:"反虏王莽安在?"有美人出房曰:"在渐台。"于是,汉兵围数十重,先是用弓箭互射,不久,台上箭矢尽,短兵相接,王莽身边随侍皆被杀死。一个名为杜吴的商人挥刀杀死了王莽,取走了他的玺绶,一个汉兵校尉认得是天子玺绶,问绶主所在。杜吴告诉在室中西北角,校尉入,认得王莽,上前割下他的头,数十人上前,争以刀剑割裂莽身,如群兽争食,一肢一脔,皆为求赏之资。这个对权力充满迷狂、一身邪祟之气的帝王终至身首屠灭。

　　长安浩劫,宫室化为焦土。王莽被封为"黄皇室主"的女儿在长安破后,涕泣道:"何面目以见汉家!"遂投身未央宫熊熊焚烧的烈焰中。看来,她所殉的是刘氏的西汉帝国。

　　无论是刘氏的西汉帝国还是王莽的王朝,都埋入了历史的灰烬之中……

附录一 汉武帝晚年的巫蛊之祸

1

公元前92年,时为汉武帝征和元年,帝国无事,四海升平。尽管由于连年用兵,国库空虚,民生凋敝,但东越、南越诸小国皆已平定,西南夷、朝鲜虽曾有一些反叛和动乱,也已戡平,并设州郡管理。最令帝国头痛的匈奴,时战时和,有过几次远征和靡费巨大的战役,现在也构不成大患。甚至遥远的楼兰、大宛、乌孙等西域诸国慑于帝国之威,也进贡臣服。大宛国君主恃远而骄,蔑视天朝,竟匿藏汗血天马而不贡,皇帝大怒,发大军征讨,万里兴师,屠城略地,诛其国王,终于掠天马而归。

大汉帝国雄视海内,皇帝踌躇满志之余,也时感忧惧和惆怅。皇帝十六岁即位,至今已五十年,对外征伐不止,对内苛法严刑,诛杀督责,刑赏黜陟,虽事出有因,皆任意而行。无论是地方官还是庙堂大臣,因一言一行而罹祸殒命者不计其数。迄今已有连续四任丞相死于非命,七年前,太史公司马迁为降将李陵辩护,皇帝因其所言不当,即下腐刑。五年前,又因情报有误,李陵家族皆被诛灭。开疆拓土,富有四海;天威难测,决人生死,天下谁人不怕皇帝?可是皇帝内心的忧惧却日甚一日。皇帝怕什么呢?怕死!"人生非金石,岂能长寿考。"惜生惧死,人情之常。皇帝居至高之位,极人世之欲,他渴望永久掌握无上的权力,永远君临天下,统治万民,只为他一人而设的豪华盛宴永不终止!他和秦始皇一样,相信宇宙间有长生不老之药,皇帝既然无愿不遂,无欲不足,那么,为什么就不能永生呢?他多次派出臣子去寻觅这种使人长生的灵药,他迷信神仙方术之言,周围聚拢了一群以此博取富贵的骗子,自称有法术秘方,可致长生。皇帝对此深信不疑,虽然后来因久不灵验,杀了几个欺妄之徒,但始终没有动摇皇帝对此的信念。他信术士之言,在宫苑中树起一座巍峨巨大的铜柱,上设承露盘,以承接天降甘露,每日和以玉屑同饮以求长生;他率群臣封禅泰山,其礼仪诡谲而神秘,埋下秘不示人的玉牒书,以求和上帝相通;他东巡海上,不顾群臣谏阻,欲驾舟自往寻求所谓蓬莱仙境,以冀和仙人相遇;他兴师动众,巡行天下,祭祀名山,祷祝上帝,以表祈求长生的殷殷之诚;他相信身边骗子公孙卿的话,认为远古的黄帝和他亲近的臣子已驾祥云仙升天界,并向往地说:如果我也能那样,我将弃妻子如脱履也!皇帝春秋渐高,现已六十六岁,至今尚未仙升而去,前后派出上千人去寻觅长生灵药,全无结果;上帝不可通,仙界不可往,揽镜自顾,华发早生,精力渐感不济,身体日益衰弱,每天对着面目可憎的臣子,想到自己有一天也会和常人一样死去,他就无法排遣内心的忧惧。

  这天,皇帝在建章宫中纳凉,忽见一人,穿白衣,佩长剑,穿过宫中中龙华门匆匆而入,皇帝甚感诧异,叫道:是何人竟敢佩剑入宫?快将其收捕!周围的虎贲侍卫们忙追赶过去。龙殿凤阙,亭台池苑,遍搜不得,折腾了一个时辰,侍卫们回来复命,只在宫中辇道边搜获男子遗弃的一柄佩剑。皇帝大怒,眼睁睁的一个大活人怎能在眼皮底下就没了踪影?建章宫建于公元前104年,距其时已十二年。这是一个十分庞大的宫殿群,里面各种亭台楼阁,园林假山不可胜计。其中的太液池,是一个很大的湖泊,中间的人工小岛上修有蓬莱、方丈、瀛洲等所谓海上仙山;其南还有玉堂、璧门等玉石建筑;尚有神明台、井干楼,各类建筑物间都有辇道相通,以方便皇帝来往游观,史称千门万户,足见其壮丽幽深。皇帝把这里当成人间仙境,寄托了他出离人世、超脱生死的理想。如今光天化日之下,森严宫禁之内,竟有人佩剑闯入,且此人如穿了隐身衣一般,在众多虎贲武士的眼皮子底下人间蒸发,只留下佩剑一柄。皇帝怒不可遏,命令立刻处死负责守门的门官。非法闯入宫禁而消失的男子成为皇帝的一块心病,他寝食不安,不仅感到安全受到威胁,而且对其无端消失十分疑惑。这年十一月,他调集京畿附近的骑兵部队,下令关闭了长安城门,开始了对上林苑和首都的严密搜索,务必要查出这个擅闯宫禁的男子。这次戒严，朝野震动，百姓惶恐，国家如临大敌，彻查整整进行了十一天，没有任何结果。

皇帝愈加不安，他头昏、失眠、厌食，神思恍惚，常做噩梦……他怀疑那个消失的男子并非现实中的人，而是被神巫作法而驱动的鬼魅。如果是人，他是断不敢佩剑闯入宫中的。即便他想进宫，对皇帝图谋不轨，那戒备森严的重重门禁他是怎么通过的呢？况且如此严密的搜查，即便一只苍蝇也不会逃出，他怎么会踪影皆无？皇帝的想法并非空穴来风，多年来，皇帝迷信神仙方术，周围有几个深得他信重的术士，如李少君、文成、栾大、公孙卿之流，皆云能通天作法，招神取药，有的被封了大官，有的为贴身的心腹，授予重权，赏赐万金，佩紫怀黄，气焰冲天。可是后来因其大言秘方久无效验，多被皇帝所杀。但是皇帝并没有断了成仙长寿的想法，对神巫怪诞之言仍存有敬畏。如此，神巫方士大得其道，或男或女，麇集京城，甚至远在大宛、乌孙、楼兰诸国的骗子们也都跑到长安来了。他们长相、语言、服饰怪异，装神弄鬼，更易惑人，此谓之胡巫。长安城内大约有数千名神巫方士，他们出入豪门，结交贵戚，甚至到宫苑禁地为宫女妃嫔们行巫作法。妃嫔和贵戚们或因争宠，或因权斗，彼此结下怨仇，神巫方士们便为其行巫蛊之术。其法大略为，以木刻为人形，施以咒语或其他邪术，埋入地下，巫师们为之作法，祈求鬼神加害于对方，使之罹患恶疾，乃至速死。巫蛊之术如同传染病，从宫廷豪门延及民间，巫师们大行其道，道路侧目，人人惊惧，长安城内一片乌烟瘴气。

皇帝决人生死，杀人无数。自打建章宫中发生佩剑男子闯宫又无端消失的事件后，他觉得太多的人仇恨他并咒他速死，他患了迫害狂想症，看周遭的臣子后妃，甚至皇子公主，都似觉有杀他之心。一日白昼昏睡，竟梦见数千木人，争先恐后，环围而上来攻击他，惊醒之后，不胜惶恐。

就在皇帝忧惧惊恐的日子里，发生了丞相公孙贺事件。

公孙贺是一个马上武夫，当皇帝还是太子时，他就在皇帝身边，是皇帝的老熟人了。后来，他娶了皇后卫子夫的大姐卫君孺为妻，成了皇帝的连襟，由此颇受宠爱，被封为轻车将军。后随大将军卫青远征匈奴，因功封侯。前后又有几次率军出征，皆无战绩。本想在这个位置上养尊处优，终老天年。不想丞相石庆病死（这是多年来唯一寿终正寝的丞相，然生前也多受皇帝责谴，每日心惊胆战，如处水火)。石庆一死,皇帝即命公孙贺为相。公孙贺吓坏了,他知道丞相这个活儿不好干,皇帝喜怒无常,丞相常在皇帝左右,一不小心,出点漏子,就可能掉脑袋。因此,他俯伏在皇帝脚下,叩首涕泣,不肯起来。皇帝命左右:扶起丞相。可他还是打拖拖,不肯接相印。皇帝拂袖而去,公孙贺无奈,这才哭着接了相印。公孙贺当了丞相,他的儿子公孙敬声接其父太仆之职,父子皆位列公卿。不料纨绔子弟公孙敬声骄奢不法,利用职权之便,贪污挪用了一千九百万的军费。事发,进了大牢。当时朝廷正在追捕一个名叫朱安世的"京都大侠",朱犹今之所谓黑社会,大汉帝国也"打黑",对于所谓"大侠"之类的黑社会决不手软。古时这类人物游走江湖,轻财重诺,诛暴安良,有仁爱之心,常急人所难,所以也算得人中豪杰。但生杀予夺之权,应掌握在国家之手。对于当年朝廷处决名叫郭解的"大侠",班固认为"以匹夫之细,窃杀生之权,其罪已不容诛矣"。大侠们都有广泛的人脉和社会关系,故朱安世久捕不得。公孙贺向皇帝提出,他要亲自部署,把朱逮捕归案,以赎儿子的死罪。按说抓一个犯罪嫌疑人,本不用堂堂丞相亲自动手,即便抓住了,也是丞相主管下的公安司法分内的事,谈什么以此赎罪呢?但皇帝看在至亲的面子上,还是答应了。不久,公孙贺亲自督办,朱安世被逮捕归案。可是,这下反倒惹了大麻烦。朱在狱中揭发丞相父子两宗大罪:一是公孙敬声与阳石公主私通;二是在皇帝前往甘泉别墅的路上,使巫师埋下偶人,用巫蛊妖术谋害皇上。这两宗罪非同小可,皇帝任用的司法大吏都是刻酷残毒之人,对任何人决不手软。丞相公孙贺立刻被抓进大牢,经过刑讯拷掠,案验属实,还没等上刑场,父子皆瘐死狱中。皇帝气疯了!近日种种蹊跷之事,其源在此。害他的人不是别人,竟是丞相父子!公孙父子虽死,暴怒的皇帝犹不罢休,下令将丞相全家灭族。刑讯之下,案犯还供出两名公主,还有皇后的侄子长平侯卫伉。两名公主不仅与人淫乱,且用巫蛊谋害他,大逆不道,罪不容赦,皇帝下旨将牵连此案的诸邑公主、阳石公主连同长平侯卫伉一并杀头。

　　此案令人难解的疑点颇多:首先,涉案诸人皆为皇帝的血亲至亲,他们的荣华富贵仰赖于皇帝。丞相得到皇帝宠信,刚刚上任,亦未闻皇帝对两名公主有何不利,为什么用魔道妖法来谋害皇帝?其作案动机令人生疑;其二,即有巫蛊之事,谋害的对象是皇帝,一旦败露,即有灭族之厄,当秘之又秘,一个游走江湖的社会边缘人因何而知?仅凭犯罪嫌疑人揭发的供词作为唯一证据遽然定谳,岂不荒唐？其三，巫蛊之证据，乃皇帝必经之路上埋下的偶人。最有可能仇恨和谋害皇帝的应该是皇朝体制外的朱安世，而非被皇帝宠信高居庙堂之上的丞相。朱完全有可能以丞相之名埋下偶人，以备情急之下嫁祸于人。朱被抓后，即威胁丞相，谓其将被灭族，后有司果然掘得偶人，丞相遭灭族之祸，整个过程完全像朱安世和皇帝合谋导演的一场冤情悲剧。其离奇荒诞，武断残忍，千年之后，犹令人叹息。

皇帝年事已高，暴戾多疑，失去了正常的理智和判断，认定他的敌人就睡在他的身边，他要把他们一个一个干掉。他的无上权力和雷霆之怒可以使任何人遭受灭顶之灾。所以，这仅仅是一个开始……

2

皇帝决心要开展一场大的运动，把对他心存不满，用巫蛊之术诅咒和谋害他的人全部揪出来，把他们送上不归路。这需要委派一个得力的大臣具体领导和实施，受命的人名叫江充。

江充是河北邯郸人，原名叫江齐，他有个妹妹，善歌舞，嫁与诸侯国赵太子丹。江齐出入赵国宫廷，得到赵王的宠幸。后来，太子怀疑江齐把自己的隐私汇报给父王，派人去抓他，江齐逃走，太子把他的父兄抓起来杀掉了。江齐西入关，至长安，更名江充，向朝廷告发太子丹与自己姐姐和王后宫人淫乱，结交地方黑恶势力，为非作歹，吏不能禁。皇帝大怒，下旨地方官，派军吏围赵王宫，收治赵太子丹。赵王本是皇帝的异母兄，上疏为儿子辩冤，说江充乃逃亡之小臣，挟嫌报复，举报不实，自己愿意亲率赵国子弟出征匈奴，为儿子赎罪。皇帝不许，坚持逮捕赵太子丹并治以重罪。

江充举报诸侯有功，皇帝要亲自接见他。江充很会包装自己，他请求皇帝允许他以平时所服衣饰冠冕求见，皇帝应允。皇帝驾临犬台宫接见江充，见此人身服纱罗，色彩缤纷，曲裾流苏，飘飘欲举，簪缨冠冕，行步摇颤，加之他身材魁伟，更显气度不凡。皇帝为之惊诧，不由脱口道：燕赵之地果然多奇士也！问及国情政事，江充侃侃而谈，奇装异服加上摇唇鼓舌的一张利嘴，彻底把皇帝给征服了。他得到了皇帝的信任，先是自请前往匈奴为使，回来后，皇帝特命他为"直指绣衣使者"，这是个特殊的职位，直接对皇帝负责，相当于凌驾于贵戚群臣之上的监察大吏，对群臣百僚、皇亲贵戚乃至他们的家属子弟奢侈僭越的行为有处置之权。平时，近臣贵戚整日锦衣玉食，宝马轻裘，尤其是他们的子弟，更是射猎游宴，奢靡淫乱，多行不法。江充弹劾举报，先是将逾制车马全部没收，然后，声言将其违法子弟充军北地以征匈奴。为了使他们不逃逸，不走后门找关系平事，又使吏卒把守宫门，设哨逻察，不许其随意出入。权门贵戚惶恐无计，为了不使子弟充军，纷纷以钱赎罪，国库因此创收数千万。皇帝大悦，认为江充乃忠直之臣，从此更得宠幸。

且说皇帝因疑受巫蛊之害，年老体衰加上心病，终日神思恍惚，虽说杀了两个公主，灭了丞相一家，内心之怨恨及忧惧终不能平。他狂躁易怒，总疑心诅咒他的人遍布国中，而谋害他的人就在身边。不久又杀了一些涉嫌巫蛊的后宫妃嫔、宫女大臣，死者数百。然仍龙体不安，眼前常出幻觉，数不清的偶人在他身边跳踉叫嚣，骂声不休，甚至揪发抓鼻，抠眼扼喉，必欲置其于死地。皇帝甚恶之，恼怒得要发疯，终于病倒了。江充求见，道：陛下之病在巫蛊，巫蛊不除，病不能愈，为陛下龙体安康，请彻治巫蛊！皇帝决心横扫一切牛鬼蛇神，揪出所有包藏祸心的坏蛋，即命江充负责，按道侯韩说、御史章赣、宦官苏文等人组成领导小组，彻查巫蛊之案。江充受命后，以胡地巫师檀何为助，以巫治巫，以巫治人。他带着胡巫檀何，后跟凶神恶煞的吏卒捕快，无论是民居小户，还是豪宅深院，乃至官衙宗祠，闺房神社，无不畅行无阻。胡巫檀何言某屋某宅有巫蛊之气，立刻掘地三尺，以求偶人。又云某处有鬼影出没，某地有蛊气异象，立将所居主人拘捕。其人被诬，惊骇号哭，大叫冤枉，便烧烙钳灼，酷刑逼供，于是涉案者互相诬指，株连愈多，自京师三辅之地连及国中各州郡，坐巫蛊之案而被处决者达数万人。皇帝昏聩嗜杀，丞相、公主都难逃一死，谁又敢为涉案者辩冤？于是，有与没有，只要被指巫蛊，尽杀之。

但是江充兴此大狱，决非只为了杀人立威，他有自己不可告人的目的。他的最终目标是搞掉太子。江充这个人很有趣，他专门在帝王父子间弄事，离间他们的关系，最终把太子搞掉。当年在诸侯国时，已经把赵国太子丹搞死了，如今他进入中央帝国权力中枢，他要搞掉的是天朝太子刘据。

建元二年(前139年)，皇帝初即位，以帝王之尊往霸上祭祀，住姐姐平阳公主家，得幸歌姬卫子夫，带回长安，封为夫人。十年后(前128年)，卫夫人生子刘据，封皇后，刘据立为太子。太子如今三十八岁，虽有储君之贵，但皇帝国事繁剧，群臣环绕，父子间绝少沟通。皇帝妃嫔众多，皇后年老色衰，早已失宠，难得见到皇帝。后来，皇帝的几个妃嫔又为皇帝生过几个皇子，皇后宠衰，太子立久，皆不安其位。其时皇帝与太子间并无嫌隙，也无更变接班人的想法。为了使皇后和太子心安，曾使大将军卫青传话给皇后，说：汉家草创天下，四夷侵凌中国，如果我不变更制度，后世将无法可依，如果我不兴师征伐，国家也不安全。为了这个，天下军民受苦，国家财力匮乏，乃不得已也。如果在我之后治理天下的人还像我这样干，那就是走暴秦灭亡之路，会葬送汉家天下。太子温良敦厚，行事谨慎，欲求汉家守成之主，太子正合我心。听说皇后和太子有不安之意，那就多虑了！太子必能安天下，他办事，我放心，可以把我的意思告诉他们。卫青虽是私生子，但却是皇后卫子夫的同母弟，由他传话当然最合适。皇后听了卫青传来的话，欣喜万分，脱下头上的簪子，面朝北阙，叩首流涕。

　　皇帝每离京外出，政事交付太子，皇后管理后宫，太子和皇后对诸事的处置，皇帝少有过问。皇帝用法苛酷，一些蒙冤获刑的百姓，太子多有平反宽宥，执法大臣皆不悦。皇后怕久而获罪，每告诫太子，莫擅自做主，逆皇帝之意。这时，皇帝反称赞太子而批评皇后。时间一久，归附太子者多为忠厚长者，诋毁太子者皆为恶臣酷吏，后者不断得到皇帝的提拔重用，且人数众多，故太子誉少而毁多。大将军卫青的去世，更使太子失去了保护的屏障。

　　太子的地位是否稳固，最终取决于皇帝。臣子们也都窥伺皇帝的心思，看皇帝的眼色行事。恰在此时，皇帝老来得子，于六十二岁那年生皇子弗陵。生子的赵妃住在钩弋宫，据说怀孕十四个月方生此子，婴儿壮硕。皇帝喜曰：闻昔日尧帝十四月而生，不意钩弋亦如此！于是，命赵妃所居之门为尧母门。尧，世传古代之贤帝，皇帝以初生皇子比之于尧，是何意也？后来司马光批评汉武帝此举不慎："当是时也，皇后、太子皆无恙，而命钩弋之门曰尧母，非名也。是以奸人逆探上意，知其奇爱少子，欲以为嗣，遂有危皇后、太子之心。"皇帝此举有意无意给臣子们某种暗示，自此之后，围绕在皇帝身边的宵小之徒如宦官苏文、常融、王弼之流开始对太子造谣生事，肆加诽谤。一日，太子去拜谒母后，在宫中时间稍长，苏文竟对皇帝说：太子在内调戏宫女。皇后闻此，对太子说：似苏文这等心怀叵测之徒常在皇帝左右，对你造谣诽谤，离间你们的父子关系，应自白真相，请诛奸佞。太子回道：我行为检点，不犯过失，何惧小人。父皇明察秋毫，岂能为奸佞所蔽。又有一次，皇帝身体不适，使宦官常融去召太子，常融回来对皇帝说：太子闻听陛下病了，竟然面有喜色。皇帝嘿然无语。太子至，帝察其容色，虽笑颜温语，面上尚留泪痕。帝知其真情，立诛常融。皇后为防小人从中生事，行事谨慎，不违法度，虽久已失宠，难得见到皇帝，但仍然受到礼遇。

青蝇之谗，积久成祸；壁间微隙，终倾大厦。尽管皇帝对皇后及太子尚无恶感，但其对小皇子弗陵的深爱已使善窥上意的臣子失去了对太子的敬畏。太子近贤者而远小人，而小人是最可怕的。看皇帝的意思，太子能否顺利接班，成为帝国未来的主人，尚未可知。所以，进谗者毫无顾忌，忤犯者肆无忌惮。曾被皇帝特命为"直指绣衣使者"的江充就更不把太子放在眼里了。一日，太子宫中侍从违禁驱车行驰道中，被江充撞见，立即下令没收车马，且将上报皇帝。太子闻听此事，赶紧派人去江充处说软话，说：我并非爱惜车马，其实是不想让皇帝知道此事，惹他生气。我一定要严厉教训下属，决不使之再犯。请江君宽宥这一次。但江充不买太子的账，不仅将车马扣押，并亲自到皇帝那里去告太子的状。皇帝夸奖江充说：为臣者就应该如此啊！江充把太子给得罪了，还得到了皇帝的夸奖，自此更加威震京师。可是现在皇帝老了，病了，而太子正当盛年，如果太子顺利接班，江充的脑袋就得搬家，这一点，江充安得不知？受命查巫蛊大案，罗织株连，杀掉数万倒霉蛋，这只是为了造势，搞掉太子，才是他真正的目标。

太子会被搞掉吗？

3

京城内外，很多人被抄家，被下狱，被酷刑折磨，被送上杀场……但是杀的人越多，皇帝的心情反而越糟，如此多的人在暗中反对他、诅咒他，他觉得这些巫蛊邪术在他的身上起了作用。他头晕目眩，四肢沉重，失眠厌食，不能御女，六宫粉黛已久不临幸，他是真的病了！江充带着胡医檀何晋见，道：宫中蛊气甚盛，不除之,皇上之病终不得愈。最危险的敌人果然就睡在身边,皇帝下旨,江充等入宫查蛊,除恶务尽!皇帝不想听那些倒霉蛋凄惨的号叫,更不想闻到杀人的血腥味,于是便离京去甘泉别墅养病,任江充等人在京城折腾。

江充的领导小组,每个人都有自己的私敌仇家,先是这些人被抓、被关、被处死,接着,被皇帝冷落的夫人妃子遭了殃,她们的椒房内室被掘个底朝天,个个吓得面无人色,若私贿以珠宝钗环,或许侥幸逃生,余则尽以巫蛊罪被拘押,等皇帝下旨杀头。除了江充,宦官苏文也因屡次进谗,与太子结怨,两人彼此会意,带人闯入皇后和太子宫中,胡巫道:此蛊气最盛处,妖气弥漫,令人悚惧,吾已见偶人于地下矣!江充等人下令,寸土必掘,务使妖蛊现形,为陛下除害!于是,皇后和太子宫掘地纵横,竟无置床之地。终于有了"重大发现",江充立即派人疏报皇帝,云:太子宫地下埋有多具桐木偶人,尚有帛书,写有诅咒皇帝的咒语,请让我带着罪证,亲往奏报陛下。

太子大惊,不意江充竟如此惨毒,栽赃陷害。皇帝正被所谓巫蛊之害折磨得发疯,丞相、公主尽被诛杀,只要沾上巫蛊的边,任谁也难逃皇帝的雷霆之怒,这却如何是好?太子忙找近臣(少傅)石德商量。石德也吓坏了,一旦此案定谳,再冤也无从申诉,作为辅佐太子的近臣,肯定将被杀头。石德为太子谋计道:皇帝为江充所蔽,言听计从;太子为江充所陷,无以自白。如今之计,只有假传圣旨,收捕江充,治其惑主作乱之罪。况如今皇帝在甘泉养病,讯息不通,皇后及太子派人前往问病奏事,皆不蒙召见,皇帝生死未卜,奸佞又危害太子,太子不念秦公子扶苏之祸乎?太子犹疑道:我怎能矫父皇之命以杀人,一旦如此,岂非作乱?不如去见父皇,以证清白。石德道:今日之局,只怕太子见不到皇帝,已被废黜诛灭矣!此时江充搜捕太子甚急,太子惶遽无计,只好横下心来,派人以皇帝诏命,逮捕江充。按道侯韩说疑使者有诈,不肯受诏,即被杀掉。太子亲临,监斩江充,骂道:你这奸邪小人,当年离间诸侯父子,使赵太子死难,还不够吗?如今又来离间我们父子,祸乱社稷,死有余辜!即杀之。又依处置巫师的一惯做法,于上林苑中,将胡巫檀何施以火刑。

开弓没有回头箭,事已至此,不容迟疑,太子又派亲信持节杖夜入未央宫,禀告皇后,出武库兵器,征发长乐宫的卫卒,又集中战车,满载弓箭手,封锁道路,关闭城门。长安城内,人心惶惶,一片混乱,到处哄传:太子已反。宦官苏文逃奔甘泉,禀报太子反状。皇帝说:想必太子害怕,又恼恨江充,故为此。命使者传谕太子来见。使者至都门,未敢入,回报皇帝说:太子已经造反,欲斩臣,臣逃归。皇帝至此方信太子已叛。大怒,问:丞相何为?新任丞相名叫刘屈氂,乃汉武帝庶兄中山靖王刘胜之子。听说太子发兵,吓得逃跑了,连丞相印绶也丢掉了。左右对曰:宫廷有变,丞相秘之,未敢发兵!皇帝怒道:事已至此,尚何秘之?丞相无周公之风,难道周公不诛管、蔡吗?立即下诏书给丞相:发兵捕斩造反者。京城内,太子布告百官:皇帝在甘泉病重,奸臣乘机作乱,疑有非常之变,故发兵以卫社稷。天下无事时,皇帝病恹恹百计无聊,愿意折腾点事,一旦真的有事,真病假病霍然而愈,精神奋发,斗志昂扬,立即投入战斗。为使百官不为太子所惑,皇帝离开养病的甘泉别墅,驾临长安城西建章宫亲自指挥平叛。他调发三辅近畿军队入都,命二千石官员皆受丞相节制,投入战斗。太子方面,可用之兵不多,只好矫皇帝之命,大赦狱中囚徒,发给武器,组成临时武装。又命使持朝廷节杖,征发长水、宣曲一带驻扎的胡骑部队,以应太子。太子调发胡骑的使节半路为人所杀,胡骑为皇帝所用,入长安平叛。为了不使太子矫朝廷之命以惑众,原来朝廷节杖是纯红色,现在皇帝所用节杖上加黄旄以示区别。如此,太子之令皆为伪命,除非少数豁出身家性命归附太子的人,多数人不是观望,就是投到了皇帝一边。太子到了御林北军南门外,召护军使者任安,授予朝廷节杖,令其发北军以助。任安跪拜受节,入城后闭门不出。太子困窘无计,只好作困兽之斗。他的手下没有正规部队,全是临时拼凑的乌合之众,只好驱赶这几万人迎战。至长乐宫西门,与丞相刘屈氂平叛军队相遇,双方拼杀格斗五日,血流沟渠,伏尸宫阙,死者约十万之众。

此时朝野民间皆传太子已反,众皆溃散。太子奔长安南门,守门官田仁认为太子与皇帝乃父子之亲,不敢硬阻拦,于是太子得以脱逃。丞相刘屈氂以田仁纵太子出逃,欲斩之,御史大夫说:田仁官至二千石,按级别应上报,先请示皇帝方可处置,怎可擅自斩首?皇帝闻听大怒,派吏责问:守门官放纵反者,丞相斩其首,乃行朝廷之法,你为何阻拦?御史大夫惶恐自杀。太子既败,皇帝命人前去收皇后玺绶,卫皇后自杀。从前太子的宾客以及凡在太子宫中任职者皆被斩首。随太子起兵反叛如石德者,皆被灭族。被太子胁迫的校尉士卒被发配到遥远的敦煌郡驻防。御林军北军护军使者任安(他是司马迁的挚友,司马迁有《报任安书》)虽未发兵助叛,但首鼠两端,和朝廷有二心,与守门官田仁俱腰斩。在与太子反叛作战中有功的人被封侯晋爵。因太子逃亡在外,入城平叛的军队暂不撤防,严守都门,以备非常。

太子逃亡至湖县,藏匿在泉鸠里一户平民家里,主人家贫,卖草鞋以奉养太子。湖县有一富家,乃太子旧相识,太子与其联系,因而暴露了行踪。官兵吏卒围捕太子,太子知不得脱,遂闭户自缢。吏卒张富昌踹开门,新安令史李寿第一个闯进去,忙抱住太子,解开绳索,太子气息已绝。匿藏太子的主人在与官兵格斗中被杀。太子的两个儿子一并遇害。

汉武帝晚年兴起的巫蛊之祸,使朝廷遭到重创,国家元气大伤,仅京师一地,死者十多万。且不说寻常百姓、妃嫔宫女、臣子吏卒,仅皇帝一家,除皇后公主外,帝国的接班人父子两代尽皆被杀。皇帝这时似有悔悟,悔悟的方式还是杀人,这次杀的是他利用过的人。他把江充一家灭族,把协助江充治理巫蛊的宦官苏文活活用火烧死,发兵湖上搜捕太子的地方官虽奉旨行事,开头因功封为北地太守,后来又把他全家灭族,以泄心头之恨。儿孙呜呼哀哉,皇帝时有悲感,除了杀掉帮他作恶的爪牙外,皇帝又盖了一座思子宫,于太子殒命的地方修了一座望子台,皇帝登临时,涕泪交流,伤感无已。

4

暴君末日综合征是一种精神疾患。主要症状是昏聩狂躁、冷酷多疑、宠信奸佞、行事反常,且伴有妄想症、多动症和迫害狂。莫名的积郁、匪夷所思的狂热,只有通过嗜杀和非常的举动才能稍有纾解。一般来说,侵害的对象常是他的亲人或近臣,但长久受害的则是国家和普通百姓。

巫蛊之祸,诬人和被诬者几乎全被杀死。所谓帝王之怒,天下缟素,但这一次帝王之家流的血格外多。他的女儿、儿子和孙子被杀掉不少,他失去了自己多年培养的接班人。他最狂怒的时候,丧失了理智,曾下令将拘囚起来的太子一家无论老幼全部处决。太子的孙子,也就是他的曾孙尚在襁褓中,得一名大臣冒死保护,养在民间,得以逃生。多年之后,这名刀斧丛中的皇室子遗得以继承皇位,是为汉宣帝,这是后话。

太子死后,巫蛊余波未息,皇位继承人的争夺激烈起来。燕王刘旦认为太子一死,按顺序该轮到他作储君了,便从封地派使节入都,向皇帝表示愿意交出诸侯国印绶,回京宿卫。皇帝大怒,杀了他的使节,削夺了他三县封地,自此对他十分厌恶。

昌邑王刘髆是皇帝曾十分宠爱的李夫人所生之子,李夫人堂兄李广利封为贰师将军,率军出征,丞相刘屈氂为其饯行,送至渭桥边。李广利与刘屈氂是儿女亲家,如昌邑王得继皇位,二人将可永保权位,于是谋议共立昌邑王。刘屈氂的老婆用巫蛊邪术诅咒皇帝,并与李家共同祈祷神明,以遂其愿。事发,皇帝下诏,丞相刘屈氂被一辆厨车送到刑场,腰斩东市,老婆被枭首华阳街。李广利兵败投降匈奴,妻子皆被诛灭。

周围几乎无可信之人了。皇帝感来日无多,忧惧日增,且有一种幻灭感。他决定把整个帝国交到他最喜爱的小皇子手里。但小皇子刚满六岁,据说在母腹中耽留十四个月才出生,时光在这个孩子身上显得尤其滞重和缓慢。皇帝虽把其母赵妃比之为"尧母",但这个母亲太年轻了,因其年轻,所以被视作帝国的威胁,他要把小皇子变成孤儿,以解除未来社稷之患。《资治通鉴》记其事云:

> 后数日,帝谴责钩弋夫人;夫人脱簪珥,叩头。帝曰:"引持去,送掖廷狱!"夫人还顾,帝曰:"趣行,汝不得活!"卒赐死。顷之,帝闲居,问左右曰:"外人言云何?"左右对曰:"人言'且立其子,何去其母乎?'"帝曰:"然,是非儿曹愚人之所知也。往古国家所以乱,由主少,母壮也。女主独居骄蹇,淫乱自恣,莫能禁也。汝不闻吕后邪!故不得不先去之也。"

无端杀掉孩子的母亲,把幼小的孩子变成孤儿,而且杀得如此振振有辞,自鸣得意,这就是汉武帝!

巫蛊之祸后,皇帝在孤独、懊恼、绝望的折磨下又活了四年,朝野上下充满戾气,他成了地道的孤家寡人,臣民百姓怕他、恨他,盼他速死,终于,他在七十一岁那年撒手人寰。

公元前73年,汉武帝刚刚死去十四年,那个死里逃生的皇室子遗,汉武帝的曾孙刘询即颁发诏书，说他的祖爷爷"躬仁谊，厉威武，功德茂盛，而庙乐未称"，要求群臣朝议，为其立庙树碑，祭祀时奏太庙之乐，献盛德之舞，以示不朽。皇帝动用国家的权力和礼仪伪造历史，欺骗百姓，为暴君张目，盖因暴君是专制皇权的祖宗。汉宣帝刘询的父母、祖父母以及兄弟姐妹都被他这个祖爷爷杀掉了，他自己如不是臣子冒死保护，私养民间，也早已化为粪土，可他竟然称颂祖爷爷是功德茂盛的仁义之君。这不仅显示了专制权力没有任何正义和真相，更说明为了维护权力，统治者是如何地丧心病狂、指鹿为马！寄生在专制皇权之上的群臣百僚异口同声：陛下英明！供奉先帝，万民瞻仰，丰功伟业光照千秋！只有一个认死理的读书人不干了，他叫夏侯胜，是朝中一个小小的文官。他站出来，高声指斥先帝的无道，说：先帝虽有开疆拓土，统一天下之功，但他杀害了那么多士人百姓，自己荒淫无道，奢侈无度，搞得国库空虚，民穷财尽，天灾人祸，人民相食，百姓流离失所，国民死去大半，国家经济至今不能恢复，所以我反对祭祀供奉他！群臣大哗，一齐围攻：当今皇上的诏书，你竟敢反对？夏侯胜凛然道：我直言正论，决不说违心的话，即便是诏书，我也不怕！结果他因非议诏书、诋毁先帝的罪名下了狱。这个敢于对专制皇朝供奉无道暴君说"不"的读书人，彰显了古代知识人的气节和良知，使历代谀上媚权的无耻文人为之汗颜！

皇帝一生的勋业是征服了四周的蛮夷，打败了北方的匈奴，扩大了帝国的疆域，使大汉帝国成为大一统的国家。但是，由于他的奢侈、残暴和阴狠，他的名字一直和史上最酷虐的暴君并列一起，史称"秦皇汉武"。他死后，同代和后代的史家们就如实地记述了他的罪行。班固指出，在他的治理下，帝国"海内虚耗，户口减半"，国家经济几近崩溃，国内百姓由于战争、饥饿和无休止的徭役死去了一半。司马光评价说，汉武帝"穷奢极欲，繁刑重敛，内侈宫室，外事四夷，信惑神怪，巡游无度，使百姓疲敝，起为盗贼，其所以异于秦始皇者无几矣"。尽管两位史家都赞扬了他治理国家、号令天下的雄才大略，但使千百万人陷于苦难、死于非命的罪行却把暴君永远钉在了历史的耻辱柱上！

汉代权贵霍氏之覆亡

1

汉代权贵霍氏的兴起是和一个女人有关的。这个女人在历史上出现时,已经生下了一男三女四个孩子,她的社会地位很卑微,在平阳侯府上当侍女。班固在《汉书》中称其"卫媪",犹今人呼之"卫婆婆",根据中国的传统习俗,"卫"大约是她的夫家之姓。女子地位微贱,她的本姓已经无从查考了。尽管如此,她的历史地位要比她的丈夫更加重要,那个姓卫的男子只留下一个显赫的姓氏,他本人已经永远湮没在历史的烟尘中。而他善解风情、不守妇道的妻子却给汉朝几代历史打下了深深的印记。

平阳侯府是汉武帝刘彻的姐姐阳信公主的府第,公主的丈夫叫曹寿,被封为平阳侯。卫媪虽已有四个子女,但她年纪尚轻,风韵犹存,当差的丈夫或已亡故,她和府中小吏郑季私通,又生下一个男孩儿,随卫媪夫氏姓,取名卫青。

卫媪的三个女儿,长名君孺;次名少儿,三女名子夫。史书上没有讲卫媪母女的容貌,但从行迹看,想必风流俊俏,颇有才情。三女卫子夫有一副好嗓子,在侯府歌队里当主唱。这一年,汉武帝到霸上祭祀,顺便到姐姐平阳侯家驻跸饮宴。为了取悦皇帝,公主从民间选了十几个美女,浓妆盛饰,以备临幸,可武帝却一个都没入眼。席间唤歌姬上场助兴,卫子夫靓丽登场。其婉转的歌喉、妩媚的神态使武帝目眩神迷,不能自已。武帝借口起身去更衣,公主会意,忙令子夫前去服侍。二人在更衣室里做成好事,卫子夫得幸。回到席上,汉武帝神采焕发,下旨厚赏公主。武帝临行,公主奏请带子夫入宫。元朔元年(公元前128年),生子刘据,卫子夫遂立为皇后。

卫媪的二女少儿有乃母之风,随母在平阳侯府上时,也与一个名叫霍中孺的小吏私通,生下一个私生子,起名霍去病。

汉家重外戚,卫子夫既立为皇后,卫氏子弟纷纷被征入朝。皇后的哥哥卫长君(名步广)、弟弟卫青皆为侍中,得到皇帝重用。先是卫长君因病死去,卫青被封为将军,带兵征讨匈奴有功,封为长平侯。霍去病因是皇后姐姐的儿子,也因军功封为冠军侯。卫青和霍去病是舅甥关系,二人是卫氏母女两代的私生子,皆因皇后卫子夫而居显位,握重兵,建功立业。凭心而论,卫、霍二人,皆为将才,在数年边塞征战中,铁骑万里,驰驱大漠,真是气吞万里如虎,为汉家朝廷立下不世之功。尤其是后来被封为大司马骠骑将军的霍去病,更是旌旄北指,出祁连,逐单于,屡建奇功。正所谓"脱鞍暂入酒家垆,送君万里西击胡。功名祗向马上取,真是英雄一丈夫!"(岑参)但卫、霍二人施展才能的平台却是因卫子夫封后建立起来的。没有那个姿色媚人、歌喉出众的女子偶然得到武帝的宠幸,卫、霍二人再有雄才大略,也将沦为伧夫俗子,湮没无闻。

偶然性决定一个人的前程命运,也同样决定着历史的走向。命运和历史之因或许就是某次不经意的邂逅或某人随意播下的某颗种子,我们无法预知若干年前的邂逅对命运的重大意义,也不会知道这颗种子会结出什么样的果实。因果之间的神秘联系使命运和历史充满诡谲的变数,我们轻忽它们,在迷宫中跌跌撞撞地走来,直到尘埃落定,我们才恍然大悟。正因如此,歌德才把历史称为"上帝的神秘作坊"。且说与少儿私通生子的小吏霍中孺在平阳侯府上当差期满后回到了家乡,娶妻生子,把从前的那段风流韵事抛诸脑后,过起了平淡正常的生活。这一日,忽有官吏登门,恭请他到河东太守府上去,说有朝廷大员要见他。他满腹狐疑,出得门来,早有车驾迎候。到了太守府上,见一年轻将军,戎装佩剑,迎上前来,跪倒在他面前,口称:父亲大人在上,受儿一拜!去病从前不知自己乃大人亲生,请大人恕儿不孝之罪!太守在旁,忙说:此乃骠骑将军霍去病霍大人,率大军西征匈奴,道出河东敝邑……霍中孺闻此,这才勾起了从前风流往事的回忆,忙整理衣服,跪在了地上,说:老臣能够托命将军,此乃上天之力也!

中国古代的史家从来不会放过历史上这些生动的关目和细节,这段父子相见的戏剧性场面和他们之间有趣的对话被记在了史籍中,使历史在冷硬和血腥中透出一缕迷人的人伦之光。霍去病为生父购置了土地、房产、牲畜和婢女奴仆,从前退休的小吏霍中孺命运陡转,成了令人羡慕的显贵。

"上将拥旄西出征,平明吹笛大军行。"(岑参)骠骑将军霍去病告别了父亲,率数万汉家铁骑,出塞远征。等到他击溃扰边入侵的匈奴大军,满载胜利的荣耀凯旋归来时,又到父亲家中歇马。此时他的同父异母兄弟霍光十余岁,还是个没出过远门的懵懂少年。霍去病要回朝复命,朝见天子。他决定带上自己的弟弟入都,为他的前程铺路,给他竖起一座青云直上的梯子。回到长安,由于霍去病的引荐,霍光先是被武帝任命为郎。"郎"者,谈不上多么显赫,但等于登堂入室,入了朝廷官员的编制。很快,他就被擢升为诸曹侍中,成为皇帝身边亲近的臣子。等到他的哥哥霍去病死后,他已官至奉车都尉光禄大夫。皇帝出行,他随车马仪仗,陪侍左右;平时在皇帝身边参与国事机密,已成为皇帝的心腹之臣。自此,这个从前的乡野少年出入汉宫禁闼二十余年,手握重权,威震朝野,制定国策,决定人事,其他臣子们的荣辱生死甚至天子的废立俱悬其手;他的儿孙女婿以及联姻的旁支戚属皆佩紫怀黄,高踞庙堂。在帝国的中心,一个在权力刀尖上跳舞的华丽家族由此诞生。

2

无论是卫青、霍去病的征伐之功,还是霍光的权力之重,其因盖得于卫子夫受宠封后。但是卫皇后的下场却十分可悲。她封后七年,八岁的儿子刘据被立为太子。汉武帝对太子很喜爱,尽管卫皇后年老色衰,武帝不再亲近她,如果不出意外,太子作为接班人迟早会执掌帝国的权力。

但是,意外出现了。汉武帝晚年,昏聩任性,迷信方术,且疑心甚重,适有臣子上书,说有人用巫蛊之术诅咒他速死。武帝大怒,兴起巫蛊大狱,上万人因此死于非命。汉武帝派去主持其事的江充因与太子有隙,想以此陷害太子,谎称在太子宫中掘得桐木小人,此乃太子谋害武帝、抢班夺权之罪证。太子惶恐,担心无以自解,起兵诛杀江充。武帝下令围剿,太子兵败逃亡,后被迫自杀,卫皇后也因此罹祸自尽。

太子死后,晚年的汉武帝为接班人的问题焦虑不安。年纪较大的两个儿子燕王刘旦和广陵王刘胥因以前骄奢不法,多有过失,所以不可用。他所属意的是后来宠爱的赵婕妤生的儿子刘弗陵,但这孩子尚年幼,所以必得有可靠的臣子辅佐,才能坐稳江山,保证汉家社稷享祚久远。可谁是这样可靠的臣子呢?他经过观察和长久的考验,认为霍光可担此重任。

霍光虽然得兄长霍去病引荐,十几岁才入宫做事,但他经过长久的历练,已经谙熟高层政治的规则,加上他的性格"沉静详审",凡事考虑周密,进退有度,在宫禁大内中,一举一动从未失过尺寸。他的皮肤白皙,个头适中,眉目疏朗,有一副漂亮的胡须,望之亲切俨然,即从面相上看,亦足以托付大事者。帝王选定身后托孤辅佐之臣是很费心思的,这等于把身后的江山托付其手,所以万万疏忽不得。汉武帝的父亲汉景帝时,太尉周亚夫率兵为朝廷平定七国之乱,后因大功封为丞相。一次,景帝为亚夫设宴,桌案上放着一大块熟肉,却故意不放筷子。君臣隔案相对,彼此无言。亚夫终于耐不住性子,遂起身越位去取筷子。仅此一举,汉景帝就认为此人不可托付后事,后周亚夫终于被逼自杀。霍光决不会如此目无君上,躁急失礼,所以,汉武帝很信重他。为了表达他心中的想法,他让宫廷画师画了一幅画,画的是周王朝时,周公背负年幼的成王接见诸侯的场面。他把这幅画赐予霍光。后元二年(公元前87年)春,汉武帝在五柞宫病重,侍立在侧的霍光涕泣问道:皇上如有不讳,谁来继承皇位呢?汉武帝回答说:君尚未解以前所赐那幅画的含义吗?立少子,君行周公之事。临殁,汉武帝即命霍光为大司马大将军、金日䃅为车骑将军、上官桀为左将军、桑弘羊为御史大夫,四人同时拜卧床下,受武帝遗诏,辅佐幼主。虽然受命者为四人,但霍光官爵最大,乃四人之首。翌日,汉武帝崩于五柞宫,八岁的太子刘弗陵承袭大位,是为汉昭帝。自此,大汉朝廷一切内外政事,皆决于光。

古代朝廷的所谓国家大事,不外祭与战。祭祀关乎国家的礼仪,不过依例循行。如果没有大规模的战乱和外敌入侵,兵事也不会太繁巨。如果官家不横征暴敛,侵夺民生,百姓耕作不违农时,没有大的自然灾害,百姓亦可安居乐业。汉昭帝在位十三年间,朝廷和匈奴和亲修好,霍光一改汉武帝时好战征伐之策,轻徭减赋，与民休息，所以边塞安定，国库充实，国家生机得以恢复。这是霍光拨乱反正的德政，向来为史家所称道。

但是，朝廷的权力核心是一个诡谲凶险的小圈子，外表闪耀着神秘的光环，内里却充满毒焰和瘴气，长久酝酿的阴谋，随时可能发生的杀戮使人惶恐不安。执掌大汉帝国最高权力的霍光正处在这样的境地里，或者被人干掉，或者干掉别人，舍此别无选择。

他的政治对手不是别人，就是在汉武帝临终前同受诏命辅政的左将军上官桀。四个辅政大臣中，金日磾已经死去，另外两个，上官桀和桑弘羊都成了他不共戴天的死敌。本来，上官桀和霍光同朝辅政，皆身居高位，霍光的女儿嫁给了上官桀的儿子上官安，两人成了儿女亲家。为了固宠擅权，上官安欲将女儿纳入宫中，霍光因此女尚年幼，不同意。皇帝初即位，年仅八岁，为了照顾皇帝，皇帝的姐姐鄂邑盖公主与帝同在宫中。公主正当青春盛年，养了一个情人，史称丁外人。此人在朝中无职，在宫禁中出入，当是"外人"。但因是公主的情人，朝廷虽有法度在，也只好睁一只眼，闭一只眼，任他来去。上官安去找丁外人，许诺说，如果能说动公主，使我女儿进宫做皇后，以我父子在朝中的地位，你何愁不能封侯？丁外人大喜，就向公主进言，公主同意，于是，将此女纳入宫中，先封为婕妤，数月后，这个年仅六岁的女孩正式被册封为皇后。这样，上官桀成了皇后的祖父，而霍光则是皇后的外祖父。皇后的父亲上官安升为骠骑将军，封为桑乐侯。从裙带关系上来说，上官父子比霍光与皇室的关系更密切一些，所以，当霍光不在京城，到封地上去休息时，上官桀就代霍光主持朝政大事。上官之女能成为皇后，靠的是公主，而公主情人丁外人从中说项，也至关重要。上官父子要讨好公主，兑现承诺，屡次为丁外人求封爵位，又欲使霍光同意，让皇帝接见他，使之名正言顺，登堂入室，均遭到了霍光的拒绝。这使上官父子又羞恼又难堪，面子上很挂不住。公主所愿不遂，对霍光也由怨生恨。这时，上官桀某小妾的父亲因罪入狱，按律当死，以上官父子在朝中的地位，出面干涉，枉法免死，不过就是一句话，但有大将军霍光在，他们的话就是不好使。最后，公主献出二十四马，为之赎罪，才算换回了那人的一条命。由此，上官父子更加对公主感恩戴德，于是结成一伙，必欲除霍光而后快。同受先帝之命辅政的桑弘羊因有盐铁之议，为国兴利，对国家经济有贡献，自居功高，也想为子弟求官，但有霍光在，同样不能如愿，他便也入了伙。

这个阴谋集团的形成,使霍光处于十分危险的境地,也使国家面临动乱的危险。他们的计划是使身在外藩、势力强大而又觊觎皇位的燕王刘旦入朝,里应外合,杀掉霍光,取代年少的皇帝。参与其中的人各有自己的盘算:燕王刘旦想夺位称帝;公主想为情人铤而走险;桑弘羊不过想为子弟求官位利禄;最为阴毒的乃是上官父子,他们的计划是,待燕王刘旦入都后,趁其不备,将其杀掉,立上官桀为帝,彻底夺了刘氏的汉家江山。霍光的女婿,也就是上官桀的儿子上官安是个粗鄙的妄人,除了疯狂的欲望,没有任何良知和道德感,对事物也缺乏起码的认知和判断。自幼女入宫封了皇后,他时常喝得醺醺大醉,出语无状,见人就说:我刚才进宫和我女婿喝酒了,哎呀,喝得好痛快啊!醉后常常在府邸裸身而行,和其父的姬妾、侍女肆行淫乱。当父子逆谋已定,人问:事如行,皇后如何处之?他回答说:追鹿的狗哪里顾得了兔子!上官父子此时如一对目露凶光、口角流涎的贪婪凶残的鬣狗,眼前除了令他们血脉贲张、若隐若现的鹿的幻影,其他什么都看不到了!

作为执掌全国武装力量、手握人事司法大权,决策朝廷内外大事的大将军,霍光此时难道不知危险的临近吗?如果如此糊涂懵懂,他也就不配也不会在高位上安居至今。他内心相当清醒,暗中的布置或许早已妥当,但是他没有说,他要观察考验一下当今的皇帝是否贤德明察,是否不为奸佞所蔽、有判断是非的能力,先帝的选择是否正确,是否值得他忠心辅佐。阴谋者先是唆使刘旦派人上京告了霍光一状,说是霍光擅权乱政,有不臣之心:苏武身为国家使节,入匈奴十九年而不降,这样有大功的人,只不过封了一个典属国这样的闲职,而大将军霍光身边的某人对国家无有寸功,却被霍光任命为搜粟都尉(粮食部长),这不是明显地任人唯亲吗?而且他还擅自调动军队的干部,这样不寻常的举动,显然是谋反。我燕王刘旦愿意归还诸侯的玺绶,入都保卫皇帝,以防奸臣作乱。燕王书奏是乘霍光外出时送达皇帝的,上官桀、桑弘羊等人做好了准备,一旦皇帝下旨,就把霍光拘押,以谋反重罪将其拿下。

但是皇帝没有下旨。

继承汉武帝之位的汉昭帝刘弗陵此时年仅十四岁,年虽少,但已深知身在皇位的凶险和复杂,最危险的敌人乃是自己的同姓骨肉,他们熊熊燃烧的欲望和按捺不住的野心一旦发作,就会瞬间置他于死地。所以,他对自己同父异母的哥哥有着本能的戒惧。上官父子的失算在于他们引燕王刘旦为奥援,这使年少的皇帝提高了警惕,在复杂的情势面前,皇帝做出了正确的选择。第二天,霍光入宫晋见皇帝,走到外室,再不肯进去。皇帝在里边问:大将军安在?上官桀在旁说:因燕王告他有罪,他不敢来见陛下。此时情势非常紧张,皇帝的态度不仅决定是否会突发一场宫廷内的血腥厮杀,也决定他自己的命运。皇帝下诏:请大将军!霍光表现了一个高层政治家的练达和机警,他脱下冠冕,跪在皇帝面前,拜服叩首道:如皇上认为燕王所奏属实,请治臣不忠之罪!皇帝说:请将军戴上冠冕,朕已知燕王上书有诈,大将军无罪。霍光此刻还要进一步考验皇帝,问道:陛下何以知燕王之书有诈?皇帝回答道:军队干部调动,乃大将军职分所关,这种调动还不到十日,燕王远在藩地,因何而知?况且大将军真有悖逆之心,调动一个校尉又有什么用呢?此时,霍光心中一块石头落了地:粉碎这个阴谋集团,暂时还不必大动干戈,痈烂自溃,等它慢慢出头再说。至于皇帝,聪明睿智,明辨是非,可成为有为之君,是值得他忠心辅佐的。

由燕王上疏,利用皇帝扳倒霍光的阴谋失败之后,上官父子并不就此罢手。统治集团的内斗,无论说得多么冠冕堂皇,其实质都是争权夺利。霍光不倒,权不到手,不但想要的利益到不了手,到手的利益也随时可能丢掉,连同丢掉的或许还有性命,所以扳倒霍光乃头等要事。这个阴谋集团不断扩充党羽,曾被霍光判罚有罪的,坐冷板凳不得重用的,权衡左右卖身投靠的,暗中被许诺官爵禄位的……都纷纷加入"倒霍"阵营,在朝中形成了不小的势力。他们不断地给皇帝上疏,揭发举报,弹劾霍光。皇帝不胜其烦,不胜其恼,怒道:大将军是国之忠臣,先帝曾有遗命让他辅佐朕躬,再有诋毁大将军者,以离间君臣、败乱朝纲治罪!皇帝坚定的表态,给"倒霍"集团以致命的打击,指靠皇帝改变立场,支持他们运用合法的手段和程序除掉政敌的计划已行不通,上官父子只好铤而走险,采用非常手段了。他们密谋由公主出面,请霍光赴宴,埋下伏兵,就席间把霍光杀掉,废黜皇帝,迎立燕王为帝(上官父子另有打算,乃大阴谋中的小阴谋)。宫廷内此类事件史不绝书,它作为中国专制政治的正剧偶尔上演,双方的胜负不仅决定人的生死,也决定历史的走向,因而惊心动魄,险象环生。枯燥乏味的历史因此而变得有趣和生动,寻常小民也对此津津乐道,历史由此成为大众的精神消费。公主的请柬刚刚送达大将军,阴谋立刻被披露。大将军不是草包饭桶,他的心腹和眼线遍布各处,敏感而危险的公主宫邸难道会没有警惕的眼睛?告发此事的人是一个名叫燕仓的人,而他的儿子乃是公主养在身边的"舍人",他或许就是公主的面首,与之共起卧,何密而不泄?痈疽终于溃烂出头,捕快和刽子手早已准备停当,霍光一声令下,阴谋集团的首要上官桀、上官安、桑弘羊,连同公主情人丁外人的宗族全被诛灭,淫乱而干政的公主,觊觎皇位而蠢蠢欲动的燕王刘旦因是皇室血亲,不劳刽子手动手,皆自杀。上官皇后因年幼,未预其谋,又是霍光的外孙女,得保皇后之位。汉武、汉昭两代朝廷中居高位、握重权、煊赫一时的上官家族,就此终结。

3

元平元年(公元前 74 年),年仅 21 岁的汉昭帝刘弗陵撒手人寰,死后无嗣,帝国的皇位继承人问题摆在臣子们面前。专制帝国新主人的选定,既不取决于人民的选票,更非各派政治力量角逐和妥协的结果,它取决于一个人的意志。在最高统治者死去的情况下,表面上似乎取决于几个人,其实质还是一个人说了算。一个人的好恶决定了历史的偶然性,帝国的前途在历史偶然性的迷雾中变得暗昧不明,充满诡谲的变数和凶险的暗礁。所以,帝国最高统治者撒手人寰之时,也是帝国最危急的时刻,阴谋在酝酿,火并随时都会发生。以霍光在朝中的地位,谁来做帝国的新主人,他有无可置疑的决定权。燕王刘旦死后,如今,武帝在世的儿子只有广陵王刘胥一个人了。按帝国继嗣的规则,刘胥应该是最有希望登上皇位的。但是,霍光决定把刘胥排除。他感到刘胥一旦继位,自己的地位和身家性命存在太多的变数。他原来受命辅佐少子,本来按照立长不立幼的成例,身为同父异母哥哥的刘胥就对小弟弟当皇帝心存不满,对他的辅佐之臣自然心存怨恨。新君一旦上台,清洗原来的班底,霍光自然第一个挨刀。再说,刘胥年纪大了,已经不好驾驭,上台伊始,必然政自己出,他这个前朝的臣子即使不被清算,也得靠边站了。这些是他最为恐惧的,所以,刘胥在他心中已被断然排除。但是其他臣子们并无这样的历史包袱,他们想的是如何使汉家社稷得以存续,新君临政后，摆脱霍光专权，说不定有更多展示和擢升的机会，所以，朝堂论辩中，大臣们大多主张迎立刘胥即位。霍光清楚，自己多年身居高位，当皇帝的家，遂自己的愿，已得罪了太多的人。臣子们心存怨望，只是不敢说而已。如今，他们都急切希望通过皇位的更替来摆脱他，形势似乎比较棘手。他冷眼观察这一切，看他们各自的表演，揣摩他们隐蔽的动机，以此决定亲疏和敌友。群臣的意志是可以用权力轻易摆平的，终于，有一个小官（郎）站了出来，他引经据典，论说继承皇位的人关键看他是否有德行和是否称职，而未必非要立长，广陵王刘胥不宜继承大统。决定帝国继承人这样的重大国事，九卿备位，重臣朝议，何容小臣置喙？但他就敢站出来说话，而且立刻得到大将军霍光的赞同。这且不说，大将军又马上将此人擢升为九江太守。此人或许揣摩大将军私意，或许暗中受命，总之，他因越位议政升了官。大将军广开言路，纳此忠言，做出英明决断，断然否决了刘胥入继大统的错误主张。当日，没容其他大臣做出反应，霍光已承皇太后的诏命，决定由昌邑王刘贺继承皇位，并立即派礼仪大臣前往封地去迎他入都。

皇太后的诏命有绝对的权威，不容质疑和违忤。可是皇太后是谁呢？她就是霍光的外孙女上官皇后。她封为皇后那年刚刚六岁，十年后，她的夫君汉昭帝死去，此时，她年仅十六岁，但已是帝国最高权力的象征。她的祖父、父亲等亲人都被她的外祖父杀掉了（当然是咎由自取），这个居于深宫的孤独、苦闷的女孩儿必得听命于她的外祖父。那么，被决定当皇帝的昌邑王刘贺又是谁呢？他是死去的昌邑王刘髆的儿子，按辈分是汉武帝刘彻的孙子。刘贺被征入都，仅仅二十七天，皇帝的位子还没有坐稳，霍光便决定把他废掉。

刘贺当不当废？当废。此人驽钝庸劣，不堪大用。礼臣迎他入都主持先帝丧礼，明显是让他继承大位。车仗近长安，至都门，礼臣提醒他该哭，他说自己嗓子痛，不能哭；到了城门，礼臣再次提醒，他还是不肯哭。到了宫门前，没有几步路了，在礼臣的督促下，才假意哭了几声，算是为先帝尽了哀。来长安治丧的路上，还在衣车里私载女子，不废淫乐。先帝的灵柩停在前殿，竟然搬出太乐府的乐器，引昌邑封地的歌舞声伎，击鼓歌吹，作俳优之戏。动用皇太后乘坐的小马车，使官奴骑乘，游戏内宫。更不堪者，竟与刚刚死去的昭帝宫人淫乱，并严责掖庭令，有敢泄密者腰斩之，劝谏者竟被关入牢房。从昌邑封地带来二百多从官臣子，先行封官许愿，以为爪牙……不一而足。如此恶劣败坏，当初为什么还要选他当皇帝？大将军霍光难道没有失察之责吗？以上败德之行只能算官样文章，其事容或有之，但这不是主要的。主要的是刘贺初即位，就带来了一套自己的人马，疏远大将军，想把这个多年来掌握帝国大权的人一脚踢开，自行其是。霍光感到了危险的临近，他必须采取果断措施，止大祸于初萌。

天子初立，就被废掉，立也由你，废也由你，旋踵之间，反复如是，国家大事，岂不等同儿戏？如何能使群臣心服？所以，废昌邑王等同于一场宫廷政变，必得小心行事。霍光先是单独会见他的老部下大司农（财政部长）田延年，说，昌邑王刚刚即位，即淫乱失德，我深为国家前途忧虑，你看如何是好？田延年自然深知老上司的心意，说：将军乃国家的柱石，如认为此人不堪为君，何不禀奏太后，更选贤而立之？霍光说：我是想这样做，但不知古时有没有这样的先例？田延年回答说：商殷之时，伊尹为相，废太甲而安宗庙，后世的人都称伊尹是忠臣。如果将军您能干这件事，您不就是汉朝的伊尹吗？霍光听了这话，当然很受用。原来，臣子废掉不贤的君主，古已有之，不但不是犯上作乱，还是使国家长治久安的功德之举，名标青史。霍光决心废君，为此做了必要的安排，暗中安排了车骑将军张安世调动军队，以备非常。有军队保驾护航，霍光即召集丞相、御史、将军、列侯等文武百官在未央宫开会，说：昌邑王昏乱败德，危及江山社稷，诸位说该怎么办？群臣大惊失色，面面相觑，不敢作声。这时候田延年拔出佩剑，慷慨激昂道：先帝托将军以幼孤，寄将军以天下，以将军忠正贤德，能安刘氏也！如今群下鼎沸，社稷将倾，所立者昏乱失德，无人君之望，将来将军离世，有何面目见先帝于地下？今日所议之事，关乎国家安危，此千钧一发之时也，有哪个不听将军决断，我立刻将其剑斩丹墀！霍光神色严峻，回应说：大臣们责备我是对的，群臣议论纷纷，天下汹汹不安，此乃霍光之罪也！一个拔剑欲杀持异议者，另一个忙做自我批评，二人皆以国家社稷为说辞，杀气腾腾而又义正词严。这场双簧戏震慑了众人，满朝文武一齐跪倒，说：国家安危，百姓性命都悬于将军之手，一切听将军决断！在震慑和胁迫下，即便有疑惑反对的声音，谁还敢说话？现在，废黜昌邑王已成为所有臣子的意志，霍光立刻率群臣去见太后，陈述昌邑王种种罪状，申明废黜他的理由。太后驾临未央宫承明殿，下了一道诏旨：召昌邑王晋见，其身边的侍从百僚不得入殿！昌邑王两脚刚刚跨进宫门，各持一边门扇的宦官立刻就把大门关上了，其群臣侍卫全都被隔在了门外。昌邑王不明就里，问道：跟随我的人为何不让进门？大将军霍光跪禀道：太后有诏，不许群臣侍卫入内。昌邑王还未省悟，说：这是干嘛呀，吓了我一跳！昌邑王还不知事情的严重。在未央宫外，大将军布置的御林军已将昌邑王二百多名臣子侍从全部缉拿关押起来，护持昌邑王的人也换了原来昭帝的宦官。霍光严厉叮嘱道：好好护着皇帝，别出现意外，使我背负杀主之名！昌邑王已被控制起来，可他仍不知霍光葫芦里卖的什么药，还在问：我的大臣们究竟犯了什么罪？大将军为何将他们抓起来？霍光已不屑回答。此刻，中官宣诏：宣昌邑王晋见太后！懵懂的昌邑王还在问：我犯了什么罪太后召见我？没有人回答他，他被身边的人挟持着跨进了内殿。

堂皇的大殿内，太后身披缀满珍珠的服饰，盛装坐在武帐中。这个十六岁的女孩一脸威严和怒气，身边站满了几百名全副武装的士兵，武士们持戟排列两侧。昌邑王立在阶下，中书令用庄严的声音宣读群臣的奏疏。奏疏罗列了昌邑王的种种罪状，读至中间，太后厉声道：停！为人臣子当如此悖乱忤逆吗？昌邑王觳觫不知所对，俯伏于地。中书令继续宣读奏疏，最后的结论是昌邑王昏乱失德，不能奉祀社稷，造福百姓，请求太后废黜这个刚刚即位的天子。太后只说一个字："可！"昌邑王至此大梦初醒，他没有辩驳对自己的指控，因为任何辩驳都是没用的。但他还想挣扎一下，说：我听说天子有诤臣七人，虽无道也不失天下啊！此言一出，霍光道：太后有诏，你已被废黜，还称什么天子！说罢上前，抓过他的手腕，从他手里夺过皇帝的玺绶，奉上太后，两边的人立刻把他挟持出殿。很快，霍光下令将昌邑王原有的从官臣子二百余人全部杀掉。他们的罪名是，不能正确地引导昌邑王践行正道，使王陷于罪恶之中。他们被押赴刑场的路上，愤然高呼："当断不断，反受其乱！"这里透出的消息是：新任皇帝和身边的臣子本就有诛灭霍光，夺回朝政大权的计议，只是昌邑王羽翼未丰，胆怯犹豫，没有及时决断而已。如此看来，这个在位仅二十七天的皇帝被废掉是必然的，一切关于他罪行的指控或许只是一种蒙蔽天下的口实。天子昏庸无能，淫乱享乐，对大将军来说无关紧要；不听招呼，另搞一套，危及大将军的权力和身家性命，才是他被废黜的真正原因。

商殷时，伊尹废太甲因年代久远，语焉不详。但霍光废昌邑王被史家完整记录下来，成为一幕有声有色，惊心动魄的历史正剧。自此，历代权臣废君篡权都引此为典则,称为"行霍光故事"。可是,有谁知道,在慷慨激昂的表演后面有多少暗室密谋,又有多少权力和利益的考量!所以,当我们看到大将军霍光亲自把昌邑王送回驻京官邸,临别时涕泪交流,说:王侯的行为自绝于天下,臣等愚钝胆小,不能杀身报德。臣宁负王,不敢负天下。愿王侯自爱,以后我不能经常见你了!说罢方涕泣而去的一幕时,不禁莞尔一笑。霍光不愧是政治舞台上优秀的演员,因此,他才能终生站到历史的聚光灯下,只有死神才能把他拉下台来。

4

昌邑王被废之后,帝国的皇位又空了,必须要找到一个刘氏子孙坐在那里,庞大的帝国才能正常运转。所谓文治武功冠绝天下的汉武帝其实是一个暴虐的君主,死前,已经把帝国折腾得千疮百孔。由于他的狂躁多疑,晚年兴起的巫蛊之祸,使还没来得及接班的太子刘据父子二人皆死于非命,其余诸子皆庸愚劣败,不堪大用。燕王刘旦卷入上官父子谋反集团,已负罪自杀,其子不在考虑之内;昌邑王刘髆已死,儿子刘贺刚刚即位即被废黜;齐怀王刘闳早死无嗣。唯一活着的是广陵王刘胥,此人身材壮大,力能扛鼎,空手能与狗熊、野猪等猛兽搏斗,但骄纵淫逸,胡作非为,行为全无法度。更糟糕的是,此人患上了皇位狂想症,在封地弄了一个巫婆作法,那巫婆狂呼大叫,诡称汉武帝附体,刘胥及其臣僚俱俯伏在地,巫婆说,要立刘胥为帝。刘胥大喜,重赏巫婆,自此聚集几十个巫婆神汉,天天诅咒当朝皇帝早死,他好接班上位。后来,诅咒案发,朝廷要查办他。刘胥吓坏了,鸩杀数十巫婆神汉灭口,自己也上吊自杀。这样一个精神上有问题的人显然不能被选来继位。况且,大将军霍光为了自身的安全,已把汉武帝儿子辈排除在外,要找皇位继承人,只能在孙子辈里找。可孙子辈里也找不出来了,王侯不是绝种无嗣,就是老子犯法,大汉帝国眼看着后继无人了。可天不灭刘,找来找去,还是找出了一个人。此人是皇太子刘据的孙子,也就是汉武帝的曾孙。巫蛊案发时,太子逃亡,全家被拘押在监,此时太子孙尚在襁褓,武帝派使臣去处决监中诸人,敕令无论男女老幼,一律杀掉。襁褓中的太子孙得大臣保护,侥幸存活。后养在民间,如今已十八岁。于是立刻迎立皇曾孙继位,这就是后来被称为汉宣帝的刘询。

刘询逃生于屠刀之下,成长在闾巷之间,忽然间竟做了皇帝,一是有皇室血统,二也靠霍光的扶植。他对皇宫的规则礼仪自然陌生,对治国方略也一窍不通。主持朝政多年的霍光如同他的再生父母,一切国家大事自然还要靠霍光决策,所以,帝国的大权还是握在霍光的手中。

自昭帝时,霍氏就已"党亲连体,根据于朝廷",成为盘根错节的权贵势族。霍光的儿子霍禹,哥哥霍去病的孙子霍云皆为中郎将,霍云的弟弟霍山官拜奉车都尉侍中,统领胡越大军;霍光的两个女婿为东西两宫御林军统领,掌握着京城的卫戍部队,他的直系和旁系亲属凡是沾亲带故者,皆居朝中显位,这个家族树大根深,枝叶繁茂,荫蔽着大汉朝廷,似乎永远不可动摇。

汉宣帝地节二年(公元前68年)春,霍光病重,汉宣帝亲临问病,霍光又为霍去病孙子霍山请封,以奉霍去病之宗祠,当然,请求无不照准。霍光死后,其隆重的葬仪等同帝王,儿子霍禹官升右将军,霍山封为乐平侯,以奉车都尉兼尚书,成为皇帝的大内总管,一切奏章国书先由霍山阅览,才能送达皇帝,又封霍山的哥哥霍云为冠阳侯。霍光虽死,但霍氏子弟加官晋爵,光耀门庭,似乎比从前更加辉煌。但是,这只是黑夜降临前最后一缕夕照,这煊赫的家族马上就将没入万劫不复的黑暗之中。

宣帝刘询已当了五年皇帝,政事渐渐熟悉,自己的执政班子和党羽也已形成,对任何挑战或蔑视皇权的行为已不能容忍。霍光在时,霍氏气焰熏天,霍光死后,大树虽倒,而子孙不知惕厉自省,反而嚣张恣肆,骄奢日甚。霍光妻本非贤者,先是大修霍光陵墓,其规制已逾帝王,并幽囚良人奴婢为其守墓。又广修豪宅,其乘辇豪车,画得五彩斑斓,并用黄金装饰,又使奴婢侍女簇拥左右,以五彩线挽之,游戏于宅第花园之中,宛如西王母临凡。霍光生前,信重一个叫冯子都的人,常与其计议朝政,光死,霍妻与冯淫乱私通,毫无避忌。霍禹、霍山诸子弟也起高楼、宴宾客,走马围猎,极尽侈靡,朝中有事,只派一个手下的苍头奴仆上朝应付,朝中大臣敢怒不敢言。宣帝信任御史大夫魏相,霍妻对子孙言:你们应该弘扬大将军生前的功业,现在皇帝信任魏相,你们都靠不上前了,如果魏相在皇帝面前说我们的坏话,我们可就倒霉了!霍氏子弟自此深忌魏相,两家因为争道发生冲突,霍氏的奴才们竟闯入御史府,叫嚣吵闹,要砸御史家大门。魏相出来磕头谢罪,这才悻悻而去。宣帝在民间时,就听说霍氏专权,尊盛日久;后来当了皇帝,慑服霍光威权之下,不能作声;如今已亲政,对于霍氏子弟的行为,自有是非判断,只暂时隐忍而已。

御史大夫魏相及宣帝近臣对于霍氏专权霸道积怨极深,遂向皇帝建言:众臣百僚上疏皇帝,为防壅蔽,可不经过尚书,由中书令直达上听。原来,臣子的疏奏副本先经尚书阅览,尚书认为不当者,可中间扣压,不上达皇帝。宣帝批准了这条建议,于是,很多臣子对于霍氏子弟专制擅权的问题揭发甚多,尚书霍山被架空后,愈加惶恐。这时候,一件被刻意隐瞒的积案被揭发出来,此案牵涉到死去的大将军霍光。原来,宣帝在民间时,娶妻许氏,即位不久,立许氏为后。霍妻想让自己的小女儿入宫做皇后,在许后患病时,买通入宫为皇后侍病的女医淳于衍,毒杀许后。许后暴亡后,有司严查为许后看病的医生,淳于衍有重大嫌疑。霍妻怕事情败露,只好向霍光坦白了此事,霍光大惊,欲自首,因案情重大,遂犹豫不决,后在他的包庇下,事情被隐瞒下来。其后不久,霍光小女儿成君入宫,当了皇后,许后冤沉海底。如今,此案被重新提起,闹得群议汹汹,霍氏愈加恐惧不安。宣帝对霍氏的人事安排开始大加调整,削夺了霍氏子弟及诸婿的兵权,或者外放为官,或者只给虚职,不予实权,霍氏感到威胁日近,惶惶不可终日。但却不知克己收敛,低调自省,却对皇帝生发怨恨。大司马霍禹先闹起了情绪,以不上班相要挟。他的长史(秘书)劝他说:如今怎可和大将军在世时相比,那时,霍氏执掌国家大权,满朝文武,谁的荣辱生死不在大将军手中,就连最高法院大法官(廷尉)那样的高官,当朝丞相女婿那样的臣僚,因为逆大将军意,都下狱而死,而那个出身微贱的乐成,因为得到大将军的宠爱,就官列九卿,封侯加爵。百官只知讨好大将军的私人冯子都、王子方,视当朝丞相为无物。天道轮回,各自有时,大司马心生怨恨,我以为万万不可!霍禹觉得跟皇帝赌气要性子只能自己倒霉,只好又去上班。

霍妻及霍氏子弟见手中的权力日渐被攘夺,愁烦无计,经常坐在一起唉声叹气。说到外界纷纷议论的许皇后被毒死事件,霍妻只得以实相告,而且尚不止此。原来宣帝立许后之子为太子时,霍妻怨怒,恨恨道:一个民妇生的小崽子当了太子,将来我女儿生的儿子难道只能封王?于是,私嘱霍后毒杀太子。霍后也多次召太子饮食,只因太子入口的食物必得先有人尝过,因此,毒杀太子的计谋没有得逞。霍氏子弟闻听大惊失色，原来家中竟埋着如此重大的祸端，一旦事发，何所遁逃也！于是，一不做，二不休，霍氏决定作困兽之斗，定下了谋反的计谋。现在，宫内有两个地位高贵的女人皆与霍氏有亲缘关系：一是皇太后，即霍光的外孙女上官氏，乃霍家女所生；二是当今宣帝之后，即霍光小女名成君，许皇后被毒杀后送进宫者。宣帝已风闻许后之事，虽未下诏查办，但霍后显然已遭冷落，于是，霍氏计议由皇太后出面。宴请皇帝的外祖母（封为博平君），召丞相、平恩侯（宣帝岳父）以及皇帝亲近的臣子共同赴宴，由霍氏的两个女婿范明友、邓广汉等矫太后旨而杀之，废当今皇帝，立霍禹为帝。此谋与当年上官父子之谋一般无二，都是伏兵杀人而篡位的宫廷政变。事未行，谋泄。霍云、霍山、范明友皆自杀，霍禹等被腰斩，霍妻、众女眷及阖族老幼皆被处决。唯余霍后，被废，幽闭在昭台宫。又一个与皇族联姻，世代专权的权贵势族覆亡了。相同的剧本，只是换了演员。大幕落下，我们又看到了满台血腥的伏尸。

平心而论，霍去病、霍光兄弟对于大汉朝廷立下了不可磨灭的汗马功劳。霍去病远征大漠，拓土定边，扬威边陲，名标青史，乃古之名将；霍光受武帝辅佐之命，拥昭帝、废昌邑、立宣帝，国柄悬于手而不窃之，比起后来篡位的王莽，的确是汉室的忠臣。但霍光生前专权日久，势焰冲天，联姻结党，不可一世，死后子弟仍握重权，居要津，骄奢淫逸，上怒下怨，表面上烈火烹油，锦上添花，其实是在覆亡路上狂奔。班固痛惜道："然光不学亡（无）术，暗于大理；阴妻邪谋，立女为后，湛溺盈溢之欲，以增颠覆之祸，死才三年，宗族诛夷，哀哉！"这说的水满自溢，物极必反；司马光评曰："而光久专大权，不知避去，多置私党，充塞朝廷，使人主蓄愤于上，吏民积怨于下，切齿侧目，待时而发，其得免于身幸矣，况子孙以骄侈趣之哉！"这说的是恋栈贪权，自取其祸。班固和司马光两位史家的评论令人深省。但是，专制权力是使人疯狂的春药，久服者冷血暴虐，人性异化，权力只求其大，握权只求其久，在权力场上有几人能抽身而退？尽管权力场上的内斗极其残酷血腥，骨肉血亲，相杀相倾，大内深宫，烛影斧声，但还是有人愿在这凶险之地进行人生的拼搏。专制政治中的权贵势族，即使第一代在权斗中得以幸免，二代三代承父祖之荫仍在高位者，由于优越的社会地位，养成专横跋扈的性格，贪黩枉法，倒行逆施，唱高调，走黑道，博上位，阴妻邪谋，害人性命，致使大祸速发，覆亡只在顷刻之间。综观历史，权贵势族几乎没有挺过三代的，大多皆及身而灭。

司马光认为霍氏之覆亡,皇帝负有很大的责任,不应该再给官二代那么大的权力,使之野心膨胀。发现问题后,再削夺其权,足以使之铤而走险。但权力世袭,乃极权政治的题中之义。无论是皇权还是皇权荫庇下的其他权力,皆被在位者视为自家禁脔,岂容他人染指?父死子继,兄终弟及,还是自己子弟接班放心。然裙带私党,提携包庇,同气相求,非止一姓,霍氏覆亡,其同党旧交连坐诛灭者数十家,血腥恐怖,令人发指。权力内斗,黑幕曝光,权力的神圣光芒黯然失色;庙堂如杀场,权贵即黑帮,百姓侧目,人怀疑惧,给权力中枢带来极大的震动。庙堂内斗不断,百姓揭竿造反,一姓又一姓的王朝就这样灭亡了。在农业社会,鸡犬之声相闻,民至老死不相往来,小国寡民之世,百姓日出而作,日入而息,民赖土地以为生,一姓王朝,可以延续几百年。在全球化信息化的时代,人的意识觉醒,民主浪潮如惊涛裂岸,世界俨然一个村落,国与国如邻里相望。即便有极权世袭之国,恨不能抉目塞耳以圈囿百姓,跳踉叫嚣,自绝于世,即便传至两代三代,其覆亡也指日可待也!

附录二　本书主要人物谱系

一　西汉共有十二个帝王,历时 212 年

高祖　刘邦　（开国皇帝,公元前 206 年—前 195 年在位）

惠帝　刘盈　（刘邦与吕后所生,公元前 194—187 年在位）

吕后　（公元前 187—前 180 年在位）

文帝　刘恒　（刘邦与薄姬所生,兄终弟及,原封代王,由外藩入主庙堂,公元前 179—前 157 年在位）

景帝　刘启　（刘恒与窦后所生,公元前 156—前 141 年在位）

武帝　刘彻　（刘启与王夫人所生,公元前 140—前 87 年在位）

昭帝　刘弗陵　（刘彻与钩弋夫人赵氏所生,公元前 86—前 74 年在位）

宣帝　刘询　（死于巫蛊之祸的太子刘据之孙,称皇曾孙,公元前 74—前 49 年在位）

元帝　刘奭　（刘询与许后生,公元前 49—前 33 年在位）

成帝　刘骜　（公元前 33—7 年在位）

哀帝　刘欣　（公元前 7—公元 1 年在位）

平帝　刘衎　（公元 1—5 年在位）

孺子　刘婴　（王莽摄政,三年后,即公元 9 年,王莽始建国）

二　汉高祖刘邦八个儿子，两人为帝，六人为王，尚有兄弟子侄四人为王

（见内文《吕后和刘邦的家天下》和《叛逆的王侯》）

孝惠帝　刘盈　刘邦子，与吕后所生。

太子，刘邦死后即位，在位七年崩。

孝文帝　刘恒　刘邦子，与薄姬所生。

高祖十一年正月立为代王，吕后八年，诸吕被诛，迎立为帝，在位二十三年崩。

楚元王　刘交　刘邦最小的弟弟。

高祖六年封楚王，在位二十三年薨，文帝二年，其子刘郢客嗣位，在位四年薨。文帝六年，其孙刘戊嗣位，在位二十一年，景帝三年谋反（吴楚七国之乱），诛。刘交好读书，多才艺，甚得后之帝王礼敬，景帝即位，封其余五子刘礼、刘富、刘岁、刘艺、刘调为侯。刘戊诛后，以刘礼为楚王，传至四世，楚王刘延寿与广陵王刘胥私相结交，有逆谋，事发后，刘延寿自杀。在位三十二年，国除。①

代　王　刘喜　刘邦的哥哥。

高祖六年封代王，翌年为匈奴所攻，弃国逃归，废为郃阳侯，惠帝二年薨。高祖十二年十月，刘邦封刘喜之子刘濞为吴王，在位四十二年，景帝三年谋反（吴楚七国之乱盟主），诛。

齐悼惠王　刘肥　刘邦子，刘邦微贱时与外妇曹氏所生。

高祖六年正月立，在位十三年薨。其子刘襄嗣位，在位十二年薨，刘襄子刘则嗣位，在位十四年薨，无后绝嗣。东牟侯刘兴居也以同年封济北王，两年后因谋反被诛，绝嗣。又，文帝十四年四月，刘肥子刘辟光立为济南王，刘贤立为菑川王，刘昂立为胶西王，刘雄渠立为胶东王，四王皆于景帝三年参与吴楚七国之乱，谋反被诛（七国占其四）。又，刘肥子朱虚侯刘章因诛诸吕有功，文帝二年封城阳王；他这一支延续十世，至王莽篡汉始废。刘肥子刘志于文帝十六年立为济北王，后徙菑川王，他这一支延续至九世至王莽篡汉始

废。刘肥八子,因谋反被诛者五人。

荆　　王　刘贾　刘邦从父弟。

高祖六年正月立,六年十二月淮南王英布反,东击荆,刘贾与战,不胜,败走富陵,为英布军所杀。无后。

淮南厉王　刘长　刘邦与张敖美人赵氏所生,是刘邦最小的儿子。

高祖十一年十月立为淮南王,在位二十三年,文帝六年谋反,废,徙于蜀,死于押解途中。文帝十六年四月,刘长之子刘安被立为淮南王,在位四十三年,武帝元狩元年,谋反自杀。又,刘长子刘赐与刘安同日立为庐江王,十二年后徙为衡山王,在位四十三年,因谋反自杀。刘长之子刘勃也于同日立为衡山王,十二年后徙为济北王,一年后薨。景帝六年,子刘胡嗣,在位五十四年薨,武帝天汉四年,子刘宽嗣,在位十一年,后二年,谋反自杀。②

赵隐王　如意　刘邦与戚夫人所生,是刘邦最宠爱的儿子。

高祖九年四月立,刘邦死后,被吕后所杀。无后。③

赵恭王　刘恢　刘邦子,母姓氏无考。

高祖十一年三月,立为梁王,吕后七年,徙为赵王,不堪吕后迫害,自杀。无后。

赵幽王　刘友　刘邦子,母姓氏无考。

高祖十一年三月,立为淮阳王,二年后徙为赵王,吕后七年,被吕后幽囚,饿死。文帝元年,其子刘遂继父位,立为赵王,在位二十六年,景帝三年,谋反(吴楚七国之乱)。诛。刘友还有一个儿子刘辟疆,文帝二年立为河间王,在位十三年薨。其子刘福嗣,在位一年薨,无后。

燕灵王　刘建　刘邦子,母姓氏无考。

高祖十二年二月立,吕后七年薨,吕后杀其子,无后。

燕敬王　刘泽　刘邦从祖昆弟

吕后七年,因与吕氏联姻,立为琅邪王,文帝元年,徙为燕王,二年后薨。其子刘嘉嗣位,在位二十六年薨。景帝六年,子刘定国嗣位,后坐禽兽行④,自杀。国除。

① 刘交之子刘富子孙延至刘辟强、刘德,生子刘向、刘向生子刘歆,向、歆父子皆为汉代有名学者。刘歆后为王莽国师,与王莽儿女联姻,莽危困时,歆结谋诛莽,事泄,被莽所杀。
② 刘长本人是因谋反在流放途中绝食而死,也属自杀。其两个儿子(刘安、刘赐)一个孙子(刘宽)皆因谋反自杀,岂非命也乎!
③ 如意母亲戚夫人即被吕后砍去手足,挖去双眼,弄哑嗓子,为"人彘"者。
④ 刘定国与父姬通奸生子,夺弟妻为姬,与子女三人奸,又杀人灭口。汉武元朔中,事发,下公卿议,皆曰:"定国禽兽行,乱人伦,逆天道,当诛。"上许之,定国自杀。

三 汉文帝四个儿子,一人为帝,三人为王

(见内文《叛逆的王侯》和《汉代的官场生态》)

孝景帝　刘启　窦后生。

梁孝王　刘武　窦后生,因与景帝同母,备受宠爱,有嗣位之想,后因刺杀大臣袁盎获罪,景帝疏之,抑郁而死。①

代　王　刘参　生母姓氏不详,初立为太原王,后徙为代王②。

梁　王　刘揖　生母姓氏不详,文帝少子,好诗书,文帝爱之,异于他子,后坠马死③,无子,国除。

① 梁孝王共有五个儿子。梁孝王刘武死后,太子刘买嗣(七年),谥梁恭王,子刘襄嗣(四十年),因罪削五县,谥平王。继顷王刘无伤(十一年)、敬王刘定国(四十年)、夷王刘遂(六年),荒王刘嘉(十五年),传至八世刘立与其姑通奸,数犯法杀人,平帝元始年中,废为庶人,徙汉中,刘立自杀,国除。刘武的梁王国几乎延续至汉朝的终了。刘武其余的四个儿子虽立为王,或因骄横犯法(济川王刘明、济东王刘彭离),或因无子嗣位(山阳王刘定、济阴王刘不识),皆及身国除。

② 代王刘参死后,其子刘登嗣(二十九年),子刚王刘义嗣(徙清河,四十年)子顷王刘汤嗣(二十四年),传位至儿子刘年计五世。刘年荒淫无道,与其妹淫乱生子,废为庶人,徙房陵,三年后,国除。

③ 时贾谊为梁王傅,王死,"谊自伤傅无状,常哭泣,后岁余,亦死。"贾谊认

为自己没有尽到照顾梁王的责任,自责自伤而死,死时年仅三十三岁。

四 汉武帝六个儿子,一人为帝,五人为王

(见内文《可怜汉武之子孙》和《海昏侯刘贺的前尘往事》)

孝昭帝　刘弗陵　赵婕妤生

　　刘弗陵于武帝后元二年即皇帝位,时八岁,在位十二年,由霍光秉政,元凤六年崩,年仅二十一岁。

戾太子　刘据　皇后卫子夫生

　　武帝元狩元年刘据十岁,立为皇太子,武帝征和二年,刘据四十一岁,死于巫蛊之祸,其母后卫子夫自杀。时刘据已有三男一女,同时遇害。①

齐怀王　刘闳　王夫人生

　　武帝元狩六年四月立,在位八年,元封元年薨。无后。

燕刺王　刘旦　李姬生

　　武帝元狩六年四月立,在位三十七年,元凤元年,坐谋反自杀。②

广陵厉王　刘胥　李姬生

　　武帝元狩六年四月立,在位六十三年,宣帝五凤四年,坐诅咒皇上,自杀。③

昌邑哀王　刘髆　李夫人生

　　武帝天汉四年六月立,在位十一年薨。昭帝始元元年,子刘贺嗣位,十二年后,昭帝崩,贺征为昭帝后,立二十七日,以行淫乱,废归故国。宣帝元康三年春,贬为海昏侯,就国豫章,食邑四千户,后因罪削户三千,以食邑千户小侯死于江西海昏。

① 刘据有遗孙在襁褓中,得大臣保护,侥幸得存,养在民间,人称皇曾孙,刘贺废后,朝廷立皇曾孙为帝,时已十八岁,即后来的汉宣帝刘询。

② 宣帝即位,封刘旦两子为侯,又立王太子刘建为广阳王,传至四代至刘嘉,在位十二年,王莽篡汉,刘嘉献符命,拥立王莽,被封为扶美侯,赐姓王氏。

③ 刘胥死后七年,元帝立刘胥王太子刘霸为王,传至三代,无后,国绝。成

帝时,复立刘霸子刘守为靖王,传至其子,王莽时绝。

五　汉代后妃简介

(见内文《"文景之治"后面的两个女人》《汉代权贵霍氏之覆亡》及《汉代的公主》等)

高祖　刘邦　吕后(雉)⁽¹⁾
　　　　　　妃　曹夫人⁽²⁾　戚夫人　薄姬　赵姬等
惠帝　刘盈　张皇后⁽³⁾
文帝　刘恒　窦皇后⁽⁴⁾
　　　　　　妃　慎夫人　尹姬等
景帝　刘启　薄皇后⁽⁵⁾　王皇后⁽⁶⁾
　　　　　　妃　栗姬　程姬　贾夫人　唐姬　王夫人等⁽⁷⁾
武帝　刘彻　陈皇后⁽⁸⁾　卫皇后(子夫)
　　　　　　妃　李夫人　赵婕妤　王夫人　李姬等
昭帝　刘弗陵　上官皇后⁽⁹⁾
宣帝　刘询　许皇后　霍皇后⁽¹⁰⁾　王皇后
　　　　　　妃　华婕妤　张婕妤　卫婕妤等
元帝　刘奭　王皇后(政君)⁽¹¹⁾
　　　　　　妃　傅昭仪　冯昭仪等
成帝　刘骜　许皇后⁽¹²⁾　赵皇后(飞燕)
　　　　　　妃　班婕妤　卫婕妤(李平)　赵昭仪⁽¹³⁾

(后略)

(1) 吕后生鲁元公主和惠帝刘盈。
(2) 曹夫人,刘邦微贱时外妇,与刘邦生子刘肥,封齐王。
(3) 张皇后为赵王张敖与鲁元公主所生,与刘盈乃舅甥关系,吕后强行婚配,欲其生子,百计而无得。
(4) 窦皇后生馆陶公主(名嫖)及景帝刘启。
(5) 薄皇后是文帝母亲(景帝刘启的祖母)薄太后选的薄家女,先为太子妃,刘启即位,立为后,无子无宠。薄太后死,薄后即废。

(6) 王皇后即汉武帝刘彻的母亲。

(7) 栗姬生临江王刘荣,先立为太子,后因栗姬执拗倔强,得罪景帝,废。河间王刘德,临江王刘阏;程姬生鲁王刘余,江都王刘非,胶西王刘端;贾夫人生赵王刘彭祖,中山王刘胜;唐姬生长沙王刘发;王夫人即王皇后妹妹,刘彻的亲姨,生广川王刘越,胶东王刘寄,清河王刘乘,常山王刘舜。

(8) 陈皇后即刘彻的姑姑馆掏公主与堂邑侯陈午之女,民间传为金屋藏娇的阿娇,后因卫子夫得宠,陈皇后大妒,哭闹寻死,废处长门宫。

(9) 霍光女嫁上官安,生女,六岁送入宫中为昭帝后,后上官桀、上官安父子勾结燕王刘旦有逆谋,事发,上官父子皆诛,皇后因年少,未与谋,又是霍光外孙女,得不废。

(10) 刘询先娶许氏女为妻,即位后立为后。时霍光掌朝政,其妻与谋,送小女入宫。许后生子(即元帝刘奭),霍光妻勾结女医,毒杀许后。后霍光女立为后,霍妻又欲霍后毒杀太子,未逞。霍光死后,其妻逆谋渐败露,霍氏谋反,诛灭,霍后立五年,废处昭台宫,十二年后,自杀。

(11) 王皇后,成帝刘骜之母,成帝即位,其兄弟子侄掌朝政,王家凡十侯,五大司马,篡汉的王莽即是她的侄子。

(12) 许嘉之女,宣帝许皇后家许氏女也。生一男一女,皆夭亡。后宠衰,成帝后宫多新宠,其姊许谒坐诅咒后宫怀孕的王美人及大司马大将军王凤,王太后大怒,下吏拷问,许谒被处死。许后废处昭台宫,岁余,迁长定宫。许后另一个姐姐许孅寡居,与定凌侯淳于长私通,许后牵连其中,发觉,成帝使大臣赐毒药与许后,许后仰药自杀。

(13) 赵飞燕立为后,其妹立为昭仪,姐妹甚得宠,皆无子,后宫许美人与宫人曹氏俱与成帝生子,在成帝默许和参与下,其生子俱为赵昭仪所杀,故成帝绝后,其后哀、平两代帝王皆无后,汉代宗庙绝嗣,江山易主。成帝刘骜死,赵昭仪自杀。哀帝崩后,赵飞燕在王莽逼迫下自杀。

图书在版编目(CIP)数据

未央宫:沉重的帝国/周树山著.—上海:复旦大学出版社,2016.7
ISBN 978-7-309-12435-4

Ⅰ.未… Ⅱ.周… Ⅲ.中国历史-文集 Ⅳ.K207-53

中国版本图书馆 CIP 数据核字(2016)第 162235 号

未央宫:沉重的帝国
周树山 著
责任编辑/李又顺

复旦大学出版社有限公司出版发行
上海市国权路 579 号 邮编:200433
网址:fupnet@fudanpress.com http://www.fudanpress.com
门市零售:86-21-65642857 团体订购:86-21-65118853
外埠邮购:86-21-65109143
常熟市华顺印刷有限公司

开本 787×1092 1/16 印张 17.25 字数 259 千
2016 年 7 月第 1 版第 1 次印刷
印数 1—4 100

ISBN 978-7-309-12435-4/K·577
定价:36.00 元

如有印装质量问题,请向复旦大学出版社有限公司发行部调换。
版权所有 侵权必究